MINGCUNZHI NANZHUANG

南庄村志

张家港市名村志系列丛书

《南庄村志》编纂委员会 编

广陵书社

图书在版编目（CIP）数据

南庄村志 / 《南庄村志》编纂委员会编. —— 扬州：
广陵书社，2019.4
（张家港市名村志系列丛书）
ISBN 978-7-5554-0830-7

Ⅰ．①南… Ⅱ．①南… Ⅲ．①村史－张家港 Ⅳ.
①K295.35

中国版本图书馆CIP数据核字(2019)第055588号

书　　名　南庄村志
编　　者　《南庄村志》编纂委员会
责任编辑　王浩宇

出版发行　广陵书社
　　　　　扬州市维扬路 349 号　　　邮编　225009
　　　　　(0514) 85228081（总编办）　85228088（发行部）
　　　　　http://www.yzglpub.com　　E-mail:yzglss@163.com

印　　刷　无锡市海得印务有限公司
装　　订　无锡市西新印刷有限公司
开　　本　787 毫米×1092 毫米　1/16
印　　张　29.5
字　　数　592 千字
版　　次　2019 年 4 月第 1 版第 1 次印刷
标准书号　ISBN 978－7－5554－0830－7
定　　价　280.00 元

《南庄村志》编纂委员会

主　　任：徐海栋

副 主 任：徐　达

委　　员：戴　宇　顾彩云　陶心怡　戴凌燕
　　　　　徐建荣　蔡建高

《南庄村志》编纂人员

主　　审：徐海栋

主　　编：徐聚才

副 主 编：徐福祥　徐林才

助　　编：徐瑞龙　邹永球

电子编务：朱晓华

《南庄村志》审定单位

张家港市杨舍镇人民政府

中共张家港市委党史地方志办公室

《南庄村志》资料员

（按姓氏笔划为序）

万卫芳	王建平	王瑞高	王满兴
朱 力	朱文刚	朱根祥	朱爱华
李德忠	邹进康	邹浩明	金龙保
周 洁	徐正元	徐永坤	徐岳明
徐建高	徐顺高	陶建丰	蔡建东
缪惠祥	潘 霞		

清道光二十年馬嘶鎮圖

北

章鄉三保
十保
九保
梅林庵
水渠裏
七保
蔡橋
蘇墅橋
華東八保

四保
三保
牌樓下
楊舍三保
港子白
太平橋
大石橋
十保

常熟縣界
壩土涇橋
坎莊橋
棋杆下
嚴庵
十二保
城隍廟
文武廟
十一保
橋莊聖師
蘆師祖
墅橋
羅長浜
穀濟港
古涇橋
黃崎橋
十三保

青龍頭
夾涇灣
三保
十四保

馬嘶橋
港
頭保
南新橋
二保
泰清
黃泥橋四保
石柱頭
六保
大王墩
三清殿
圓通庵
八保
五保
五節橋
顧山五保
北角大橋
石柱頭
長涇
四保
保六
保五

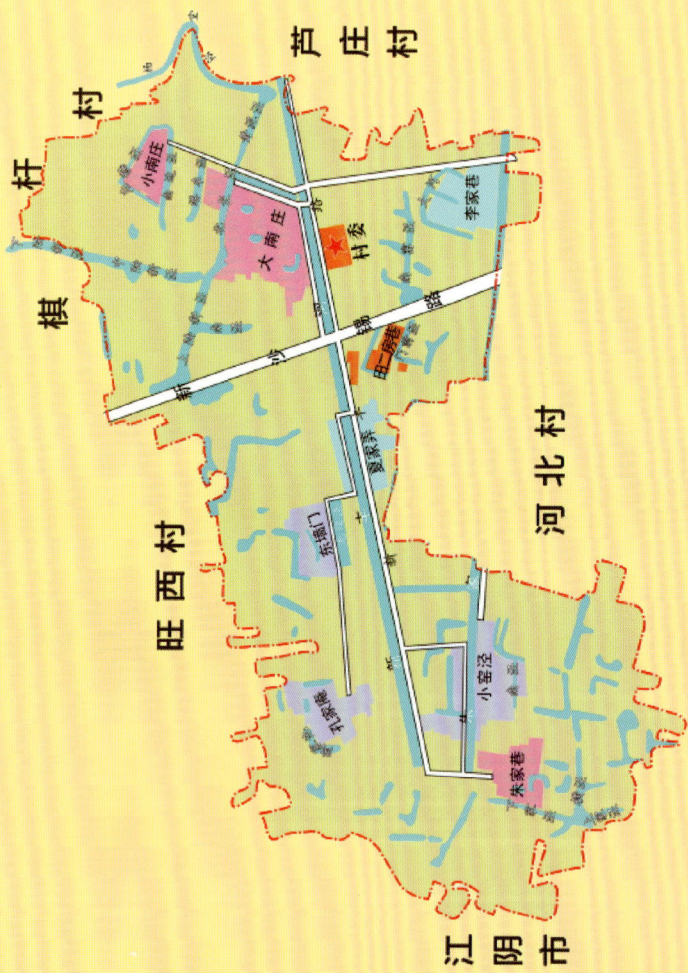

1995年南庄村行政区划示意图

芦庄村
村
杆
小南庄
大南庄
★ 村委
李家巷
棋
汪二厍
新沙路
夏家浜
东南门
旺西村
河北村
孔家桥
小宅泾
朱家巷
江阴市

北

| 社区中心 ★ | 村界 ·—·· |
| 河流 | 道路 ═══ |

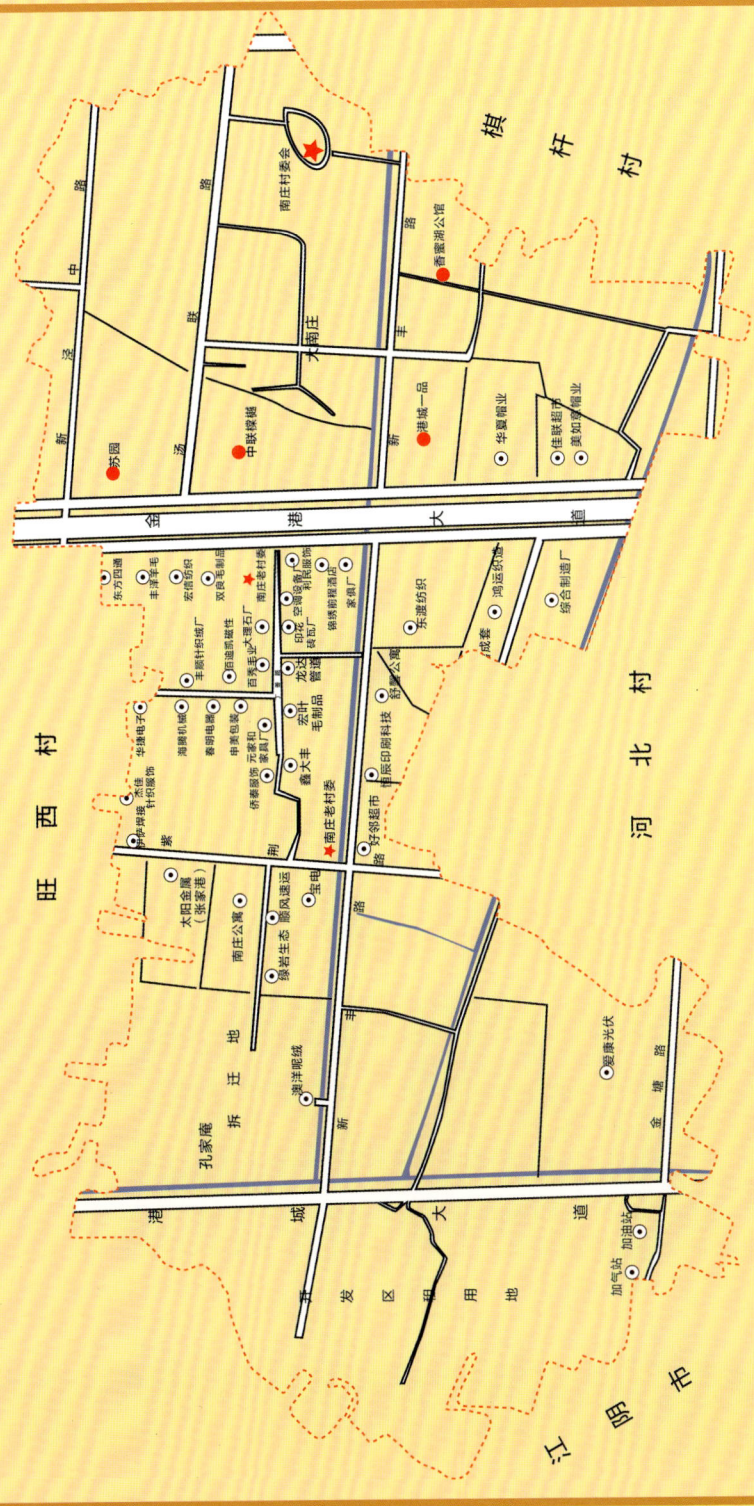

2016年南庄村行政区划示意图

北

棋 杆 村

棋 杆 村

旺 西 村

河 北 村

江 阴 市

南庄村委会

香墅湖公馆

纺园　中联绿墅　新港城一品　华夏帽业　佳联超市　黄加婆帽业

金　港　大　道

东方国通　丰泽羊毛　宏纺织造　双良毛制品　南庄老村委

华捷电子　鸿展织造

鸿展机械　丰顺针织城　百变毛业·速石厂　印花·空调设备　利民服饰　家俱厂

森明电器　石阳油漆磁性　龙庄·瓷瓦厂　锦绣前程酒店　东源纺织

申奥包装·元家和　宏纤　毛制品　綦家公寓　成泰

涛维市　针织服饰　叠大丰　重辰印刷科技

护村焊接·蒸维　侨泰服饰　南庄老村委　成泰

大阳金属（张家港）　好邻超市

南庄公寓　宝电机

臻岩生态　顺风速运

澳洋昵绒　爱康光伏

孔家庵　拆迁地　金塘路

港　城　大　道

开　发　区　预　留　用　地

加气站　加油站

图例

图标	说明
≡	道路
〜	河流
⌇	村界
●	小区
◎	公司
★	村部

2006年9月15日，苏州市委副书记、市长阎立（前左四）到南庄村考察

2008年11月17日，文化部文化共享工程督导组到南庄村考察

2009 年 3 月 27 日，中国新闻出版社领导视察南庄村

2009 年 4 月 2 日，全国社区教育实验区验收组到南庄村考察

2009 年 6 月 18 日,全省文化信息资源共享工程(张家港)现场会参观团到南庄村考察

2009 年 10 月 19 日,全国农家书屋工程建设(东部地区)经验交流会参观团到南庄村考察

2013 年 7 月 13 日,张家港市人大代表、南湖苑社区主任赵小江(右三)接待选民

2013 年 11 月 14 日,南湖苑社区居委会举行第五届换届选举

2014 年 1 月 12 日,南庄村、南湖苑社区召开两委班子述职述廉、党员冬训大会

2014 年 3 月 28 日,南庄村党总支召开党员大会,观看录像,进行党性教育

南庄村村务公开栏（摄于2016年10月）

南庄村、南湖苑社区班子成员（左起：顾彩云、潘霞、徐建荣、戴宇、徐海栋、徐达、蔡建高、朱力、戴凌燕、陶心怡）（摄于2016年12月）

90 年代楼房（摄于 1999 年 10 月）

90 年代民居（摄于 1996 年 5 月）

大南庄整村动迁前村貌（摄于 2005 年 3 月）

南湖苑社区（摄于 2007 年 12 月）

位于南湖苑社区内的北长泾河（摄于 2013 年 3 月）

位于南湖苑社区内的新丰河（摄于 2013 年 3 月）

位于南庄村港城大道东辅道的新丰河桥(摄于 2013 年 3 月)

位于南庄村紫荆路的新丰河桥(摄于 2013 年 3 月)

新沙锡路东侧水稻丰产方（摄于 2001 年 10 月）

田间管理（摄于 1998 年 8 月）

宝电电子（张家港）有限公司（摄于 2014 年 5 月）

张家港市利民服饰塑料包装有限公司（摄于 2014 年 5 月）

东渡纺织集团（摄于 2014 年 7 月）

江苏爱康实业集团有限公司企业资信等级、著名商标证书（摄于 2016 年 6 月）

南庄工业区联都超市（摄于 2014 年 6 月）

南庄工业区联华超市（摄于 2014 年 6 月）

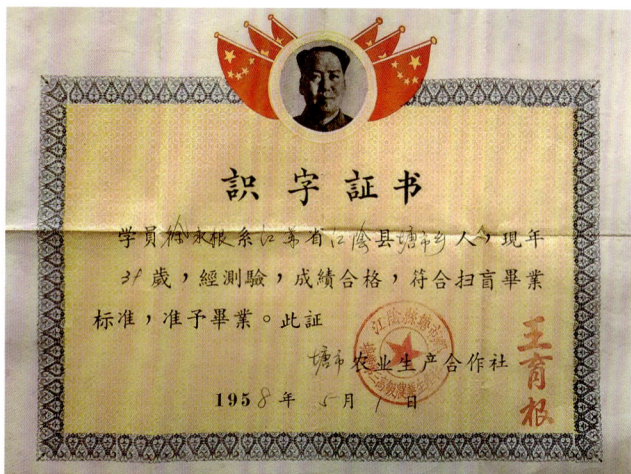

1958 年扫盲识字证书（徐建峰提供）

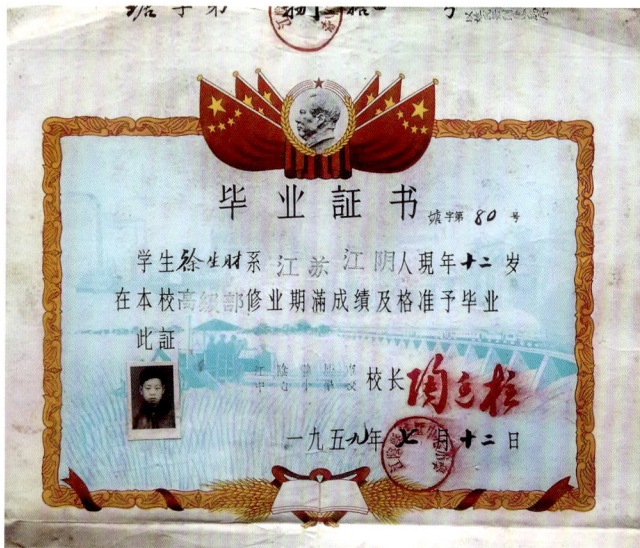

1959 年小学毕业证书（徐生才提供）

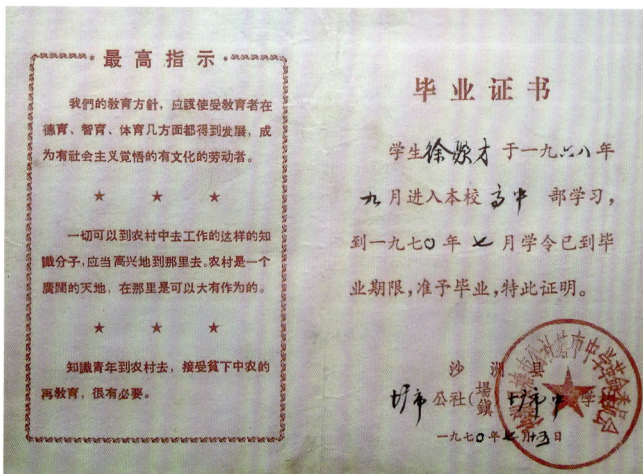

1970 年高中毕业证书（徐聚才提供）

南庄

南庄村、南湖苑社区全民
阅读活动(摄于 2014 年 8 月)

南庄村、南湖苑社区中秋节
老年文化活动(摄于 2015 年 9 月)

澳洋顺康医院到南庄
村开展义诊活动(摄于 2016
年 7 月)

南庄村健身设施(摄于 2012 年 3 月)

"南庄杯"迎"七一"乒乓球友谊赛球员合影(摄于 2010 年 6 月)

位于南湖苑社区广场西侧的缪昌期铜像（摄于2016年12月，许雪忠提供）

位于南湖苑社区办公大楼北侧的张宿辉铜像（摄于2016年12月，许雪忠提供）

位于南湖苑社区健身广场南侧的赵古泥石雕像（摄于2016年12月，许雪忠提供）

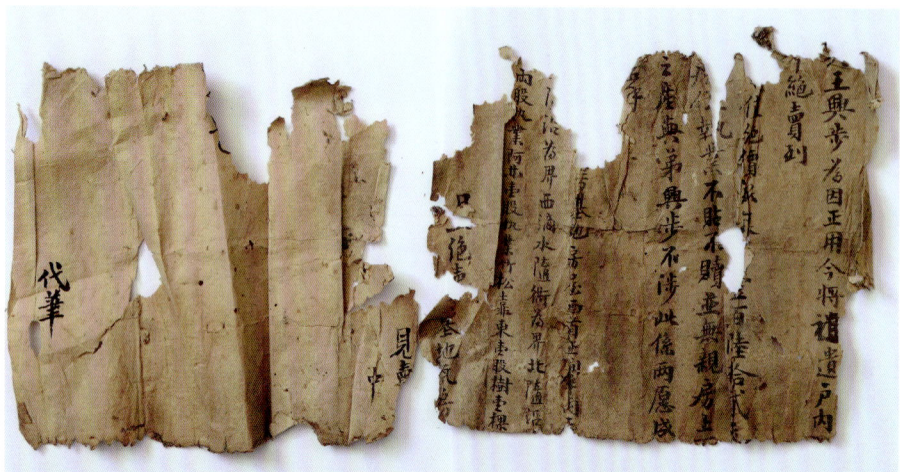

房屋买卖合约(年代无考)(王祖高提供)

由单,清同治五年八月(1866年8月)
(王飞龙提供)

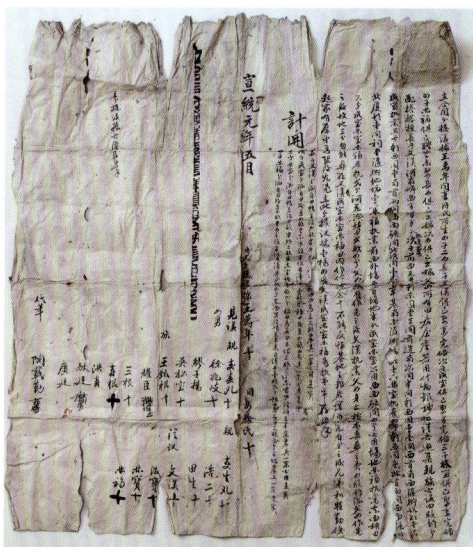

地契,清宣统元年五月(1909年5月)
(王祖高提供)

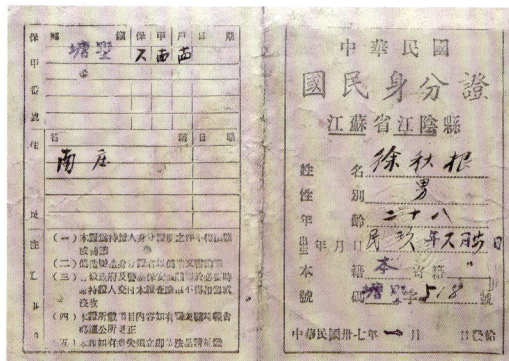

民国时期(1948年)身份证封面(徐建峰提供)

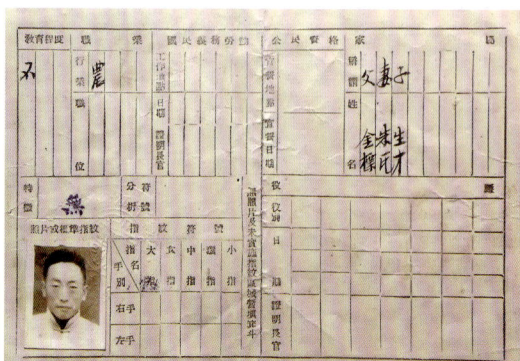

民国时期(1948年)身份证内页(徐建峰提供)

清代鼓墩(徐瑞龙提供)

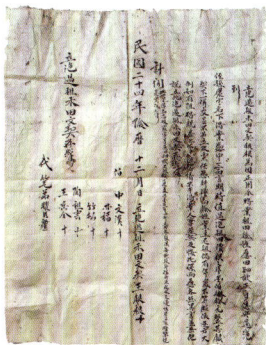

地契(1935 年)(王飞龙提供)

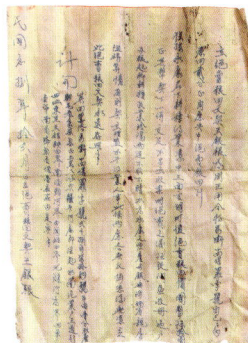

立绝卖粮田文契(正文，
1939 年 1 月)(王飞龙提供)

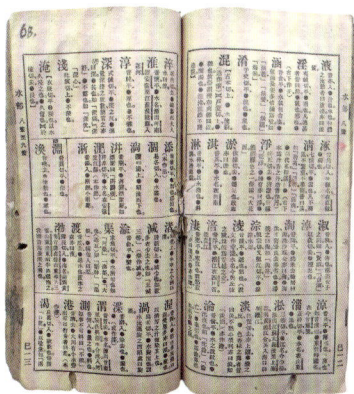

1926 年学生字典(徐孝洁提供)

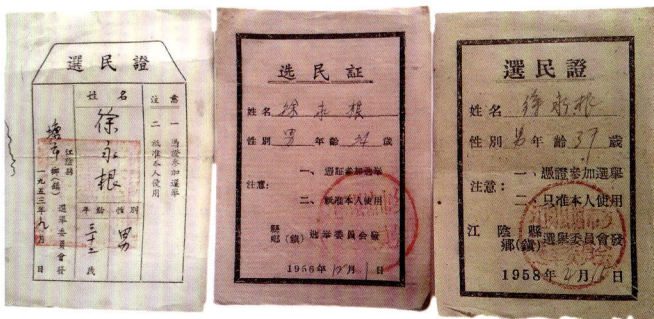

选民证(1953—1958 年)(徐建峰提供)

圆塘徐氏宗谱(继志堂珍藏本)
(徐永年提供)

1955年信用社社员证
（徐文虎提供）

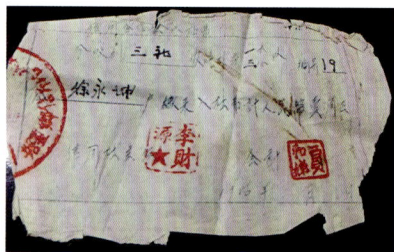

1956年信用社缴费收据（徐文虎提供）

20世纪70年代初汽车
票、行李单（徐生才提供）

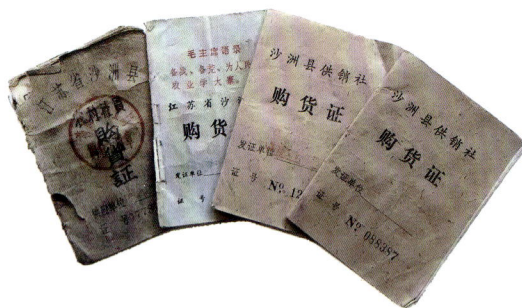

沙洲县供销社购货证（20世纪60—70年代）
（徐立峰提供）

社员工分往来手册（20世纪70—80年代）
（徐建峰提供）

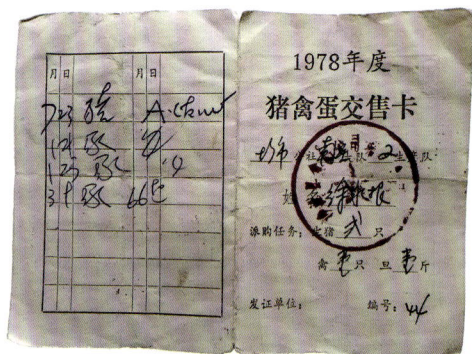

20世纪70年代沙洲县猪禽蛋交售卡（徐建
峰提供）

张家港市社员《售粮证》（20世纪80年代）
（徐建峰提供）

20 世纪 60—70 年代年历书（徐生才提供）

20 世纪 70 年代王杰事迹图书
介绍（徐孝廉提供）

舂米（20 世纪 50 年代）

赶集（20 世纪 50 年代）

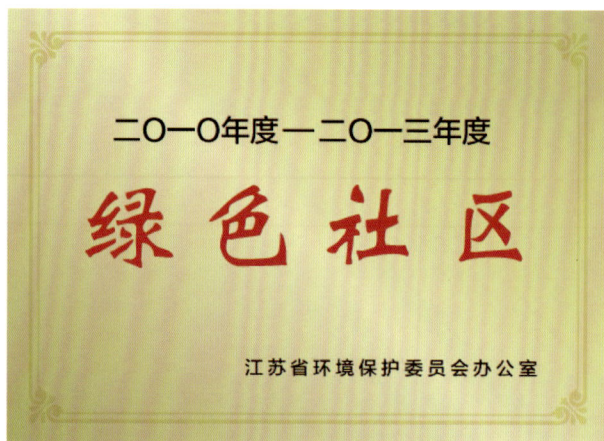

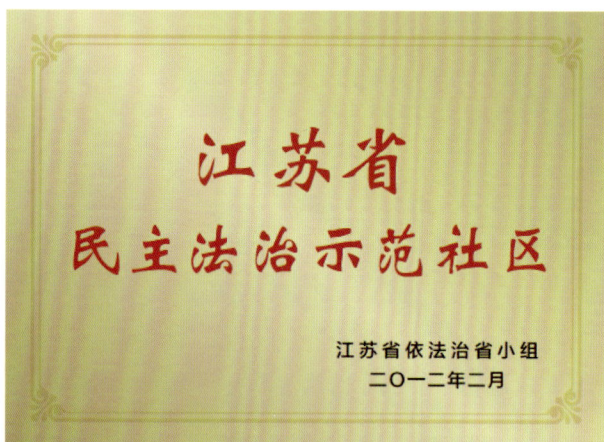

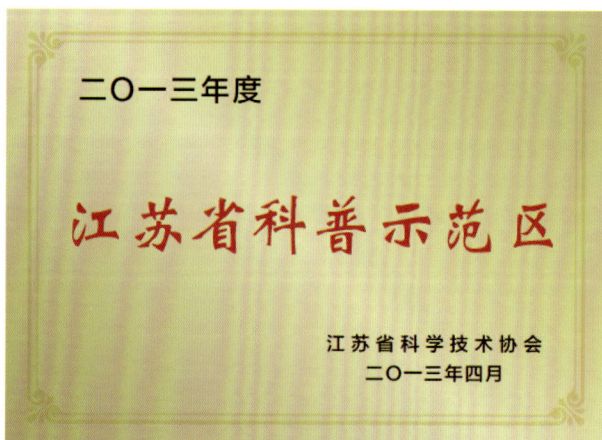

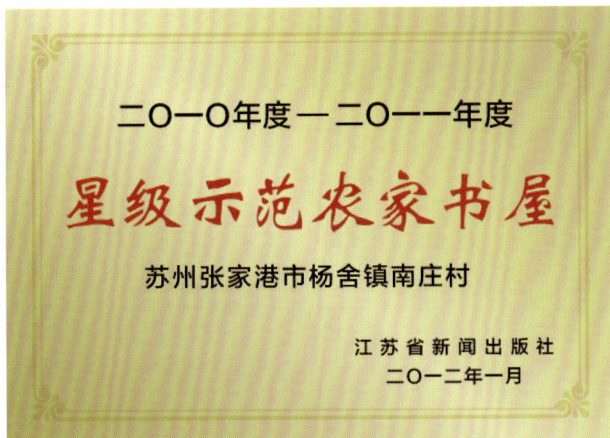

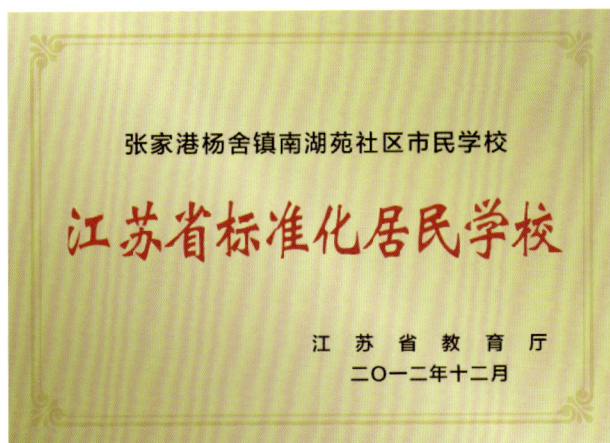

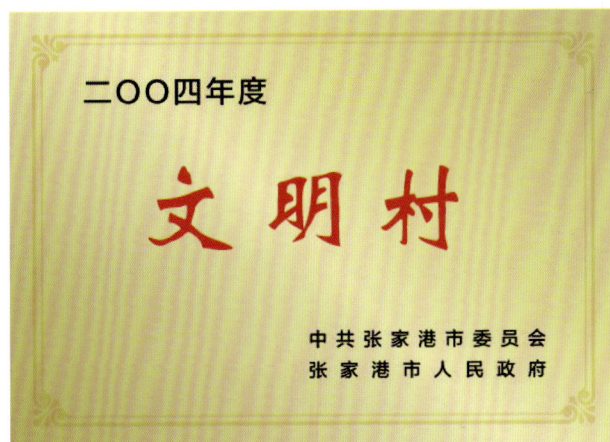

《南庄村志》编纂工作会议(摄于 2017 年 2 月)

《南庄村志》终审会与会人员合影(摄于 2018 年 4 月)(前排左起:徐聚才、徐达、陆正芳、徐海栋、汪丽菁、戴玉兴、朱永平、蔡惠兴,后排左起:徐林才、邹永球、徐建荣、朱仁金、朱晓华、徐瑞龙、蔡建高、徐福祥、戴凌燕、陶心怡)

序

南庄人期盼已久的《南庄村志》即将付梓。这是南庄历史的记录,时代的新篇,也是南庄社会主义精神文明建设和乡村文化建设的一项丰硕成果。《南庄村志》的问世,功在当代,利在后人。

明代嘉靖元年(1522)起,位于东经 120°27′40″—120°38′16″、北纬 31°47′20″—31°57′07″,地处江阴县(今张家港市)谷渎港西岸的广袤土地上,我们的祖先从四面八方来到这里安营扎寨、繁衍生息,用自己勤劳的双手和智慧,历尽艰难困苦,先后打造形成了大南庄、田二房、夏家弄、小南庄、东墙门、孔家庵、小窑泾、李家巷和朱家巷九个自然村庄,创建一个个美好家园。近 500 年来,南庄人民祖祖辈辈耕耘在这片热土上,卧薪尝胆,闻鸡起舞,自强不息,不仅创造了厚实的物质文明,而且积淀了厚重的人文底蕴,走出了具有南庄特色的乡村发展之路。

南庄相对其他行政村而言,其发展历史虽然不长,辖区面积虽然不大,居住人口虽然不多,但南庄村历来就有社会和谐、民风淳朴的传统,古有乐善好施、济贫扶困的慈爱之举,今有见义勇为、尊老爱亲的新风典型。中华人民共和国成立后,南庄村经济振兴、发展迅速,农业效益逐年提高,工业、副业、商贸服务业从无到有,规模从小到大。特别是党的十一届三中全会以后,全村探索出了一条以农业为基础,工业为主导,不断完善配套服务,一、二、三产协调发展的道路。纵览改革开放 40 年,南庄村经济、生态和社会事业建设经历了翻天覆地的变化。全村交通水利和农村建设齐头并进,教育、文化、体育、卫生和精神文明建设成果显著。当下,生活在南庄的村民,家家住新居、户户有余款、人人享有社会保障,过着吉祥如意、安居乐业的社会主义新时代幸福生活。

南庄是一个整村动迁的行政村。南庄的历史遗产在农村城市化的进程中逐渐湮灭。然而,编纂《南庄村志》的初衷,就是要力所能及地抢救南庄的历史遗产和民间文化,多方位还原一个只能永远留在人们记忆中的美丽南庄,把我们村庄的沿革、村情的变化、村民的生活和民间文化等发展轨迹用文字、数字和图表的形式跃然纸上,永远铭记乡愁,使村志成为领导的工具书、学者的参考书、青少年的教科书、家庭收藏的资料书。让我们感到十分欣慰和可喜的是,《南庄村志》的编纂者通过海选资料加以甄别和整理,通过设立正卷十三卷、志余一卷,详细记述了南庄村有史以来至2016年的基本面貌和变迁过程,秉承了"存史、资政、育人"的宗旨,圆满实现了编志的初衷。

怀古以立志,掩卷当奋发。南庄村辉煌的过去已载入史册,南庄村美好的未来将由我们及后人去创造。今天,历史的车轮已驶入一个崭新的发展时代,中共十九大描绘的宏伟蓝图,为我们指明了新时代前进的方向。南庄村必将如虎添翼、展翅腾飞。我们衷心祝愿勤劳、聪明的南庄人民,在中国共产党的英明领导下,承前启后,继往开来,用自己的智慧和双手谱写更新更美的历史篇章,以载入新的史册。让我们与全体南庄人民一起,不忘初心,牢记使命,朝着实现中华民族伟大复兴的宏伟目标奋勇前进!

是为序。

中共南庄村总支部委员会书记:

南庄村村民委员会主任:

2019 年 5 月 20 日

凡　例

一、本志以马列主义、毛泽东思想、邓小平理论、"三个代表"重要思想、科学发展观、习近平新时代中国特色社会主义思想为指导,坚持辩证唯物主义和历史唯物主义的立场、观点和方法,贯彻实事求是、存真求实的原则,力求全面、系统、客观地记述时限内的发展历程和变化情况,为存史、资政、育人服务。

二、本志按照立足当代、详今略古、通合古今的原则,全面记述南庄境内自然及经济、政治、文化、社会等方面的历史与现状。

三、本志记述地域范围,以 2016 年末南庄村行政区划为准;本志记述时限,上限因事而宜,尽力追溯,下限止于 2016 年 12 月。大事记延至 2017 年 12 月。卷首图片延至 2018 年 4 月。

四、本志所述内容运用述、记、志、传、录、图、照、表等方志体裁,以志为主。全志语言采用现代汉语语体文。除概述有叙有议、以叙为主外,其余均以类系事,以时为序,只记事实,一般不作评述。

五、本志卷首列编纂机构和编纂人员名录、序、凡例、彩页、地图、概述、大事记;专志各卷为主体,横排门类,纵述史实;志尾为志余和编后记。全志以卷、章、节、目的结构形式依次排列。

六、本志地名、政区及机构等均沿用当时名称,必要时加注现名。其首次出现时一律用全称,凡可以简称者括注简称,其后用简称。凡未用全称的"省""县""市",均分别指江苏省、沙洲县、张家港市。

七、本志人物遵循"生不立传"的原则,设人物传记、人物简介和人物名录。人物简介收录正处级干部和正高级知识分子。获张家港市级(含)以上荣誉先进人物、中级职称(含)以上知识分子、行政科级(含)以上干部,均列表入录。人物记述,已故人物以卒年为序,在世人物以生年为序。志中所述人物、事迹等均限已知部分。

八、本志所用长度、面积(土地面积亩、公顷除外)、体积、重量(质量)等计量单位一般用中华人民共和国法定计量单位。其中所涉阿拉伯数字中的小数,一般保留小数点后两位,特殊情况除外。

九、本志纪年,中华民国成立前以历史年号括注公元纪年;中华民国成立后一律用公元纪年。本志所称"解放前、后"的界限,以1949年4月22日全境解放为准。本志所称的××年代,均指20世纪××年代。

十、本志资料源于文献、档案、报刊、专著及口碑采访,均经考证核实,一般不再注明出处。本志引用的各种统计数据,以市统计部门公布的资料为准。未及部分采用业务主管部门提供的数据(注明出处的除外),统计部门缺项的,则用村有关部门提供的数据。

目　录

第一卷　建置区划·环境资源

第二卷　居　民

第六卷 工 业

第七卷　商贸服务业

第八卷　党政社团

第九卷　治安·军事

第十卷　社会保障

第十一卷 教育·文化·体育·卫生

第十二卷 精神文明建设

第十三卷　人物·荣誉

志　余

概　述

南庄村位于杨舍镇镇域南部,北距杨舍镇政府约4千米。村域东与棋杆村毗邻、南与河北村相接、西与江阴市新桥镇苏市村交界、北与棋杆村和旺西村接壤,总面积2.29平方千米。村名以境内大南庄自然村命名。村委会驻南湖苑。2016年,南庄村辖南湖苑社区,有17个村民小组。全村共579户2009人,其中非农户58户112人。另有暂住人口7958人。2016年全村经济总收入2.6亿元,农民人均纯收入3.31万元。

南庄村地处北亚热带温湿气候区,气候温和,四季分明,日照充足,雨量充沛,土地肥沃,宜农宜渔,是典型的鱼米之乡。

中华人民共和国成立前,南庄村属江阴县马嘶乡十二保。中华人民共和国成立后,全境分属江阴县杨舍区塘墅乡南庄村和东墙村。农业合作化时期称塘丰三社。人民公社化时期为塘市人民公社(以下简称公社)第二工区,后改为塘市公社二大队。1962年成立沙洲县后改属沙洲县。1983年政社分设,更名为塘市乡南庄村。1993年3月塘市撤乡建镇,属塘市镇管辖。2000年7月,南庄村随塘市镇并入杨舍镇,改属杨舍镇管辖。2007年5月,南湖苑社区居民委员会成立。2008年5月,南庄村和南湖苑社区实行一套班子、两块牌子,以村管居、以村建居的管理模式。

自然资源丰富,物产充足。中华人民共和国成立前,全境普产稻、麦、油菜籽。内河盛产鱼、虾、蟹、黄鳝、鳗鱼、鳖等水产品。农家遍养猪、羊、鸡、鸭、鹅等家畜家禽。野生植物随处可见,野生动物多有出没。南庄盐卤豆腐具有特色,南庄老土布久负盛名。中华人民共和国成立后,特别是十一届三中全会以后,境内充分利用土地资源,大办建材业,先后建起三小三大砖瓦厂。60—70年代年年消耗黏土约6600立方米,年产青砖、望板、小瓦465万块(片),80—90年代年消耗黏土约138.60万立方米,年产机红砖8000万块。南庄的建材业为新农村建设作出了重要贡献,产品还源源不断地销往苏、锡、常、沪等地。

农业生产在改革调整中有起有落。中华人民共和国成立前,由于长期处于封建社会,境内农业生产水平低下,农民一直是自给或半自给性地生产,遇到自然灾害,土地"十年九荒",老百姓过着温饱无着的生活。中华人民共和国成立后,在党和政府的领导下,经过土地改革和农业合作化运动,结束了几千年的土地私有制,解放了生产力,种植布局适当调整,推广农业科技,实行科学种田,提高耕作质量,使农业生产得到较大发展。1958年9月成立人民公社后,由于搞平均主义,生产力受到严重损害,加上自然灾害造成连续三年国民经济困难。1962年贯彻中央《农村人民公社工作条例(修正草案)》精神,纠正错误倾向,调动社员积极性,农业生产得到恢复发展。1966年开始的十年"文化大革命"期间,推行"以粮为纲"和一系列"左"的政策,人民生活水平下降。1978年中共十一届三中全会后,南庄大队逐步推行大组、小组联产承包责任制。1983年,南庄村实行家庭联产承包责任制,农村经济开始全面振兴。1994年,南庄村实行"三田制",农民只种口粮田和饲料田,将责任田分离出,承包给有一定资本的种田能手,实行大农户土地规模经营。1998年全面推行农村集体土地承包经营制,进行经营确权登记,给农户颁发"农村集体土地承包经营权证书"。1999年开始,全村在抓好常规农业的同时,大力发展多种经营,调整农业产业结构,农业综合效益日益提高。2016年,全村农田大多被征用,农业基本消失,农民土地股权实行固化。

工业经济在迂回发展中显现活力。中华人民共和国成立前,境内的工业仅限于小手工业。中华人民共和国成立后,至60年代中后期,为南庄大队集体工业的起步阶段。先后建办三大三小砖瓦厂和粮饲加工厂。"文化大革命"期间,工业发展缓慢。70年代后期,集体企业开始发展。中共十一届三中全会后,先后建办南庄眼镜厂、预制场和服装厂等。80年代始,南庄村(大队)工业经济发展开始提速。上瓷电气有限公司、申美包装有限公司、利民服饰塑料包装有限公司、声达超声有限公司、科华齿轮有限公司等一批集体股份合作制及私营个体企业相继建成投产。1998年至1999年,上瓷电气有限公司等一批集体企业实行产权制度改革,先后由村办集体企业转为私营企业。为招商引资,筑巢引凤,2002年,南庄工业区建成。是年,进驻企业38家。2016年,全村有工业企业64家,其中有高新科技企业和上市企业各2家,经营门类有轻工、机械、电子、纺织、染色、服装、电器等,全年工业产值57.38亿元。

商贸服务业在市场经济中快速发展。中华人民共和国成立前,境内交通运输闭塞,商品经济不发达,没有像样的商贸服务业。中华人民共和国成立后,随着交通运输的发展与商品经济的兴起,境内部分青壮年农民开始外出做点小生意,或采购部分紧缺物资,作为商品交换或就地收购、贩卖农作物种子、废旧金属等。至80年代,境内陆续出现小规模的店铺,经营项目有农副产品、日用百货、小吃、理发(美容)、缝纫、家电维修和家政服务等。其中商贸服务及小加工等项目逐步成为南庄村经济的重要组成部分。1992年,南庄村共有各种工商户42户,营业额327.95万元,比1982年增长2.5倍。2000年以后,南庄村充分利用地理优势大力发展商贸服务业,商业、运输业、贸易市场及房东经济(村民房东经济与村集体房东经济)等产业发展齐头并进,成为集体增收、村民致富的重要渠道。2016年,全村完成商贸服务业总产值 779.99 万元。

新农村建设的宏伟蓝图在城镇化建设中逐步成为现实。改革开放前,新农村建设步伐缓慢,造房起屋仅局限于各家各户的"单枪匹马","孤座"建筑多,村容村貌凌乱无序。从 2000 年起,南庄村组织实施"乡村城市化"的农村建设规划,全面进行宅基地归并,推行农民集中居住。2002 年以后,由小南庄开始,全境开始整村动迁。2006 年 7 月,杨舍镇对大范围动迁的涉房农户开始在南湖苑、棋杆花苑、北海花苑、塘市花苑、东兴苑等小区实施分批安置。至 2016 年 12 月,安置基本结束。另外,境内还有房地产商开发的南湖湾、香蜜湖－港城一品、中联棠樾和苏园别墅或高层商品房住宅区。

各项社会事业随经济发展同步推进。

交通运输日趋发展。80 年代开通沙锡公路,1994 年开通新沙锡公路,结合农田基本建设,村级公路通到每个自然村,形成了纵横交错的陆运交通网。1996 年后,南庄村至张家港市区的 3 路、9 路、12 路、212 路、35 路公交车开通。2012 年后,南庄村又开通 8 路公交车,每 8 分钟 1 辆到达市中心。2013 年后,全村形成了"四纵三横"(纵向有南湖路、金港大道、紫荆路和港城大道,横向有新丰路、汤联路和新泾路)的交通格局。境内车辆 1 小时左右可直达苏南各大中城市。各种交通运输工具迅猛发展。至 2016 年,全村拥有各种货运车辆 18 辆,总吨位 120 吨;拥有小轿车 604 辆。

教育事业全面发展。中华人民共和国成立前,境内仅有两所私塾。中华人民共和国成立后,境内教育事业全面发展,形成了从幼儿园到完全小学的教育体系。50 年代起,即注重成人教育,开办民校,60 年代开办夜校。2000 年后,成立家长学校,拓宽教育阵地。全村的教育风气不断优化,学历教育全面提升。至 2016 年,全村有研究生 10 人、本科生 117 人、大专生 131 人、中专生 64 人。

文化事业快速发展。中华人民共和国成立前,境内群众文化生活贫乏。中华人民共和国成立后,文化事业发展迅速。60 年代,南庄大队成立文艺宣传队,电影、广播进村入户。90 年代,南庄村建有老年活动室。2000 年以后,南庄村建有文体综合活动室,每年举办节日文化活动。2007 年以后,社区增加文化设施。在室外设立长久戏台、宣传橱窗、宣传栏、文化墙、宣传标语牌、公益广告条幅;室内建有文化走廊、道德讲堂、农家书屋、电子阅览室、文化资源播放厅等。社区成立文化网格,设立微信公众号。全村注重历史文化遗产的传承光大,续修家谱,弘扬族训、家规、家教。

体育事业蓬勃发展。中华人民共和国成立前,南庄村的体育活动仅限于民间少数中老年人的举石担、甩石锁和练拳习武等普通活动。中华人民共和国成立后,群众性的体育活动蓬勃开展,尤以打篮球为主。50—70 年代,南庄篮球队在周边乡村球赛中获得佳绩。2000 年以后,南庄村完善体育设施,建立健全体育组织,开展了富有特色的体育健身活动。2007 年成立"南湖清韵"健身队,2012 年成立"云舞"舞蹈队,2013 年成立"银球俱乐部"。

南庄村(社区)还建立篮球、乒乓球、羽毛球等运动队,着力营造全民参与体育活动的良好氛围。

卫生事业长足发展。中华人民共和国成立前,南庄境内缺医少药,群众健康得不到保障,得了大病、疑难病只能听天由命。中华人民共和国成立后,医疗卫生条件大为改善。特别是60年代末,南庄大队建立合作医疗卫生室以后,群众可以小病不出村,就近就医,就近抓药,开展保健咨询。2008年10月,南庄村卫生室创建成张家港市甲级卫生室。2010年1月建立南庄社区卫生服务站。2016年,全村建村(居)民健康档案2938人,慢性病、特殊病监控实现全覆盖。

政治生态良好。党的组织承上启下、充满活力,党员队伍不断扩大、富有朝气。1952年8月,全境仅有1名中国共产党党员。至2016年,全村有党员96人。1958年9月,境内建立党支部。2006年6月,南庄村党支部升格为党总支。至2016年,全村有党总支1个,党支部4个。中华人民共和国成立初期,境内成立农民协会。1986年南庄村首次召开村民代表大会,设立村民委员会。至2016年,南庄村共召开11次村民代表大会。村民自治有效行使,组织网络配备合理,条线工作思路清晰。全村人心思进、社会和谐,各项工作有序推进。从50年代起,南庄村(大队)先后建立工会、共青团、妇代会、老年协会、关心下一代工作委员会等群团组织,均按章程开展工作。计划生育工作因时施策,治安维稳工作常抓不懈,调解、民兵工作重点突出。

精神文明建设成果丰硕。中华人民共和国成立初期,境内利用夜校、民校等阵地,广泛持久地开展各类宣传教育活动,破旧立新,奠定了精神文明建设的基础。60年代起,掀起学雷锋、学习解放军的高潮,精神文明建设得到升华。80年代起,全村(大队)广泛开展"五讲、四美、三热爱"活动。在村(居)民中广泛开展"文明新风户、文明家庭"评选、"五星文明家庭"评选、"文明标兵家庭"评选等。在村级集体创建活动中,南庄村先后开展"苏州市农村现代化建设示范村""苏州市民主法治村""江苏省卫生村""江苏省绿色社区""江苏省农家书屋法治文化建设示范点"等创建活动。

人民生活水平在新农村建设中稳步提高。中华人民共和国成立初期,全村年人均收入不足30元。1957年增加到87.8元,比解放初期增长1.9倍。国民经济"三年困难时期",农民生活水平普遍下降。1963年后逐步有所恢复和略有提高。1978年开始,随着农业产业结构的调整、生产的发展和农副产品价格的提高,农民收入明显增加。1995年,全村年人均收入3903元,相当于1957年的44.45倍。2016年,年人均收入3.31万元,比1995年增长8.48倍。1978年以后,境内始有本土务工人员。1979年,职工年人均工资432.8元。80年代起,南庄村(大队)企业职工工资逐年提高。1995年,职工年人均工资5998.8元,相当于1979年的13.86倍。2016年职工年人均工资51800元,相当于1979年的119.69倍、1995年的8.64倍。随着经济和社会的快速发展,南庄人民生活水平迅速提高。住房条件大为改善,人均居住面积由解放初期不足 10 平方米增加至 2016 年的 82.73 平方米。2016 年村民全部住进居民集中居住区。自来水入户率、生活用燃气入户率和儿童入学率均达到 100%。全村通信设施全面升级换代,形成程控电话网、移动电话网、宽带等现代化立体通讯网络,各种智能化设备普及应用,居民可以随时随地尽情享受高科技带来的惬意和快乐。社会保障全面落实,村民享受城镇养老保险和合作医疗保险,参保率 100%。困难群体的生活得到有效保障。在努力提高和改善村民生活条件的同时,南庄村还积极发展多项社会福利事业:全体村(居)民免缴保洁费和新型合作医疗保险费,老年人享受养老生活补贴,每年一次体检,每年中秋节、春节两次慰问。

2016 年,南庄村委会依法自治达标率 100%,农村绿化覆盖率 44.2%,环境质量综合指数分值 95.8。上述各项数据均达到或超过省定全面建设小康社会和现代化新农村的标准值,南庄村已步入小康社会。

1996 年,南庄村获张家港市双文明单位。2003 年起,连续多次被评为张家港市文明村(社区)。1999—2016 年间,南庄村(社区)曾获"江苏省卫生村"等荣誉。

2006—2015 年,苏州市委副书记、市长阎立,江苏省文化厅厅长章剑华,文化部社文图司副司长李宏,中国新闻出版社党委书记、社长姜军,江苏省新闻出版局党组副书记、副局长沈建国,张家港市委书记黄钦,市委副书记、市长姚林荣,全国社区教育专业委员会主任陈乃林,江苏省远程教育中心副主任陈勇等领导曾先后到南庄村考察指导工作。期间,文化部文化共享工程督导组、苏州市文化建设"五件实事"考核组、全国社区教育实验区验收组、省文化信息资源共享工程现场会参观团、全国农家书屋工程建设(东部地区)经验交流会参观团、苏州民主法治社区验收组、省级绿色社区验收考核组、人民日报社采访组、苏州大学参观团等单位和组织曾先后到南庄村实地调研、采访。

南庄的发展史见证了南庄村的沧桑巨变。南庄人民砥砺奋进,取得了政治文明、物质文明、精神文明和生态文明建设的辉煌业绩。前人之功绩,永载史册;曲折和教训,后人为戒。勤劳、智慧、勇敢的南庄人民,在中共南庄村总支部委员会和南庄村村民委员会的领导下,正沿着党的十九大指引的方向,励精图治,再接再厉,为努力建设新时代中国特色社会主义新南庄而努力奋斗!

大 事 记

明

嘉靖元年(1522) 南庄自然村形成。

嘉靖十三年(1534) 夏,大水,淹没田禾,境内人畜伤亡严重。

隆庆二年(1568) 田二房自然村形成。

万历元年(1573) 夏家弄自然村形成。

清

顺治十七年(1660) 暴雨六昼夜,境内平地水深二尺,农田淹没,木船可驶入街市。

乾隆三年(1738) 杨舍、马嘶、顾山、华墅、周庄、章卿 6 个镇分段兴修杨舍堡城,境内农民参修。

乾隆三十四年至乾隆四十一年(1769—1776) 徐廷栋在南庄北 150 米处建造新宅,取名小南庄。原南庄遂称大南庄。

嘉庆年间(1796—1820) 东墙门自然村形成。

咸丰元年至咸丰三年(1851—1853) 小窑泾自然村形成。

咸丰元年至咸丰五年(1851—1855) 孔家庵自然村形成。

光绪三年(1877) 农历五月,境内大风拔树,蝗虫入境。

光绪八年(1882) 飞蝗蔽天,境内农民以野草、树叶为食。

光绪十年(1884) 李家巷自然村形成。

光绪十五年(1889) 夏,大雨 45 天,境内农田受淹。

光绪十九年(1893) 冬,严寒,境内最低气温达零下 12.5℃。

光绪年间(1875—1908) 朱家巷自然村形成。

宣统三年(1911) 8月27日境内降暴雨,彻夜不止,平地成泽国。

是年 杨舍农民包纪纪等带领佃农千余人,集会游行抗交田租,境内20多人参加。

中华民国

1912 年

10月 马嘶镇更名为马嘶乡,乡公所驻南新桥。南庄全境属马嘶乡十二保。

1917 年

夏 境内蝗灾严重。

1921 年

3月29日 杨舍镇设立三等乙级邮务支局,乡间设邮政代办所,境内开始通邮。

1926 年

7月31日 境内气温高达40.5℃,瘟疫流行,暴死者无数。

1928 年

7月16日 大批蝗虫从西北澄江方向飞至鹿苑、福山等地,布满天空,境内稻黍之属均被殃及。

1931 年

7月 连降大雨,江潮倒灌,境内大批田地禾苗被淹。

1934 年

夏 小麦丰收。夏末大旱,境内连续98天无雨,河流断航,秋熟歉收。

是年 马嘶乡划分马嘶、兰馨、塘墅、西贞、苏墅5个小乡,境内属塘墅乡。

1935 年

春 疏浚谷渎港,支流贯通,木船航运可达南庄站。

10月 境内蟆害成灾,收成锐减。

1936 年

夏　强台风过境,最大风力 8 级以上,连续 5 天 5 夜,普降大雨。境内受灾严重。

是年　塘墅镇"石步槛"以西街道,由塘墅乡乡长叶恒雪负责筹款铺设金山石路面,南庄数人参与捐款。

1937 年

11 月 23 日　日军入侵塘墅地区,南庄百姓受欺凌者达数十人。

是日　日军进村扫荡,大南庄村民扶老携幼逃难。

1938 年

3 月　徐福全创办大南庄私塾。

1939 年

夏　霍乱流行,大南庄数户人家被传染。徐根香一家 7 天内病死 2 人。全境数日内死亡达 10 人。

1941 年

9 月　庞育山创办东墙门私塾。

1947 年

6 月　陶正祥创办小窑泾私塾。

8 月　境内麻疹流行。

1948 年

秋　境内群众响应抗丁、抗粮、抗捐的"三抗"斗争。

冬　开挖朱家浜,全长 2850 米,境内河段长 2480 米。

1949 年

4 月 22 日　南庄全境解放。

5 月 13 日　境内金圆券停止使用。

5 月下旬　境内开展剿匪特斗争。

7 月 24 日　强台风过境,境内群众奋力自救。

7—8月　境内不少农户献粮,支援渡江解放军,解放全中国。

9月　境内废除保甲制度。

中华人民共和国

1949 年

10月1日　中华人民共和国成立。境内群众到塘墅集镇参加庆祝活动。

10月上旬　境内成立农民协会。建立行政村,废除保甲制。

12月　境内各自然村创办冬学(民校),组织农民学习政治、文化和教唱革命歌曲。

1951 年

1月　境内开展土地改革运动,至4月结束。

3月　成立乡供销社,发动农民入股,每股1元。境内以农户为单位,有176户入股。

9月　塘墅乡召开群众大会,颁发"土地房产所有证"。境内有364户领到"土地房产所有证"。

1952 年

春　全民普种牛痘,境内有近千人接种。

春　境内陆续建立临时互助组和常年互助组。

8月　塘墅乡开始发展在土改中涌现出的积极分子入党。东墙门邹宝棣被批准入党,成为境内首个中共党员。

冬　推广祁建华"速成识字法",境内在大南庄和东墙门开办冬学,开展识字扫盲运动。

1953 年

3月　境内青年踊跃报名参加中国人民志愿军,共有2人赴朝作战。

夏　南庄村和东墙村开展第一次全国人口普查和普选工作,历时11个月。

11月　根据中央人民政府政务院的命令,境内对粮食实行计划收购及计划供应。

1954 年

3月　塘市乡召开第一届人民代表大会,境内王育根等3名代表出席。

春　境内开展肃反运动。

春　南庄村建立初级农业生产合作社。

8月25日　大雨,雨量达100.6毫米,全境农田受灾严重。

9月15日　实行凭票计划供应棉布,境内每人发布票2米。同时,棉花实行统购统销。

是年　塘市乡成立信用合作社。境内有176户入股。

是年　"塘墅"改为"塘市"。境内属塘市乡。

是年　境内建立农业技术推广站。

1955 年

1月　严寒,最低气温达零下15.5℃,境内河道封冻,水路交通一时中断。

3月　发行第二套人民币,1万元旧币兑换1元新币。境内群众踊跃兑换新币。

春　境内贯彻中央粮食政策,对粮食、油料实行"三定",即定产量、定口粮、定征购。至11月,政策全部落实到境内各户。

12月　对资本主义工商业进行社会主义改造,私营商店、米厂等实行公私合营。大南庄徐根香与人合资建办的立昌米厂实行公私合营。

冬　学习毛泽东主席《关于农业合作化问题》的报告,境内全部农民参加初级农业合作社。

冬　国家实行义务兵役制,根据《中华人民共和国兵役法》第十三条规定,进行预备役登记。境内第一批适龄青年应征入伍。

1956 年

1月　乡、镇人民政府按照宪法规定改称乡、镇人民委员会。境内属塘市乡人民委员会管辖。

3月　塘市乡建立中共塘市乡总支委员会,陆云湘任书记,邹宝棣任副书记。境内中共党员受塘市乡总支委员会领导。

春　境内所有初级农业合作社合并成1个高级农业合作社。

8月　台风过境,最大风力达10级,境内倒塌房屋数十间。夏家弄一个宅基倒塌17间。

9月　塘市集镇设立粮食自由贸易市场,境内农民可以将余粮上市交易。

冬　塘市乡人民委员会第二届代表大会召开,选举邹宝棣为乡长。境内有11人参加人代会。

1957 年

春　境内教师集中江阴,参加整风运动和反右派斗争。

秋　境内高级社正副职干部全部集中塘市中心小学,参加整风运动,运用"大鸣、大放、大字报、大辩论"方式,开展"反右"斗争。

10月　塘市乡召开第一次党员代表大会,宣布成立中共塘市乡委员会。境内有9人参加党代会。

1958 年

3月5日　塘市乡23个高级社组织民工2979人拓浚谷渎港,长5000多米,境内部分农民参加拓浚。

4月　江阴县召开生产队长以上干部参加的万人(大会),贯彻中共中央制定的"鼓足干劲,力争上游,多快好省地建设社会主义"的总路线,发动"大跃进",境内生产队长身背柴草、被子、衣服等日用品徒步赶往江阴参加大会。

是月　境内开展全民扫盲运动,经测验,有78名青壮年符合扫盲毕业标准,全部领到"识字证书"。

5月　境内开展群众性的除"四害"(麻雀、苍蝇、老鼠、蚊子)运动。

是月　塘市乡由23个高级农业生产合作社合并成15个(社名为塘丰一社至塘市十五社),境内为塘丰三社,同时设立党支部。

是月　境内拆草房数百间,搞万担潭,掀起积肥高潮。

9月24日　塘市人民公社成立,下辖8个工作区,境内为二工区。

是月　王育根任中共塘丰三社党支部书记。

10月　塘市公社实行全民皆兵,公社建立民兵团,工区建立民兵营,下设连、排、班的民兵组织。全公社实行组织军事化、行动战斗化、生活集体化。境内组建二工区民兵营。

是月　大办食堂,实行吃饭不要钱,号召社员"放开肚皮吃饭,鼓足干劲生产"。境内组建社员食堂18所。

是月　境内大搞土地深翻,深耕标准0.4米以上。社员轮番开夜工在田头垄地。

是月　境内大搞土农药、土化肥、土水泥的"三土"工厂,年末停工。

是月　塘市公社召开向钢铁进军誓师大会,成立钢铁指挥部,境内全民大炼钢铁,不久停止。

11月　大搞河网化,全境男女民工500多人参加拓浚张家港,历时6个月完工。

是年　公社设邮电支局,二工区接通电话。

1959 年

4月　塘市公社召开第三届人民代表大会(下称"人代会"),选举李国如为社长,邹宝棣、张洪生为副社长。境内有6名代表参加人代会。

5月5日　全公社三级干部集中长泾参加江阴县委分片召开的党员、干部整风、算旧账会议,会议要求对1958年的"一平二调"进行算账退赔。境内大队书记、主任、会计、生产队队长和小队会计参加会议。

是月   实行公社、大队两级核算。境内撤销小队核算,改为大队核算。

是月   塘市人民公社 8 个工区划分为 10 个生产大队、134 个生产队。境内原二工区改为二大队。

7 月   小窑泾陶勇(又名陶金满)考入中国人民解放军张家口外国语文学院,成为境内第一个大学生。

7—8 月   持续高温达 20 多天,境内农作物旱情严重。

8 月   塘市公社发动男女青年志愿报名支边,境内有 20 人经公社党委批准,赴新疆支援边疆建设。

11 月 15 日   华塘河拓浚,全长 13 千米,土方 93 万立方米,次年 3 月完成。境内 100 余名民工参加拓浚华塘河。

1960 年

2 月   二大队党员汇聚公社开展以"反右倾斗争"为内容的整风运动,历时 3 个月。

秋   塘市公社传达贯彻中共中央关于"全党动手,大办农业,大办粮食"的方针。二大队集中劳力大办农业。

1961 年

春   塘市公社召开全体党员和三级干部会议,贯彻中共中央《关于农村人民公社当前政策问题的紧急指示信》(简称《十二条》)。二大队党员干部参加整风整社,重点检讨工作中出现的"共产风、命令风、浮夸风、特殊风、瞎指挥风"。

4 月   对"大跃进"期间平调社员的住房、家具、农具和其他财物开始算账退赔。全大队 53 户社员获得了赔偿。

6 月   阴雨连绵,夏熟登场,各生产队里把粮食分散到各户,农民家家晾晒"胖"麦子。

7 月   塘市公社召开三级干部大会,全面贯彻落实中央《农村人民公社工作条例(草案)》(简称《农业六十条》)。会后,二大队全面落实社员自留地等农村各项经济政策,实行公社、大队、生产队三级所有,以生产队为基本核算单位的农村经济管理体制。

8 月   境内食堂先后停办。

是月   高温持续 22 天,境内旱情严重。

是年   二大队补划社员自留地,平均每人 0.06~0.09 亩。

1962 年

1 月 1 日   沙洲县正式成立,塘市公社归属沙洲县管辖。二大队全境属沙洲县塘市公社管辖。

春　开始精简下放职工,至1963年5月告一段落。二大队有20余人从上海、苏州、无锡等城市下放回家务农。

7月1日　棉布、鞋帽、食盐、豆制品、火柴、搪瓷品、橡胶制品等14类商品实行平价定量供应。针织品、自行车、钟表、烟、酒商品,实行议价供应。(低于集市贸易价,高于平价供应市场。)二大队开始办代销店,对上述部分小商品实行就近代销。

9月5—6日　14号台风过境,风力8至10级。连续降雨36小时,雨量达284.3毫米,境内部分房屋倒塌,农田受涝。

1963 年

3月29日　中国台湾国民党飞机一架,于零时15分,在塘市地区散发一批传单和物品,第二天境内组织民兵,将空投传单和物品全部收回,上缴销毁。

4月　南庄大队各生产队试种双季稻,品种为矮脚南特号。

是年　南庄大队开展厉行节约,反贪污盗窃,反投机倒把,反铺张浪费,反分散主义,反官僚主义的运动。

1964 年

4月1日　社会主义教育运动开始,工作队进驻南庄大队,全面开展"四清"(清政治、清思想、清经济、清组织)运动。境内组织大队政工组和资料组,配合社教工作队开展工作。

5月　境内三麦爆发粘虫虫害,断穗满田。

7月　南庄大队开展第二次全国人口普查,历时9个月。

1965 年

1月　境内脑膜炎流行,持续一个月。

2月6日　南庄大队全面学习贯彻中共中央《农村社会主义教育运动中目前提出的一些问题》(简称《二十三条》)。

4月1日　南庄大队成立村贫下中农协会,生产队成立贫下中农小组。

是月　徐刘增任中共南庄大队党支部书记。

秋　境内白喉病、脑膜炎流行,经采取措施,疫情得到控制。

是年　境内大搞绿萍放养,以绿萍作水稻肥料。放养绿萍在境内达10年之久。

是年　境内大搞样板田(试验田、丰产田)。

是年　境内部分生产队试种双季稻。

1966 年

8 月 11 日 下午 2 时,境内遭龙卷风袭击。

是月 南庄大队红卫兵走上社会,掀起破"四旧"(旧文化、旧思想、旧风俗、旧习惯)高潮。

9 月 对地、富、反、坏、右、工商地主、小土地出租、上中农等部分家庭进行查抄"四旧",境内有 20 余户被查抄。

10 月 塘市公社党政机关停止办公,一批干部被揪斗靠边,南庄大队主要干部也被炮轰批斗。

11 月 南庄小学、东墙小学停课闹革命。

1967 年

1 月 南庄大队"造反派"进行夺权。大队领导班子瘫痪。

3 月 塘市公社成立革命委员会。境内派员参加成立大会。

6 月 塘市公社人武部接管建立"抓革命,促生产"办公室,设生产指挥组、政治工作组,主持日常工作。南庄大队成立"抓革命,促生产"领导小组。

秋 东墙门社员邹再棣在大南庄小窑劳动进砖坯时,因坯堆发生塌方而不幸罹难。

是年 大南庄第二生产队购进牵引电耕犁 1 台,属塘市公社首台。

1968 年

4 月 23 日 "三结合"的塘市公社革命委员会(由公社人武部干部、原公社领导干部、群众组织代表三结合组成)成立,南庄大队派员参加成立大会。

是月 南庄大队建立革命生产领导小组。

是月 塘市公社建立"清理阶级队伍专案组",南庄大队建立专案小组,开始清理阶级队伍。

5—6 月 在"清理阶级队伍"时,出现乱揪、乱斗现象。

7 月 南庄大队开展忠于毛主席、忠于毛泽东思想、忠于毛主席革命路线的"三忠于"活动。

8 月 城镇户籍的知识青年响应毛主席号召,到农村接受贫下中农再教育,下放到生产队参加农业劳动。南庄大队共接收知识青年、城镇居民 16 人。1978—1980 年"知青"全部落实政策,政府给予安排就业。

9 月 1 日 南庄小学、东墙小学复课。

是月 学校进行学制改革,境内小学六年制改为五年制。

12 月 1 日　新沙河（杨舍至塘市段）按六级航道标准实施拓浚，南庄大队青壮年民工全部参加拓浚工程。

是年　大南庄西元泾始建电灌站。

1969 年

3 月 2 日　整党建党工作开始，历时一年余，按照中央要求，实行"吐故纳新"。期间，南庄大队劝退不合格党员 1 人，吸收新党员 2 人。

4 月 2 日　塘市公社召开第二届贫下中农代表大会，南庄大队成立贫下中农分会，设主任 1 人。

是月　南庄大队成立革命委员会，各生产队成立革命领导小组。

是月　中国共产党第九次全国代表大会在北京召开，境内举行庆祝活动。

是月　南庄大队实行贫下中农管理学校。

是月　南庄大队培训"赤脚医生"2 人，时间半年。大队建办卫生室，实行农村合作医疗制度。

5 月 1 日　大南庄西元泾电灌站竣工，正式通电投入使用。

1970 年

2 月　境内开展"一打三反"（打击现行反革命，反对贪污盗窃，反对投机倒把，反对铺张浪费）运动。

3 月 8 日　飞雪打雷，南庄大队夏熟作物受冻害严重。

春　境内各生产队建办养猪场，大力发展集体养猪事业。

7 月 12—18 日　出现两次特大暴雨，境内大部分水稻受淹。

夏末　境内遭龙卷风袭击，大南庄徐凤高、徐德红两户社员数间房屋被掀翻。

是年　境内各生产队全面推广双季稻。

1971 年

7 月　境内"红眼病"流行，经防治，8 月下旬得到控制。

夏　持续高温 40 天。旱情严重。境内夏熟作物受灾。

是年　南庄大队召开社员大会，传达中央专案组整理的《粉碎林陈反党集团反革命政变的斗争》材料。

是年　南庄大队组织干部数次到华西大队学习种植双季稻和放养"三水一绿"（水葫芦、水花生、水浮莲和绿萍）的经验。

1972 年

春 结合平整土地,境内投入大量劳力平坟地、填平低洼田及小河塘。

是年 境内开展河蚌育珠试验,派员到无锡等地学习。

1973 年

9 月 南庄大队组织学习《中国共产党章程》,进行开门整风,10 月底结束。

是年 境内普及革命样板戏,《白毛女》《智取威虎山》《沙家浜》等参加公社会演并到各自然村演出。

1974 年

2 月 南庄大队全面开展"批林批孔"运动,以夜校为阵地,开展大批判。

6 月 南庄大队组织农户开始挖沼气潭。一年后停止。

7 月 26—31 日 境内连续遭大雨袭击,累计雨量 457.7 毫米。

11 月 高等院校、中师、中专招生,实行贫下中农推荐,领导批准,学校复查,然后录取入学。境内大南庄有 1 人推荐到无锡入学。

12 月 塘市公社召开三级干部大会,贯彻中共中央 32 号文件精神,实行"晚、稀、少"的计划生育政策,落实节育措施。南庄大队两级干部参加大会。

1975 年

春 南庄大队整顿领导班子,批判"重副轻农""重钱轻线(路线)"思想,要求"端正社会主义方向"。历时近 3 年,至 1978 年 11 月结束。

5 月 大南庄徐留成病故后火化,境内为首例。此后境内废止土葬。

10 月 稻飞虱大爆发,境内受害面积超过 800 亩。

11 月 塘市公社开挖大寨河,自河头途经刘市三房巷、二房巷至李巷廊下、虎泾口,全长 2700 米。南庄大队各生产队组织民工参加开挖大寨河。

是年 境内各自然村通电。

1976 年

1 月 8 日 国务院总理周恩来逝世,南庄大队干部、群众自发戴黑纱,沉痛哀悼。

4 月 南庄大队开展"反击右倾翻案风"运动。

5 月 连续阴雨 18 天,降雨量达 190 毫米,境内三麦遭受严重损失。

7 月 6 日 全国人大常委会委员长朱德逝世,南庄大队干部群众佩带黑纱悼念。

8 月中旬　省、地、县相继发出地震紧急预报，南庄大队普遍搭建简易防震棚，不少社员住露天防震棚内，时间延续 1 月余。

9 月 9 日　中共中央委员会主席毛泽东逝世，南庄大队干部群众以各种方式举行悼念活动。

10 月　粉碎"江青反革命集团"，长达 10 年的"文化大革命"宣告结束。南庄大队干部群众集会庆祝。

是月　公社与大队联办合作医疗，到 1981 年 2 月停办。

是年　南庄大队开展党的基本路线教育活动。

是年　南庄抛光厂建办。

1977 年

1 月 31 日　境内最低温度降至 −11.20℃，积雪 14 天，农作物受严重冻害。

春　塘市公社召开"农业学大寨"万人誓师大会，提出"向高标准大寨进军"。南庄大队劳动力全部参加。

夏　南庄大队各生产队试种杂交稻。

9 月 8—11 日　8 号台风正面袭击境内，部分农户房屋受损，130 亩农田受淹。

是年　南庄五金厂建办。

1978 年

7 月 10 日　下午雷雨风暴，最大风力 9 级，境内电线杆、房屋、树木受损。

夏　高温、干旱，70 天无雨，境内农作物减产。

11 月 2 日　南庄大队派 30 名民工赴太浦河参加拓浚工程，历时 40 天。

是月　徐叙庆任中共南庄大队党支部书记。

12 月　国家调整农副产品收购价格，境内农户养猪、羊、鸡、鸭等家禽家畜的积极性提高。

是月　南庄大队派民工参加二干河修浚。

是年　境内对 7 岁以下儿童实行计划免疫接种（打预防针）。

是年　南庄大队复查"文化大革命"中冤假错案，落实有关政策。同时，对"文化大革命"前历次政治运动中处理的案件进行复查。

是年　南庄眼镜厂建办。

是年　新丰河开挖工程竣工，东通新沙河，经芦庄，西至境内小窑泾。

1979 年

2 月 4 日　南庄大队对"四类分子"(地主、富农、反革命、坏分子)进行摘帽和对地主、富农新定社员成分,4 月全部结束。

5 月　南庄五金厂分设建办南庄失蜡制件厂。

9 月　境内东墙小学甲型肝炎流行,停课 1 个月。

10 月　全境完成社员自留地的调整工作。

12 月　南庄大队开办农技员培训班。

1980 年

1 月 11—21 日　南庄大队干部参加公社冬训,坚持实事求是,树立敢于带领群众治穷致富的思想。

10 月　乡建筑公司新办建筑砖瓦厂。厂址和取土范围征用南庄大队第一、二、三、四、五生产队和芦庄部分土地。1981 年 5 月投产。

是年　南庄大队推广除草醚和绿麦隆,实行化学除草。

是年　南庄眼镜厂发生火灾,灾后厂房由平房建楼房。

是年　南庄化工厂建办。

是年　南庄建筑工程队建办。

是年　境内独生子女户领到独生子女证。

1981 年

8 月 13 日　南庄大队农业生产责任制试点工作开始。

1982 年

7 月　南庄大队开展第三次全国人口普查。历时 1 年 5 个月。

10 月　南庄大队选派民工 30 多人,支援开挖锡澄运河。

1983 年

春　实行家庭联产承包责任制,境内农民全部按规定划分并承包责任田。

6 月　中共塘市人民公社委员会改为中共塘市乡委员会,撤销塘市公社管理委员会,恢复塘市乡人民政府。南庄大队改称南庄村。设村民委员会(下称"村委会")。各生产队改称村民小组。

10 月　取消棉布凭票供应,境内农民不再使用布票。

是年　大南庄徐才元开始制作辣蚕豆,自产自销,属改革开放后南庄村首个农副产品加工生产专业户;夏家弄赵阿南经营水果贩卖,在塘市、杨舍设摊搞批发零售,是全村首个个体工商户。

1984 年

7 月　持续高温日达 17 天,最高气温超过 35℃。境内种、养业受严重影响。

9 月 1 日　全村 92%的小学毕业生升入初中。

11 月　塘市派出所成立。南庄村设南庄管区。

是年　南庄村撤销贫下中农协会组织。

1985 年

4 月 1 日　生猪收购价格全面放开,每头生猪的售价提高 10%~15%,全村有 500 余户农民受益。

9 月 9 日　庆祝首个教师节,全体村干部到南庄小学与教师一起参加庆祝活动。

是年　开始征收农村中、小学教育事业附加费,全村各村办企业按销售额的 5‰~8‰计征。

1986 年

2 月　境内村办企业推行厂长任期承包责任制。

9 月 16 日　国务院决定,撤销沙洲县,成立张家港市。南庄村属张家港市管辖。

是年　南庄村召开第一届村民委员会代表大会,选举村民委员会。缪惠祥当选村委会主任。

1987 年

6 月 30 日　塘市乡自动电话并网工程竣工,7 月 1 日凌晨零点开通,南庄村结束长期靠手工交换机拨打电话的历史。

是月　朱仁金任中共南庄村党支部书记。

9 月 23 日　上午 10 时 53 分左右,出现日环食天象。境内全程可观。

是年　全村人均收入超千元。

1988 年

5 月 3 日 23 时至 24 时,4 日凌晨 4 时至 8 时　境内连遭两次暴风雷雨袭击,内河爆满,部分房屋倒塌。农作物倒伏严重。

冬　境内连续 70 多天未雨,为历年未遇的冬旱。

1989 年

2 月 1 日　全村开始由华东电网供电。

2 月 22 日　塘市乡老龄协会成立。南庄村建立老龄协会组织,村委会主任兼任村老龄协会主任。

是年　南庄村首次开展评选"新风户"活动。

是年　南庄村举行第二届村民委员会换届选举,缪惠祥当选村委会主任。

1990 年

7 月 25 日　13 时 20 分整,全村遭受龙卷风袭击,暴风雷雨成灾,村办企业部分厂房屋顶被掀,平房倒塌数间。两座轮窑(建筑砖瓦厂和南庄砖瓦厂)以及一座土窑半成品全部被淹,直接经济损失数十万元。

是月　南庄村开展第四次全国人口普查,历时 1 年 3 个月。

是年　南庄村推行"两公开、一监督"(公开办理制度、公开办理结果、依靠群众监督)制度。

1991 年

6 月 30 日至 7 月 6 日　全村多次遭特大暴雨袭击。雨量达 358.6 毫米,为中华人民共和国成立之后境内雨量最大的一个梅雨时段。全村损失严重,村干部组织群众开展抗洪排涝,生产自救。

10 月　南庄村党支部换届选举,黄和生任中共南庄村党支部书记。

1992 年

3 月　南庄村开展招商引资工作,全面部署,发展村级经济。

5 月　南庄村加强三农服务,添购大型农机具近 10 台。

是年　南庄村制定发展村级经济三年规划。

是年　境内农户平房翻建楼房基本结束。

是年　南庄村举行第三届村民委员会换届选举,徐文虎当选村委会主任。

1993 年

3 月 18 日　撤销塘市乡,成立塘市镇。南庄村属塘市镇管辖。

9 月 28 日　塘市镇举办"建设新塘市,人人献爱心"歌咏晚会。南庄村党员干部为筹建塘市幼儿园积极捐款。

　　是年　南庄村开设文明市民学校,开展文明市民教育活动。

1994 年

2 月 12 日　大南庄徐顺良安装个人家庭电话,属南庄村首家。

　　是月　李长法任中共南庄村党支部书记。

7 月　连续高温日达 21 天,最高温度超 35℃。境内农作物受旱灾。

10 月　新沙锡路境内段路面竣工,建成通车。

　　是年　南庄村开展"文明新风户"评比活动。

1995 年

6 月　塘市农贸市场开张营业,境内有多个个体户租摊经营。

10 月　境内实行责任田与口粮田两田分开,种田专业户应运而生,境内有多种经营专业户 10 余户。

　　是年　境内开通有线电视。

　　是年　南庄村举行第四届村民委员会换届选举。徐云高当选村委会主任。

　　是年　南庄村在新沙锡路西侧,易地新建办公大楼。

1996 年

5 月 18 日　位于新沙锡路西侧的南庄村村部新办公大楼落成。

　　是月　南庄村大搞农业平整复垦土地,拆除废弃小窑 2 座,填平小河洼地 5 亩。争创省级卫生村。

9 月 1 日　位于塘市镇北路的塘市中心小学建成启用。南庄小学合并到塘市中心小学。

　　是年　南庄实现程控电话村、党报村。

　　是年　市区到塘市镇的 9 路公交车开通。境内设候车站台 4 个。

　　是年　南庄村被张家港市委、市政府授予"双文明单位"称号。

1997 年

3 月 25 日　南庄村群众响应政府号召,踊跃向贫困地区捐款捐物。

6 月 28 日　南庄村组织群众参加塘市镇万人游园活动,热烈庆祝香港回归祖国。

7 月　南庄村开展"村务公开,民主管理"活动。

8 月 18 日 22 时至 19 日上午 10 时　境内受 11 号强台风袭击,最大风力 10 级,最大风速每小时 108 千米,雨量 64.7 毫米。

12 月　境内农户与村经济合作社签订"土地承包使用权自愿转让协议书",种田大户和养殖专业户应运而生。

是年　南庄村党员干部签订防治"节日病"责任承诺书。

是年　大南庄部分农户通自来水。

1998 年

3 月 19 日　境内下大雪,当年夏熟减产严重。

5 月 25 日　南庄村遵照上级指示精神,农户和大农户禁烧麦柴、菜萁,全部实行秸秆还田。

8 月　根据《中共中央办公厅、国务院办公厅关于进一步稳定和完善农村土地承包关系的通知》精神,南庄村对全体农民承包土地的合法权益进行确认并由市委农工部发放"农村集体土地承包经营权证书"。境内共有 17 个村民组 560 个家庭 1928 人获土地承包经营权,共计土地面积 938.75 亩。是月底,发证结束。

10 月　南庄村开始按规定全面展开农户房屋所有权登记发证工作,到年底结束。

11 月　南庄村举行第五届村民委员会换届选举。徐福兴当选村委会主任。

1999 年

2 月　南庄村开展帮困活动,有 11 户孤寡老人和贫困儿童得到救助。

3 月　邹建良任中共南庄村党支部书记。

6 月 23—28 日　太湖流域暴雨成灾。27 日上午 8 时至 28 日上午 8 时,一昼夜降雨量达 158.6 毫米。境内部分低洼田块粮食作物颗粒无收。

7 月 6 日　塘市镇招聘首批 7 名大学生村官赴任。李海英任南庄村委会主任助理。

12 月 26 日　南庄村组织群众参加塘市镇开展的迎澳门回归庆祝活动。

是年　冬季寒冷,是自 1987 年以后 13 年中最冷的一年,最低温度 −9℃,境内有 16 户家庭自来水管道爆裂和太阳能设备损坏严重。

是年　南庄村转制企业 2 家,企业注册资本累计 150 万元,股东 2 人。

是年　南庄村被授予江苏省"省级卫生村"称号。

2000 年

7 月 8 日　杨舍、塘市、泗港、乘航合并组建新的杨舍镇,南庄村属杨舍镇管辖。

是月　南庄村开展第五次全国人口普查,历时 1 年 4 个月。

10 月　南庄村成为《苏州日报》党报村。

是年　南庄村开展"三个代表"教育活动。

2001 年

春　南庄村开展访贫问苦活动,慰问 4 户特困家庭和 3 户困难老党员。

12 月 25 日　南庄村举行第六届村民委员会换届选举。徐福兴当选村委会主任。

是月　杨舍镇第十五届人民代表大会换届选举,南庄村为 12 选区,境内组织选举镇代表。

是年　南庄村建设公厕 8 座,实行全天候大环境整治。

是年　南庄村被张家港市委、市政府授予"双文明单位"称号。

2002 年

春　南庄村委召开老干部迎春茶话会,并召开企业主迎春座谈会。

夏　南庄村组织老干部外出红色旅游。

秋　南庄村举行党支部换届选举。邹建良当选党支部书记。

是年　南庄村实现经济总收入 2766.7 万元,农民人均收入 6066 元。

2003 年

春　南庄村委会召开企业主、老干部座谈会。

春　南庄村党支部委员会,村委会(下称"两委")慰问困难户、孤寡儿童。

4 月 11 日　由企业赞助,生产队捐资,南庄村大南庄庙场上连做草台戏(锡剧)10 场。

4 月 28 日　塘市建筑砖瓦厂扩大用地,哈弥湖西侧水泥路通过新丰河连接至大南庄,徐福才和张成林两户因政府征地拆迁,成为大南庄自然村出宅新建楼房的拆迁首例。

是年　南庄村被张家港市委、市政府授予"文明村"称号。

2004 年

2 月 14 日　塘市街道办事处更名为塘市办事处。境内属塘市办事处辖区。

12 月 5 日　南庄村举行第七届村民委员会换届选举。徐海栋当选村委会主任。

是年　南庄村主要村干部实行述职述廉。

2005 年

3 月 25 日　南庄花园(后改名为南湖苑)奠基动工,张家港经济开发区(杨舍镇)、张家港市建委领导参加仪式。

春　南庄村开展慰问老党员、困难户活动。

6 月 10 日   大南庄新宅基徐叙庆等 8 户农户被动迁,分别安置在棋杆花苑和南湖苑小区。

10 月   南庄村党支部换届选举。邹建良当选党支部书记。

12 月   南湖苑社区第一期安置房 1—6 幢竣工,共 160 套。

冬   南庄村全面开展"文明新风户"评选活动。

2006 年

1 月 1 日   国家取消农业税征收,境内农民始免农业税。

春   南庄村开展以访贫问苦送温暖为主要内容的干部下访活动。

春   大南庄中泾坝徐利全出租屋内发生一起命案,苏北一民工杀死同乡后潜逃。一周后,警方将犯罪嫌疑人抓捕归案。

4 月 20 日   大南庄整村拆迁开始与农户签订协议。

是月   南庄村开展第三批共产党员先进性教育活动。

5 月 30 日   十届全国人大常委、青海省人大常委会副主任、党组副书记姚湘成为南湖苑题写社区名称。

6 月 15 日   南庄村党支部升格为党总支部。邹建良任总支书记。党总支部下设工业和农业两个党支部。邹建良兼工业支部书记,徐海栋任农业支部书记。

7 月 25 日   南湖苑社区(以下简称社区)大批安置房分房开始实施。

8 月   南庄村成立非公企业党支部。

9 月 15 日   时任中共苏州市委副书记、苏州市政府市长阎立一行到南庄村(社区)现场指导工作。

10 月 23 日   大南庄正式实施整村拆迁,徐建宗为首户。

10 月 25 日   召开南庄股份合作社首届社员代表大会。第一次会议选举产生南庄股份合作社第一届理事会、监事会成员。

12 月   南庄砖瓦厂(东墙门)拆除。境内消灭高烟囱。

是年   南庄村成立南庄股份合作社。

是年   南庄村实现经济总收入 1.57 亿元,农民人均收入 1.02 万元。

是年   南庄村村干部把主要精力放在大南庄自然村的动员拆迁工作中。

是年   南庄村被授予苏州市"建设社会主义新农村示范村"称号。

是年   南庄村被张家港市委、市政府授予"文明村"称号。

2007 年

春   南庄村开展慰问老干部、老党员、困难户活动。

5 月 30 日　张家港市人民政府批复张家港经济开发区管委会,同意增设"南湖苑社区居民委员会"。

6 月 18 日　社区居民委员会(下称"居委会")成立,邹建良任社区居委会代主任。

6 月 27 日　社区第二期安置房第 7—34 幢竣工,共 596 套。第二批安置分房开始实施。

8 月 2 日　江西省九江市代表团到南庄村(社区)参观考察。

9 月　中秋节,南庄村"两委"对全村老人进行慰问。

10 月　南庄村举行第八届村民委员会换届选举。徐海栋当选村委会主任。随后举行村民小组长换届选举。

冬　南庄村村干部给全村困难户送寒衣。

是年　社区综合办公大楼周围分别安放塘市地区的历史文化名人缪昌期、张宿辉铜像和赵古泥石雕。

2008 年

1 月 25 日　境内普降暴雪。29 日出现最大积雪深度达 31 厘米。村干部领队检查雪后灾情,排除隐患。

5 月 12 日　四川汶川 8 级大地震,南庄村组织"一方有难、八方支援、众志成城、抗震救灾"5·12 募捐活动。党员干部、各企业捐款捐物,为四川地震灾区献爱心。

5 月 22 日　南庄村委搬迁到南湖苑社区。村、社区实行一套班子、两块牌子管理模式。

夏　镇党委组织办指导帮助南庄村(社区)创新党建工作,开展"党员服务中心户"活动。

6 月 25 日　社区党员服务中心被评为"张家港市党员服务中心(远程教育)示范点"。

8 月 18 日　社区第三期安置房第 35—59 幢竣工,共 560 套。

8 月 26 日　省文化厅厅长章剑华一行到南庄村(社区)考察。

9 月 12 日　全市基层文化建设观摩会在南庄村(社区)召开。

是月　全球金融危机暴发,境内村办企业遭受严重创伤。

10 月 10 日　张家港市四套班子老领导一行到南庄村(社区)参观指导。

10 月 26 日　境内哈弥湖断水填湖,澳洋房地产开发香蜜湖项目实施。

11 月 2 日　国家文化部社文图司司长李宏副一行到南庄村(社区)参观考察。

11 月 15 日　张家港市人大代表杨舍第五小组代表团到南庄村(社区)参观。

11 月 17 日　文化部文化共享工程督导组到南庄村(社区)考察指导。

11 月 26 日　"亿万农民健康教育促进行动"苏州市示范镇考核评估组一行到南庄村参观指导工作。

12 月 15 日   张家港市人大、政协领导一行到南庄村(社区)考察指导。

冬   境内雪灾,党员干部开展抗灾自救活动。

是月   境内开展"迎奥运、扬风采"体育活动。

是月   村干部的工作重心主要放在小窑泾、东墙门等自然村的动员拆迁上。

是月   南庄村(社区)被张家港市委、市政府授予"文明社区标兵"称号。

是月   南庄村(社区)被张家港市委、市政府授予"绿色社区"称号。

是月   南庄村被评为 2008 年度张家港市"基层关工委""五有五好"创优争先先进村(社区)。

是月   南庄村(社区)被评为张家港市"五星级和谐社区"。

是月   社区评为张家港市"绿色社区"。

是月   社区获 2008 年度张家港市"文明社区标兵"荣誉称号。

2009 年

1 月 23 日   成立"南湖苑社区社工服务站",并成为张家港市首批社工专业实习点。

2 月 9 日   山东省寿光市委宣传部参观团一行到南庄村(社区)参观指导。

2 月 20 日   苏州市文化建设"五件实事"考核组领导到南庄村(社区)考察指导工作。

3 月 20 日   社区被评为张家港市 2008 年度"基层关工委'五有五好'创优争先先进村(社区)"。

3 月 27 日   中国新闻出版报社长、党委书记姜军一行到南庄村考察。

4 月 2 日   国家级社区教育实验区验收组到南庄村考察。

6 月 17 日   张家港市关工委主任钱根祥到南庄村(社区)考察指导"校外辅导站"建设工作。

6 月 18 日   全省文化信息资源共享工程(张家港)现场会参观团一行到南庄村考察。

6 月 22 日   苏州市全国文化先进县市复查指导组领导一行由市文广局副局长支坤兴等陪同到南庄村考察。

6 月 25 日   浙江省绍兴县农业和农村工作局考察团到南庄村考察。

7 月 6 日   "南庄村南湖苑社区校外教育辅导站"成立。

7 月 20 日   南湖苑社区党支部成立,徐海栋任社区党支部书记。

7 月 31 日   南湖苑与东湖苑、西湖苑联合举办"火红党旗天使情——'三湖四院'区域党建联席单位红歌红舞暨健康文化宣讲消夏晚会"。

8 月   南庄村被评为"苏州市绿色社区"。

9 月 19 日   江苏省农家书屋指导组一行到南庄村考察指导。

10 月 16 日   江苏省新闻出版局考察团一行到南庄村考察指导。

10 月 19 日　全国农家书屋工程建设（东部地区）交流会参观团在张家港市委副书记梁一波陪同下到南庄村考察指导。

10 月 30 日　社区第四期安置房 60—61 幢竣工，共 50 套。

11 月 1 日　广东省东莞市民政局考察团到南庄村参观。

冬　南庄村开展创建市级合格卫生室活动。

12 月 4 日　南通市领导到南庄村考察。

12 月末　社区安置房分房全部结束。

是月　南庄村（社区）农家书屋被江苏省新闻出版局评为 2008—2009 年度"百佳农家书屋"。

是月　南庄村被评为苏州市民主法制村。

是月　南湖苑社区被评为"苏州市绿色社区"。

是月　南湖苑社区被评为 2009 年度张家港市"民主法治社区"。

是月　南庄村获"张家港市关心下一代工作先进集体"称号。

是月　南庄村被江苏省经济技术开发区党工委授予"十佳文明村"称号。

是月　南湖苑社区被张家港市委、市政府授予"文明社区标兵"称号。

是月　南庄村开展学习实践科学发展观活动。

2010 年

1 月 7 日　山东省临沂市兰山区民政局考察团一行到社区参观。

2 月　南庄村（社区）被市消费者权益保护委员会评为"消费维权工作系统先进集体"。

3 月 23 日　苏州市木渎镇考察团一行到社区参观。

4 月 1 日　苏州大学社区建设调研组一行到社区参观。

4 月 10 日　市政协委员一行调研南庄村卫生服务站。

4 月 13 日　市政府副市长、凤凰镇党委书记卞东方一行到南庄村（社区）考察。

6 月 22 日　南庄村举行"南庄杯迎七一全民健身乒乓球友谊赛"。

7 月 21 日　全国"大学生农家书屋实践团"到南庄村（社区）参观学习。

8 月 25 日　南庄村（南湖苑社区）卫生服务站接受张家港市级验收。

8 月 27 日　山东邹平县文化考察团到南庄村（社区）考察参观。

9 月 7 日　南庄村党总支换届选举。邹建良当选为党总支书记。

9 月 18 日　苏州市深化医药卫生体制改革工作督查组到南庄村（社区）卫生服务站考察指导。

10 月 29 日　苏州市民主法制社区建设验收组一行到南庄村（社区）检查工作。

11 月 6 日　国家新闻出版总署考察团一行到南庄村（社区）检查验收农家书屋建设情

况。

11 月 23 日　哈尔滨文化局考察团一行到南庄村(社区)参观。

11 月 25 日　"省级绿色社区验收考核组"在南湖苑社区召开全市绿色社区创建工作验收会议。

是月　南湖苑社区举行第四届居民委员会换届选举。赵小江当选南湖苑社区居委会主任。

是月南庄村开展第六次全国人口普查,历时 1 年 1 个月。

12 月　举行第九届村民委员会换届选举。邹建良当选村委会主任。

是月　南庄村(南湖苑社区)被评为全省城乡社区校外教育优秀辅导站。

是月　南庄村(南湖苑社区)获江苏省"农家书屋法治文化建设示范"称号。

是月　南庄村(南湖苑社区)获苏州市"民主法治社区"称号。

是月　南庄村(南湖苑社区)被张家港市委、市政府授予"文明社区标兵"称号。

是月　南庄村(南湖苑社区)被评为张家港市"绿色行动"先进集体。

是月　南庄村(南湖苑社区)被评为法制张家港建设先进集体。

是月　南庄村(南湖苑社区)被评为张家港市民政(老龄)工作先进集体。

2011 年

2 月　南庄村"两委"给全村贫困户、困难老党员送温暖。

3 月 19 日　全国社区教育专业委员会陈乃林主任一行到南庄村(南湖苑社区)指导工作。

4 月 1 日　南庄村召开"区镇推进校外教育辅导站交流观摩会"。

4 月 12 日　人民日报社领导一行就共享工程建设情况到南庄村(南湖苑社区)采访。

5 月 20 日　徐永章、徐伟才发起,第六次续修《圆塘徐氏宗谱》。

6 月 30 日　张家港市常务副市长王亚方到南庄村(南湖苑社区)调研。

8 月 18 日　南庄村举行"塘市办事处南庄杯乒乓球联谊赛"。

9 月 22 日　苏州市政协领导一行参观南庄村、南湖苑社区卫生室。

是日　南庄村正式开通"网上村委会"农村综合信息服务平台。

9 月 23 日　塘市办事处组织"金帆杯"篮球锦标赛,南庄村获得亚军。

9 月 25 日　张家港经济开发区升格为国家级开发区,并更名为江苏省张家港经济技术开发区(简称经开区)。杨舍镇称经开区(杨舍镇)。境内属经开区(杨舍镇)管辖。

10 月 17 日　省司法部门在南庄村(南湖苑社区)召开张家港市司法创建验收会议。

10 月 27 日　张家港市委书记、市长姚林荣到南庄村(南湖苑社区)调研社区卫生工作。

冬　南庄村党总支和村民委员会全力开展保稳定促发展工作。

12月　南庄村(南湖苑社区)被江苏省新闻出版社评为2010—2011年度星级农家示范书屋。

是月　南庄村被张家港市委、市政府授予"文明村"称号。

是月　南庄村(南湖苑社区)被张家港市委、市政府授予"文明社区标兵"称号。

是月　南庄村(南湖苑社区)获张家港市"十佳和谐示范社区"称号。

是月　南庄村(南湖苑社区)获张家港市档案工作一星级证书。

2012 年

1月23—30日　境内朱家巷集体公墓中土葬的骨灰盒全部归并至河头安息堂存放,实行集中管理。

2月7日　南庄村(南湖苑社区)举行2012年学生寒假回社区活动,60多名居住境内的中小学生参加活动。

2月27日　张家港市政府副市长张伟一行到南庄村(南湖苑社区)进行调研活动。

春　南庄村全面开展访贫问苦送温暖活动。

3月8日　南庄村庆祝三八妇女节,组织部分妇女在便民餐厅举行包馄饨比赛。

4月13日　张家港市"医疗专家服务村村行"到南庄村(社区),对居民进行免费医疗咨询服务。

5月30日　张家港市政法委组织各镇区政法干事到南庄村(社区)参观。

6月7日　张家港市人大评议组、市司法局领导一行到南庄村(社区)调研。

7月6日　南庄村举办学生暑期学习和文体活动。

7月9日　南庄村举办慢性病患者自我管理联谊会,约60多名村民参与。

8月13日　张家港市委常委、宣传部长杨芳到南庄村(社区)进行调研活动。

9月1日　全民健康生活日活动,市医疗工作者到南庄村(社区)为村民提供医疗咨询服务。

秋　南庄村在社区举行迎中秋大型文艺联欢晚会。

10月25日　南庄村举行"新市民共进协会南庄分会"揭牌仪式。

11月8日　南庄村进行"标准化市民学校"创建验收。

冬　南庄村党总支组织党员干部开展冬训学习活动。

12月　南庄村开展"廉政大讲堂"教育活动。

是月　南庄村开展"网上村委会"便民活动。

是月　境内动迁户大部分得到安置,分别落户到南湖苑、棋杆花苑、金塘社区、北海花苑、西溪花苑、东兴苑等。

是月　南庄村(社区)被江苏省人口和计划生育委员会评为江苏省人口和计划生育基

层群众自治示范村(居)。

是月   南庄村(社区)被江苏省教育厅评为江苏省标准化居民学校。

是月   南庄村(社区)被江苏省依法治省小组评为江苏省民主法制示范社区。

是月   南庄村(社区)被授予苏州市"规范化人民调解委员会"称号。

是月   南庄村(社区)获2011—2012年度"苏州市科普示范社区"称号。

是月   南庄村(社区)被张家港市委、市政府授予"文明社区"称号。

是月   南庄村(社区)获张家港市巾帼文明岗单位。

是月   社区被评为"张家港市全民阅读优秀书香社区"。

是年   南庄村实现经济总收入4.30亿元,人均收入2.26万元。

2013 年

1月4日   张家港市人民法院法官惠新、季建英到南庄村(社区)挂职。挂职1年。

3月19日   张家港市科协给南庄村(社区)图书室赠书。

4月5日   《圆塘徐氏宗谱》发行大会在馨苑度假村召开,共有500余人参加,颁发家谱530部,每部20卷。

5月18日   "塘市办事处志愿者服务队"成立仪式在南庄村(社区)举行。是日,杨舍镇在南庄村举行"市民民生面对面"活动。

6月2日   杨舍镇第三届全民运动会在南庄村(社区)广场举行开幕仪式。

6月3日   南庄村举行"浓浓端午情,粽香暖人心"活动。

7月16日   张家港市关工委领导钱根祥一行到南庄村(社区)指导关心下一代暑期工作。

7月24日   江苏省新闻出版局局长沈建国一行考察南庄村(社区)农家书屋,并赠送电脑4台、书籍528套。

夏   晴热高温少雨,截至8月21日,出现高温日(气温35℃以上)47天,超历史最高值24天,其中40℃以上高温5天,极端最高气温达41℃。境内部分群众生产生活受到影响。

8月5日   南庄村党总支换届选举,徐海栋当选中共南庄村党总支部书记。

是日   南庄村举行暑期青少年乒乓球比赛。

8月30日   社区"你阅,我悦"全民阅读活动获中国图书馆学会颁发的"推广奖"。

9月3日   南庄村举行"文明百村欢乐行"活动。

9月13日   赣州市章贡区政府领导一行到南庄村(社区)考察。

10月22日   南庄村开展"政策宣传入户,就业援助到家"活动。

11月14日   南湖苑社区举行第五届居民委员会换届选举。徐海栋当选社区居委会主任。

11 月 15 日　南庄村举行第十届村民委员会换届选举。徐海栋当选村委会主任。

12 月　南庄村基本完成主要自然村的拆迁动员工作,村民按政策规定陆续得到安置。

是月　南庄村实现经济总收入 4.10 亿元,人均收入 2.61 万元。

是月　南庄村(社区)被江苏省环境保护委员会办公室评为 2010—2013 年度江苏省绿色社区。

是月　南庄村(社区)被江苏省科学技术协会评为江苏省科普示范区。

是月　南庄村(社区)被江苏省新闻出版社评为 2012—2013 年度五星级农家示范书屋。

是月　南庄村(社区)被中共江苏省委组织部命名为江苏省党员干部现代远程教育示范站点。

是月　南庄村(社区)被苏州市司法局评为苏州市规范化村(社区)人民调解委员会。

是月　南庄村(社区)获苏州市"数字化学习模范村"称号。

是月　南庄村(社区)获苏州市"充分就业单位"称号。

是月　南庄村(社区)被张家港市委、市政府授予"文明社区"称号。

是年　南庄村(社区)获张家港市"环境卫生长效管理示范小区"称号。

2014 年

1 月 12 日　南庄村召开 2013 年"两委"班子述职述廉、基层党建工作"联述联评联考"党员冬训大会,90 余名党员干部参加。

2 月 11 日　南庄村在村二楼多功能厅开展庆元宵节活动。

3 月 8 日　杨舍镇 2014 年第九场民生面对面活动在南湖苑广场举行,杨舍镇党委书记张伟带领有关部门领导到场。

3 月 10 日　"我们的中国梦"大型文艺巡演在南庄村社区广场演出。

3 月 11 日　南庄村开展学雷锋志愿服务活动,志愿者义务开展为老百姓免费修理小家电、赠送常备药、免费理发等活动。

是月　南庄村开展党的群众路线教育实践活动。

4 月 9 日　南庄村召开党的群众路线教育实践活动专题学习活动——"面向未来的赶考"。

5 月 14 日　南庄村举办消防知识讲座。

5 月 24 日　南庄村开展了"粽叶飘香,品味端午"经典诵读活动。

5 月 26 日　南庄村开展"乡里乡外'粽'是情"粽艺展示活动。

5 月 27 日　南庄村开展点心师培训活动,为期两周。

6 月 27 日　南庄村举办"开启中国梦的新征程"宣讲活动,市委党校唐晓东到南庄村宣讲。

7月9日　南庄村在社区广场举办广场舞大赛。

7月10日　南庄村在社区广场举行太极拳展示活动。

7月14日　张家港市医疗专家公益巡诊"百千万"行动在南庄村（社区）广场举行。

7月21日　2014年杨舍镇科学健身节——第二届南庄杯青少年乒乓球比赛在南庄村（社区）举行。

9月4日　"平安杨舍法制同行"迎中秋文艺晚会在北海花苑广场举行，南庄村（社区）表演了古筝弹奏和三个村联合演唱《走进新时代》。

12月25日　江苏省远程教育中心主任陈勇等一行到南庄村、南湖苑社区调研。

12月31日　南庄村（社区）与河北村、北海社区联合举行"南欢北乐圆融一家"社区才艺大比拼系列活动之厨艺大赛。在北海广场举行。

是月　南庄村（社区）获苏州市"无邪教示范区合格社区"称号。

是月　南庄村（社区）被市委市政府授予"2014年文明村"称号。

是月　南庄村（社区）被张家港市委、市政府授予"文明社区"称号。

是月　南庄村（社区）被江苏省张家港经济技术开发区党工委、管委会授予"文明村"称号。

2015 年

1月7日　南庄村召开2014年度述职述廉述党建、党员民主评议暨党员冬训大会。

2月6日　区镇党工委副书记、杨舍镇镇长葛晓明一行在办事处党工委书记黄玉琪和南庄村党总支书记徐海栋陪同下看望大队老书记徐叙庆。

2月7日　社区举行以"参与，让我在假期中快乐成长"为主题的寒假活动。

3月28日　杨舍镇第101场民生面对面活动在南湖苑社区广场举行。

4月26日　社区开展"传承革命精神，畅想青春梦想"沙家浜红色主题教育活动。

5月6日　"张家港南湖苑"微信公众号正式上线。

7月15—30日　2015年南庄村（社区）举行"快乐少年·七彩追梦"暑期活动。

7月22—27日　南庄村邀请无锡锡剧团到社区广场开展唱滩簧活动，历时一周。

8月4日　2015年杨舍镇全民健身节——第三届南庄杯青少年乒乓球比赛在南庄村（社区）举行。

8月17日　以"高扬主旋律，唱响正气歌，传播正能量，树立新风尚"为主题的文明百村欢乐行2015年大型公益巡演活动在南湖苑社区广场举行。

9月19日　"我们的节日——中秋"2015年经开区（杨舍镇）暨阳群众文化艺术团志愿服务基层行——走进南庄村（社区）过渡房，为过渡房安置村民献上节日的问候。

9月29日　"凝聚发展力量,增辉幸福塘市"庆国庆文艺晚会在社区广场开幕。活动由南庄村、河北村、汤联村联合举办。

11月13日　公安民警到南庄村(社区)为居民演示消防器材使用方法,同时为居民讲述消防安全知识及逃生小知识。

12月12日　南湖苑社区召开居民自治代表大会。

是月　南湖苑社区"网上家园"微信服务团队获杨舍镇"先锋服务团队"称号。

是年　南湖苑社区被张家港市委、市政府授予"文明社区"称号。

2016 年

1月26日　"你好!寒假"缤纷假日开班动员大会在南庄村多功能会议室隆重举行,50 多名中小学生参加。

2月1日　南庄村(社区)开展"瑞猴迎新,春到福到"迎新年送春联活动,先后在社区大厅、过渡房及南庄公寓各门口为村(居)民送发春联。

3月1日　南庄村(社区)召开村(居)民联合议事会,14 名村(居)民议事会成员出席。

3月26日　为纪念建党 95 周年,清明节前夕,南庄村(社区)有关工作人员前往香山,开展"缅怀革命先烈,弘扬民族精神"清明主题活动。

4月8日　南庄村召开股权固化听证会议。

4月15日　市委宣传部、文化局等部门联合举办的"同圆中国梦"大型公益文艺巡演在南庄村(社区)广场举行。

5月14日　南庄村开展"幸福守望,爱心来敲门"过渡房义诊活动。

6月25日　南庄村(社区)召开"七一"大党课暨党员会议。

7月1日　2016 年南庄村(社区)举行"快乐暑假,童心飞扬"暑期活动开班典礼。

9月13日　南庄村召开党员大会,选举新一届南庄村党总支班子成员。徐海栋当选为党总支书记、徐达为党总支副书记。南湖苑社区党支部同时进行换届选举,戴宇为党支部书记。

9月22日　南庄村召开第十一次妇女代表大会。

10月19日　塘市退教分会在南庄村举行"夕阳红退休教师乒乓球赛",境内有多名退休教师踊跃参加比赛。

11月5日　杨舍镇第 164 场"民生面对面"活动在社区广场举行。

11月8日　南庄村召开《南庄村志》启动会议。

11月23日　举行南湖苑社区第六届居民委员会选举。顾彩云当选居委会主任。

11月24日　南庄村举行第十一届村民委员会换届选举。徐达当选村委会主任。

是月　社区"七彩童年彩云伴"青少年阅读项目获第十一届苏州市阅读节优秀活动奖。

12月5日   市第19选区,镇42、43选区,市、镇两级人大代表候选人与选民见面会在主会场南庄村举行。10名候选人分别发表演讲,境内选民参加会议。

12月8日   市第19选区,镇42、43选区,市、镇两级人大代表选举大会在南庄村召开,棋杆村(东兴苑社区)、香蜜湖社区、爱康公司、海陆重工公司选民参加大会,选举产生市、镇级人大代表。

12月31日   南庄村获得2016年度张家港市村篮球比赛第四名。

是年   南庄村老年协会被张家港市民政局评为2A级社会组织。

是年   南庄村(社区)被江苏省经济技术开发区党工委、管委会评为基层老年协会规范化建设先进单位。

是年   南庄村(社区)被张家港市政府授予"文明社区"称号。

是年   南庄村实现经济总收入2.60亿元,农民人均收入3.31万元。

2017年

1月9日   南庄村召开基层党建"联述联评联考"、领导干部述党建述职述廉暨党员冬训大会。

1月13日   南庄村开展"情系基层医疗,关爱百姓健康"健康义诊活动。

1月14日   南庄村开展"闻鸡起舞、喜迎新年"送春联送祝福活动,先后在社区大厅及南庄公寓各门口为村(居)民送发春联。

4月11日   据"张家港政务"发布,江苏爱康实业集团有限公司,作为全市十大集团第8名被市政府列入2017年度张家港市百家骨干企业名单。境内企业同时列入名单的还有江苏东渡纺织集团有限公司,作为全市70家重点工业企业第59名荣登榜单。

6月24日   南庄村开展庆祝"中国共产党建党96周年"暨"七一"大党课活动。

8月10日   市艺术中心和市文化馆等部门联合举办的"文明百村欢乐行"2017年公益文艺巡演在社区广场举行。

9月28日   南庄村开展"迎国庆庆中秋,健康义诊在社区"活动。

10月18日   中国共产党召开第十九次全国代表大会,南庄村党总支组织党员收看大会开幕式电视直播。

12月19日   张家港市委、市政府印发文件,表彰"第四届张家港市道德模范"获得者。境内张家港市弘叶毛制品有限公司总经理王元芬受到表彰。

12月   南庄村获江苏省档案局颁发的档案工作达二星级标准证书。

是月   南湖苑社区被张家港市精神文明建设委员会授予"文明社区"称号。

是年   南庄村实现经济总收入2.54亿元,农民人均收入3.35万元。

第一卷　建置区划·环境资源

南庄村位于东经 120° 27′ 40″—120° 38′ 16″、北纬 31° 47′ 20″—31° 57′ 07″杨舍镇镇域南郊,东南距塘市办事处约 500 米,北距杨舍镇政府约 4 千米。村域东以南湖路为界、与棋杆村毗邻,南与河北村相接,西与江阴市新桥镇苏市村为邻,北与棋杆村、旺西村接壤,总面积 2.29 平方千米。新丰路、新泾路横贯东西;金港大道、紫荆路、港城大道纵贯南北。朱家浜、新丰河自东至西流经全境。

中华人民共和国成立前,境内长期属江阴县管辖。中华人民共和国成立后,境内的南庄村与东墙村分别为两个行政村。南庄村由 6 个自然村组成,东墙村由 4 个自然村组成。1957 年称塘丰三社(高级社),从此成为一个行政单位,属江阴县塘市乡。1958 年,江阴县塘市人民公社成立,撤销高级社建制,成立 8 个工区。南庄、东墙属二工区,1959 年改为二大队,1961 年 11 月称南庄大队。1962 年 1 月沙洲县正式成立,改为沙洲县塘市人民公社南庄大队。1983 年更名南庄村。1986 年 9 月,沙洲撤县建市,南庄村属张家港市塘市乡。1993 年 3 月,塘市撤乡建镇,南庄村属张家港市塘市镇。2000 年 7 月,塘市镇并入杨舍镇,南庄村属杨舍镇。

全村地处亚热带南部湿润气候区,气候温和,雨量充沛,春夏秋冬四季分明,是典型的亚热带季节气候。村域地势平坦,历史上曾有大小河流、池塘 184 条,水域面积占全村区域面积 19.6%。

全村资源丰富,野生植物百余科近 500 个品种,常见的植物有 30 科 180 余种;野生动物 300 余种,常见的动物有 150 余种。

第一章　建置区划

　　历史上,南庄村、东墙村长期属江阴县管辖。1957年两村合并,统称塘丰三社。从此统一建制。1958年,江阴县塘市人民公社成立,设8个工区,境内属二工区,1959年改为二大队,1961年11月称南庄大队。全境辖南中房、小南庄、大南庄、李家巷、田二房、夏家弄、东墙门、孔家庵、朱家巷、小窑泾和赵家宕等10个自然村,其中赵家宕1962年并入小窑泾,1962年后境内有9个自然村。1983年,政社分设,公社改称乡,大队改称村,生产队改称村民组,南庄村下设17个村民小组。2007年,境内成立南湖苑社区(以下简称社区)。至2016年,南庄村有17个村民小组,含1个社区。

第一节　沿　革

　　商末,南庄全境属勾吴之地。春秋时代属延陵,战国时期先后属越、楚。秦始皇统一中国,推行郡县制,属会稽郡。以谷渎港为界,河东为吴县地,河西为延陵乡。全境属延陵乡。东汉年间(25—220),河东属吴县虞乡,河西属毗陵县暨阳乡。全境属暨阳乡。三国年间(220—265),全境属吴国。西晋年间(265—316),全境属暨阳县。梁太平元年(556),改梁丰县,全境属梁丰县。南北朝(420—589),宋、齐皆因循晋制。隋开皇九年(589),梁丰县并入江阴县,境内属江阴县。自隋至明(581—1644),百姓在谷渎港西岸荷锄耕种,全境属江阴县。宋绍熙五年(1194)据江阴知军施迈主编《江阴军志》,全境属十七乡中的白鹿乡。明代中期,境内属江阴县。清康熙三年(1664)江阴县十七乡改为三十六镇,白鹿乡分置杨舍镇、马嘶镇,全境属马嘶镇十二保。

　　1949年4月22日解放,全境属江阴县马嘶乡。10月,为塘墅乡,南庄村、东墙村属塘墅乡。1957年8月,实行撤区并乡,将江阴县新桥乡的复兴村、南新桥、雷下、张家巷、周江、马嘶、六保、苏市桥、苏圩等9个村并入塘市乡。1958年9月,成立人民公社,实行政社合一,称塘市人民公社,南庄村属塘市人民公社(以下简称塘市公社)。1962年1月1日,建立沙洲县,塘市公社归沙洲县管辖。南庄村称南庄大队。1968年5月,成立塘市公社革命委员会,南庄大队归塘市公社革命委员会管理。1983年,塘市公社改称塘市乡,南庄大队恢复为南庄村。

1986 年 12 月 1 日,撤沙洲县设张家港市,塘市乡属张家港市,南庄村归张家港市塘市乡管辖。1993 年 3 月 18 日,塘市乡撤乡建镇,称塘市镇,南庄村属塘市镇管辖。2000 年 7 月 8 日,塘市镇并入杨舍镇,设立塘市街道办事处,南庄村归杨舍镇塘市街道办事处管辖。2006 年 10 月,杨舍镇将塘市街道办事处划归张家港经济开发区代管。

2011 年 9 月,张家港经济开发区升格为国家级开发区,并更名为江苏省张家港经济技术开发区(简称经开区)。塘市街道办事处改称塘市办事处。2016 年,南庄村属杨舍镇塘市办事处管辖。

第二节　境　界

清代以前的境域境界已无从考证。

1957 年互助合作后,塘市乡南庄村、东墙村合并成一个行政单位(塘丰三社)。东与芦庄村为界,南与塘市乡街西村为邻,西与江阴县苏市乡缪家巷接址,北与杨舍乡旺西村、塘市乡棋杆村毗邻。此后,全村境界一直未变。

2016 年,南庄村区域面积 2.29 平方千米。

第三节　区　划

清代至民国年间,境内属江阴县马嘶乡(镇)十二保。中华人民共和国成立后,南庄村、东墙村均属江阴县塘市乡。南庄村辖东片 6 个自然村,东墙村辖西片 5 个自然村。1957 年至 1958 年,南庄村和东墙村合并为塘丰三社,下辖 10 个自然村。1958 年至 1961 年,塘丰三社先改为塘市二工区,后改为二大队,辖区不变。1962 年至 1982 年,二大队改为南庄大队,下设 18 个生产队。1983 年,南庄大队改称南庄村,下辖 17 个村民小组,分别是第一至第十八村民小组(其中十二组与十三组合并成一组),9 个自然村,分别是小南庄、大南庄、李家巷、田二房、夏家弄、东墙门、孔家庵、小窑泾、朱家巷。2002 年至 2016 年,自然村经动迁消失,村民小组不变。

1957—2016 年境内行政区划演变一览表

表 1-1-1

时间 辖区 村名	中华人民共和国成立初期	1957 年至 1958 年 10 月	1958 年 10 月至 1959 年 4 月	1959 年 4 月至 1961 年 12 月	1962 年 1 月至 1982 年 12 月	1983 年 1 月至 2016 年 12 月
南庄村	南中房 小南庄 大南庄 李家巷 田二房 夏家弄	塘丰三社	塘市二工区	二大队	（南中房划入棋杆大队） 南庄大队	南庄村
东墙村	东墙门 孔家庵 朱家巷 小窑泾					
	赵家宕	并入小窑泾				

第四节　南湖苑社区

2007 年 5 月，张家港市人民政府批复同意增设南湖苑社区居委会，2009 年 7 月，杨舍镇党委决定成立南湖苑社区党支部。南庄村与南湖苑社区是一套班子、两块牌子，实行以村管居、以村建居的管理模式。南湖苑社区设有社区标志。2015 年 5 月 6 日，"张家港南湖苑"微信公众号正式上线。

南湖苑社区前后分两部分组成。东部一至五十二幢，西部五十三至六十一幢，中间纵贯南庄路。一至六幢基建始于 2003 年秋（原为商品房开发用途，村民称之"六幢头"，后并入安置房），由宜兴第二建筑工程公司、兆丰城建工程公司和塘市建筑工程公司承建，2006 年冬竣工。2005 年春开始，由张家港经济开发区征地建设农民动迁安置小区，2009 年秋竣工。小区基础建设总投资 4 亿元人民币。小区征用棋杆村部分耕地（一至五幢），其余部分主要以塘市建筑砖瓦厂窑场、大南庄老宅基地及第二组耕地为主，辖区占地面积 0.226 平方千米，建筑面积 24.7 万平方米，共有住宅 78 幢 1434 套住房（含南湖湾低密度商业住宅 17 幢 68 套）。其中安置南庄村 807 套，河北村 177 套，河南村 56 套，汤联村

南湖苑标志

2015 年 5 月 6 日，"张家港南湖苑"微信公众号正式上线

2016年南湖苑社区示意图

175 套,棋杆村 130 套,旺西村 5 套,其他 16 套。入住居民 3659 人。黄泥泾(含北长泾河)通过门前泾连接新丰河呈"工"形贯穿小区。黄泥泾和北长泾河上建有 5 座南北走向的小桥,方便两岸居民通行。(其中,建于上世纪 60 年代末的 2 座老桥,即二十七幢房前的向阳桥、三十四幢房前的团结桥已弃用,作为古物保留。)小区内河道面积 0.8 万平方米。区内道路畅通、宽阔,绿化面积占 30% 以上,有汽车泊位 758 个。区内建有动力地埋式生活污水处理设施(16 幢南侧目前呈弃用状态),所有管线均实行隐蔽工程。管道天然气贯通到每家每户。区间配有 136 盏路灯,楼道夜间采用全自动红外线感应灯照明。

位于社区南侧、面临新丰河的南湖湾居住区,是开发区开发的商品房建筑,共有 17 幢 68 套住房,受南湖苑社区属地管理。

2680 余平方米的社区综合服务大楼坐落于社区东部,设施齐全的便民餐厅坐落于社区西部,两座建筑东西位置遥相呼应,相得益彰。社区楼宇间的健身路径、健身步道、乒乓球场、运动广场等体育设施分布合理。

社区环境设计以水韵、翠竹、秀苑、生态为主题,充分利用乡间的文化历史名人和古迹,通过艺术的手法引入人文景观,或立碑、或塑像、或题词,引古博今,集现代化住宅区、生态风景区、休闲娱乐区等功能为一体,别具江南特色风格。

南湖苑社区属农村拆迁安置小区,2010 年 8 月安置结束,安置南庄村、棋杆村、汤联村、河北村、河南村、旺西村共 6 村 21 个村民组的拆迁村民 825 户 1366 套住房。2009 年 5 月,南湖湾商业小区(低密度住宅)交房入住。至 2016 年,社区登记住户 1018 户 3659 人。

1. 南湖苑社区党组织

2009 年 7 月,南湖苑社区成立党支部,徐海栋任社区党支部书记(兼)。2010 年 10 月,南湖苑社区党支部进行换届选举。邹建良任社区党支部书记(兼)。2013 年 8 月,南湖苑社区党支部进行换届选举。徐海栋任社区党支部书记(兼)。2015 年 1 月,经开区党工委决定,赵小江兼任南湖苑社区党支部书记。2016 年 9 月,南湖苑社区党支部进行换届选举。戴宇任社区党支部书记。

2. 南湖苑社区居民委员会

2007 年 6 月,南湖苑社区成立居民委员会,邹建良任社区居委会代主任(兼)。2010 年 11 月,南湖苑社区第四届居委会进行换届选举。赵小江任社区居委会主任,丁金祥任副主任。2013 年 11 月,南湖苑社区第五届居委会进行换届选举。徐海栋任社区居委会主任(兼)。2016 年 11 月,南湖苑社区第六届居委会进行换届选举。顾彩云任社区居委会主任。

第五节　自然村

南庄村原有 9 个自然村,分别为小南庄、大南庄、李家巷、田二房、夏家弄、东墙门、孔家庵、小窑泾和朱家巷。在新农村建设中,2001 年小南庄开始首批整村动迁,以后有大南庄、东墙门、小窑泾等自然村陆续实行分批动迁。至 2010 年,大多数自然村动迁完毕,仅留少数自然村中部分村民未涉动迁。至 2016 年,境内动迁结束,已不见原有村落。

一、小南庄

位于南庄村委会北约 150 米处。除村子东首有南北向 1 条小路通行以外,四周是河。东有门前泾,南有南边泾,西、北为小泾梢和后塘泾。村域东与杨宕泾湾里相邻,南接大南庄、西临马家湾、北靠南中房。解放前,村西北河湾里有一座占地 10 余亩的大坟,该村始祖徐沅安葬其中。村东处有徐石麟家数十年不动的柴垛(巢)。有 1 个村民小组(一组),38 户127 人。2002 年宅基地面积 25.6 亩,耕地面积 128 亩。

据传,清朝乾隆三十四年至乾隆四十一年(1769—1776)大南庄北墙门徐廷栋在此建宅,定名小南庄。后有芦庄李姓迁入。土改后,又有缪、蔡、焦、赵、王等迁入。2002 年有 7姓,以徐姓为主。

徐福林、徐香林兄弟俩篾工手艺好,徐福林曾安排进社办综合厂工作。李宝通木工技术高,曾聘为塘市红木家具厂技师。

蔡汉清、徐香林、徐惠明、赵德义、李仲良、徐国明、徐岳明先后任第一村民小组(队)长。

该村于 2002 年为筑新泾路实行整村动迁,于次年全部安置到棋杆花苑。

二、大南庄

大南庄为村委会所在地。周边主宅基被内陆河环抱:东有门前泾,南、西有宅基泾,北有北长泾。主宅基北有几家住户,与北长泾一河相隔,俗名新宅基。主宅基西也有 10 多家住户,与宅基泾隔河相望,俗名中泾坝。主宅基与新宅基、中泾坝一起统称南庄。

据传,明朝嘉靖年间(1522—1566),圆塘徐始祖徐汉英七世孙徐敬夫从杨舍圆塘里(今杨舍镇旺西村大石桥)到此建宅定居。清道光年间(1821—1850),有蔡姓和邹姓迁入。改革开放后,又有张姓迁入。至 2016 年,大南庄由徐、蔡、邹、张 4 姓组成,徐姓居多,占总人口的 95% 以上。

自徐敬夫定居南庄后,历经数代繁衍,逐步建成三个墙门:北墙门、油车墙门和南三房墙门。清乾隆年间,十四世后裔徐廷栋在北墙门先后建造厅宅两处,后再出宅建小南庄(南庄北约 150 米处,因小南庄的出现,故南庄改称为大南庄)。

村西北约 40 米处,有一个窑墩。据传明万历年间(1573—1620)建办,烧制青砖、小瓦。烧制砖瓦均就地取土,据传村旁的大四方潭和小四方潭两处内塘均为当时取土所致。清咸丰末年(1861),太平军曾在这里安营扎寨。

清乾隆年间,徐汾曾任浙江省瑞安县、泰顺县丞。

大南庄的地形四面高、中间低，宅形偏东南向。1978年开挖新丰河后，宅基地形发生了变化。1979年，在大南庄东约200米处（新丰河北岸）建办塘市建筑砖瓦厂后，大南庄东、南两边被窑厂取泥变低，从而宅基地显高。随着新农村建设进程的推进，四址也随之改变，东面窑场，南面新丰河，西面新沙锡路（后改名为金港大道），北面汤联路。村域，东与芦庄相邻，南与李家巷接壤，西与夏家弄、东墙门毗邻，北与小南庄相连。有3个村民小组（二、三、四组），142户539人。宅基地面积80.1亩，耕地面积531.62亩。

解放前，村中有一座庙，名为华严庵，3间正房，2间厍，4间院堂屋。南院堂与北厍园塘围墙连接，成长方形小院，院内有一棵百年雄性银杏树，高达20余米（1958年被砍）。解放后，华严庵改办成小学。

南庄村民历来以农业为主，夏熟种三麦，秋熟种水稻。解放前，村里有磨坊、碾坊、豆腐坊、宰牛场。小手工业颇多，有木匠、漆匠、裁缝。徐品高看疔疾，蔡景初看牛病，方圆数十里有名。

解放前，村民大多文盲，但都相信读书，重视教育，曾多次建办私塾学堂。解放后，接收为公办成为南庄初级小学。该村1957年始有初中毕业生，1961年始有中专、中师毕业生，1969年始有大学毕业生。因此，塘市地区公认大南庄村民文化素质较高，村上有"三多"：一是教师多，徐林才、徐生才、王燕春等是退休中学高级教师，徐浩明等是在职中学高级教师；二是会计多，徐家俊是解放后第一代乡村会计之一，曾任公社工业办公室财务科长、主办会计，徐顺良、徐文龙曾是上市公司澳洋集团的财务科长、会计主管，徐瑞龙是具有中级专业技术职务资格的会计师；三是机关工作人员多，徐瑞芳、徐顺福、徐福祥、徐聚才等是退休公务员，徐建新、徐文虎、徐江、邹文彪、徐立峰、徐立、邱凌等是在职公务员，郭文采、徐云高、徐建庆等是在职事业干部。至2016年，大南庄有中小学、幼儿教师19人，财务会计18人，机关工作人员20人。

改革开放后，以徐克勤、徐桂福等为代表的企业老板有5人，私营经商户有8人。

该村自2005年春开始动迁，到2008年底完成整村搬迁，村民大部分安置在南湖苑，少数村民安置在棋杆花苑和东兴苑。

三、李家巷

李家巷位于村委会南约150米处。"山"字形的大河环抱宅基三面（东、西、北），中间一河梢从北向南穿过村中，南临朱家浜。村域：东与西塘市接壤，南与华苑别墅毗邻，西与金港大道为界，北与大南庄为邻。有2个村民小组（五、六组）65户175人。宅基地面积30.6亩，耕地面积201.9亩。

据传，清朝光绪十年（1884），东兴巷李姓33世孙李文兰出宅向北约250米处建宅，取名李家巷，以后有金、尤、徐姓迁入，现有4姓，以李姓居多。

村民以农业为主,主要种植稻、麦两熟。农闲时,少数村民外出擀草屋、卖豆腐花、唱春、做篾工等。

解放后,该村金仁庆、金惠良、金根宝、李德明等先后参军、入党、提干、转业地方后,均安置单位工作。

金杏忠等办私营企业,金祖德数十年经商。

尤利宝、李士林、李福根、李德忠先后任第五村民小组(队)长,金福全、金龙宝先后任第六村民小组(队)长。

该村自2006年起动迁至2016年止,全部完成动迁工作,大多数村民安置在西溪花苑,少数村民安置在南湖苑、棋杆花园、金塘社区。

四、田二房

田二房位于村委会西南约150米处。东靠金港大道(新沙锡路);南傍门前泾;西、北靠后头泾。村域:东与李家巷接壤,南至朱家浜,西与夏家弄交界,东北与大南庄毗邻。有1个村民小组(七组)33户120人。宅基地面积15亩,耕地面积93.53亩。

据传,该村于明隆庆二年(1568),徐正夫在此建宅定居。后有王姓迁入,现有徐、王两姓。

村民以农业为主,种植稻、麦两熟作物。特色手工业有弹棉絮,还有一班"吹打",旧时有钱人家婚丧之事都要请"吹打"热闹一番。

徐寿宝、徐法生、王瑞龙、王正良、王瑞高先后任第七村民小组(队)长。

改革开放后,王建秋、王建平经商,王永忠、徐正明等办企业。

该村自1997年起动迁,至2009年止完成整村动迁,村民分别安置在棋杆花苑和南湖苑社区。

五、夏家弄

夏家弄位于村委会西南约200米处。东至浊方泾,南至南长泾,西至龙须泾,北至后头泾。1978年开挖新丰河穿村而过,将村子分成两半。村域:东与田二房为邻,南与大窑泾接壤,西与东墙门相连,北与旺西大石桥交界。有2个村民小组(队)(八、九组)67户244人。宅基地面积34.9亩,耕地面积193.6亩。

据传,明万历元年(1573)徐云鹏在此建宅定居。民国初期,王姓从田二房搬出,在此建房定居。中华人民共和国成立后,互助合作时期一黄姓定居于此,1958年又有赵姓迁入。现有徐、王、黄、邹、赵5姓,徐姓居多。

解放前,村民大多贫困,以捉黄鳝、钓田鸡(青蛙)、打短工出名,有经营头脑的人从事贩牛肉、卖种子。改革开放后,村民有做水果生意的,有开商店的。黄彪办公司,徐义伟兄弟办工厂。

王育根是南庄村互助合作带头人、首任村党支部书记。

王根宝、徐富仁、徐富庆、王永兴、王满兴先后任第八村民小组(队)长;徐锦芳、徐小福、徐锦同、徐建高先后任第九村民小组(队)长。

该村自2006年起动迁,至2010年止完成整村动迁,村民分别安置在南湖苑、金塘社区等。

六、东墙门

东墙门位于村委会驻地西约300米处。东至东三亩渠道,南至安全泾,西至杨家坟坯,北至家后泾。村域:东靠夏家弄,南临大小窑泾,西接孔家庵,北至旺西村大石桥。

据传,清朝嘉庆年间(1796—1820),有一邹姓人家在此处居住,经数十代生息繁衍,现拥有2个村民小组(队)(十、十一组)62户244人。宅基地面积50.1亩,耕地面积196.89亩。

该村户主均姓邹。

解放前该村设有东墙门私塾学堂一所,设在村民邹宝棣家中,第一任先生是塘桥人庞育山。

邹仁生是该村老一辈村民公认的种田能手,无论是三角形或多边形的田块,插秧不用拉绳。经他手插的秧,无论是竖看还是横看,都是笔描线直。

邹长法、邹根才、邹永俭、邹永祥、邹进康先后任第十村民小组(队)长;邹德保、邹再庆、邹永岳、邹永芳、邹永梅、邹文华、邹国龙、邹浩明先后任第十一村民小组(队)长。

邹永进、邹长才两人于1953年3月同时光荣入伍,成为该村首批义务兵。

2016年该村村民经营企业18家。邹林明、邹建新等较早经营企业。

该村自2006年起开始逐步动迁,至2016年尚有个别农户未拆旧房。村民先后安置在南湖苑、西溪花苑,少数安置在棋杆花苑、东兴苑、金塘社区。

七、孔家庵

位于村委会驻地西北约700米处,东至竖南泾,南至新丰河,西、北至家后泾。村域:东临东墙门,南接小窑泾,西与江阴市新桥镇苏市村沈庄夹泾湾交界,北与旺西村西庄巷接壤。有1个村民小组(十二组)39户158人。宅基地面积40.5亩,耕地面积93.9亩。

据传,清朝咸丰年间(1851—1861),有一孔姓的外地人携妻在此处定居,当时周边有良田120余亩。数年后,孔姓人家仍无子女,为求得一子半女,于是在宅基里建造观音堂,内设送子观音,有一尼姑主持,定名为孔家庵,村庄也以此为名。清朝同治年间(1862—1874),又有徐姓从渔梁泾桥迁入此处,后来又有缪姓从杨舍缪家巷迁入,以后又有俞姓迁入。至整村动迁前,该村有缪、徐、邹、季、蔡5姓。其中缪姓为主,徐姓次之。

孔家庵堂于"文化大革命"期间拆除,2000年由邹永俭等人发起重建,2004年又被拆除。从此,孔家庵堂在南庄村消失。

缪根才1958年8月进入苏州中医专科学校就读,成为该村首个大专生。1959年8月,缪惠英考入梅村师范学校,成为该村首个中师生。

徐金根、邹金歧、季林宝、缪金安、缪永泉、季宝成、缪惠祥、缪棣高、邹阿升、徐惠良先后任第十二村民小组(队)长。

缪晋高为村委会培养的一名"赤脚医生",一直在村卫生室工作,直至退休。

缪裕明、缪裕刚兄弟两人办厂较早。

该村自2006年起开始分批动迁,至2016年完成整村动迁。村民分别安置在南湖苑、西溪花苑、金塘社区。

八、小窑泾

位于村委会驻地西南约800米处,村域:东至宏大建材厂,南至周家泾,西至港城大道,北至新丰河。东靠大窑泾,南临吴巷,西接朱家巷,北至孔家庵。有4个村民小组(十四、十五、十六、十七组)82户256人。宅基地面积65.1亩,耕地面积395.54亩。

据传,清朝咸丰年间(1851—1861),王姓人家就在该村居住,村上设有王家祠堂。1948年开挖的朱家浜穿过村中心,将整村分成两半(河南有十六、十七两个村民小组,河北有十四、十五两个村民小组)。清朝同治年间(1862—1874),一陶姓由沈庄移居该村。清朝光绪年间(1875—1908),又有朱姓人家从朱家巷搬迁至该村。村南还有一个很小的村落——赵港巷(1958年时被拆迁,移居至小窑泾)。村南约200米处,有一座土地大王庙,当时香火极盛,有铜大王、铁土地的传说,清末毁于太平天国战乱。全村有王、陶、朱、邹4姓,以王姓居多,陶姓次之。

王明章的母亲(王李氏),她乐善好施,菩萨心肠。谁家有人生疮、生疔,经她开刀,用上自己配制的中药,药到病治,且分文不收。王氏平日勤俭持家,但为村民造桥出手大方,无私奉献。她资助为村民建造了一座用石头造成桥墩、用木头铺成桥面、两侧均设有栏杆的"连心桥"。从此方便了朱家浜河南、河北村民的通行及过往客商的通行。

王爱生、朱文刚、王明章、朱岳根、王岳勤先后任第十四村民小组(队)长;陶阿毛、陶永法、陶如仁、陶永兴、陶阿迷、陶天宝、陶建丰先后任第十五村民小组(队)长;邹阿文、朱长福、朱阿永、朱永根、朱仁金、朱根祥先后任第十六村民小组(队)长;王凤傲、王汉明、王福庆、王永祥、王永良、王建平先后任第十七村民小组(队)长。

该村自2006年起开始分批动迁,至2016年完成整村动迁,村民先后安置在南湖苑、棋杆花苑。

九、朱家巷

位于村委会驻地西南端约 1000 米处。村域：东与小窑泾接壤，南与江阴市新桥镇周江村交界，西与江阴市新桥镇苏市村缪家巷为邻，北与江阴新桥镇苏市村沈庄毗邻。有 1 个村民小组（十八组）51 户 146 人。宅基地面积 35.25 亩，耕地面积 145.26 亩。

据传，该村落形成于清代光绪年间（1875—1908）。以前朱家港与古谷渎港直通，曾有码头，还有布庄、粮行等店铺，生意兴旺，曾称朱家港。后因地方上得罪官府，知县令朱家浜分段筑坝，截断航路，加之此处离西塘墅集镇较远，陆路交通不便，一些有钱大户开始搬迁到别处发展。从此，朱家港集市每况愈下，市场逐渐萧条直至消失。

朱姓人家从无锡安镇迁居此处后，改称为朱家巷。现有朱、陶、季、李 4 姓，其中以朱姓为主。

陶三宝、朱同生、季永林、朱永兰、朱岳高、朱永仁、范卫芳先后任第十八村民小组（队）长。

该村自 2006 年起开始分批动迁，至 2016 年动迁全部结束，村民大多安置在金塘社区，少数安置在南湖苑、西溪花苑、棋杆花苑等。

附：南庄村各自然村民房示意图

2002年小南庄自然村民房示意图

道路
河流
住户

北

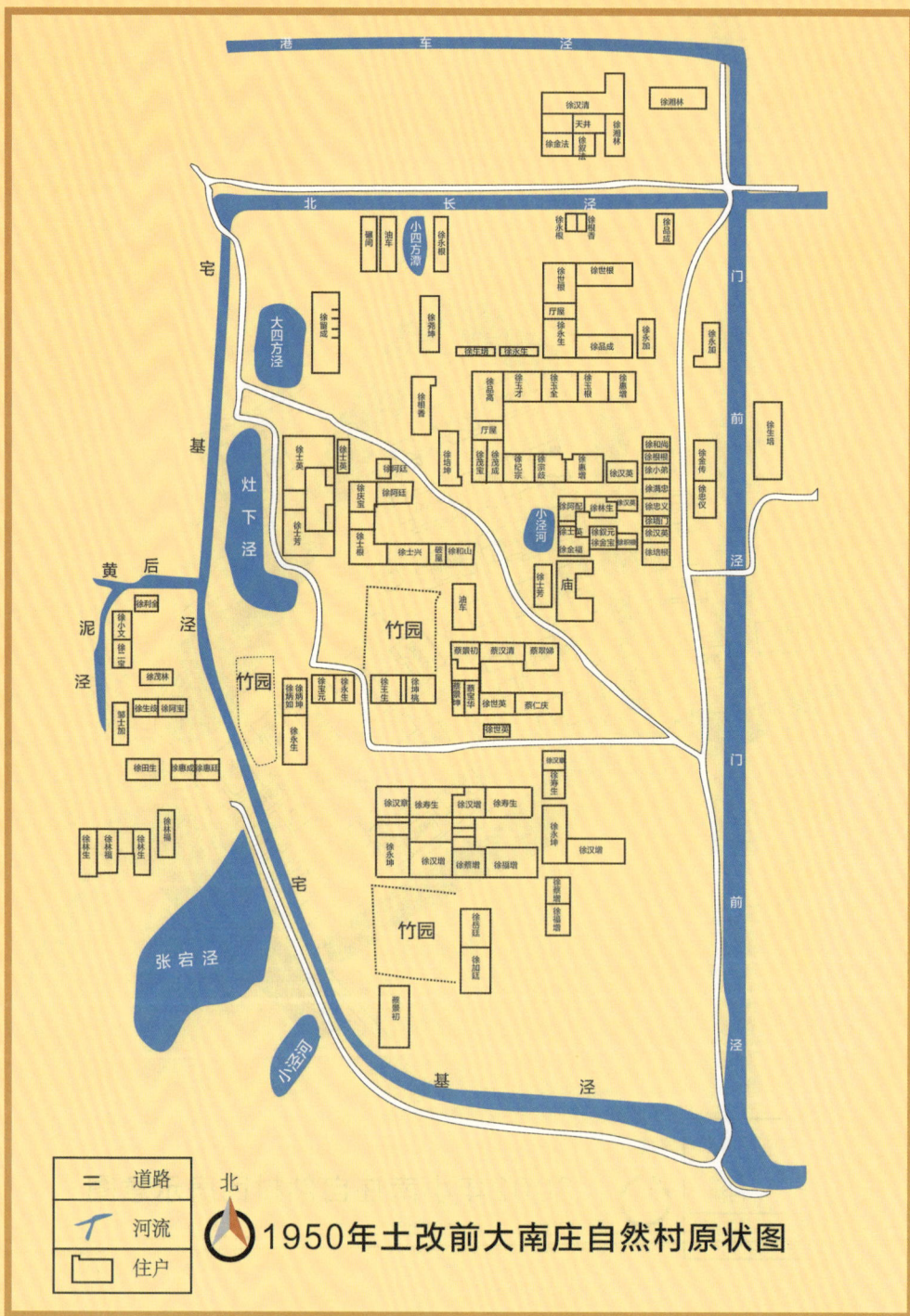

1950年土改前大南庄自然村原状图

三组　二组　四组

上陆新泾　北　泾

大四方潭　小四方潭　后黄泥泾　灶下泾　宅基泾　张宕泾　黄泥泾

新　丰　河　新

向阳桥　南庄桥

庙

徐世强　徐元如　徐建锦　徐桂芬
徐栋阳　徐维宝　徐世阔　徐世窝　徐林才　徐永祥
徐彪　徐平　徐法　徐维林　徐富元　徐祥生
徐建清　徐柏清　徐利金　徐福祥　徐国平
郜仁高　徐国强　徐玉生
徐国兴　徐文彪　徐文周　徐祖信　徐正元　徐凤高
徐洪　徐祖兴　徐洪法　徐惠东　徐伟国　徐永清　徐凤清
徐仁忠　徐伟兴　徐强
徐惠龙　辅　徐永全　徐天宝
除陈良　徐正良

徐云高　徐新文　徐国庆　徐利东
徐永法　徐东　徐建法　徐站
徐明玉　徐云万　徐示河
徐福仁　徐福兴
徐培兴　徐士兴　徐高扬
徐国兴　徐利平　徐鹏
徐世明　徐建明　徐庆丰
徐伟良　徐龙　蔡杰　蔡杰
徐永兴　徐利东

徐森良　徐云官　徐永兴
徐永均　徐永均　徐永忠　徐永丰　徐永兴
徐永清　徐利明

徐国顺　徐云球　徐仁良
徐国球　徐仁园
徐云康

道路
河流
住户
北

2006年大南庄自然村民房示意图

河

大

塘 塘

大

河

金仲元

金叔虎

金仁忠

金武

金炳如

金仲康

徐云祥

李建勇

沈兴兴 沈兴宝

金仁珠 金杏忠

金惠祥

李正洪

李建明

李福根

李洪兴

李栋元

李建刚

李福根

李根生

李德忠

李正高

五组

李德华

金惠良

金虎 金洪

李建国

金根宝

金根宝

李栋环

李耀兴

孟梅娣

徐思祥 徐金祥

李福丰

金永平

李建忠

李德明

李仕照

陈祖发 李出海

金火宝

李建丰 李志明

李如娜 金正芳

金建明 金建国

李福林

金塘忠

金建明 金建平 金惠兴 金建新

李杨 李福

金新刚

朱

家

金祖德

浜

金福忠

金建荣

六组

| ＝ | 道路 |
| 河流 |
| 住户 |

北

2006年李家巷自然村民房示意图

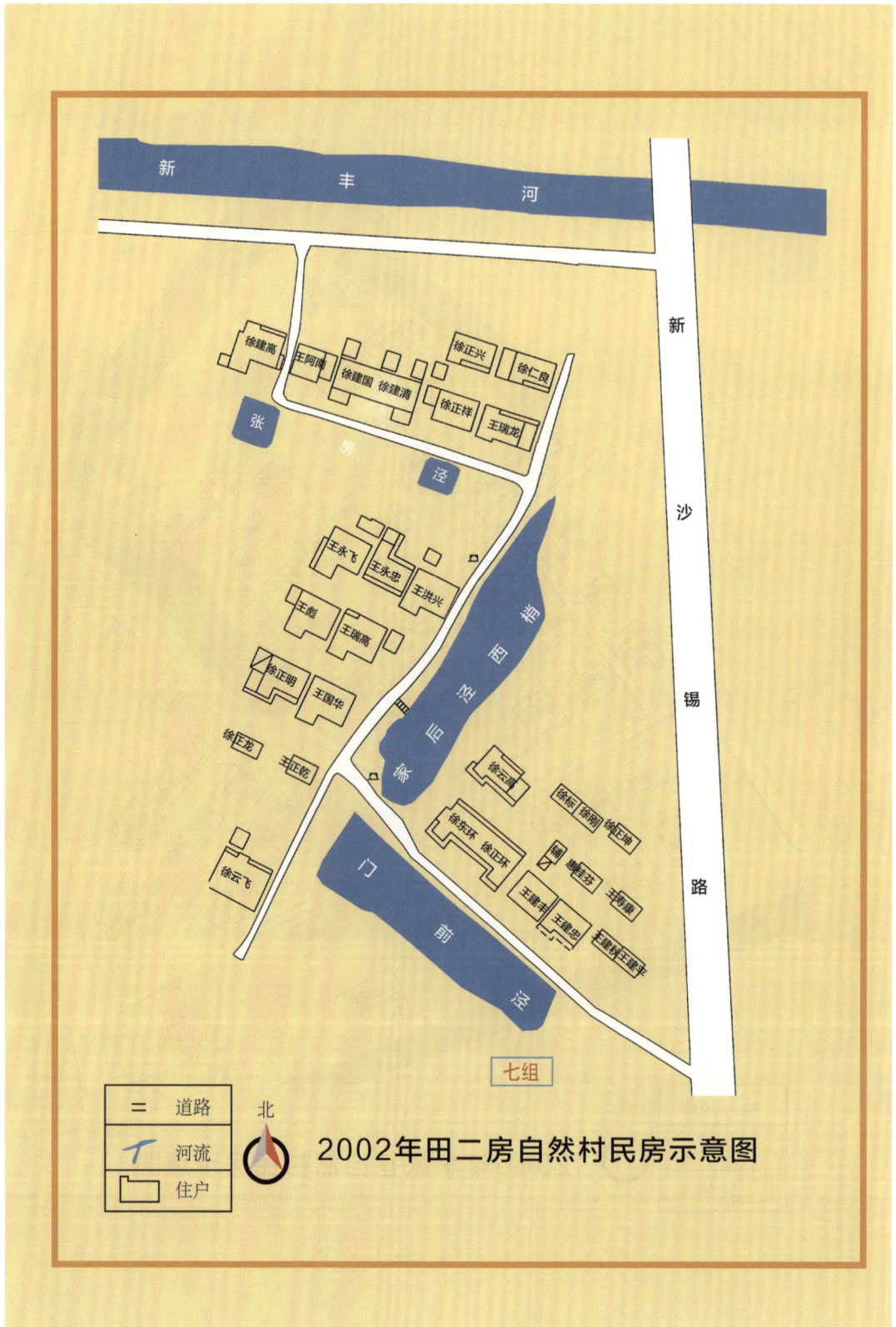

新 丰 河

新 沙 锡 路

徐建高
王阿雨
徐建国　徐建清
徐正兴
徐仁良
徐正祥
王瑞龙

张 房 泾

王永飞
王永忠
王洪兴
王彪
王瑞高
徐正明
王国华
徐匡龙
王正乾

后 泾 西 栅

徐云飞

门 前 泾

徐云清
徐东环　徐正环
徐标　徐翔
徐正坤
徐建芬
王建丰
王建忠
王瑞祥　王建半

七组

	道路
	河流
	住户

北

2002年田二房自然村民房示意图

2006年夏家弄自然村民房示意图

十一组
邹永伯
家后泾
邹丽珍 邹国明
邹建忠
邹建丰 邹建东
邹义明 邹仁祥 邹利明 邹忠明
邹云
邹银如
邹文兴
邹正龙 邹正良
邹靖 邹文祥
邹绍金
邹建良 邹国良 邹正祥 邹正德
邹进康
邹建刚
邹永球
邹义丰
邹仁才
邹正元
邹新正
门前泾
邹惠英
邹耀红 邹文达
邹云伟 邹云飞 邹正华
邹惠东
邹龙才
邹佛明
邹永祥 邹惠忠
邹国祥 邹方达
邹永福 李玉琴
邹惠明 邹林明 邹建明
邹国龙
邹义忠
邹浩明
邹德明
邹洪 邹斌
邹龙虎 邹龙彪
邹建山
邹振刚
安全泾
邹绍堂 王莲姊
十组
邹维良 邹维明
龙飞橡塑制品有限公司
徐俞伟 徐俞方
邹正荣
邹文组

凡例
道路
河流
住户
村部

北

2006年东墙门自然村民房示意图

养殖场

养殖场

养殖场

养殖场

大

河

梢鸭池泾

缪玉忠　孙永平　缪林宝

缪文忠

缪惠刚

徐惠良

徐金根　李春华

徐叙兴

李其秀　季建国　缪玉才

徐玉米

水渠泾

邹方平

缪惠兴　缪阿本　缪惠龙

梢河渠

邹祖德

缪留高

邹祖明

蔡兴元　蔡兴其　缪文学

邹建华

十二组

缪留祥

缪国平　缪国忠　缪裕刚　缪裕明　缪万生

缪玉明

邹文华

缪进高　陶福庆

缪祥根　徐国良　徐元良

缪根才　缪埭高　缪埭高　缪伟国　邹文革　邹仁毛

═	道路
⊤	河流
▭	住户

北

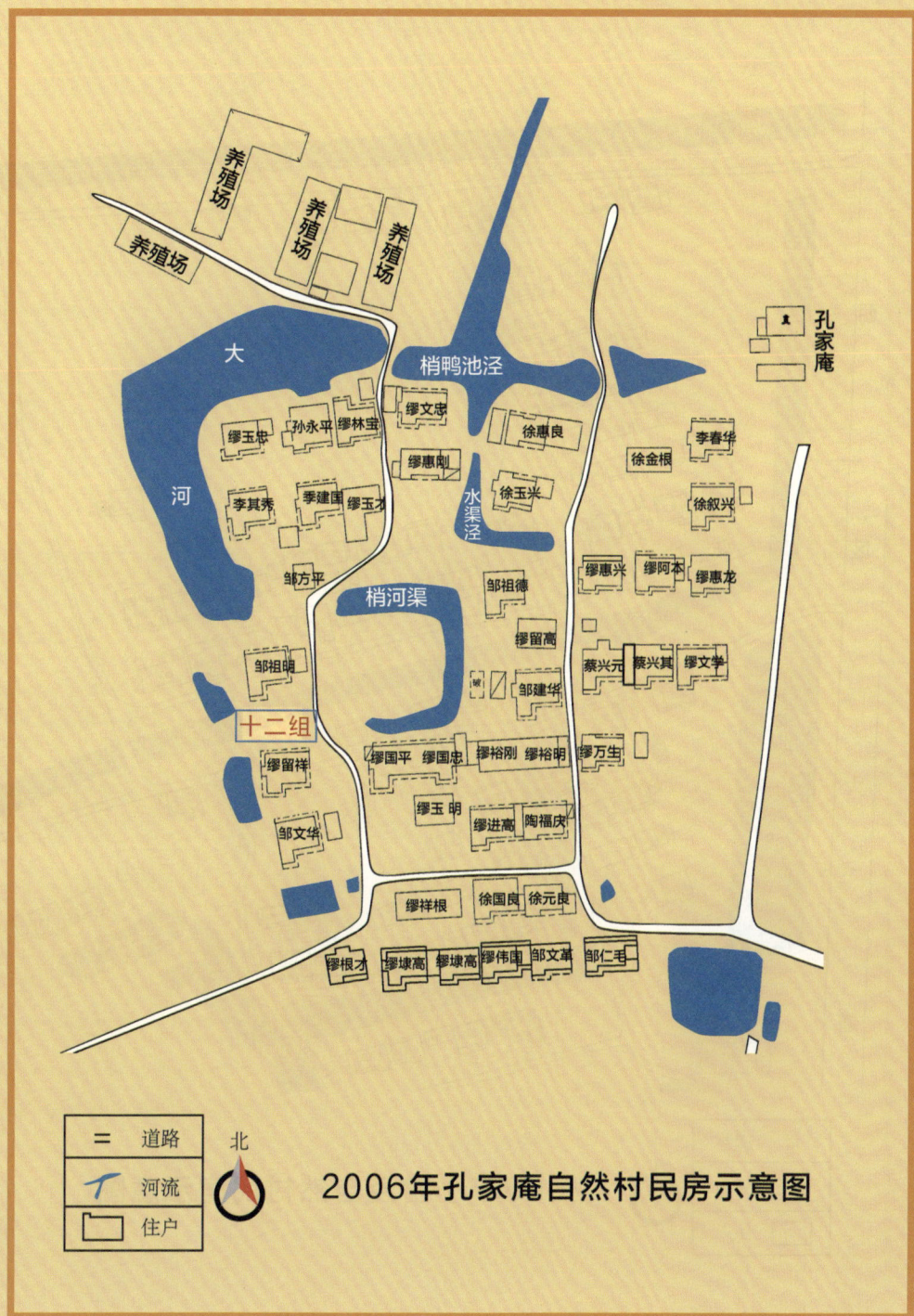

2006年孔家庵自然村民房示意图

孔家庵

陶建东　陶瑞龙　　陶汉生　陶进才
　　　　　　　　　　　　　　　　朱文兴　王玉明
陶永福　陶永明
陶建义
陶长高　陶建荣
陶建平　陶建丰
　　　　陶建平　陶建平
陶转宝　陶达云
陶达明　陶正龙　陶如仁
　　　陶达宝　陶建华
陶进发　朱文江　陶天宝
　　　　朱建忠　　　陶建荣　陶锦怀　陶新宝　王祖兴　王祖南
　　　　　　　　　　　陶龙宝　　　　王爱生
　　　　　　　　　　陶建江　陶国忠　　王德明　　　　　王英忠　王英锋
　　　　　　　　　　　　　　王清宝　陶大妹　王法龙　王祖海　王岳根
　　　　　　　　　　　　　　　　　　　　　　王祖根
　　　　　　　　　　　　　　　王锦文
　　　　　　　　　　　　　　　王建国
　　　　　　　　　　　　　　王建明

十五组
十四组

朱进宝　朱元宝
　　　朱掌才　朱国新
　　　朱建忠　　　王振才
朱龙宝　　　王永平　王凤祥
　　朱仁宝　王忠山
朱仁宝　　王潘生
朱如宝　　王春富
朱根法　朱福华
　　　　　　　王忠华
朱利宝
　　　朱建龙　　朱根林　军建法
　　　陶仁浩　朱仁浩　朱海全
　　　　　　　　　　王治平　王永平　王凤园
赵建良
　　　　　　　　　王才才　王永来
　　　　　　　　　　　　王家潭
　　　　王建平　王正村
　　　王建明　王玉良

十七组

十六组

新　丰　河
西区河
朱　家　浜
水头泾
南泾河
王家潭
西区大道

图例	
=	道路
T	河流
▭	住户

北

2006年小窑泾自然村民房示意图

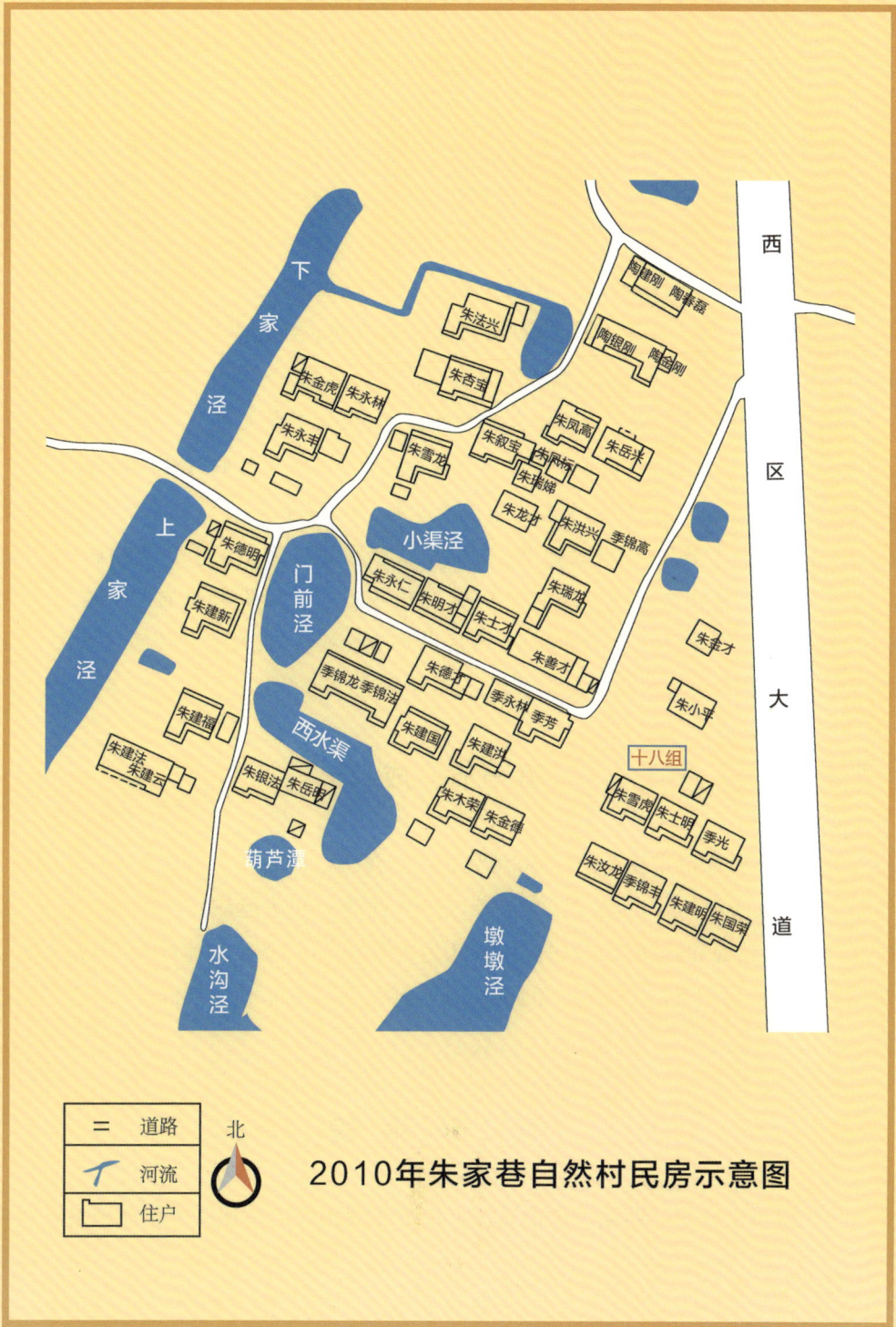

下家泾

上家泾

朱法兴

陶建刚 陶丰磊

陶银刚 陶启刚

朱金虎 朱永林

朱永丰

朱杏宝

朱凤高

朱岳米

朱叙宝 朱所所

朱雪龙

朱瑞娣

朱龙才

朱洪兴 季锦高

西区大道

小渠泾

门前泾

朱德明

朱永仁 朱明才 朱士才

朱瑞水

朱建新

朱善才

朱春才

朱德仁

季永林

朱小平

季锦龙 季锦法

西水渠

朱建福

朱建国

朱建法

季芳

朱建法
朱建云

朱银法 朱岳财

十八组

朱雪虎 朱士明

季光

朱木荣 朱金锋

葫芦潭

朱汝龙

季锦丰

朱建明

朱国荣

水沟泾

墩墩泾

	道路
🍂	河流
▭	住户

北

2010年朱家巷自然村民房示意图

第二章 自然环境

南庄村村域成陆历史约 7000 年。全境地势东低西高,河道纵横。

境域地处亚热带南部湿润气候区,季风为影响气候的主要因素。春夏秋冬四季分明,雨量充足,无霜期长,具有春季温和、夏季酷热、秋季凉爽、冬季寒冷的特点,属典型的海洋性气候。根据 1960—2016 年间的累计资料,年平均气温 15.2℃、年平均降水量 1039.3 毫米、年平均日照时数 2133.2 小时。同时,历史资料表明,台风、暴雨、连阴雨、干旱、冰雹等灾害性气候,对境域虽有影响,但均未造成特别严重的后果。

境内物产丰富,环境优美。全境自然土壤极少,绝大多数是经长期耕作形成的农业土壤,适宜稻、麦、油菜等粮油作物的栽培和苗木、水果等经济作物的种植。植被以人工栽培植物为主,自然植被较少。中华人民共和国成立后,特别是改革开放以来,南庄村在农田水利基本建设、保护生态环境,改造自然、利用自然和战胜自然灾害等方面都取得了显著成绩。1978 年以后,境内先后进行开挖新丰河、建造砖瓦厂等工程建设,自然环境发生了重大变化。2002 年起,境内东区大部分和中、西区农户陆续被动迁,南湖苑社区和南庄工业区相继建成,自然环境又一次发生了变化。

第一节 成 陆

南庄村位于张家港市杨舍镇南郊,地处长江三角洲。

50 年代,从西部的长山,经杨舍、东莱、鹿苑、西旸一线附近,有一条土高岗,即长江的古江岸,也叫天然堤和海坝(旧时居民称长江为内海)。以该条古江岸线为界,分为南、北两个部分。南庄村属南部,为长江三角洲的古代沙嘴区,成陆年代约 7000 年以上,是海相河相沉积平原。

第二节 地 貌

南庄村全境主要是第四系沉积覆盖。据江苏省煤田地质钻探队的勘探结果表明,第四系覆盖层的厚度为 90~240 米。

境内地面一般高程(吴淞 0 上)4~5 米。最高程超过(沪淞 0 上)8 米,由于古代沙嘴的不连续,形成了一系列低平田和蝶形低洼地。全境地势东低西高。

第三节　气　候

南庄村属亚热带季风性湿润气候区,季风环流是支配全境气候的主要因素。

境内四季分明,雨量充足,气候温和,无霜期长。以气候特点计算,南庄地区四季的时间为:每年4月3日至6月14日,日平均气温在13℃左右,为春季,长73天;6月15日至9月17日,日平均气温在22℃以上,为夏季,长95天;9月18日至11月17日,日平均温度10℃至22℃之间,为秋季,长61天,是四季中最短的一季;11月18日至第二年的4月2日,日平均温度低于10℃,是冬季,长136天。南庄群众习惯的四季划分,是以农历的月份来划分的,从正月起作为春季的开始,每季三个月,依次分为春、夏、秋、冬四季。

一、四季气候特征

春季,是冬、夏季风交替的季节,具有回暖早但不稳定的特点。进入春季后,境内仍常有冷空气侵袭,寒潮天气平均每10年有2~3次。立夏前后平均温度上升到15℃以上。春季由于夏季风兴起,暖湿空气活跃,与黄海北部来的冷气流相遇形成锋面雨。这期间,降雨日和雨量都显著增加。

夏季,炎热多雨。夏初又是梅雨期的开始。出梅(每年7月7日)左右后进入盛夏,境内降水量明显增多,约占年降水量的五分之二。夏季常出现两种截然不同的天气系统,即初夏的梅雨天气和盛夏的伏旱天气。梅雨天气云量多,日照少,温度和气压低,连续降雨,相对湿度大。梅雨天气每10年有7~8次。伏旱天气云量少,日照强,温度和气压迅速增高,偶有阵发性降水,相对湿度较小。伏旱天气每10年出现5~6次。枯梅连伏旱的天气每10年出现1~2次。

秋季,是冬季风取代夏季风的过渡季节。9月中旬寒潮开始南下入境,天气稳定少变,常形成风力微弱、阳光灿烂、秋高气爽的天气系统。但有些年份进入秋季后,夏季风未退,而冷气流频频南下,受冷热空气争雄激荡及台风影响,形成秋季连续阴雨,每10年出现2次左右。

冬季,由于受到冷空气的频繁侵袭,境内气温明显降低。在一次冷空气侵袭之后,往往有一个天气转晴、气温回升的过程,有“三日寒”“四日暖”的交替变化。这种变化一般7天至10天就有一次,每交替一次,气温就要下降一次。24小时内降温大于10℃,最低气温低于5℃的寒潮天气,20年共发生54次,平均每年2.7次。南庄在冬季分别受到西北、正北、东北三个方面的冷空气侵袭,其中东北向冷空气南下,往往形成雨雪天气,有农谚“东北风,雨祖宗”。西北、正北的冷空气侵袭,是干冷天气。冬季中,1月最冷,月平均温度约2.3℃。

二、气温

1960—2016年,南庄村(大队)年平均气温为15.2℃,年际间变化不超过1℃。夏季最高月平均温度与冬季最冷月平均温度相差25.2℃,7月份最热,1月份最冷。

春季,境内平均气温为13.7℃。3月降温大于10℃的强冷空气平均每年一次。4月降温大于7℃的中强冷空气平均每年1.8次。日平均温度稳定通过10℃、12℃的初日分别是4月3日和4月12日。

夏季,境内平均气温26.1℃。7月平均气温为全年最高,平均气温在29.97℃。1971年7月平均气温达31.7℃,极端最高温度39.4℃。1968年、1988年、1994年持续高温25天以上,2013年持续高温47天,极端最高气温达41℃。一般年景大于35℃的天数平均每年占6.7天,7月占3.8天,8月占2.9天。

秋季,境内平均温度17℃。日平均温度稳定通过12℃、10℃的终日分别是11月9日和11月17日。降温大于10℃的强冷空气,平均每年在11月出现1.1次。

冬季,境内平均温度3.6℃。1月是全年最冷的月份,最低气温低于–5℃的天数平均每年有8天,其中12月有2.1天。低于0℃的,平均每年有51天,其中12月有18天,1月有18天,2月有15天。极端最低温–11.3℃,出现在1969年2月6日。1969—2016年,境内未出现过低于–11℃的极端低温。

三、降水

南庄村地处亚热带季风性湿润气候,雨水充足。平均年雨日122.3天,降水量1039.3毫米。春季雨量占全年总量的26%,夏季占42%,秋季占23%,冬季占9%,其中8月最多,12月最少。雨日最多达159天(1980年),最少91天(1978年),降水量最多达1296.8毫米(1979年),最少为640毫米(1978年)。4—9月(从春播到秋收)的半年降水量为742.7毫米,占全年总降水量71.5%。

夏初梅雨期,平均降水量202.8毫米,约占年降水量的五分之一。1960—2016年平均梅雨期22天,雨日14.8天,约占年雨日的八分之一。入梅在6月16日左右,出梅在7月7日左右。21年中正常梅雨年约占五分之三,丰梅年约占五分之一,最大梅雨量达502.4毫米(1970年)。枯梅年约占五分之一,梅雨量少于100毫米,其中空梅年1次,雨量46.7毫米(1978年)。

冬季降雪天数:1960—2016年,平均每年为6.3天,其中12月为0.3天,1月为2.6天,2月为2.7天,3月为0.7天。最多年份为17天(1968年12月至1969年3月),最少的年份为1天(1976年),1971年为空白。积雪日数平均每年3.5天,最多17天(1977年)。最大一场雪在1984年1月17—18日,降雪量为80.8毫米,积雪厚度为56.7毫米。2008

年阴历年底,连续两场大雪,降雪量为100.5毫米,积雪厚度为64.8毫米。2009—2016年,境内未出现降雪量超过100毫米的极端天气。

1959—2016年南庄村(大队)平均降水量一览表

表1-2-1　　　　　　　　　　　　　　　　　　　　　　　　　　　　　　　单位:毫米

月份	1	2	3	4	5	6	7	8	9	10	11	12	全年合计
平均降水量	33.1	50.7	61.6	97.3	105.9	144.8	157.1	131.9	105.7	58.6	56.9	35.5	1039.1

四、日照

1960—2016年,南庄村年平均实际日照时数为2133.2小时,占可照时数的48%。年最多日照2429.2小时(1967年),年最少日照为1804小时(1970年)。日照百分率最多年与最少年之间差14个百分点。

1960—2016年南庄村平均各月日照时数和日照百分率一览表

表1-2-2　　　　　　　　　　　　　　　　　　　　　　　　　　　　　　　单位:小时

月份	1	2	3	4	5	6	7	8	9	10	11	12	全年合计
平均日照时数	151.4	139	160	162.5	171.4	183	232.3	256.6	174.4	186.9	157.5	158.2	1039.1
平均占可照时数(%)	48	45	43	42	40	43	54	63	47	53	50	51	48

五、霜期

南庄村初霜期一般始于11月9日,于次年4月4日左右(谷雨)后终霜。1960—2016年初霜期最早的是1972年(10月22日,刚进入"霜降"),终霜期最早的是1976年(3月21日,进入"春分");初霜期最迟的是1965年(11月26日,在"小雪"内),终霜期最迟的是1962年(4月18日,在"清明"末)。初霜早迟相差35天,终霜早迟相差28天。全年平均无霜期为228.8天,最短无霜期是1972年(共195天),最长的无霜期是1977年(共257天),最短与最长相差62天。2000—2016年,境内每年明显直观的持续霜冻仅4~5次,未有霜害出现。

六、寒潮

南庄村一般气温在24小时内下降10℃以上,最低温度在5℃以下,并伴有5~6级偏北风,称为"寒潮"。每到11月至来年4月初都要受到寒潮的侵袭。在此期间,麦苗和春播的秧苗都会受到不同程度的冻害,严重的会影响农作物的正常生长和造成牲畜的伤亡。随着全球气候变暖的影响,2000—2016年,境内受"寒潮"侵袭的次数越来越少。

七、风

南庄村处于东部季风区,四季风向变化较大。春季和夏季是南方暖湿空气逐渐增强的季节,风自海洋向大陆吹来,故多东南风;秋季和冬季是北方冷空气逐渐增强的季节,风自大陆的西北方吹来,故多偏北风。全年以东南风为最多,西南风为最少。年平均风速每秒3.9米,最大风速每秒20米。2000—2016年,境内四季风力与往年相当,未见风灾出现。

八、积温、地温

积温,南庄村有丰富的热量资源。以日平均温度稳定通过0℃界限计算,1959年以来,年平均总积温5557.1℃。最多年为5903℃(1961年),最低年为5238℃(1980年)。年际间高低相差764.5℃。

地温,根据市气象站测量统计:南庄村5厘米地温年平均为16.7℃。全年中1月最低,为3.3℃;7月和8月最高,均为30℃。年平均地温最高的是1967年,达21℃;最低的是1980年,为15.7℃地温。高低年之间相差5.3℃。日平均地温稳定通过5℃的初日,年平均为2月26日,最早是1960年2月5日,最晚是1970年3月16日;日平均地温通过12℃的初日,年平均是4月5日,最早是1959年3月20日,最晚是1980年4月16日;日平均地温通过15℃的初日,年平均是4月19日,最早是1975年4月4日,最晚是1963年5月4日。2000—2016年平均总积温未见异常。

第四节　水　系

南庄村虽是江南水乡,大小河塘诸多,但地势高低不一。村西部的田块最高程可达沪淞0上8.17米,灌溉极为困难。为初步解决农田灌溉问题,1948年冬,有诸多受益农户自发开挖一条东西向的引水河,经芦庄、李家巷、旺家巷、大窑泾、张桥坝、小窑泾到朱家巷,原名诸家浜,后改名朱家浜,从谷渎港(后更名为新沙河)往西引进长江水。但仅靠朱家浜水源灌溉覆盖面积仍有局限性,于1978年冬,塘市公社组织民工开挖新丰河,接通新沙河口,向西经芦庄后巷、大南庄、夏家弄、东墙门到小窑泾,同时引进长江水。朱家浜和新丰河双管齐下,彻底解决了南庄村西域地区的农田灌溉"老大难"问题。

朱家浜　全长2850米,境内段长1800米。开挖总土方13万立方米。历史上每3~5

年小型清淤、治滩涂一次。1974年与1993年大修。2000年7月并入杨舍镇后又进行三次整治。

　　新丰河　全长2780米,境内段长2000米。底高入口处为沪淞0上0.5米,以后逐步提高至新丰河末尾(小窑泾)沪淞0上1米,底宽5米,总土方23万立方米。

　　西区河　全长2780米,境内段长1800米。南起华塘河,北至环城河。水利工程共分三期:华塘河至澳洋呢绒公司段,于2010年至2011年开挖,两侧重力式挡墙,长1700米,宽22米至32米不等;澳洋呢绒公司至白子港段,于2010年至2011年开挖,西侧重力式混凝土挡墙,长400米;白子港至环城河段,于2010年至2011年开挖,长680米,宽35米,两侧重力式混凝土挡墙。

　　朱家浜和新丰河开挖的初心是解决南庄地区农田灌溉问题。后来,两条河流又被赋予了新的功能,它们与2011年开挖的西区河一道,为净化塘市地区的浅表水水质起到了至关重要的作用。另一方面,因为这三条河流的两端出入口都连通长江,水系流动量较大,可以随时控制水位,防止百年一遇的洪涝灾害。2000—2016年,由于境内水系发达,从未出现水灾。

第五节　土　壤

　　南庄村土壤属泄湖沉积母质水稻土类,经过人类长期耕作熟化,具有一个发育明显的犁底层和受水淋沉积的渗育层及淀积层。

南庄地区土壤类型一览表

表1-2-3　　　　　　　　　　　　　　　　　　　　　　　　　　　单位:亩

土壤种类	普查面积	占(%)
黏沙心黄泥土	1320	62.86
黄泥土	299.67	14.27
黏沙底黄泥土	286.86	13.66
小粉白土	100.8	4.87
堆叠土	33.18	1.58
乌底黄泥土	31.92	1.52
僵黄泥土	13.86	0.66
螺蛳壳黄泥土	4.62	0.22
铁屑黄泥土	7.56	0.36

注:摘自1983年塘市乡土壤普查统计资料。

南庄地区土壤肥力情况表

表 1-2-4

水稻土	潴育型黄泥土	黄泥土	黄泥土僵黄泥土	是古老冲击土发育而成,质地较重,一般为重壤土,耕层粘粒含量大于22%。下部粘粒含量更高,耕地层熟化程度高,犁底层较为坚实,渗育层垂直节理比较明显,厚度大于80厘米,沉积层保水性能好,土体结构型A-P-W-Bg,剖面分异度不大,一米内无障碍层次,结构面有灰色胶膜,并且布满铁锰锈斑。生产性能较好,养分含量较高。
			铁屑黄泥土乌底黄泥土螺蛳壳黄泥土粘沙心黄泥土粘沙底黄泥土堆叠土	黄泥土土体在70厘米以下均有障碍层次,分别以有铁屑层、乌泥层、砂层、粘盘层面定为铁屑黄泥土、乌底黄泥土、沙底黄泥土。螺蛳壳黄泥土则在耕层以下有螺蛳壳存在,对土壤理化性状有一定的影响。种植水稻渗漏量过大,不利水稻生长,相反有利于小麦生长,属发麦不发稻类型。耕作层有机质含量较高,达到2.88%,但有效磷含量低,仅4.8ppm。堆叠土是人为平整土地挑高填低打乱土层而形成的,土类没有固定的剖面形态特征。
	漂洗型水稻土	白土	小白粉土	平田和高平田地区土体内粘粒和铁锰物质被漂洗,形成白土层,厚度大于10厘米。下层为黏土层,土体结构型为A-P-E-W-Bg型,它虽无白土层次,但全层粉砂含量高,是一种土体性状相近的白土的小粉土。它属低土壤,主要有机质低(平均量仅6.1ppm),而且滞水严重,影响植物根系的生长发育。在旧社会,群众反映说"小粉白脚土,还了租米没得多""小粉土(白土)、小粉土,收收种种不饱肚",充分说明了这种土种的低产性。但是通过人们的长期改良,白土的理化性状有了一定的改变,部分土方的白土有机质含量超过2.2%,水稻亩产量一季可达500千克。

注:摘自1983年10月沙洲县第二次土壤普查工作资料。

根据土壤普查资料显示,境内土壤有三方面的变化:

耕作层变浅　据1983年境内110个水稻田块的土壤剖面调查,耕作层厚度平均11.7厘米。据1959年第一次土壤普查资料,水稻土壤耕作层平均厚度为18.46厘米,大部分都在17厘米以上,相比之下1983年的耕作层比1959年减少6.76厘米。

土壤僵板、物理性状变差　南庄地区土壤质地偏黏。据对耕作层土壤测定,黄泥土、乌泥土的物理粘粒都在50%以上,均为重土壤。近几年来土壤僵板,物理性变差,突出表现在通气孔隙不足5%。由于土壤僵板,通透性差,土壤持水能力增强,超过三麦能容水量,使三麦迟发或僵苗,甚至萎缩死亡。

土壤养分偏低　总的趋向是:有机质含量低、缺磷、缺钾比较普遍。

据低产土壤面积1983年普查统计:全境低产土壤面积407亩。共分几种类型,黏重发僵占低产因子28.74%,田僵板结占低产因子27.1%,漏水漏肥占低产因子29.69%,白土层、铁屑占低产因子5.57%,其他占低产因子8.9%。到2013年,大片良田减少,其原因是工业、民用用地增加。

第六节　自然灾害

南庄村历史上出现过多次自然灾害。

一、旱灾

春旱成灾在境内比较少见。

夏季只要连续 3 旬的旬雨量小于 20 毫米,境内便有旱象发生。秋季连续 3 旬以上雨量小于 10 毫米,全境就会形成秋旱。

境内的高温干旱多发生在梅雨期后,主要是由于强副热带高压控制所形成。1959—2003 年的 55 年中,发生夏旱的年份有 1959 年、1961 年、1966 年、1971 年、1978 年、1994 年共 6 次。1959 年、1978 年气温大于 35℃的日数都在 15 天以上,连续 5 旬的旬雨量不足 20毫米。1971 年 6 月 6 日至 8 月 4 日,连续 40 天,每天最高气温都在 30℃以上。2016 年是1934 年以来夏季干旱时间最长的一次,持续高温无雨达 40 多天,旱情严重,农作物基本停止生长。

境内秋旱较夏旱为多,平均 2~3 年发生一次。据记载,发生秋旱的年份有 1959 年、1960 年、1962 年、1964 年、1966 年、1967 年、1969 年、1972 年、1978 年、1983 年、1988 年、1995 年。

1988 年 10 月下旬至 1989 年 1 月上旬,境内连续 70 多天干旱,小麦、油菜播种后未下过雨,影响生长,是百年罕见的冬旱。1990—2016 年,境内没有出现持续 70 天以上干旱无雨的极端天气。

二、暴雨

南庄村日雨量大于 50 毫米的暴雨,多发生在梅雨期和台风季节。1949—2013 年,境内共出现过 109 次暴雨,平均每年 1.58 次。最早的出现在 4 月 8 日(1968 年),最迟的出现在 11 月 9 日(1972 年)。暴雨出现比较集中的是 6 月、7 月和 8 月。日雨量超过 100 毫米以上的特大暴雨,近 20 年中共发生 7 次,其中 9 月份就有 4 次。

1949 年 6 月下旬起连续半月大雨。7 月 24 日,6 号台风过境,大风、暴雨相交一昼夜,境内淹没低田 50 余亩,倒坍房屋几十间,牲畜死亡甚多。1954 年 5—7 月,境内降雨700 多毫米。8 月 25 日,台风袭击,降暴雨 100.6 毫米。但淫雨不断,连绵数日,屡排屡淹。1962 年 9 月 5—6 日,14 号台风登陆北上,穿越太湖过境,6 日一天降雨 247.1 毫米。1963 年 5 月 7 日午夜到 9 日清晨 36 小时内,境内降雨 128.6 毫米。夏熟作物普遍受影响。1974 年 7 月 26 日晚,境内遭大风暴雨袭击,风力 7~8 级,降雨量达 218.8 毫米。28—

29 日又遇 10 级大风，降雨 124.1 毫米。30 日晚至 31 日上午再遇大雨，雨量 96.8 毫米。26—31 日累计雨量 457.7 毫米。1991 年 6 月 30 日深夜暴雨连续 6 个小时。7 月 1—6 日持续暴雨，境内雨量达 358.6 毫米，内河水暴涨至 5.1 米，超过正常水位 2 米。小南庄、大南庄、夏家弄、田二房等生产队的部分田块一片汪洋，村办企业停产，小土窑、大轮窑半成品全部倾塌，全境鱼塘淹没、成鱼逃窜不计其数。1992—2016 年，境内未现持续暴雨雨量超过 300 毫米的极端天气。

三、淫雨

南庄村全境连续阴雨的天气主要发生在春季、初夏（梅雨）和秋季。这种雨日较长、雨量偏多的连续阴雨天气，对农作物的生长都有不同程度的危害。1960—2016 年，春季阴雨日超过 15 天、雨量超过 100 毫米的有 19 年。

据记载，境内梅雨期雨量在 200 毫米以上的年份有 1960 年（236.5 毫米）、1967 年（221.7 毫米）、1969 年（351.7 毫米）、1970 年（502 毫米）、1971 年（258.7 毫米）、1974 年（316 毫米）、1975 年（453.7 毫米）、1979 年（227.8 毫米）、1980 年（328.2 毫米）。几乎每两年就有一次。秋季雨量 1 次超过 100 毫米的有 1973 年，连续下雨 11 天，雨量 135.5 毫米；1977 年，连续下雨 6 天，雨量 173.7 毫米；1996 年连续阴雨半个月，雨量 130 毫米。1999 年 6 月 7 日至 7 月下旬，连续梅雨达 45 天，为历史少见。

1969 年 7 月初至 18 日，境内连续下雨，雨量 311 毫米，使秋熟作物受涝较重，有些田块重新改种，还诱发了稻瘟病。1975 年秋季三个月中，境内出现 5 次连续阴雨天。其中 11 月 2—16 日，阴雨达 15 天，导致秋播湿耕烂种。1980 年梅雨早到，夏收期间长时间阴雨，连续几十天，造成烂麦，境内粮食收成损失严重。2005 年的梅雨日最短，持续 3 天，降水量 24.3 毫米。2006—2016 年，夏季到来阶段，每年都有较长连续阴雨天气出现，过程降水量在 140~150 毫米。至 2016 年，境内梅雨季节未见天气有特别异常，历年夏季降雨量均在 300 毫米左右。

四、台风、龙卷风

南庄村的台风季节主要出现在 6—10 月，其中以 7—9 月为最多。影响境内的台风，大多数是从上海一带登陆或从沿海转向北上。境内平均每年有 1~2 次受台风影响，严重的伴有大雨和 10 级以上的大风。从 1960—1999 年共出现 69 次。其中成灾较大的有：1960 年的 7 号台风，最大风速为每秒 20 米，雨量 122.2 毫米。1962 年 9 月上旬（5—6 日）的 14 号台风，最大风速为每秒 16 米，雨量达 247.1 毫米，秋熟作物被淹，有的民房、仓库遭受破坏，损失巨大；1977 年 9 月 10 日 8 号台风，从沿海转向北上危及境内，南庄地区遭受正面袭击，最大风力达 11 级，伴有暴雨，雨量 173.7 毫米，11 日下午风力由 8 级转为 10.5 级，连续三天降雨量达 130 毫米。台风使部分群众的房屋受损,同时造成公路交通、广播、邮电通信和供电一度中断。1966 年 8 月 11 日凌晨 2 时左右,受龙卷风袭击,南庄地区有 40 余户房屋不同程度受损,其中 3 户全部倒塌,农作物受害严重。70 年代至 2016 年,境内未现遭受台风和龙卷风灾害的影响。

五、冰雹

南庄村的冰雹一般出现在春夏之际。据 1959—1999 年气象资料统计,境内平均每年发生一次冰雹;据 2000—2016 年气象资料统计,境内平均每 2~3 年发生一次冰雹。

1981 年 5 月 1 日晚 9 时 30 分左右,南庄地区遭受暴风雨和冰雹的袭击。当日风力 7~8 级,部分小麦倒伏,损失一成左右。油菜被打得折枝断茎,损失二成左右。这次冰雹大的如鸡蛋,小的如团圆,为境内历史上所罕见。90 年代至 2016 年,境内未现冰雹灾害。

六、低温冻害

南庄村的低温冻害,在春、秋、冬三季均有发生,而以冬春为多。每年秋冬、冬春之交,易受北方强冷空气的侵袭。据气象部门提供的 1959—2013 年资料表明,境内受强冷空气侵袭的有 74 次,其中秋季为 16 次,冬季为 36 次,春季为 22 次。多的年份(1970 年、1978 年)竟达 5~6 次,1964 年出现过 1 次,1973 年、1975 年均未出现。强冷空气第一次出现最早的是 1970 年(10 月 5 日),出现最晚的是 1969 年(4 月 15 日)。

秋季低温,是后季稻抽穗杨花时期的主要灾害。1972 年、1977、1980 年正遇上低于 20℃气温,影响灌浆,致使境内农作物大面积瘪谷翘穗,产量锐减,个别田块甚至颗粒无收。

冬季寒潮冰害,对越冬作物的危害最大。1962 年 12 月 14 日至 1963 年 2 月初,50 多天未下雨,表土干达 6~7 厘米深,气温从 1963 年 1 月初下降到 0℃,直至 2 月初尚未回升,境内平均气温为 −1℃左右,最低温度达 −9℃,赤地冰冻,深 3~6 厘米,大风吹刮持续 20 天,使绿肥、油菜、蚕豆受害极重,冻死率为 15%~80%。1977 年 1 月 31 日的极端最低温度降到 −11.2℃,前后积雪 14 天之久,境内麦子、油菜等越冬作物严重受害。

春季低温危害农作物的时段是 3 月下旬至 5 月上旬,主要影响水稻育苗。据 1959—2013 年气象资料记载,4 月下半月境内 24 小时降温 8℃以上的较强冷空气平均每年有 1次。5 月上旬极端最低温度降至 3.8℃,对农作物影响很大。1979 年春寒低温,严重影响三麦返青春发,三麦亩产减收 30 千克左右。1980 年秋季,寒潮袭击,低温造成水稻灌浆不足,瘪谷翘穗甚多,水稻减产一成以上。1998 年 3 月 19 日晚上,全境春雪,最低温度降到 −0.26℃,夏熟严重减产。1999 年 3 月 16 日下午 4 时又是一场春雪,雪量中等,境内连续两年的春雪是少有的。

2000—2016 年,境内基本未现明显的低温冻害天气。

七、地震

南庄地区处于茅山－江阴褶皱东的末端,在 6 度地震区内。黄海南部和茅山地区发生的地震对全境都有影响。

据《常昭合志》《江阴县志》记载及地震资料反映,自 1401 年至 1949 年间,境内受地震影响的共有 58 次。

1949 年 10 月 1 日以来,据江苏地震台网的记载,境内有震感的地震有 10 次,其中震感较强的有 1974 年 4 月 22 日和 1979 年 7 月 9 日溧阳 5.5~6 级的两次地震,1975 年 9 月 2 日南黄海郎家沙一带 5.3 级地震和 1984 年 5 月 21 日南黄海发生的 6.2 级地震。距震中较近的是 2001 年 12 月 25 日隔江的南通市发生的 3.9 级地震,境内普遍有震感。上述地震均未造成损失。

2002—2016 年,常熟、昆山、靖江、南通等周边地区虽然出现过 20 余次部分人有震感的Ⅲ级烈度地震,但境内均未受地震直接影响。

第三章 自然资源

南庄村位于长江下游的江南水乡,优越的地理位置和自然条件成就了丰富的自然资源。境内历史上矿物资源比较贫乏,但有地势较高的优势,为充分开发利用土地资源、制作砖瓦消耗黏土备足了条件。境内野生动、植物资源较为丰富,地下水资源较为充足。

第一节 土地资源

南庄村全境总面积为 3435 亩,原有耕地面积 2500 余亩,农民自留地 301.96 亩。1962 年以后,共被征用土地 1200 余亩,其中交通用地 36.953 亩(部分为耕地)。1983 年以后,农村居民住宅用地 375.3 亩。2016 年,土地被全部征用或租用。

第二节 水资源

南庄全境地处江南水乡,位于太湖走廊,属于长江水系,水资源十分丰富。

一、地表水

中华人民共和国建立初期,境内有大小河塘170余条,合计水面积为600余亩。其中外河面积100余亩,池塘面积500余亩。据气象部门资料统计,近30年,年平均降水量为1039.1毫米,年平均水面蒸发量为1395.7毫米。8月水分蒸发量最大,为185.2毫米,占年平均蒸发量的13.3%;1月最小,为54.1毫米,占年平均蒸发量的3.9%。30年平均蒸发量是降水量的134%。境内大小河塘成为天然水库,储水量丰富。70年代,境内有2条通江河道,长江潮水是境内地表水资源的重要组成部分。

二、地下水

境内地下水极为丰富。80年代前后,境内居民家家开挖水井,是生活用水的主要来源。随着乡镇工业的发展,深层地下水开采量与日俱增,深水井密度每平方千米1眼左右,导致地下水位下降,水位埋深达到30米至45米。境内出现不同程度的地面沉降,至1995年,累计沉降0.3米至0.6米不等。1996年起,张家港市开始加强地下水资源管理,至2000年,地下水累计上升1.55米。从2001年开始,全市开展地下水限产工作,至2005年末,全境完成深井的封填停产工作,境内地下水位回升至16.51米。至2016年,境内原有的"天然水库"全部填平作为基建或商业用地,水资源利用已被逐步边缘化。

第三节　矿产资源

南庄地区的矿产资源主要为砖瓦黏土,60—70年代全境有大队办小砖瓦窑(下称"小窑")3座,主要生产小"八五青砖",小瓦和望板等。70年代后期小砖瓦窑淘汰。80年代初开始,由塘市建筑工程公司、南庄大队、浙江人投资先后在大南庄、东墙门、小窑泾等地建办轮窑各1座,主要生产实心"八五"机红砖和少量黏土空心砖,有时也给附近水泥厂供应半成品(砖坯)。其中:小窑生产期间,年消耗黏土方约6600立方米。轮窑生产期间,年消耗黏土方约138.60万立方米。至2003年,境内轮窑全部停办并拆除。

1963—2006年南庄地区砖瓦生产年消耗黏土一览表

表1-3-1

厂　名	年消耗黏土(立方米)	厂　名	年消耗黏土(立方米)
大南庄小窑	2156	塘市建筑砖瓦厂	554400
田二房小窑	2125	南庄砖瓦厂	415800
李家巷小窑	2295	宏大砖瓦厂	415800

第四节　常见野生植物

南庄村的野生植物约百余科,近 500 个品种。常见的野生植物有 30 科,80 余个品种。分布于田间、岸堤旁、路边、河边。历史上人们就重视利用野生植物配制中药材用于治疗疾病,或用于发展农、牧、渔业生产和手工编织。解放前,境内大南庄徐品高用野生植物熏焦研末加其他秘方配制疗药。解放初期,境内大南庄蔡景初用野生植物捣汁配制牛药,徐玉才用野生植物研末熬汤圆酒药。50 年代以后,境内村民习惯把嫩体益母草晒干粉碎研末后作为补药煮汤或拌米糊食用滋补身体。2000 年以后,境内居民四处寻觅蒲公英,切细晒干后泡茶作为饮料,认为能消炎解毒,也有的用来当蔬菜或腌着吃。70 年代以后,由于人类活动频繁,地面建筑物增多,野生植物逐渐减少,部分已经绝迹。

一、单子叶植物

乔本科　　旱熟禾、千金子、牛筋草、狗牙根、鹅观草、看麦娘(冷草、牛尾草)、无芒稗、旱稗、狗尾巴草

莎草科　　牛毛草、球形莎草、水莎草、异性莎草、飘拂草、水葱、三棱根

雨久花科　鸭舌草

香蒲科　　水烛(蒲包草)

灯芯草科　灯芯草

石蒜科　　石蒜

天南星科　菖蒲、石菖蒲、半夏

薯蓣科　　薯、山药

百合科　　山慈姑、细叶韭(野韭菜)

泽泻科　　矮慈姑

二、双子叶植物

三白草科　蕺菜(鱼腥草)

蔷薇科　　地榆

马齿苋科　马齿苋(酱板头)

菱科　　　野菱(菜子菱)

蓼科　　　何首乌、水蓼、扁蓄

苋科　　　刺苋、土牛膝、莲子草、鸡冠花、水花生、反枝苋

石竹科　　繁缕、粘毛卷耳

毛茛科　　　茴茴蒜

柳叶菜科　　丁香蓼、水龙(过江膝)

旋花科　　　打碗花、半枝莲

唇形科　　　雪间菜、夏至草、益母草

茄科　　　　龙葵、枸杞、洋金花

车前科　　　车前草

茜草科　　　猪秧秧

菊科　　　　鸡儿肠、紫苑、蒲公英、多头莴苣

眼子菜科　　眼子菜

第五节　常见野生动物

南庄村的野生动物有 300 余种,常见的野生动物有 150 余种。70 年代以后,由于发展工业等产业,水资源局部被污染,生态遭到破坏后,严重威胁野生动物的生存环境,部分物种已很难见到。

一、脊椎动物

鱼纲　　　青鱼(乌青)、草鱼(草青)、翘嘴红鲌(大白鱼、白丝)、鲫鱼、角鲂(乌鳊)、鲤鱼、白鲢、鳙(花鲢)、鳑鲏、泥鳅、鳗鲡、鳢(黑鱼)、黄鳝、鳜鱼(桂花鱼)、土婆鱼

两栖纲　　大蟾蜍(癞蛤蟆)、青蛙(田鸡)

爬行纲　　乌龟(泥龟)、鳖(甲鱼)、壁虎、石龙子(四脚蛇)、乌梢蛇(青梢蛇)、赤链蛇、水蛇、蝮蛇(秃灰蛇)

鸟纲　　　小䴙䴘(水葫芦)、白鹭、绿翅鸭(野鸭)、斑嘴鸭(野鸭)、雉(野鸡)、鸿雁(大雁)、鸢(老鹰)、鹧鸪、鹌鹑、云雀(告天子)、灰砂燕、家燕、白头翁、乌鸦、灰喜鹊、画眉、八哥、相思鸟、麻雀、黄雀、燕雀、金丝鸟

哺乳纲　　伏翼(蝙蝠)、獾(狗獾、猪獾)、刺猬(偷瓜畜)、草兔(野兔)、野猫、田鼠、褐家鼠、黑腹绒鼠、黄鼬(黄鼠狼)

二、无脊椎动物

1.环节动物门

毛足纲　　蚯蚓(曲蟮)

蛭纲　　　水蛭(小蚂蟥)、蚂蟥(宽体蚂蟥)

2.软体动物门

腹足纲　梨形环棱螺(螺蛳)、田螺、蜗牛

瓣鳃纲　三角帆蚌(珍珠蚌)、中国尖脊蚌(蛤蜊)、椭圆背角无齿蚌(河蚌)、河蚬

三、节肢动物门

昆虫纲

　　螳螂目　中国拟刀螳螂、中国拒斧螳螂

　　直翅目　蟋蟀、蝼蛄

　　双翅目　食蚜虻(扁虻)

　　蜚蠊目　土鳖(地鳖虫)

　　蜻蜓目　苍蝇、蜻蜓、蚊子

　　脉翅目　草蛉、蚁蛉、红胸萤

　　膜翅目　黄蜂、姬蜂、赤眼蜂

　　鞘翅目　瓢虫

　　半翅目　蝉(知了)、蚱蝉

　　等翅目　白蚁、褐蚁、红树蚁

　　鳞翅目　花蝶、斑蝶、粉蝶

甲壳纲　沼虾、白虾、小龙虾、河蟹、相手蟹(蟛蜞)

多足纲　蜈蚣

蛛形纲　蜘蛛、蝎(蝎子)

2016 年,随着生态环境的逐步改善,除一、二级保护动物之外,其余野生动物在境内并不鲜见,甚至出现了多年不见的稀有鸟类等国家保护的野生动物在境内栖息繁衍。

第四章　土特产

南庄村村民历来就有勤奋朴实、吃苦耐劳的传统,土特产自成一体,盐卤豆腐具有特色,老土布久负盛名,老白酒、炒货深受村民欢迎。

第一节　南庄盐卤豆腐

清同治年间(1862—1874),大南庄和朱家巷村上就有人专门做盐卤豆腐。到清末时期,与祖辈们的手磨豆腐相比,当时的加工工具有了改变,小石磨换成了大石磨,单人操作,换成了多人协作。磨豆浆的磨盘直径 0.6 米左右。一侧装有耳朵,套上木制的牵杆,一人

或两人推拉木杆，另一人扶住木杆助着转动并添加浸胖的黄豆，磨盘里源源不断地溢出鲜白的豆浆。

从磨豆到制作成豆腐，需要经过七道工序：磨豆、滤浆、煮浆、点卤（豆浆中加入盐卤，使浆凝固）、轻压（把半凝固的絮状豆腐放入纱布铺放着的箱圈里，在榨床上轻压）、重压（出榨后直接用重物挤压纱布里的豆腐）、切成方块。

境内的盐卤豆腐色香味独特，它不仅可用来做嫩豆腐、豆腐花、豆面饴，还可做老豆腐，加工成豆腐干、油坯、做腐乳、臭豆腐等。东至西张、栏杆桥，南至顾山、北漍，西至新桥、苏市桥，北至沙上、杨舍等方圆几十里都小有名气，销路一直很好。解放后，做豆腐的农民大多改行做其他生意。加工手艺高超的后人，仅有大南庄徐茂林和朱家巷的朱阿同等，尤以茂林豆腐最出名。这部分人已不再做买卖豆腐生意，而是专做来料加工。在做豆腐最繁忙的年终阶段，他们都是白天接晚上，甚至彻夜不眠。磨豆腐是农村里最吃苦的行当之一，俗称"摇船、打铁、磨豆腐"。1996 年后停止生产。

第二节　南庄老土布

清光绪年间（1875—1908）老土布则是南庄一大特产，名扬虞西、锡北、澄东一方。老土布又称老粗布、老大布。

老土布品种繁多，有蚂蚁布、条漂布、白标布、白织斜纹布、彩色格子布以及芦菲格等。相传明末清初时南庄的老土布因工艺成熟、布质坚实，制成衣服后透气凉爽、经久耐穿而闻名于世。到清末时期，达到鼎盛时期，境内家家有摇车（纺纱工具），户户有布机，大户人家甚至有多部摇车和布机。每逢春季，气温舒适、湿度偏高，纱线柔性好、

织土布（摄于 60 年代，陈礼彬提供）

牢度强、不易断线，村妇们足不出户，废寝忘食，歇人不歇机，母女、婆媳、姑嫂、妯娌们轮番上机，"伊嗦呀嗦"的织布声此起彼伏，乡间农家一派繁忙景象。一般农户，6~7 天即可产出成布 1 匹，手艺高超者，2~3 天就能产出 1 匹老土布。

境内生产的老土布，除少量自销外，大部分都放给塘墅镇上的孙立昌布庄和福康源布行等。据 1935 年的有关资料记载，当时塘墅的布庄、布行达 18 家之多，而福康源布行经营放布，在周边市镇同行中算是佼佼者，金九（九月）银十（十月）收销土布，一季就达两三千匹，其中南庄老土布，占五分之一还强。中华人民共和国成立后，随着纺织业的逐步机械化，手工纺织的老土布逐渐被淘汰，退出历史舞台。1958 年以后，境内停止生产老土布。

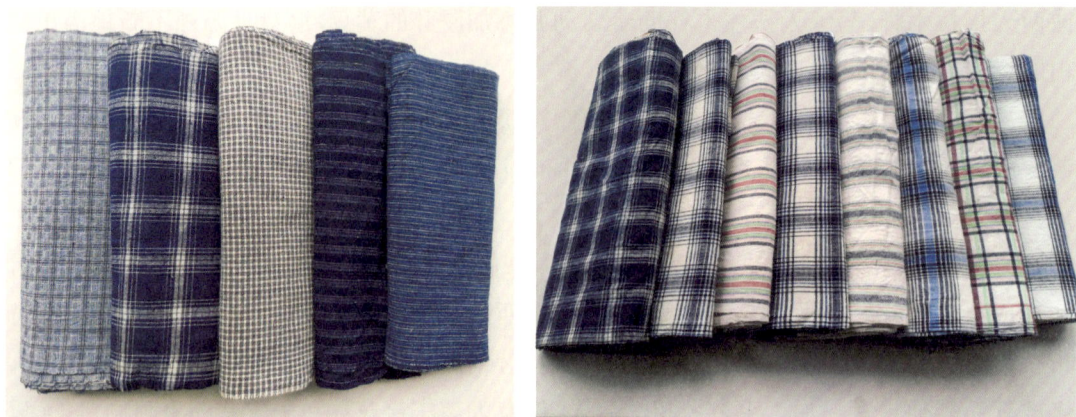

老土布（徐云娣提供）

第三节　南庄老白酒

老白酒也称米酒、甜水酒。解放前，境内富裕农家就有酿作老白酒的习惯。每年秋后稻谷登场，就用碾磨加工好的糯米酿酒。这个时期酿的酒，俗称"十月白"。也有农家到次年开春时节酿酒，俗称"菜花黄"。解放后，特别是分田到户的那些年间，家家都要种少许的糯稻，备作秋后碾成糯米酿作老白酒。

酿作方法：用糯米浸泡 24 小时，洗干净放入蒸笼里蒸成米饭，然后倒出，冷却到 35~40℃，拌上酒药置于缸中，上好盖子。用稻柴或棉絮做成缸窝，确保缸内温度控制在 32℃左右。32~36 小时后开缸，就酿成了香甜的白酒酿。3~7 天内再按比例加入适量的凉开水，7~10 天后过滤除糟后储入坛中，就成了清香扑鼻、老少皆宜的老白酒。若储藏条件好，时间越长，老白酒的品味越好，酒精度越高。

农家自制老白酒酒药丸（徐伟刚提供）

80 年代后，境内农民大部分家庭都有在年前酿米酒过节的习俗，大南庄徐柏青、徐伟刚等家里每年都要酿做上百斤米酒。家酿米酒是独具风味的地方特色酒，长期饮服有理气活血、清胃助消化、强筋骨、补身体等功效，为江南一带人们喜爱的温性酒。直至 2016 年仍有不少居民家庭酿做老白酒，百饮不厌。

第四节　南庄炒货

70 年代末，大南庄村民徐才元在外地了解到一个行情，炒货小吃市场前景广阔，因此回家办起了南庄第一家炒货家庭作坊。炒货品种有五香黄豆、五香葵花子、五香花生米、辣蚕豆等。到 1984 年,大南庄又发展了一家专业炒货店,徐锦福携儿子世宽、世阔建办"沙洲县塘市南庄炒货厂",又增加了部分特色炒货品种。两家炒货厂的货源相互补充,产品销售开始以发放式代销为主,放一批,买一批,售完结账一批。不雇工,全家男女齐动手,炒、包、放一条龙生产。再后来,生产规模继续扩展,实行机械化操作。制作设备有油锅、搅拌机、烘干机等。南庄炒货的特色是价廉物美。由于不雇工、设备简单、包装简易等因素,成本相对较低,与商场超市有竞争优势;炒货工艺成熟,香脆细腻口感好,群众喜欢吃,有一定的市场销量和需求。

第二卷　居　民

　　南庄村人口,外地迁入者不多。中华人民共和国成立前夕,境内总人口约1500人,几十个姓氏。中华人民共和国成立后,境内人口有较大幅度增长。80年代国家全面实行计划生育政策后,人口增长速度有明显下降。2016年,境内有姓氏128个,在册居民579户2009人,汉族人口1999人,少数民族人口10人。其中徐姓最多,有636人,占总人口的31.66%;朱姓、王姓、邹姓次之,分别为187人、178人、167人,分别占总人口的9.31%、8.86%、8.31%。

　　境内人口性别比例,据2016年村统计数据,男性为1021人,女性为988人,男性多于女性,男女比例为1:0.97。

　　中华人民共和国成立前,境内大多数人不识字,为文盲或半文盲。中华人民共和国成立后,通过扫除文盲和大力发展教育事业,境内人口的文化素质逐年提高。2016年,境内拥有各种文化程度的居民1439人,占总人口的74.32%,其中文化程度中专中技63人,大专131人,本科117人。

　　中华人民共和国成立前,境内除少数富户以外,广大人民群众生活贫困。中华人民共和国成立后,境内人民生活水平逐年提高。1949年人均收入不足30元,1957年人均收入87.8元,1970年人均收入96.40元。中共十一届三中全会后,人均收入迅速提高,1985年人均收入805元,2012年人均收入2.25万元,2016年人均收入3.31万元。

第一章　人　口

　　民国时期,境内人口基数低、流动量小,加之生存卫生条件差,时有疫病流行,人口稀少是个常态,这种常态维持到民国时候未有改变。中华人民共和国成立以后,由于各种疫病得到控制,卫生条件逐步改善,人民生活安定,人口开始有所增长。至1953年第一次全国人口普查时,全境总人口有 1136 人。60 年代始,境内人口出现增长高峰期,至 1964 年第二次全国人口普查时,全境总人口 1456 人。70 年代末,国家提倡计划生育后,境内人口无序增长趋势有所控制。至 2010 年第六次全国人口普查时,全境总人口 1811 人。30 年间净增长人口仅 355 人。

第一节 人口总量

南庄村境内历史上因行政区划不断变化,无确切的人口记载。中华人民共和国成立以后,境内人口逐渐增多,一般从事耕种。至 2016 年,南庄籍居民总户数 579 户,总人数 2009人。其中男性 1021 人,女性 988 人。(以下涉及人口的表述、表格均以分布在各小区的南庄籍原住居民为准。)

1963—2016 年南庄村(大队)人口选年一览表

表 2-1-1

年份	总人口	男性	女性	出生人数	死亡人数	自然增长率(‰)
1963	1417	734	683	46	12	2.40
1964	1456	752	704	7	18	−1.57
1965	1497	766	731	45	13	2.13
1966	1538	785	753	48	15	2.14
1967	1577	804	773	47	12	2.22
1968	1618	825	793	42	8	2.10
1969	1673	844	829	50	12	2.27
1973	1800	914	886	41	14	1.50
1974	1829	931	898	42	13	1.58
1975	1844	942	902	31	16	0.81
1976	1881	960	921	45	9	1.91
1977	1908	969	939	38	13	1.31
1978	1921	975	946	27	14	0.67
1979	1912	971	941	18	16	0.11
1980	1910	978	932	26	—	1.36
1981	1921	972	949	25	13	0.62
1982	1899	961	938	31	—	1.63
1983	1960	989	971	31	9	1.12
1984	1963	991	972	21	15	0.30

（续表）

年份	总人口	男性	女性	出生人数	死亡人数	自然增长率(‰)
1985	1957	990	967	14	12	0.10
1986	1971	993	978	26	14	0.60
1987	1953	979	974	22	16	0.31
1988	1957	976	981	21	14	0.35
1989	1981	988	993	27	9	0.91
1990	2069	1060	1009	22	14	0.40
1991	2013	998	1015	26	11	0.74
1992	2005	992	1013	18	12	0.30
1993	1883	927	956	25	16	0.48
1994	1901	935	966	26	9	0.90
1995	1926	947	979	29	11	0.93
1996	1915	941	974	21	13	0.42
1997	1887	928	959	18	10	0.42
1998	1798	891	907	27	9	0.10
1999	1786	890	896	12	10	0.11
2000	1937	977	960	15	18	−0.15
2001	1785	895	890	23	15	0.45
2002	1796	903	893	19	13	0.33
2003	1805	905	900	11	11	0
2004	1846	926	920	24	8	0.43
2005	1870	938	932	11	12	−0.05
2006	1881	945	936	22	15	0.37
2007	1885	947	938	16	7	0.48
2008	1896	950	946	27	12	0.80
2009	1908	956	952	20	14	0.31
2010	1811	915	896	21	8	0.68
2011	1950	980	970	18	21	−0.15
2012	2005	1011	994	12	13	−0.05
2013	2017	1017	1000	20	12	0.40
2014	2014	1012	1002	21	15	0.30
2015	2012	1008	1004	17	17	0
2016	2009	1021	988	22	20	0.10

第二节　人口结构

民族结构　1993年以前,境内民族情况很单一,全部是汉族。1993年以后,随着婚迁和乡镇企业的发展,境内开始有少数民族青年定居在境内。2016年全境2009人,其中少数民族10人,占总人口的0.5%。其中苗族5人,壮族1人,亿佬族2人,毛南族2人。

2016年南庄村少数民族居民一览表

表2-1-2

姓　名	性别	民族	出生年月	原　籍	迁入时间	迁入地址
石玉英	女	苗族	1968.01	四川省黔江地区	1993.01	南庄四组
徐江源	男	苗族	1993.11	江苏苏州	1993.12	南庄四组
张　明	男	苗族	1972.10	贵州六盘水市	1997.09	南庄六组
韦凤莲	女	壮族	1974.11	广西壮族自治区	1998.03	南庄二组
金　科	男	苗族	1998.06	江苏苏州	1998.07	南庄六组
粟志英	女	苗族	1979.09	湖北土家族苗族自治州	2001.03	南庄二组
冉福禅	女	亿佬族	1974.04	贵州遵义市	2005.12	南庄九组
张小燕	女	亿佬族	2000.10	贵州遵义市	2005.12	南庄九组
刘云芸	女	毛南族	1989.07	贵州黔南	2014.04	南庄十八组
朱晟瑞	男	毛南族	2014.03	江苏苏州	2014.04	南庄十八组

性别结构　1962年男性为735人,女性为682人,男性比女性多53人,男女比例为1:0.93。2010年男性为915人,女性为896人,男女比例为1:0.98。2016年男性为1021人,女性为988人,男女比例为1:0.97。

年龄结构　解放前,由于天灾人祸,加之医疗水平不发达,境内人口平均期寿命在35岁以下。解放后,社会安定,人民生活改善,人均寿命不断提高,50年代初期,男性人均寿命为42岁,女性为46岁。1978年,男性人均寿命为65.7岁,女性为68.2岁。80年代,男性人均寿命为75.65岁,女性为76岁。90年代,男性为75.8岁,女性为76.7岁。2005年,男性为76.34岁,女性为79岁。统计显示,2010年以后,境内人口的年龄结构,呈少年人口下降、老年人口增长的趋势,即"老龄化"村情已经形成,且有愈发严重的趋向。2016年,15周岁以下少年(含小孩)人口296人,60周岁以上老年人口528人,占总人口的26.28%。

2016年末,境内老年人按年龄段划分分别为60—69岁的老人299人,70—79岁的老人154人,80—89岁的高龄老人63人,90岁以上的长寿老人12人。

2016 年南庄村各年龄段人口一览表

表 2-1-3

年龄段(岁)	男(人)	女(人)	合计(人)
1 周岁以下婴儿	16	8	24
1—6	68	77	145
7—15	79	48	127
16—25	78	58	136
26—49	390	370	760
50—59	149	140	289
60—69	146	153	299
70—79	67	87	154
80—89	23	40	63
90 以上	5	7	12
合计	1021	988	2009

2016 年末南庄村 80—89 岁高龄老人一览表

表 2-1-4

姓　名	性别	出生年月	岁数	家庭住址(自然村名)
朱大妹	女	1927.08	89	小南庄
张惠琴	女	1927.08	89	田二房
朱永根	男	1927.08	89	小窑泾
李正兴	男	1927.10	89	小南庄
肖金娣	女	1928.02	88	夏家弄
季珍珠	女	1928.07	88	大南庄
葛小妹	女	1928.07	88	夏家弄
李球娣	女	1928.08	88	小南庄
吴凤英	女	1928.12	88	大南庄
朱友妹	女	1929.01	87	夏家弄
钱秀娣	女	1929.02	87	东墙门
赵荷仙	女	1929.06	87	小窑泾
徐永坤	男	1930.02	86	大南庄
邹云根	男	1930.03	86	东墙门

（续表）

姓　名	性别	出生年月	岁数	家庭住址（自然村名）
陆仁妹	女	1930.10	86	小南庄
姜金玉	女	1930.11	86	小南庄
徐富元	男	1930.12	86	大南庄
王留芬	女	1931.02	85	大南庄
缪棣宝	男	1931.03	85	孔家庵
徐婉珠	女	1931.05	85	小窑泾
王桂金	女	1931.09	85	大南庄
季永林	男	1931.09	85	朱家巷
徐财宝	男	1931.10	85	夏家弄
常长妹	女	1931.11	85	夏家弄
王惠娣	女	1932.01	84	大南庄
陈巧林	女	1932.01	84	夏家弄
钱桃妹	女	1932.03	84	大南庄
刘翠珍	女	1932.10	84	东墙门
陶满金	女	1932.11	84	田二房
徐锦生	男	1932.11	84	夏家弄
陈莲娣	女	1932.12	84	大南庄
沈彩英	女	1932.12	84	大南庄
徐仁忠	男	1932.12	84	大南庄
朱彩珍	女	1933.02	83	李家巷
朱杏宝	男	1933.02	83	朱家巷
王　妹	女	1933.03	83	大南庄
徐士兴	男	1933.10	83	大南庄
包梅娣	女	1933.10	83	东墙门
徐球娣	女	1934.01	82	大南庄
陶掌娣	女	1934.01	82	李家巷
王桂兴	男	1934.01	82	夏家弄

（续表）

姓　名	性别	出生年月	岁数	家庭住址（自然村名）
赵凤英	女	1934.03	82	小窑泾
邹云金	男	1934.07	82	夏家弄
顾云芬	女	1934.10	82	大南庄
洪菊芬	女	1934.10	82	夏家弄
杜优娣	女	1934.10	82	朱家巷
徐庆保	男	1934.12	82	大南庄
徐芬娣	女	1935.01	81	东墙门
徐瑞祥	男	1935.02	81	大南庄
徐福元	男	1935.02	81	夏家弄
徐杏娣	女	1935.02	81	夏家弄
徐凤娣	女	1935.03	81	小窑泾
王阿凤	女	1935.03	81	朱家巷
金秀娣	女	1935.04	81	小南庄
缪妹娣	女	1935.05	81	李家巷
金福庆	男	1935.08	81	李家巷
邹永进	男	1935.11	81	东墙门
朱如宝	男	1935.11	81	小窑泾
李富兴	男	1935.12	81	小南庄
李炳元	男	1935.12	81	李家巷
邹永寿	男	1936.01	80	东墙门
张凤英	女	1936.04	80	小窑泾
张梅英	女	1936.12	80	李家巷

2016 年末南庄村 90 岁以上长寿老人一览表

表 2-1-5

姓　名	性别	出生年月	岁数	家庭住址（自然村名）
陶洁娣	女	1920.08	96	大南庄
金三妹	女	1923.02	93	田二房

（续表）

姓　名	性别	出生年月	岁数	家庭住址（自然村名）
王锦定	男	1924.05	92	田二房
徐优娣	女	1924.05	92	孔家庵
季林宝	男	1924.07	92	孔家庵
徐家俊	男	1924.11	92	大南庄
朱宝兴	男	1925.02	91	朱家巷
朱阿珍	女	1925.08	91	小窑泾
蒋莉芳	女	1925.09	91	大南庄
王同生	男	1926.02	90	小窑泾
缪金翠	女	1926.07	90	东墙门
张琴娣	女	1926.12	90	小窑泾

2005年3月25日，大南庄陈巧大（女）病故，是年97岁，是南庄村境内此前首个女性长寿老年人。2012年8月22日，小窑泾李玲妹（女）病故，是年99岁，是南庄村境内2012年前最长寿老年人。2013年1月23日和2013年12月12日，大南庄徐品成（是年93岁）和沈玲宝（是年95岁）先后病故，是南庄村境内首个长寿结发夫妻在同一年去世。2016年1月22日，朱家巷朱世根病故，是年96岁，是南庄村境内男性最长寿老人。2016年末，南庄境内有四世同堂家庭6个，大南庄徐永清家庭四世同堂成员有24人。

劳动力结构　劳动力年龄，男16—59周岁，女16—54周岁。据2016年南庄村人口年龄统计，境内劳动人口1169人，其中16—59岁的男性608人，16—54岁的女性561人。分别占总数的30.26%和27.92%。

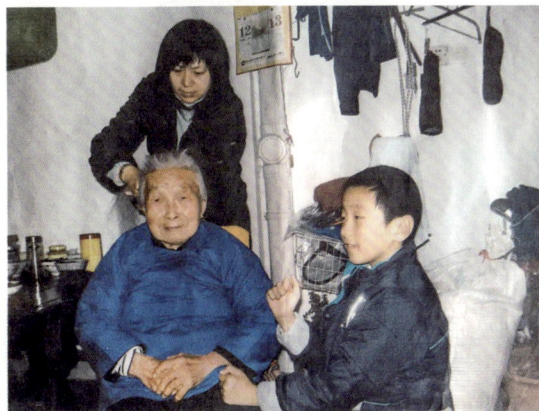

沈玲宝（前左一，摄于2010年，徐瑞龙提供）

徐永清（中排右二）90岁寿辰合家欢（摄于2015年，徐建飞提供）

文化结构   解放前,南庄农村人口中文盲居多,三分之二以上为文盲。中华人民共和国成立后,通过扫盲,普及小学、初中等国民教育,农村人口的文化水平迅速提高。1990年全境实现基本扫除青壮年文盲和基本普及九年制义务教育。2010年后,初中毕业生基本都能考入高中或中等专业技术职业学校学习。

2016年全境拥有各种文化程度的人口1493人,占总人口的74.32%;具有较高学历文化的262人,占总人口的13.04%。其中研究生7人,本科生117人,大专生131人,中专生63人。

2000—2016年南庄村(大队)大学、中专毕业人数一览表

表2-1-6

年份	本科生(人)	专科生(人)	中专生(中技)(人)
2000	2	4	4
2001	1	4	3
2002	2	7	5
2003	4	5	2
2004	3	4	4
2005	4	8	2
2006	7	7	5
2007	4	6	3
2008	5	10	6
2009	8	11	5
2010	6	10	5
2011	8	8	3
2012	6	7	2
2013	7	7	3
2014	5	6	4
2015	5	5	4
2016	8	5	3
合计	85	114	63

职业结构   历史上境内劳动力,忙时务农,闲时有手艺的做手艺,没有手艺的做小生意。改革开放以来,随着村镇工业的崛起和第三产业的发展,境内人口的职业结构发生了深刻变化。第一产业从业人员占劳动力总数的比例逐年下降,而第二、第三产业的从业人员比例则逐年上升。进入21世纪后,特别是中共十八大以后,以虚拟经济"互联网+"为职业的从业人员逐渐增长,从事实体经济的从业人员有所减少。2016年纯农业劳动力基本消失。

1983 年、2016 年南庄村人口职业结构一览表

表 2-1-7

1983 年职业结构			2016 年职业结构			
总户数	总人数		总户数	总人数		
541	1960		579	2009		
总劳力	其中		总劳力	其中		说明
1496	农业	407	1075	农业	—	1983 年总劳动力指参加生产队劳动者,即含 60 周岁以上有劳动能力的老年人在内。2016 年总劳动力不含已退休人员。
	林牧副渔	231		林牧副渔	72	
	大、小队办企业	223		工业	819	
	社办企业	383		建筑业	17	
	建筑业	83		交通运输业	7	
	交通运输业	15		商业饮食服务业	9	
	商业饮食服务业	5		机关事业	22	
	文教卫生社会福利	8		其他	129	
	社务管理	16				
	县以上全民企业	7				
	其他	118				

第三节 人口分布

2016 年南庄村的常住人口分布,主要集中在二至四村民组、八至九组、十至十一组和十四至十七组,即原大南庄、夏家弄、东墙门和小窑泾等自然村,分别占全村总人口的 26.83%、12.15%、12.15% 和 12.74%。2016 年全村的人口密度为每平方千米 877 人,比 1964 年第二次人口普查时人口密度每平方千米 636 人增加 241 人,比 2000 年第五次人口普查时人口密度每平方千米 846 人增加 31 人,比 2010 年第六次人口普查时人口密度每平方千米 791 人增加 86 人。

2016 年南庄村各村民小组(原自然村)常住人口分布一览表

表 2-1-8

村民小组	原自然村	总户数(户)	男(人)	女(人)	合计(人)
一	小南庄	38	64	63	127
二至四	大南庄	142	271	268	539

（续表）

村民小组	原自然村	总户数（户）	男（人）	女（人）	合计（人）
五至六	李家巷	65	87	88	175
七	田二房	33	63	57	120
八至九	夏家弄	67	120	124	244
十至十一	东墙门	62	129	115	244
十二	孔家庵	39	76	82	158
十四至十七	小窑泾	82	132	124	256
十八	朱家巷	51	79	67	146
合计	—	579	1021	988	2009

第四节　人口变动

南庄村区域范围内由于男女婚嫁、高中生上大学、适龄青年应征入伍、军人转业复员，以及支边和知识青年插队落户等因素，形成人口变动。

50年代初期，曾有一次人口出生高峰期，但人口变动不大。50年代末60年代初，政府号召支边。1959年夏到1960年秋，境内小南庄、大南庄、夏家弄、小窑泾等自然村的徐宗歧等全家，吴惠玉等个人，共20人赴新疆支边。60年代末，广大城镇知识青年响应毛主席号召，到农村接受贫下中农再教育。一批知识青年插队落户到农村。1968年8月到1969年4月，境内有10个生产队安置张如华等16人插队落户。是境内解放以后近10年中人口变动最大的两次。

70年代，由于城镇精简下放职工、仍有部分城镇知识青年插队落户、干部下放等，全大队人口有所增加。

80—90年代，有外省、市籍女青年婚嫁或男青年入赘定居到南庄村，外省、市人员到村内务工经商暂住或购置房屋定居等，人口变动较大。

进入21世纪以后，境内人口不规则流动已成常态。常住人口的变动低于自然增长，趋于平稳。

据资料所载，1963年，全大队出生28人，其中男19人、女9人；死亡23人，其中男11人、女12人；迁入12人，迁出3人。1982年，全大队出生21人，死亡15人，迁入7人，迁出2人。1987年，全村出生26人，其中男17人、女9人；死亡15人，迁入12人。2001—2010年，南庄村共出生194人，死亡共115人，迁入61人，迁出59人。2011—2016年，境内人口平均出生为 18.3 人／年,平均死亡为 16.3 人／年,迁入 73.4 人／年,迁出 55.9 人／年。

20 世纪 50 年代南庄村迁往新疆支边人员一览表

表 2-1-9

序号	姓　名	迁出年份	性别	年龄	自然村	所在生产队
1	徐宗歧	1959.08	男	41	小南庄	一
2	马翠妹	1959.08	女	40	小南庄	一
3	徐勤芬	1959.08	女	16	小南庄	一
4	徐士俊	1959.08	男	14	小南庄	一
5	徐锦芬	1959.08	女	12	小南庄	一
6	吴惠玉	1959.09	女	22	大南庄	三
7	徐阿进	1959.09	男	20	田二房	七
8	王永清	1959.09	男	30	夏家弄	八
9	王振清	1959.09	男	21	夏家弄	八
10	朱友妹	1959.09	女	28	夏家弄	八
11	王　度	1959.10	男	19	夏家弄	八
12	邹富根	1959.10	男	23	东墙门	十
13	邹阿征	1959.10	男	20	夏家弄	十一
14	陶大妹	1959.10	女	45	小窑泾	十四
15	王阿秀	1959.10	女	20	小窑泾	十四
16	陶永福	1960.10	男	24	小窑泾	十五
17	陶富娣	1960.10	女	22	小窑泾	十五
18	朱保云	1960.10	男	20	朱家巷	十八
19	朱阿林	1960.10	男	19	朱家巷	十八
20	朱阿根	1960.10	男	19	朱家巷	十八

20 世纪 60 年代南庄村迁入插队人员一览表

表 2-1-10

序号	姓　名	迁入年份	性别	年龄	自然村	安置生产队
1	张如华	1968.08	男	23	小南庄	一

（续表）

序号	姓　名	迁入年份	性别	年龄	自然村	安置生产队
2	徐佩敏	1968.08	女	23	小南庄	一
3	江振德	1968.08	男	19	大南庄	二
4	顾瑞丰	1968.09	男	19	大南庄	三
5	蔡淑珍	1968.09	女	18	大南庄	四
6	潘新玉	1968.10	男	20	李家巷	五
7	王天民	1969.01	男	20	夏家弄	九
8	沈　云	1969.01	女	20	夏家弄	八
9	陈杏娣	1969.02	女	42	东墙门	十
10	郭建大	1969.02	男	21	东墙门	十
11	郭建兴	1969.02	男	20	东墙门	十
12	许仁义	1969.03	男	22	东墙门	十一
13	钱　洁	1969.03	女	20	东墙门	十一
14	朱　娟	1969.04	女	19	小窑泾	十五
15	朱国娟	1969.04	女	20	小窑泾	十六
16	王德娣	1969.04	女	22	小窑泾	十六

第五节　人口控制

旧社会生活水平低，医疗水平落后，婴儿成活率不高，再加14年抗日战争，3年解放战争，后又有抗美援朝战争，导致人口减少。解放初，为使人口得到合理增长，政府曾宣传当"光荣妈妈"和"人多力量大"。以后，随着人民生活水平的提高，医疗卫生条件的改善，60年代开始，人口增长迅速。

1964年，提倡晚婚晚育。1977年，提倡结婚年龄为男26周岁、女24周岁，生育间隔4~5年。1978年9月，中共中央发出69号文件，提出"最好一个最多两个"的号召。塘市公社把计划生育落实到各个生产大队、各单位和各部门。境内通过开展广泛深入的宣传，计划生育逐步为广大群众所接受。

2015年12月27日，第十二届全国人大常委会第十八次会议表决通过了人口与计划生育法修正案，并于2016年1月1日起正式实施。从此，境内全面执行二孩政策。

第六节 外来人口

70 年代前,由于户籍管理严格,粮食计划供应,人员流动少,除生、死、婚、嫁以外,人口稳定。改革开放后,人员流动量逐年增加,境内才有外省籍人员。主要以婚姻迁入的为主,也有部分从外省(地)到张家港就业,落户南庄,或领养孩子后户口登记在南庄的家庭。2000 年以后,随着外来人员在张家港创业的兴起,部分成功者为方便工作、小孩入学、老人带小孩等需要,开始在南庄村,特别是南湖苑小区、南庄工业区和南庄公寓等购房,在境内安家落户,成为张家港新市民。至 2016 年,新市民在境内定居共 44 人,其中女 20 人、男 24 人。

第七节 人口普查

中华人民共和国成立后,境内先后开展过六次人口普查。每次普查都根据上级部署和要求,做到有组织有专人、有计划实施,并确保完成任务。

南庄村(大队)历次人口普查一览表

表 2-1-11

人口普查名称	年份	总户数(户)	总人数(人)	其中	
				男(人)	女(人)
第一次人口普查	1953	318	1136	581	555
第二次人口普查	1964	374	1456	752	704
第三次人口普查	1982	547	1899	961	938
第四次人口普查	1990	599	2069	1060	1009
第五次人口普查	2000	560	1937	977	960
第六次人口普查	2010	683	1811	915	896

一、第一次人口普查

1953 年 7 月,江阴县开展普选工作,并结合选民登记进行人口调查登记工作,翌年 2 月完成。这次人口调查的项目包括户籍、人口、性别 3 项。登记办法,塘墅乡设立固定登记站,动员群众到登记站登记;农村采用流动设站登记与上门登记相结合。为防止登记工作颠倒、遗漏、重复等错误,工作人员逐户过堂,确保准确率。是年南庄村下辖南中房、小南庄、大南庄、夏家弄、田二房、李家巷 6 个自然村。据统计,南庄村有 176 户 612 人。其中男性 305 人,占 49.84%;女性 307 人,占 50.16%。东墙村下辖东墙门、孔家庵、小窑泾和朱家巷 4 个自然村。据统计,东墙村有 142 户 524 人,其中男性 276 人,占 52.67%;女性 248 人,占 47.33%。普查结果,境内共有 318 户 1136 人,其中男性 581 人、女性 555 人。

1953 年南庄村第一次人口普查一览表

表 2-1-12

自然村名	总户数（户）	总人口（人）			占总人口的比例（%）		文化程度（人）				
		合计	男	女	男	女	文盲	小学	初中	高中(中专)	大专以上
南中房	23	81	42	39	52	48	73	7	1	—	—
小南庄	19	66	33	33	50	50	60	6	—	—	—
大南庄	72	259	129	130	50	50	245	14	—	—	—
夏家弄	23	77	35	42	53	47	70	7	—	—	—
田二房	17	59	29	30	50	50	53	6	—	—	—
李家巷	22	70	37	33	46	54	66	4	—	—	—
合　计	176	612	305	307	49.9	50.1	567	44	1	—	—

1953 年东墙村第一次人口普查一览表

表 2-1-13

自然村名	总户数（户）	总人口（人）			占总人口的比例（%）		文化程度（人）				
		合计	男	女	男	女	文盲	小学	初中	高中(中专)	大专以上
东墙门	47	151	77	74	51	49	139	11	1	—	—
孔家庵	29	120	62	58	52	48	115	4	1	—	—
小窑泾	47	171	92	79	54	46	166	4	1	—	—
朱家巷	19	82	45	37	55	45	78	3	—	—	—
合　计	142	524	276	248	52.7	47.3	498	22	3	—	—

二、第二次人口普查

1964 年 7 月 1 日零时为全国第二次人口普查的标准时间。在沙洲县人民委员会的领导下,塘市公社设专门机构具体负责办理。南庄大队指定专人配合公社开展普查工作。

是年南庄大队共有小南庄(一队)、大南庄(二至四队)、李家巷(五至六队)、田二房(七队)、夏家弄(八至九队)、东墙门(十至十一队)、孔家庵(十二队)、小窑泾(十四至十七队)、朱家巷(十八队)9个自然村17个生产队。这次普查设户籍、人口、性别、年龄、文化程度和民族等6个项目,历时1月。据统计,南庄大队共有374户1456人。其中男性752人,占51.65%;女性704人,占48.35%。当年出生7人,死亡18人。迁入6人,迁出4人。

1964 年南庄大队第二次人口普查一览表

表 2-1-14

自然村名	总户数(户)	总人口(人)			占总人口的比例(%)		文化程度(人)				
		合计	男	女	男	女	文盲	小学	初中	高中(中专)	大专以上
小南庄	24	94	47	47	50	50	56	34	3	1	—
大南庄	90	353	186	167	53	47	224	116	8	5	—
李家巷	39	137	70	67	51	49	63	70	4	—	—
田二房	18	70	35	35	50	50	47	20	3	—	—
夏家弄	35	150	79	71	53	47	76	70	4	—	—
东墙门	44	151	77	74	51	49	109	33	7	2	—
孔家庵	29	105	62	43	59	41	82	18	5	—	—
小窑泾	65	281	136	145	48	52	160	104	15	1	1
朱家巷	30	115	60	55	52	48	75	33	7	—	—
合　计	374	1456	752	704	51.7	48.3	892	498	56	9	1

三、第三次人口普查

1982年7月1日零时为全国第三次人口普查标准时间。这次普查设有户籍、人口、性别、文化程度、民族、职业行业、婚姻状况等8个项目。塘市乡从1981年7月开始,经过户口整顿、层层普查、试点及全面登记、复查验收、汇总编码等项工作,至1982年11月下旬结束,历时1年5个月。是年,南庄大队共有小南庄、大南庄、李家巷、田二房、夏家弄、东墙门、孔家庵、小窑泾、朱家巷9个自然村17个生产队。据统计,南庄大队共有547户1899人。其中,男性961人,占50.61%;女性938人,占49.39%。

1982 年南庄大队第三次人口普查一览表

表 2-1-15

自然村名	总户数（户）	总人口（人）			占总人口的比例（%）		文化程度（人）				
		合计	男	女	男	女	文盲	小学	初中	高中（中专）	大专以上
小南庄	37	116	54	62	46.5	53.4	36	73	4	1	2
大南庄	141	504	262	242	51.9	48.1	173	105	205	14	7
李家巷	58	195	101	94	51.8	48.2	174	8	7	4	2
田二房	26	90	46	44	51.1	48.9	65	11	9	4	1
夏家弄	57	212	108	104	51	49	188	12	8	1	3
东墙门	58	199	104	95	52.2	47.8	166	13	12	4	4
孔家庵	21	77	31	46	40.2	59.8	55	10	8	2	2
小窑泾	114	373	185	188	49.6	50.4	325	27	13	7	1
朱家巷	35	133	70	63	52.6	47.4	105	16	7	4	1
合　计	547	1899	961	938	50.6	49.4	1605	140	90	41	23

四、第四次人口普查

1990 年 7 月 1 日零时为全国第四次人口普查标准时间。普查项目与第二次人口普查基本相同。塘市乡由经管办牵头设立普查办公室，具体负责普查工作。南庄村指定专人参加业务培训及具体负责普查工作。从 1989 年 7 月开始，至 1990 年 9 月结束，历时 1 年 3 个多月。是年，南庄下辖自然村与第三次人口普查未发生变化。据统计，南庄村共有 599 户 2069 人。其中男性 1060 人，占 51.23%；女性 1009 人，占 48.77%。

1990 年南庄村第四次人口普查一览表

表 2-1-16

自然村名	总户数（户）	总人口（人）			占总人口的比例（%）		文化程度（人）				
		合计	男	女	男	女	文盲	小学	初中	高中（中专）	大专以上
小南庄	39	129	66	63	51	49	34	45	45	3	2
大南庄	166	601	293	308	49	51	119	198	260	12	12
李家巷	61	210	112	98	53	47	55	51	95	7	2
田二房	29	111	59	52	51	49	32	32	41	5	1
夏家弄	61	201	104	97	52	48	46	57	92	3	3

（续表）

自然村名	总户数（户）	总人口（人）			占总人口的比例（%）		文化程度（人）				
		合计	男	女	男	女	文盲	小学	初中	高中（中专）	大专以上
东墙门	62	229	120	109	52	48	52	44	121	6	6
孔家庵	27	110	55	55	50	50	18	27	59	3	3
小窑泾	115	341	182	159	53	47	82	76	170	11	2
朱家巷	39	137	69	68	50	50	53	39	36	7	2
合　计	599	2069	1060	1009	51.3	48.7	491	569	919	57	33

五、第五次人口普查

2000 年 11 月 1 日零时为全国第五次人口普查标准时间。南庄村分 9 个自然村 17 个村民小组。从 1999 年 3 月开始，至 2001 年 6 月结束。历时 1 年 4 个月。是年，南庄村行政区域与上次普查相同。据统计，南庄村共有 560 户 1937 人，其中男性 977 人，占 50.4%；女性 960 人，占 49.6%。

2000 年南庄村第五次人口普查一览表

表 2－1－17

自然村名	总户数（户）	总人口（人）			占总人口的比例（%）		文化程度（人）				
		合计	男	女	男	女	文盲	小学	初中	高中（中专）	大专以上
小南庄	38	117	69	48	59	41	10	65	30	6	6
大南庄	143	489	249	240	51	49	15	201	225	27	21
李家巷	59	213	102	111	48	52	12	98	91	7	5
田二房	27	98	48	50	49	51	9	38	43	5	3
夏家弄	57	228	113	115	50	50	9	106	104	4	5
东墙门	60	220	111	109	50	50	18	97	85	7	13
孔家庵	39	144	69	75	48	52	6	53	74	4	7
小窑泾	81	261	127	134	49	51	17	122	102	16	4
朱家巷	56	167	89	78	53	47	9	72	75	6	5
合　计	560	1937	977	960	50.4	49.6	105	852	829	82	69

六、第六次人口普查

2010 年 11 月 1 日零时为全国第六次人口普查标准时间。这次人口普查从 2010 年 1 月开始，至 2011 年 2 月结束。历时 1 年 1 个月。主要调查人口和住户，内容包括：性别、年龄、民族、受教育程度、行业、职业、迁移流动、社会保障、婚姻生育、死亡、住房情况等。是年南庄村有 17 个村民组。据统计，南庄村共有 683 户 1811 人。其中男性 915 人，占总人口的 50.5％；女性 896 人，占总人口的 49.5％。

2010 年南庄村第六次人口普查一览表

表 2-1-18

组别	总户数（户）	总人口(人)			占总人口比例（％）		文化程度				
		合计	男	女	男	女	小学	初中	高中(中专)	大学	研究生
一	45	106	54	52	50.94	49.06	49	20	21	10	—
二	59	141	72	69	51.06	48.94	51	33	23	15	—
三	57	166	83	83	50.00	50.00	60	30	39	16	1
四	52	184	93	91	50.54	49.46	68	41	34	18	1
五	45	105	53	52	50.48	49.52	40	20	23	10	1
六	38	117	60	57	51.28	48.72	43	25	22	12	—
七	34	83	42	41	50.60	49.40	30	20	15	8	—
八	40	113	56	57	49.56	50.44	41	26	20	11	1
九	43	129	66	63	51.16	48.84	50	31	21	13	—
十	29	68	32	36	47.06	52.94	27	16	15	8	1
十一	33	71	38	33	53.52	46.48	25	16	10	6	—
十二	45	138	69	69	50.00	50.00	53	28	26	14	—
十四	16	48	24	24	50.00	50.00	14	11	12	5	—
十五	41	78	40	38	51.28	48.72	26	17	14	8	—
十六	28	65	32	33	49.23	50.77	23	12	17	6	—
十七	16	36	18	18	50.00	50.00	10	5	12	4	—
十八	62	163	83	80	50.92	49.08	67	37	27	16	—
合计	683	1811	915	896	50.50	49.50	677	388	351	180	5

第二章 姓氏·大族

南庄村境内自大南庄于明嘉靖元年（1522）徐姓居住始，相继有东墙门、孔家庵、小窑泾和朱家巷的邹、缪、陶、王、朱等姓氏居民居住。2016年全境南庄籍居民共有128姓。自2006年始，南庄村、南湖苑社区先后有人发起，主持或参与续修家谱，共有徐、朱、王、邹、李、缪氏6部家谱。至2016年，朱氏家谱尚未完成，仍在续修中。历史上，境内的圆塘徐氏是大族。境内少数居民有信仰宗教的习惯。

第一节 姓 氏

南庄籍居民128姓中人数较众的有徐、朱、王、邹、李、陶等姓，共有1400人，占全村总人口的69.69%。其余姓氏的人数均在100人以下。

徐姓 自黄帝至六世伯益佐禹有功，封其子若木为徐伯，遂得姓。至一百一十世孙徐锢为南迁始祖，再至五世孙千十四，又经五代传至思忠，其子徐汉英之子徐庆入赘圆塘里（今大石桥）顾家，育子二：长希哲，次希明。希明别为东房姓顾，希哲姓徐，徐汉英为境内圆塘徐子孙第一世始祖。

圆塘徐氏始祖汉英公，生于元仁宗延祐元年（1314），卒无考。

境内共有徐姓636人，占全村总人数的31.66%。居全村姓氏人数量首位。南庄村徐姓人来自杨舍镇大石桥（圆塘里）。据《圆塘徐氏宗谱》记载，徐姓自黄帝第七代孙若木受姓，至一百一十世孙开封府尹徐锢南迁至常熟邵舍（今张家

徐氏始祖汉英公谱像

港市乘航镇境内），又经十一代徐汉英之子徐庆（字升远）入赘马嘶镇圆塘里（今杨舍镇大石桥）生子二：长希哲，次希明。次子为东房顾姓，长子徐姓。徐汉英第五代孙棣育有三子：国桢、国祚、国祐；有七孙：肃夫、敬夫、正夫、介夫、廉夫、宏夫、毅夫。南庄、夏家弄、横泾、南村、凤家庄徐姓敬夫后裔。田二房徐姓正夫后裔还有刘市三房巷部分徐姓。塘市地区曹家弄、沈家巷、廊下徐姓是圆塘徐始祖徐汉英第五代孙徐折樵后裔。

朱姓 始祖朱熹，字元晦，一字仲晦，号晦庵，别号紫阳。朱熹是南宋著名的哲学家、教育家、诗人。祖籍徽州婺源（今属江西），南宋建炎四年（1130）农历九月十五日出生于尤溪，

绍兴十八年（1148）中进士，历任同安县主簿、知南康军、提举浙东常平茶盐公事、知漳州、知潭州、焕章阁待制兼侍讲等职。庆元六年（1200）农历三月初九卒于建阳。谥文，世人称朱文公。为南庄村境内朱氏子孙第一世始祖。

境内共有朱姓 187 人，占全村总人数的 9.31%。集中居住在朱家巷、小窑泾（第十六、十八村民小组），列村内诸姓人数第二位。

王姓　东沙祝塘宗谱以周灵王太子晋［字子乔，生于宋朝徽宗年间（1101—1125）］为境内王氏居民第一始祖。

境内共有王姓 178 人，占全村总人数的 8.86%。集中居住在小窑泾，列村内诸姓人数第三位。

邹姓　邹实，字诚明，文武智勇之士，无锡邹氏第一代。先世居山东邹县，上七世祖讳思道为唐开元杭州刺史，世居浙江钱塘。实公生于唐末天复三年（903），卒于宋初淳化五年年底（994），享年 93 岁。

五代时，后唐主引军至邹家口（在山东曹县黄河旧河所经之处），召实为飞熊将军，遥领钱塘令。（山东为梁唐百战之地，诚明公先世思道公本山东邹县人后裔，或其时公避地侨居山东原籍，后唐主召为飞熊将军，使之从征而遥领浙江钱塘以宠之。唐末五代至宋初时，天下分割，僭号者不过各据十数州，所设官位却过多，一些只能在地非所属而设官遥领，并自夸势力之大。）唐亡，实公隐居行义，宋乾德初复举知韶州曲江县，后改知越州，一直到退休。邹实为境内居民第一世始祖。

王氏始祖子乔公谱像

境内共有邹姓 167 人，占全村总人口的 8.31%。集中居住在东墙门。

李姓　据无锡市图书馆《锡山李氏世谱》记载：锡山李氏一族为千年望族。一世祖太保公为北宋抗金名相李纲丞相的祖父李庚，官至正议大夫太保职。宋仁宗至和年间（1055—1056），从福建邵武迁无锡锡山定居。因此，李太保作为锡山李氏第一世始祖。李太保亦为境内李氏居民的始祖。

忠定公李纲生八子，长子为李仪之。芦庄李氏子孙为仪之一脉所出。锡山李氏，近千年绵延，后代分布全国各地。二十世孙李祥云，字见龙，号福三。于明朝洪武元年（1368）从泰兴迁居江阴东马嘶镇西塘市东兴巷。因此福三公李祥云为芦庄李氏始祖。福三公生三子，长子李世芳迁常州芙蓉圩定居，次子李世荣又生三子，其中李世荣次子李叔济与三子李叔清因五行缺水，选择西塘

李氏始祖太保公谱像

市北一里许低洼地作宅基地,于是浚泾、填基、兴土木建造新村,当时低洼地芦苇丛生,故新村命为"芦庄"。新村先建前巷,再建后巷。境内李姓由芦庄、东兴巷里等地迁入。

境内共有李姓117人,占全村总人口的5.82%。集中居住在李家巷、小南庄。

陶姓 宗谱失传,历史无考。境内共有陶姓115人,占全村总人口的5.72%。集中居住在小窑泾、朱家巷。

缪姓 全一公,东兴缪氏始祖,生于元至正三年(1343),明洪武元年(1368),由常熟小山湖桥迁徙至江阴东兴里占籍。配氏卒忌,无可稽考,葬白渚港东陆家湾葫芦泾南长六亩。

全一公有子二:长子景言、次子视。长子景言三十岁时于明朝初年(1368)随父全一公从常熟西小山湖桥迁至江阴马嘶镇阚庄东兴里(次子视另迁江阴城),勤俭操劳,训子耕读,持家拓业,生息繁衍,至今逾600年。延至二十七世,东兴缪氏后代人丁兴旺。

东兴缪氏宗谱自六世祖怡云公于明朝嘉靖十七年(公元1538)创辑谱稿始,皆以全一公为境内居民缪氏始祖。

缪氏始祖全一公谱像

境内共有缪姓79人,占全村总人口的3.93%。集中居住在孔家庵、小南庄等,少数男性缪姓结婚迁入大南庄。

2016年南庄村居民姓氏人数一览表

表2-2-1

姓氏	人数	占比(%)	姓氏	人数	占比(%)	姓氏	人数	占比(%)	姓氏	人数	占比(%)
徐	636	31.66	陈	31	1.54	刘	10	0.50	包	5	0.25
朱	187	9.31	吴	20	1.01	范	8	0.40	黄	5	0.25
王	178	8.86	季	20	1.01	汪	8	0.40	潘	5	0.25
邹	167	8.31	陆	19	0.96	沈	8	0.40	万	4	0.20
李	117	5.82	丁	16	0.85	杨	7	0.35	田	4	0.20
陶	115	5.72	赵	16	0.85	周	6	0.30	俞	4	0.20
缪	79	3.93	钱	15	0.75	闵	6	0.30	葛	4	0.20
金	47	2.34	孙	14	0.70	尤	6	0.30	强	4	0.20
蔡	37	1.84	许	14	0.70	马	5	0.25	戴	4	0.20
张	32	1.59	顾	11	0.55	毛	5	0.25	石	3	0.15

（续表）

姓氏	人数	占比(%)	姓氏	人数	占比(%)	姓氏	人数	占比(%)	姓氏	人数	占比(%)
高	3	0.15	耿	2	0.10	冯	1	0.05	居	1	0.05
宋	3	0.15	唐	2	0.10	肖	1	0.05	段	1	0.05
孟	3	0.15	凌	2	0.10	邢	1	0.05	啟	1	0.05
汤	3	0.15	崔	2	0.10	侯	1	0.05	温	1	0.05
罗	3	0.15	樊	2	0.10	时	1	0.05	谈	1	0.05
常	3	0.15	瞿	2	0.10	洪	1	0.05	彭	1	0.05
蒋	3	0.15	鲍	2	0.10	闻	1	0.05	敖	1	0.05
惠	3	0.15	韦	1	0.05	柴	1	0.05	袁	1	0.05
贾	3	0.15	叶	1	0.05	钟	1	0.05	郝	1	0.05
褚	3	0.15	付	1	0.05	何	1	0.05	鲜	1	0.05
杜	2	0.15	司	1	0.05	余	1	0.05	易	1	0.05
倪	2	0.10	龙	1	0.05	相	1	0.05	荷	1	0.05
闫	2	0.10	庄	1	0.05	林	1	0.05	雷	1	0.05
叶	2	0.10	申	1	0.05	严	1	0.05	郭	1	0.05
辛	2	0.10	史	1	0.05	姜	1	0.05	谢	1	0.05
林	2	0.10	皮	1	0.05	染	1	0.05	蒲	1	0.05
苏	2	0.10	甘	1	0.05	代	1	0.05	震	1	0.05
吕	2	0.10	冉	1	0.05	曾	1	0.05	盛	1	0.05
章	2	0.10	孔	1	0.05	景	1	0.05	殷	1	0.05
胡	2	0.10	邓	1	0.05	茅	1	0.05	薛	1	0.05
郑	2	0.10	向	1	0.05	姚	1	0.05	霍	1	0.05
奚	2	0.10	兆	1	0.05	孟	1	0.05	程	1	0.05

第二节　宗　谱

明代嘉靖元年（1522）起，境内就已有居民居住。居民世代繁衍，大多形成氏族。不少氏族为记载宗族兴起、世代繁衍，开始编纂宗谱。大多居民家庭的宗谱在"文化大革命"中被当作"四旧"销毁，幸存者寥寥无几。进入21世纪以后，农村经济发展迅速，不少家族为继承先祖遗愿,光大家族以示荣耀,开始续修宗谱。

徐氏宗谱 明万历三十二年(1604),九世孙暨野公讳之英,始编制圆塘徐氏宗谱。清乾隆七年(1742)徐世臣续修。道光二年(1822)徐景棠、徐联封续修。光绪九年(1883)徐义方、杨陞续修。1924年,东支以湘成公、汝嘉公、石麟公为主,西支以尚钊公、惠堂公为主,各修其谱。1946年,徐惠堂、徐孝和第五次续修。2011年5月,徐永章、徐伟才发起,徐福祥等执笔第六次续修《圆塘徐氏宗谱》。

《圆塘徐氏宗谱》(摄于2016年12月,徐福祥提供)

2016年,南庄村境内徐氏后裔已传至第二十五世。是年,境内大南庄、田二房、夏家弄徐福祥、徐瑞龙、徐永年、徐正平等保存新编《徐氏宗谱》,共有80余部。

朱氏宗谱 自2015年开始续纂,到2016年尚未修纂完毕。南庄村境内朱氏后裔已传至第二十八世。是年,境内朱仁金等保存旧版分支宗谱部分。

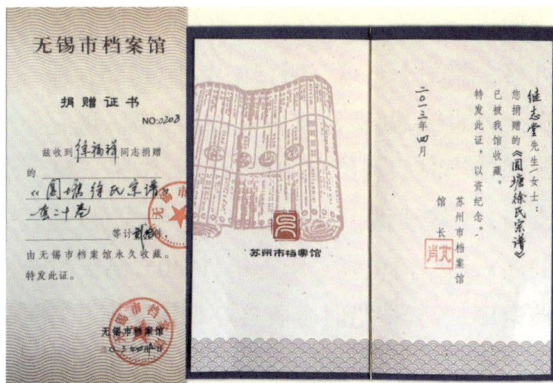

《圆塘徐氏宗谱》捐赠证书(摄于2013年4月,徐福祥提供)

王氏宗谱 北宋徽宗年间(1101—1125),王氏三槐堂五十四世祖巩字定国,续上届太原王氏宗谱,亲赴浙江湖州、恭请挚友苏轼撰写三槐堂铭。靖康年间,五十五世南渡三沙始祖皋祖及长、次二子舍钱帛保木刻版,护孟太后同行建康,藏于荻扁。南宋绍兴元年至绍兴二十七年(1131—1157),王氏三槐堂五十五世,暨三沙王氏始祖皋(字子高公),续上届汴京东门三槐堂清虚堂藏版,始创三槐堂三沙支谱(仍保留周朝三十六代及晋受姓起的太原王氏),命仲子吾伍捧手书于临安岳少保私第索求为王氏宗谱。此后历经元朝、明朝、清朝初中期的750余年共18次续修,支谱分分合合。到清朝宣统元年(1909),东沙:祝塘华士支二十九世家枢公(字竹丞),编撰东沙祝塘支谱。就旧存遗牒,严加考证,补遗增详。1946年,东沙:祝塘华士支三十世天民公主事,彦门公任编辑,仲卿、全春、宝成诸公协修,续修东沙祝塘支谱。这

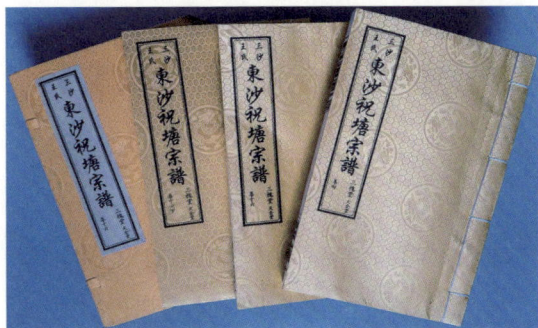

《东沙祝塘王氏宗谱》(摄于2016年12月,王祖高提供)

次续修自 1937 年发起,后因抗战中止,1945 年续修,直至中华人民共和国成立前夕完成。共计 30 卷 36 册。2014 年,东沙·祝塘支根良主事国平主编,袁清、权正、志刚、永成、永钏、祖德等为执行编委,第 27 次续修东沙祝塘支谱 33 卷 40 册。这次续修自 2013 年 1 月启动,于 2015 年 7 月完成。

2016 年,南庄村境内王氏后裔已传至第三十二世。是年,境内小窑泾王凤傲、王中华、王祖高等保存新编《王氏宗谱》8 部。

邹氏宗谱　宋绍兴十八年(1148),六世祖邹浩次子栩(邹氏七世裔)主修首谱。现存谱序一篇。宋宝祐四年(1256),邹栩四世孙应熊(邹氏十一世裔)主修续谱。现存谱序一篇。明初,邹璧(邹氏十四世裔,竹桥支始祖珪二弟)主修续谱。现存《文庄公题九峰公谱后》一篇。明宣德十年(1435),邹氏十六世邹恕(沈渎支裔)主修续谱。现存

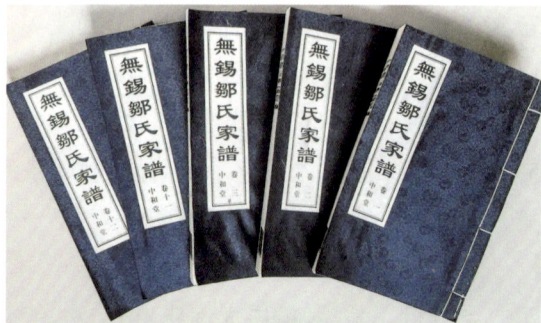
《无锡邹氏宗谱》(摄于 2016 年 12 月,邹永球提供)

邹恕请当时兵科给事中陈东圯所作序一篇。清康熙三年(1664),邹氏二十五世邹陞(全五支裔)主修续谱。现存当时进士邹式金(无锡邹氏二十三世裔)写的序一篇和主修邹陞写的序一篇。清乾隆二十五年(1760),邹氏二十六世邹一桂(龙泾支裔)主修续谱。现存邹一桂谱序二篇,请当时金匮县令韩锡胙所作序一篇,以及《小山公重修邹氏家乘公启》一篇。清光绪二十九年(1903),邹氏三十二世邹仁溥(龙泾支裔)主修续谱。由邹仁溥撰序,全谱三十六册,续修邹氏二十二个支派的后裔。2010 年 8 月,第八次续修。

2016 年,南庄村境内邹氏后裔已传至第三十七世。是年,境内东墙门邹永球、邹阿明等保存新编《邹氏宗谱》7 部。

李氏宗谱　明崇祯十年(1637)李谱始修。清朝康熙二十八年(1689)续修。乾隆四年(1739)续修。嘉庆九年(1804)续修。道光二年(1822)续修。咸丰五年(1855)续修。同治九年(1870)续修。光绪十四年(1888)续修。1949 年续修。2011 年 4 月,第九次续修。

《锡山李氏宗谱》(摄于 2016 年,李振飞提供)

2016 年,南庄村境内李氏后裔已传至第四十四世。是年,境内李家巷李德明、小南庄李长法等保存新编的《李氏宗谱》3 部。

缪氏宗谱　明嘉靖十一年(1532),六世祖怡云公创辑《东兴缪氏宗谱》。嘉靖四十五年(1566),八世心学公(讳甫灼)纂修。万历十五年(1587),八世敬存公(讳煌)纂修。万历

二十四年(1596)，九世养心公(讳达道)纂修。崇祯十七年(1644)，九世心娱公(讳达善)纂修。清朝康熙十三年(1674)，十一世勤伯公(讳汝勤)纂修。康熙四十七年(1708)，十二世旭初公(讳行乾)续修。嘉庆十七年(1812)，通族共修。同治十年(1871)，通族共修。光绪三十四年(1908)，通族共修。共 46 卷。2006 年，由族内后裔缪建通发起，缪荣法主持，近处族氏共修 8 卷，加上 1908 年纂修 46 卷，共 54 卷。时间跨度相距 100 年。缪氏

《东兴缪氏宗谱》(摄于 2016 年 12 月，缪金坤提供)

宗谱从明朝嘉靖十一年(1532)创谱起，共十一次纂修，至今已有 475 年。

2016 年，南庄村境内缪氏后裔已传至第二十三世。是年，境内南湖苑缪荣法、小南庄缪金坤等保存旧版《缪氏宗谱》1 部和新编宗谱 8 部。

第三节　大　族

随着农村城镇化的实施，南湖苑小区的徐姓分属圆塘徐氏和渔梁徐氏，分别来自南庄和汤联。历史上，徐姓人家曾经是这一方土地的大族。

一、圆塘徐氏

据《徐氏宗谱》记载，塘市徐氏系徐氏世谱中的一支，徐姓在黄帝时就有之，且历代有人在朝廷为官，并处要职。徐锢为徐氏第一百一十世孙，宋代为开封府尹，扈跸南渡，卜居常熟邵舍。其后代散居于苏、浙、沪、常一带。传十一世至徐汉英之子徐庆，入赘马嘶镇圆堂里(今杨舍镇大石桥)顾氏。顾家育二子，长子姓徐，次子姓顾，故称圆塘徐氏。《圆塘徐氏宗谱》以徐汉英为一世始祖。大南庄十五世孙徐汾于清乾隆年间曾任浙江瑞安县县丞及泰顺知县。据传，其事业如日中天之时在家乡大南庄大兴土木，历时五载建造厅屋两处。早先建筑称为老厅，后来建筑称为新厅。厅屋有 30 余间，室内装修富丽堂皇。徐汾对家乡民众多有抚恤，关心照应，深受当地百姓爱戴。在太平天国战乱期间，新厅被毁，老厅留有雕花椽子、翘沿头、石狮、石条、厅柱等物。小南庄十七世孙徐时飏(敦夫)、十八世孙徐继勉(励生)、十九世孙徐石麟(宝摩)祖孙三代均为清代太学生，分别授承德郎、候选布政使理问、诰赠朝议大夫，登仕郎晋授承德郎、诰赠朝议大夫及四品衔候选督查院都事加二级、诰封朝议大夫、江阴县县议员等。

徐氏为塘市第一大族，占塘市地区总户数的 12.24%，其后裔主要散居于新沙河两岸，

河东以渔梁徐为主,河西以圆塘徐为主。新沙河以东地区有六房士桥、曹家弄,新沙河以西地区有南庄村(大、小南庄)、李家巷、田二房、夏家弄、河南村横泾梢头、沈家巷、河北村凤家庄、南村、李巷村廊下、三房巷等地。

二、渔梁徐氏

与圆塘徐氏同祖同宗的渔梁徐氏,其分布以汤联村为主,此外还分布在塘市东街。汤联村西庄、后房部分徐姓安置在南湖苑社区。

始迁祖徐珵,字仕元,元朝龙虎上将军、海道都漕运府万户。元时迁居乘航境(今农义村),开漕运粮,并在当地建造粮仓和住宅(即今漕舍自然村)。死后赐坟地于宅后,并立祠祭之。因徐氏后裔大多居住在渔梁泾旁,故乘航徐氏又称渔梁徐氏。

自徐珵之后,徐氏后裔子孙繁衍,成为乘航地区之名门大族,并涌现出不少名贤及抗倭英烈。徐讷,徐珵五世孙,字敏叔,号南溪,读书有高行,累世聚居。徐恪,徐讷子,字公肃,排行第八,世称徐八都堂。明成化二年(1466)进士,授工科给事中,后任湖广左参议,河南右参政及左、右布政使。明弘治四年(1491),任右副都御使,巡抚河南。徐誉,字鉴之,徐恪族孙。明嘉靖年间,倭寇屡犯邑境,徐誉带领家人积极抗倭。嘉靖三十四年(1555),在一次剿杀倭寇的让塘(今港口镇以北)激战中,徐誉和家人徐章等9人殉难。后人建忠孝祠堂以纪念之。

今乘航境内共有徐姓1338人,主要分居在农义、勤星、民丰、新民、庆安等村。塘市境内共有渔梁支派徐姓138人,主要分居在汤联等村和塘市东街等地。新农村建设中,汤联村的徐姓居民有一部分安置在南庄村(南湖苑社区)。

第四节 族训·家规

2000年起,境内居民陆续参与了本姓家谱的续修工作,先后主持或协助续修了缪、邹、徐、李、王、朱氏家谱。各氏家谱中均有族训或家规的记载。

一、徐氏族训

(一)凡我族人念之哉,如遇祠中一物亏损、墓上寸木枯槁,告知族长,即为修整。倘有诿坐视者,是不仁不义之甚者也。

(二)祭祀不可不诚。祀日不敢用亵味而贵多品,所以交于神明之义,为人子孙宜思吾身从何处得来。每春秋祭祀或寒日上坟墓,虽家贫力绵,必须竭尽孝思,才是子孙道理。若遇祭祀无故不到者,书其名而于朔望斥责之。

(三)宗族不可不睦。传曰:由高曾而祖祢言尊则同敬也,自子孙而族属言亲则同爱也。

务念祖先一脉,勿恃富贵而傲贫贱,勿恃才智而嗛愚蒙。倘有不睦,告知房长族长调处于家庙中,揆情据理,定其是非曲直,或令服礼,或示薄惩,以服人心,不得擅兴词讼。

(四)孝悌为务本之事。一门之内孝亲敬长,根于天理,发于良心。《论语》"其为人也孝弟"一章、"弟子入则孝"一章,做人道理该括已尽。下学工夫,先从朴俭做起,童蒙先读小学,塾师讲明何者当厚,父母兄弟是也。不可稍薄,薄则不可为人矣。何者为是,善言善行是也。不可稍差,差则不能上进矣。倘应妇言相惑、损友相谗,累我兄弟不和、亲族不睦,甚者事父母亦存计较,乖戾之私,其与禽兽何以异乎?

(五)积德为传世之基。凡起一念行一事,必须推己及人,从井救人之事不必为,而损人利己之事断不可为。《易》之《系辞》曰:小人以小善为无益而勿为,以小恶为无伤而弗去。君子则反,是汉昭烈帝敕后主曰:勿以善小而不为,勿以恶小而为之。学君子则祖宗有光,子孙勿替。效小人则祖宗蒙羞,子孙孽报。孰失?必有能辨之者。

(六)读书为起家之本。《朱子家训》云:子孙虽愚,经书不可不读。一味姑息放纵,名为爱他,实是误他。子弟因材造就,必延师忠敬,取有端悫,切劘日上。与其多分几亩田,不如多读几页书,多明白一件道理,纵不能登科发甲,毕竟不失为循循自守之人,以免旁人讪笑。

(七)勤俭为持家之本。祖宗以勤苦开先,子孙以骄奢荡废,岂不可惜?更有一种,人非下愚,一生并无飞灾横祸,产则膏腴,宅则轮奂,出入不谙,常经掌管。

(八)婚嫁不可不慎。近日人家娶妇,但觊奁资,弗求贤;择婿,但贪暴富,弗问德门。岁月变更,追悔无及。凡嫁娶,必要检择有家法、母教能积善仁厚之家。男性醇谨,女德柔嘉。从俭行礼,不要铺张浪费,徒徇末俗之失,眼前强装好看,日后陷入债窝也。

乡约当遵。约云:孝顺父母,尊敬长上,和睦乡里,教训子孙,各安全理,毋作非为。这六句包尽人的道理。凡为忠臣,为孝子,为顺孙,为圣世良民,皆由此出。无论圣愚,皆晓此文义。只是不肯着实遵行,自陷于过恶。高忠宪公云:只将此六句,时时在心上转一遍,口中念一遍,自然生长善报,消沉罪过。在乡里中作个善人,子孙必有兴者。

二、朱子家训

黎明即起,洒扫庭除,要内外整洁;既昏便息,关锁门户,必亲自检点。一粥一饭,当思来处不易;半丝半缕,恒念物力维艰。宜未雨而绸缪,毋临渴而掘井。自奉必须俭约,宴客切勿流连。器具质而洁,瓦缶胜金玉;饮食约而精,园蔬胜珍馐。勿营华屋,勿谋良田。三姑六婆,实淫盗之媒;婢美妾娇,非闺房之福。奴仆勿用俊美,妻妾切忌艳妆。祖宗虽远,祭祀不可不诚;子孙虽愚,经书不可不读。居身务期质朴,教子要有义方。勿贪意外之财,勿饮过量之酒。与肩挑贸易,勿占便宜;见贫苦亲邻,须多温恤。刻薄成家,理无久享;伦常乖舛,立见消亡。兄弟叔侄,须多分润寡;长幼内外,宜法肃辞严。听妇言,乖骨肉,岂是丈夫；重资财，薄父母，不成人子。嫁女择佳婿，毋索重聘；娶媳求淑女，毋计厚奁。见富贵而生谗容者，最可耻；遇贫穷而作骄态者，贱莫甚。居家戒争讼，讼则终凶；处世戒多言，言多必失。毋恃势力而凌逼孤寡，勿贪口腹而恣杀生禽。乖僻自是，悔误必多；颓惰自甘，家道难成。狎昵恶少，久必受其累；屈志老成，急则可相依。轻听发言，安知非人之谮诉，当忍耐三思；因事相争，安知非我之不是，须平心暗想。施惠勿念，受恩莫忘。凡事当留余地，得意不宜再往。人有喜庆，不可生妒忌心；人有祸患，不可生喜幸心。善欲人见，不是真善；恶恐人知，便是大恶。见色而起淫心，报在妻女；匿怨而用暗箭，祸延子孙。家门和顺，虽饔飧不继，亦有余欢；国课早完，即囊橐无余，自得至乐。读书志在圣贤，非徒科第；为官心存君国，岂计身家。守分安命，顺时听天。为人若此，庶乎近焉。

三、王氏家规

| 敬孝弟 | 慎祭祠 | 端品行 | 勤读书 | 肃官箴 | 重师傅 | 力稼穑 | 择交游 |
| 睦家德 | 和妯娌 | 戒赌博 | 遏邪谣 | 毋娇奢 | 恤贫乏 | 勿酗酒 | 宽婢仆 |

四、邹氏家训、遗嘱

（一）邹氏家训两则

1．训长子邹柄

二十而冠，礼固有仪；十五而冠，义亦从宜。未冠则概以童子之品目，既冠则责以成人之作为。吾自汝总角，爰迨今兹，听汝言而察汝质，必能卓然建立，称吾所期。方吾窜岭表也，则曰父为国事耳，何足动；及吾斥湖外也，则曰父坐前事耳，何足疑。念祖母之省侍阻，念诸叔之音问希，念诸兄诸弟不得相与处以学，则每咨嗟而涕洟。凡孝悌忠顺之端，固已见于此矣，所以充扩成就，则惟汝笃诚而弗移。彼合抱之木非不大，然生于毫末之细；彼九层之台非不高，然始于累土之卑。汝其尊六经以为本，博群籍以为稽。有可友者取以为友，有可师者奉以为师。积日月而已年，迄至于期颐，虽将圣之耳顺从心且庶几其可及，而况孝悌忠顺之实，又安有不孚于上下，格于神祇。俾世人称愿曰"幸哉！有子如此"，以畅吾父祖之泽于无所终穷，岂不自于斯时乎！汝其勉之！汝其勉之！

2．训幼子邹相

分日月之末照以本汝之气，据潇湘之上游以洁汝之形。汝聪汝明，汝所固有；汝忠汝孝，汝勿妄行。视汝父之不得安其位，则知所以修职业；视汝父之不得养其志，则知所以奉晨昏。庄子曰："为善无近名，为恶无近刑。""缘督以为经，可以保身，可以全生，可以养亲，可以尽年。"吾既以此训汝之兄矣，汝其从兄而恭命，勿使失坠，以对吾生育之恩。

注：此两文为邹浩勉励长子邹柄、幼子邹相所作。

（二）遗嘱

吾子孙当力行三事,痛戒三事。第一要积德,第二读书,第三作家。积德,非有权力布施之谓,但每事对人说好语,劝人息讼,有过婉言谏之;读书,则开卷有益,以明理自得为要,读子史攻制义,次之读诗文作诗歌;作家,非夺利刻削之谓,只有节俭一法耳!一戒赌博,一戒女色,一戒出入衙门。犯此三戒,非吾子孙也!为人只"谦"之一字,待奴仆以宽,待人以恕,待戚族以恩,溪刻(苛刻)之行不可为也!以上诸言实为身家成败所系。吾一病后,心地明爽。将来撒手归空,其乐殊甚。并占诗云:"七十老翁何所求,天空地阔一蜉蝣。全归此日浑无事,山自峨峨水自流。"易箦(病重将死)时,兄弟子姪俱在,独言惠山忠公祠与祖宗坟墓宜尽力保守,余不及言,沐浴焚香而逝。

注:此文为无锡邹氏二十四世孙状元邹忠倚侄子邹显吉(号思静)的书案铭并遗嘱。

五、缪氏家教、家训、家规、家戒

（一）家教

1.孝敬父母,尊宗睦族

身为父母生,抚育太艰辛。人当孝父母,自古有明训。我能孝父母,子孙孝我身。前人行下例,后代照例行。水有源树有根,尊宗爱祖重人伦。世代相传莫忘本,家族和睦事业兴。人人关心家族事,爱家爱族不可分。族中败类千夫指,热心公益人尊敬。

2.严于教子,树子成人

生儿易,教儿难,望儿成龙家教先。尤以当代独生儿,培养成人更艰辛。适龄及时送学校,要求要严格,规矩要科学,溺爱娇纵误后代,事事迁就不可行。父母言行是楷模,欲律儿孙先律己。

3.兄友弟恭,妯娌和气

同胞兄弟如手足,兄友弟恭情谊深。同室操戈古今有,世人唾骂成笑柄。弟兄和睦家运顺,高堂父母少忧心。妯娌如同亲姐妹,不可刁唆猜忌起纷争。你贤我慧讲谦让,携手共进世人称。

4.和睦邻里,友爱亲朋

乡邻好,赛金宝。人说近邻胜远亲,莫与邻人造矛盾。与人相处求大同,勿以小异瞪眼睛。人际交往守信义,狡猾奸诈为人恨。诚心诚意待亲友,人相互助有爱心。

5.勤劳致富,节俭持家

欲求致富勤为首,懒惰毕生难糊口。勤必济以恒,俭则持以约。事从大处着眼,小处着手。切莫玩物丧志,大事不能,小事不为,一曝十寒,坐吃山空。一粥一饭当思来处不易,半丝半缕亦念物力维艰。铺张浪费难为继,奢侈腐化心堕落。

6.努力修身,正派为人

人不学,不明理;玉不琢,不成器。不学无术见识低。齐家治国重修身,道德才智两并举。少而不学壮年悔,学贵永恒勤为径。缺少知识事难成,锲而不舍求真知。正派为人是根本,扶孤怜贫善必行。胜不骄奢败不馁,穷不丧志富不淫。贤人跟前学处世,奸恶险诈莫近身。嫉恶更当严律己,遇怒须忍宽待人。善小当为,恶小莫为。为民莫懒,为官莫贪。为人正派,福泽永远。

7.婚姻自主,夫妻平等

嫁女择贤不重金,娶妇求淑选人品。包办婚姻成过去,儿女自主定终身。双方堂上皆父母,亲朋六故一般情。同甘共苦相扶助,互谅互让敬如宾。

(二)家训

明朝万历三十八年(1610),元蛟公在为缪氏家谱撰写的家训中着重指出"孝、友、勤、俭"四字最为立身第一义。江安县阳春坝入川始祖鼎汉公告诫子孙后代:"学好罢歹,忠厚为人。"根据这些遗训,撰写如下家训:

> 缪氏系中华民族之部分,是炎黄子孙,应热爱中华,效忠祖国,为人民服务。缪氏必须和其他姓氏和睦团结,共同发展,繁荣昌盛。赡养父母,克尽孝伦。忠厚诚恳,老实为人。勤俭持家,节约为荣。自力更生,奋发图强。文明礼貌,谦虚谨慎。尊师爱友,互相帮助。虚心好学,努力掌握科学知识,求实创新。勤学苦练,奋勇攀登科学高峰。和睦团结,先人后己。助人为乐,爱护公物。见义勇为,扶老携幼。遵纪守法,养成良好的道德风尚。婚姻自主,提倡晚婚、优生和节制生育。

(三)家规

为父当慈,为子宜孝。为兄当友,为弟当恭。为夫当正,为妇当贤。为友当诚,为官当廉。为民当勤,为富当仁,为族当睦。莫以晚辈凌尊长,莫以少壮欺老弱。莫以大欺小,莫以众欺寡,不以富凌贫,不好逸恶劳。不干涉寡妇婚姻。姑娘、儿子地位平等,养子、赘婿与子女权利和义务相同。

(四)家戒

一戒忤逆不孝,二戒遗弃子女,三戒遗弃父母,四戒打骂公婆,五戒弃妻纳妾,六戒淫乱,七戒赌博,八戒吸毒,九戒偷盗诈骗,十戒弟兄相残。

族有规戒,能使我族人贫而安分,富而不溢,良善者有所仪,不肖者有所惕。愿族人世代共勉。

第三章 婚姻·家庭

第一节 婚 姻

中华人民共和国成立前,境内通行早婚,男十八岁娶亲,女十七岁出嫁。1950年,中央人民政府颁布第一部婚姻法,法定婚龄为男20周岁、女18周岁,早婚现象基本得到控制。70年代贯彻计划生育、晚婚、晚育政策,政府一度提倡男25周岁、女23周岁和男女双方年龄相加满50周岁才允许结婚的政策。1980年,全国人大颁布第二部婚姻法,规定婚龄为男22周岁、女20周岁。进入80年代后,由于社会文明程度逐步提高和人们婚姻观念的转变,已婚青年男女的离婚率和再婚率逐年上升。

2001年至2016年,境内婚姻登记人数共263对,离婚人数共37对。

2001—2016年南庄村婚姻登记一览表

表2-3-1

年份	结婚(对)	离婚(对)	年份	结婚(对)	离婚(对)
2001	18	—	2009	18	2
2002	13	2	2010	32	2
2003	9	—	2011	20	5
2004	5	—	2012	19	2
2005	19	—	2013	25	3
2006	15	2	2014	20	5
2007	13	1	2015	12	3
2008	14	4	2016	11	6

第二节 家 庭

旧时,多子多福、早婚、早育的传统观念束缚着人们的思想,出现5人或5人以上的大家庭。境内东墙门邹高生家庭育有5子1女,夏家弄徐永和和小窑泾陶永高家庭育有5子。"三世同堂""四世同堂"的家庭也有。大南庄徐永清家庭和徐茂林家庭都是四世同堂。1922—1949年,由于经济衰退,家庭的经济能力减弱,子女分离者逐渐增多,单个家庭成员随之减少。解放后,国民经济得到发展,人民生活逐步改善,并通过反封建教育,宗族观念逐渐淡薄,加上一部分人外出参加工作等因素,家庭成员结构发生变化。70 年代以后,随着生产、生活方式的改变,计划生育工作的深入开展,家庭结构趋向小型化。1975 年,境内平均每个家庭的成员为 3.76 人。1986 年,平均每个家庭的成员下降至 3.54 人。家庭组成人员大多为父母和一个独生子女。2016 年,全村农户绝大部分搬迁到了动迁安置房,小型化家庭日趋增多,平均每个家庭的成员继续下降至 3.47 人。住房条件不断改善,许多家庭子女结婚后和老人分居生活,出现不少 2 个老人的家庭及少数孤老独居家庭。

第四章　方言·习俗

南庄村全境处在虞西和澄东之间,民俗风情较为丰富,尤以方言习俗大多与农民、农时、农耕相联系。如日常生活用语、农事气象谚语、歇后语以及各类习俗等无不体现了南庄地区具有地方特色的民俗风情。中华人民共和国成立后,这些习俗虽然大部分已逐渐淡化或消失,但有一部分至今仍存在于现实民间,耳熟能详,目睹可及,成为境内非物质文化传承不可或缺的一个重要组成部分。

第一节　方　言

南庄的方言(土话)语种以虞西话为主,又兼澄东语,也有少数老沙话,别具一格。虞西话来源于吴语方言,老沙话大部分来自解放后杨舍以北迁入境内安家的农民和婚嫁入境的妇女。

南庄境内流行的方言,具有鲜明、生动、形象、通俗的特点。各语系在词义、语素上的差异不大,但具有各自的特点。这些方言在境内频繁、广泛应用,对于人们的社会交际、交往、交流起到了积极的沟通作用。中华人民共和国成立以后,随着普通话的推广,吴语方言已逐步吸收了普通话的语素和语音成分,特别是青年人都会讲普通话,方言在逐步萎缩。境内 30 岁以下的青年家庭中,父母对子女交流沟通日常用语是普通话,与长辈沟通才用方言。

一、普通话与南庄村全境日常方言对照

(一)称谓

父亲——爹爹、好爹、老子　　　　　　祖父——公公、老公公

母亲——阿妈、姆妈、老娘、唔娘　　　祖母——亲娘

曾祖父——太公、老太公

曾祖母——太太、老太太

外祖父——公公、好公

外祖母——好婆

伯父——老伯伯、阿伯、大伯

伯母——大娘、阿娘

叔叔——阿叔、小阿叔、大阿叔

婶婶——娘娘、小婶娘、大婶娘

姑父——姑夫、姑爹

姑母——好伯、好叔、阿伯

岳父——丈人、伯伯

岳母——丈母娘、娘娘

姨夫——娘姨夫、阿姨夫

阿姨——娘姨

公公——阿公、公阿爹

婆婆——阿婆、姆妈、婆婆

丈夫——小官人、男尼家、老公

妻子——老婆、娘子、堂娘娘、堂客头、家主婆

内哥（夫兄）——伯子、阿哥、大老兄、老大

内哥（夫弟）——阿叔、叔子

内嫂（夫嫂）——阿嫂、大娘

弟媳妇——阿妹、弟新妇、婶子

哥哥——老兄、阿大、大大

弟弟——老弟、阿弟、弟子

姐姐——阿姊、阿姐

妹妹——子妹、姆妹、阿妹

妻兄——老舅、大舅子、老婆舅、舅子、阿哥

妻弟——娘舅、阿舅、小舅子、老婆舅、舅子

妻姐——阿姨、大姨子

妻妹——阿姨、小姨子

（二）词汇

上午——上昼

中午——中浪

下午——下昼

今天——今朝

明天——明朝

昨天——昨尼头

后天——后朝

清早——早起里

傍晚——夜快

明年——开年

去年——旧年

前年——前年子

白天——日里

时间——辰光

日子、生活——日脚

儿子——倪子

女儿——囡

小孩——小倌

新郎——新官人

新娘——新娘娘、新娘子

生育过的女人——堂娘娘

乞丐——叫花子、掼长袋

油嘴滑舌的人——江湖、老滑头

伙伴——淘伙里

头——骷髅头

额头——额角头

下巴——瓦婆

肩膀——肩架

肘部——手撑根

膝盖——膝馒头

胡子——牙须（苏）

医生——郎中

眼珠——眼乌珠

脖子——颈颈

喉咙——胡咙

肋骨——肋棚骨

牲畜——中生

青蛙——田鸡

癞蛤蟆——癞团

蟋蟀——赚节

老鼠——老虫

刺猬——偷瓜畜

蜈蚣——百脚

蚯蚓——曲鳝

蚂蚁——蚂咪

蜘蛛——结蛛

甜高粱秆——芦穄

稻(麦)穗——稻(麦)柱头

玉米——雨麦

荠菜——斜菜

花生——长生果

苜蓿——草头

锅巴——饭迟

饭米粒——米糁

瘦肉——精肉

闪电——霍险、霍闪

雾——迷露

太阳——日头

月亮——亮月

冰雹——冰牌

阵雨——阵头雨

晴天——天好天

泥土——耐泥

尘土——蓬尘

洗脸水——面汤水、揩面水

温水——温吞水

家具、工具——家生

火柴——洋煤头

厨房——灶户

锅盖——合杆

火钳——火夹

锅灰——镬锈

汤匙——汁勺、撩羹

淘米笋——筲箕

洗脚盆——脚桶

窗——窗盘

手帕——绢头

缝衣针——眼线

凉席——白席

拐杖——拐拉棒

准备——壳涨

丢脸事——鸭屎臭

倒霉事——勿色头

没出息——街路子

比高低——别苗头

潮湿——还潮

冻疮——死血

交通闭塞的地方——死煞弯兜

村庄——宅基

高烧——寒热

旁边——半边

不可信——坏伯嚭

花样——花头

能力——豁头

衣袋——袋袋

袜子——洋袜

瘸脚——搭脚

收入整理——归好

失信用——黄落、黄经

败露——穿绷

暗示——豁铃子

赶快——号哨

落空——勿着杠

有能力——有水平

盛（东西）——畚

洗——荡

背——摚

用筷子夹——搛

换、交换——调

说空话——打棚

溜走——出松

打算——打坯

装袋子——热袋子

快跑——斜快

传染——过人

玩——白相

乘凉——吹风凉

装聋作哑——做假痴

洗澡——忽浴、落浴

不可以、不应该——勿来个

开玩笑——弄怪账

结怨——结毒

达到目的——着港

从旁帮忙——俏边

弄脏——塌漏

打架——掼拳头

挤进——轧进

藏起来——囥

人躲起来——畔开

斟酒——筛酒

往上爬——撸

火熄——印脱

渗水——印水

熟练——内、内行

洗脸——揩面

漱口——各嘴

洗手——汰手

不要紧——勿碍

挂念——牵记

搬迁——搬场

说话——扛讲

打架——打相打

吵架——相骂

大吵大骂——骂山门

找岔子——扳岔头

打退堂鼓——打赖茄

比高低——别苗头

受灾难——受漏

胖——壮

顽皮——调皮

人有本事——精、有本领

漂亮——美丽、齐正

抓紧——赶紧

悠闲自得——落脉

脾气不好——济糟

潮湿、闷热——厄塞

老练顽固——练简

节俭——做人家

差劲、不好——推板

很多——杭尽

向——朝对

洋气——洋盘

小心、细心——把细

烦躁——沥席

很危险——险解乌

很好——灵光

耐脏——耐污糟

厉害——激棍

蛮横——孟门

大度——坦气

奸刁狡猾——促剋

大方——落闶

很多——杭尽

马虎——贾乌

性急——猴急

无聊——厌气

凸出——膨出

好看——惹看

不好看——难看

不像样——勿连牵

壮实、结实——结缰

年老而健康——凶健

令人厌恶——触心肝

抓紧、快点——豪哨

不漂亮、不顺眼——触眼睛

心情不舒畅——喔塞

棘手——碰真张

很容易——稳吃

轻而易举——便当

宽绰有余——舒齐

差劲——搭浆

大度、气量大——坦气

灵活、有能力——活络

病态脸色——白嘹嘹

修长——长爽爽

寒冷——冷世世

不冷不热——温磊磊

没晒干——潮纽纽

有咸味——咸堂堂

青色——青韭韭

较细——细悠悠

矮子——矮端端

较干——干梅梅

较重——重敦敦

胖子——壮笃笃

发怒——火宅宅

阴险——阴各各

暗淡微白——白塔塔

黑——墨墨黑

雪白——雪雪白

蜡黄——蜡蜡黄

梆硬——梆梆硬

绚红——煊煊红

团团转——笃笃转

碧绿——碧碧绿

冷的发抖——索索抖

声音很大——砰砰照

突然——陌生头里

语无伦次——七扳八扳

耍无赖——恶神恶赖

许许多多——交交关关

一共——一塌刮之

总共——亨白冷打

险些——险关

刚好、正好——眼眼调

许多——海还

许许多多——杭尽杭事

特地——迭诚

一起——一淘

不只是——勿单是

等会儿——歇歇点

本来——原来

刚才——姜姜头

依旧——原归、仍归

后来——后首来

正好——齐巧、巧头

真的——直头

幸亏——幸欺

很多——交关

于是、然后——难墨

或者——勿墨

假如——讲譬说

按照——依得、依旧

遵照——依归

一面……一面……——一头……一头……

一边……一边……——一海……一海……

不在——弗勒郎

窃窃私语——七七触触

在这里——勒格里

二、谚语

（一）农事谚语

正月一过二月忙，三月就要菜花黄。

惊蛰过后勿停牛，菜花收花廿日忙。

过得惊蛰，耕牛勿歇。

春分麦起身，一刻值千金。

清明前后，种瓜种豆。

清明踏遍田，谷雨一遍青。

谷雨前，好种棉。

清明谷雨三月过，整理秧田早插禾。

谷雨立夏，不要站着说话。

立夏见三鲜（蚕豆、苋菜、竹笋）。

小满动水车（人力水车）。

小满插秧难得见，芒种插秧遍天下。

五月立夏小满过，棉花出土麦穗高。

五月芒种夏至来，抓紧养蚕把桑采。

芒种到，无老少。

芒种芒种，样样要种。一样勿种，秋后落空。

芒种不下种，祖宗也要哭。

芒种插秧天赶天，夏至插秧时赶时。

一日早，十日赶不到。

头蒔种田谷子重，铁扁担挑稻两头重。

六月小暑连大暑，中耕除草牢牢记。

小暑发棵，大暑发粗，长穗立秋。

小暑补棵一斗米，大暑补棵一斗粞。

大暑过三朝，种豆不长腰。

伏天浅锄划破天，赛过秋天耕一犁。

立秋十八天，百草都结籽。

立秋种葱，白露种蒜。

立秋不动糍，处暑不耙泥。

处暑处暑，处处要求。

处暑不浇苗，到老直苗苗。

处暑萝卜白露菜。

白露结好籽，林木采种正当时。

白露过去是秋分，忙过秋收忙秋耕。

秋分种菜小雪腌。

秋分割早稻，寒露割晚稻。

秋分稻上场，寒露前落草（红花草下种）。

寒露种草，死多活少。

秋分过去寒露到，犁头牛鞭田里到。

寒露深耕，来年粮囤。

寒露前播种棵棵好。

种麦敲堂锣,来年麦囤大。

油菜要吃寒露水。

寒露到,割秋稻;霜降到,割糯稻。

寒露吭青稻,霜降一齐倒。

霜降霜降,种麦剩筐档。

霜降拔葱,勿拔就空。

立冬桑叶黄,修剪除草刮桑黄。

立冬不拔菜,必定受霜寒。

立冬先封地,冬至白菜肥。

小雪大雪,种麦歇歇。

立冬不见叶,来年没有吃。

小雪不见蚕豆叶,到老豆花勿结荚。

腊月瑞雪兆丰年。

大雪冬至雪花飘,三麦地里施肥料。

犁地冬至内,一犁比一金。

腊月小寒接大寒,施肥停当心里安。

大寒冻得地发白,勿用垩壅收三石。

大寒三白(三白:霜、雪、雾),有益三麦。

低田挑高一尺,白米多收一石。

一年深耕一层皮,三年深耕就一犁。

深耕长谷,浅耕长壳。

稻麦不认爷和娘,精耕细作多打粮。

干锄棉,湿锄麻,不干不湿锄芝麻。

翻过地皮吹一吹,赛过施上一次灰。

深耕晒垡,来年必发。

正月金,二月银,春耕赶快抓抓紧。

春误一日,秋误十日。

秋天田里常弯腰,来年有吃又有烧。

逢春落雨到清明。

春雨贵如油,滴滴不白流。

种早不荒,起早不忙。

三年不选种,产量要落空。

稻棉勿识爹和娘,功夫到家自会强。

冬季浇河泥,肥田若盖被。

头莳黄秧二莳豆,三莳里头种赤豆。

莳秧六棵,毛病最多。

六月不热,五谷勿结。

寸麦不怕尺水,尺麦倒怕寸水。

麦要压根,稻要挖空,棉要壅土。

雨打黄梅头,小麦逐个推。

麦秀风来摆,稻秀雨来淋。

种麦敲铛锣,割麦倒秆棵。

小雪大雪,种麦歇歇。

麦怕清明日日雨,稻怕寒露一朝霜。

人在岸上跳,稻在田里笑。(指热)

娘好囡好,秧好稻好。

种田三分种,七分管。

只有懒人吭懒地,黄金出在泥土里。

放债勿如养老稻。

四月初八一夜雨,小麦要变鬼。

雨落飘山纸,麦像蝗虫屎。(清明节)

六月风潮,稻像油浇,七月风潮,稻像火烧。

开店独行,种田合帮。

生意人勿离店面,种田人勿离田头。

种田无取巧,只要功夫到。

昏咚咚,六月初三浸稻种。(指太迟)

三月清明秋如草,二月清明秋如宝。

雨打秧田泥,秧苗出勿齐。

(黄梅期播种)一日早,十日赶不到。

小暑莳秧大暑耥,三石一亩稳当当。

秋前勿搁稻,秋后喊懊恼。

稻熟三朝,麦熟一时。

白露雾迷迷,秋分稻秀齐。

闰年不种十月麦。

三月清明麦勿秀,二月清明麦秀齐。

稻耥三遍谷满仓,棉锄七遍白如霜。

干锄棉花桃铃多,湿锄芝麻结子好。

一熟红花草,三年田脚好。

豆削三遍,秋后满仓。

清明种玉米,小满种山芋。

种田三样宝,猪灰、河泥、红花草。

养了三年蚀本猪,田里壮得勿得知。

稻靠河泥麦靠粪,黄豆无灰收勿成。

三耕六耙九锄田,一熟收成抵一年。

无肥荒一年,有草荒三年。

过了惊蛰节,春耕不停歇。

麦熟一晌,龙口夺粮。

小熟要抢,大熟要养。

(二)气象谚语

正　　月:岁朝墨黑四边天,大雪纷飞是旱年;但得立春晴一日,不用力气不耕田。

二　　月:惊蛰响雷米似泥,春风有雨病人稀;月中若能逢三卯,种植棉花豆麦宜。

三　　月:风雨交加初一头,瘟疫猖狂令人忧;清明风若从南至,今年定能大丰收。

四　　月:立夏东南少虫窝,逢晴初八花果多;雷鸣甲子庚辰日,定有虫灾害稻禾。

五　　月:端阳有雨兆丰产,芒种吃雷心头甜;夏至风从西北起,蔬菜瓜果受熬煎。

六　　月:三伏云中逢酷热,大田五谷不易结;此时倘若无灾害,立冬定受雷雨劫。

七　　月:立秋无雨农夫愁,万物只能一半收;处暑要是再下雨,万物结果终难留。

八　　月:秋分天空白云多,处处欢聚收晚禾;白露要是雾茫茫,白米就能堆进仓。

九　　月:初一见霜害煞人,重阳无雨一冬晴;月中无色人多病,若遇雷鸣果价增。

十　　月:立秋之日怕逢壬,来年种田枉费心;此日更逢壬子日,预报宵殃损万民。

十一月:初一有风多疾病,更兼大雪有灾星;冬至天晴无雨色,明年丰收保太平。

十二月:初一东风六畜灾,倘逢大雪旱年来;若是此日天晴好,下年农民大发财。

霜下南风一日晴。

春雾阴,夏雾晴,秋雾风,冬雾雪。

春天不烂路,雨过就行程。

东忽忽西忽忽,地上干卜卜。(指闪电)

云状无角雷雨落,云状有角无霜落。

落得早不湿草,落得晚,一直落到天明吃中
　饭。

春分秋分,昼夜平分。

春二三月冷落,秋季八月热落。

发尽桃花水,必定旱黄梅。

早雾晴,晚雾阴,迷路不散就是雨。

雨落黄梅脚,灌水车断黄牛脚。

清明断雪,谷雨断霜。

小处一声雷,倒转大黄梅。

小处生雷,谷扬三堆(稻谷歉收)。

蟪蟪唱山歌,有雨不会多。

燕子低飞有雨到,蜜蜂早出天气好。

咸菜缸里翻泡泡,大雨落勿光。

苫里东南,雨落阵阵。

东南阵,经过落三寸。

台风到,知了树上叫。

初五夜头弯月伴,大雨一直落到本月半。

苫里寒,没竹竿。

初五夜头日月星,路上灰尘随风行。

梅里西风苫里雨。

苫里东北风,老鼠要上屋。(多雨)

东北风,雨祖宗。

伏里东南海底干,伏里西风海里满。

五月南风水连天,六月南风海底干。

九月南风连夜雨,十月南风干到底。

黄梅寒,井底干。

上看初二三,下看十五六。

鲎(虹)高日头低,早晚披蓑衣。鲎低日头
　　高,明朝晒断腰(高温)。

六月初三做一阵,连做七十二个夜夜阵。
　　(上午糍稻,下午睏)

日晕三更雨,月晕午时风。

朝看东南,夜看西北。

朝霞不出门,晚霞行千里。

卷云对东干洞洞,卷云对西披蓑衣。

日出猫儿眼,雨落不到夜。

十七、十八倒墙雨,二十、廿一分龙雨,廿二、
　　廿三回龙雨。

蚂蚁作坝要落雨。

三时三送,低乡人家白种。(有水灾)

寒冬水枯,夏天水浦。

银桂金桂同时开,菊花芙蓉遇旱灾。

花开花谢满园香,桂花时节阴凉凉。

雨过西风勿得晴,转过风来就要阴。

日出胭脂红,勿落雨,定起风。

日枷风,夜枷雨。

中午太阳现一现,一定没有大好天。

廿九落雨初一晴,久旱无雨满天星。

久雨西风晴,久晴西风雨。

白露身勿露,防寒不能松。

春阴如见冰,雪落才会晴。

霜过暖,雪过寒。

九月南风吹火着,十月南风连夜雨。

乌头风,白头雨。

十月五风讯,九月廿五得个病。

乌云接日夹,半夜里头雨随随。

三朝迷露发西风,若无西风雨不空。

腊月暖,六月旱。

旱九水三春,水九旱三春。

霜下南风一日晴,第二天必然雨淋淋。

冬至西南百日阴,半晴半雨到清明。

松树新叶吐,隔日有雨淋。

九里恶冷,伏里恶热。

干净冬至邋遢年,邋遢冬至干净年。

头九暖,二九寒,三九冻得牵索钻

头九雪花飞,九九鹁鸪啼。(春来早)

朝看青山色,晚看日落霞。

日出猫儿眼,雨落不到晚。

冬至西北风,来年干一春。

未蛰先蛰,四十五天阴湿。

桃花落勒泥浆里,掼麦掼在蓬尘里。

杨花落勒蓬尘里,掼麦掼在泥浆里。

小满日头,晒开石头。

芒种火烧天,夏至雨绵绵。

小暑南风十八朝,吹得南山竹也焦。

伏里西北风,腊里船不通。(结冰)

久雨现星光,明朝雨更旺。

立冬无雨一冬干。

重阳有雾一冬晴。

开门落一谢,关门落一夜。

大暑小暑不是暑,立秋处暑正当暑。

白天最长夏至日。

白天最短冬至日。

(三)生活谚语

打断骨头连着筋。

十网九网空,一网活龙动。

虾痴疯,蟹滚脓,蝤蛑吃了光同同。

宁买不值,勿买吃脱。

白天勿做亏心事,半夜敲门心勿惊。

三月廿八老架架,十八只白马跑快快。

从小看看,到老一半。

门前系只高头马,勿是亲来也是亲。

门前系了破蓑衣,嫡亲娘舅也陌生。

拼死吃河豚,怕死吃芦根。

经造连地方,汁水呒落放。

山歌好听口难开,白米饭好吃田难种,鲜鱼
  汤好赏网难张。

今年巴望明年好,明年仍是一件破棉袄。

越吃越馋,越睏越懒。

开出门来七件事,手里无钱上心事。

千穿万穿,马屁勿穿。

马屁拍勒马脚上。

猪头肉三勿精。

敲锣卖糖,各值一行。

浑水勿落外浜里。

和尚道士夜来忙。

火到猪头烂,火功要到家。

新箍马桶三日香。

说人话人,勿如别人。

雷声大,雨点小。

得着风,就扯篷。

眉毛胡子一把抓。

黑铁黑塌,吃俚勿煞。

若要俏,冷得肮狗叫。

大勿当心小勿管。

前勿算,后要乱。

前失算,后要乱。

野鸡毛当令箭,像煞有介事。

横坚横,拆牛棚。

要么楼上楼,要么楼下搬砖头。

一只碗不响,二只碗叮当

老大多了要翻船。

天要落雨,娘要嫁人。

鼻头上的肉拉勿到嘴里。

心慌吃勿得热粥。

小洞不补,大洞吃苦。

一出孟姜一出戏。

死马当作活马骑。

丝瓜缠勒茄门里拎勿清。

船头上相骂,船艄上搭话。

有钱勿消三天办,呒钱只好日朝喊。

坐吃山要空。

蛳螺壳里做道场。

油一路,水一路,勿搭尬。

赊三千,不如现八百。

只听见楼梯响,勿见人下来。

丑戏多锣鼓,丑人多说话。

爹有娘有,不如自有。

一年之计在于春,一日之计在于晨。

死要面子活受罪。

人老嚼舌根,鸡老搜壁根。

债多不愁,虱多不痒。

死猫活贼,不可不防。

狗搭坑缸罚咒,本性难改。

家丑不可外扬。

远水救不了近火。

丈母看女婿,越看越有趣。

破扫帚对额畚箕。

到啥山,砟啥柴。

跟好道,学好样。

河水宽,井水满。

亲兄弟,明算账。

急急疯,碰着慢郎中。

明枪好躲,暗箭难防。

有理无理,出勒众人口里。

吃食看来方,着衣看门面。

勿怕勿识货,只怕货比货。

秀才碰着兵,有理说勿清。

乡下小夫妻,一步不脱离。

牙齿稀伶仃,专想吃别人。

乡邻好,赛金宝。

人老珠黄不值钱。

六十六烧火不发禄。

六十不借债,七十不借宿。

面黄昏,粥半夜,番瓜吃了饿一夜。

一张嘴两层皮,翻来翻去全是理。

三个臭皮匠,顶个诸葛亮。

救人救个落坑狗,回过头来咬一口。

一日两顿粥,门面不可索(散)。

落雪落雨狗欢喜,麻雀肚里一包气。

人要脸,树要皮。

媳妇多则婆烧饭,倪子多则爷挑担。

三百六十行,行行出状元。

身上着得软披披,家里呒不夜饭米。

肚皮吃得青筋起,不管爷娘死不死。

千里送鹅毛,礼轻情义重。

平时勿烧香,急来抱佛脚。

送佛送到西天,摆渡摆到江边。

做贼偷葱起,赌钱叮叮起。

敲脱牙齿往自肚里咽,有苦说勿出。

看人挑担勿吃力,自家挑担步步歇。

狗咬吕洞宾,不识好人心。

十月工,梳头缠脚当一工。

筷头上出忤逆,棒头上出孝子。

猪眠长肉,人眠拆屋。

天大官司勿关,手里无钱难办。

大寒总有几天冷,后生总有几年犟。

家有两行,必有一荒。

坐得正,立得直,勿怕和尚尼姑合板凳。

瓜熟蒂落,势在必行。

村中有个好嫂嫂,一巷姑娘全学好。

人多力量大,柴多火焰高。

村中出个搞家精,村前村后勿太平。

少壮不努力,老大徒伤悲。

黄毛丫头十八变,临临上轿变三变。

种田不着一熟,讨老婆不着一世。

善有善报,恶有恶报,为啥勿报,时辰勿到。

只要功夫深,铁棒磨成针。

雇工雇则三年半,仍旧一根潮烟管。

人情勿起利,一礼还一礼。

人情就是债,背的锅子沿门卖。

油嘴郎中卖假药。

狗搭坑缸发咒,言而无信。

城头上出棺材,远兜远转。

我吃别人吃出汗来,别人吃我急出汗来。

一只手搀两个人,公平交易。

眼泪簌落落,两头掉勿落。

吃饭防噎,走路防跌。

为官一任,造福一方。

家无主,扫帚顶倒竖。

金杯、银杯,不如民众口碑。

心慌吃勿得热粥,骑马看勿得"三国"。

国以民为天,民以食为天。

钱是身外之物,生不带来,死不带去。

三、俗语

说大话,用小铜钿:喜欢吹牛,但又舍不得用钱

常堂堂里：为人处事不浮躁、不消极

老三老四：摆资格，不尊重人

大脚膀：有权势的靠山

扎制：菜肴丰盛

耐墨好：突然感到不好

牛皮糖：办事不爽快

秧资格：不露声色，胸有成竹

寒度戏：得过且过

呒道成：没有作为

隔手账：别人转手的事

嚼脱勿算数：说过只当没说

趁脚跷：说风凉话

会白相：会玩

死蟹一只：无法，无用

坍肩架：不负责任

搭架子：摆架子

黄经：靠不住

有心相：很有耐心

关心境：触及心灵痛苦的事

斜快快、出趟趟：跑得快

朝南话：打官腔

看人头：对不同的人持不同的态度

乌拉勿出：说不出的苦恼

临临上轿穿耳朵：事到临头才做准备

横竖横、拆牛棚：横下一条心干下去

摊得开、卷得笼：办事光明正大

勿色头：很倒霉

呒话头：没有商量余地或好得无可挑剔

呒讲头：没有共同语言或人家已经把话说绝了

呒手筛箩：手足无措，不知怎么办

半二勿三：像办又不像办

拆空老寿星：事情无法挽回，彻底失败

狗面亲家公：两头不要面孔

夹忙头里膀牵筋：忙碌中间又突然发生了麻烦事

倭吃乱：办事敷衍，不负责任

青肚皮猢狲：没有记性

靠牌头：靠山，后台

呒趣相：自讨没趣

天开眼：得到应有的报应

见钱眼开：一切只要钱，唯利是图

投五投六：东撞西撞

袋袋碰着布：没钱

勒煞吊死：很小气，吝啬

弹眼绿精：瞪眼睛

贼忒嘻嘻：东张西望，贼头贼脑

一糊平阳：地面很平

稀零近光：稀少

一潮通百港：到处都一样

随路路赶趟趟：随大流

猪头肉三勿精：样样懂一点，但不精通

勿入调：生活作风不规矩

倭倭缠缠：马马虎虎

野野豁豁：无边无际或不符实际

极出乌拉：发急，硬做

搭勿够：体力不够或交情不够

隔壁打水缸：指桑骂槐

搭得够：体力能极或交情足够

眉梁里打结：有心事

私弊夹账：夹带私利

勒郎光景：差不多

伸头活颈：不时探头张望

笔瞄丝直：笔直

拎注郎当：东西七零八落

捂屎丢烂泥：肮脏的农活都能干

原归宅格喃：仍旧如此

年纪活勒狗身上：做事荒唐

头尖尖、眼眨眨：见风使舵，随机应变

假面光鲜：弄虚作假，装门面

勿识相：看不出苗头，做蠢事

带害乡邻吃麦粥：连累人家倒霉

触眼睛：不要看

生就皮毛制就骨：本性难改

阴山背后：太阳照不到的地方

七勿老欠：生活作风不正派

汗出白脯：汗水多，很出力

嚼舌根：唠叨，讲瞎话

连糊其轧：连在一起分不开或条理不清楚

谢牙齿：某种食物吃最后一顿

咬力铁打：坚定

顺风杨树头：没有主见的人

夹嚓紫白：脸孔失色

现世宝：无出息的人

四、歇后语

香火赶脱和尚——喧宾夺主。

橄榄核垫台脚——活里活络。

癞痢头儿子——自己的好。

金刚拖鼻涕——越大越不像人。

江西人钉碗——自顾自。

牛吃稻柴鸭吃谷——各自的福。

三亩竹园出只笋芽芽——独子（枝）。

针尖对麦芒——针锋相对。

毛豆子烧豆腐——一块土上人。

弄堂里拔木头——直来直去。

麻袋里野菱——朝外戳。

十五只吊桶打水——七上八下。

六十岁学吹打——气头短。

和尚讨老婆——无望。

黄鼠狼躲勒独木桥上——来去不得。

鼻头上挂鲞鱼——休（嗅）想（鲞）。

豁嘴拖鼻涕——顺路。

小癞子撑阳伞——无法（发）无天。

七个和尚合掌一顶伞——六秃湿。

石头上掼乌龟——硬碰硬。

六月里穿棉袄——好日（热）着。

墙头上刷白水——白说（刷）白话（户）。

老和尚念经——句句真言。

小和尚念经——有口无心。

驼子跌跤——两头勿着实。

外甥携灯笼——照旧（舅）。

额骨上搁扁担——头挑（第一名）。

叫花子吃死蟹——只只好。

脚炉盖当眼镜——看穿。

船头上跑马——走投无路。

泥菩萨过河——自身难保。

棉絮里尖刀——软凶。

马兰头开花——老俏。

老鼠钻在风箱里——两头受气。

肉骨头敲鼓——昏（荤）咚咚。

芦席上滚到地上——相差不多。

大葱烧豆腐——一清二白。

弥陀上贴膏药——服（佛）贴。

蛇吃黄鳝——硬并。

黄鼠狼给鸡拜年——不怀好意。

顶着石臼做戏——吃力不讨好。

牯牛身上拔根毛——不在乎。

麻雀搜糠——空欢喜。

蜻蜓吃尾巴——自吃自。

哑巴吃黄连——有苦说不出。

姜太公钓鱼——愿者上钩。

三婶婶嫁人——心不定。

牙齿当家沿石——说话算数。

飞机上挂热水瓶——高水平。

吊煞鬼搽粉——死要脸子。

青竹头掏屎坑——越掏越臭。

关云长卖豆腐——人硬货不硬。

狗捉老鼠——白吃辛苦。

烧香人望和尚——一得而两便。

秀才碰着兵——有理说不清。

黄连树下弹琴——苦中作乐。

两个哑巴眍在一头——无话商量。

黄阿婆上门做媒人——三真七假

竹篮子打水——一场空。

嘴上贴封皮——闷声。

瞎子吃馄饨——肚里有数。

脱裤子放屁——多此一举。

老猪婆屙屎屙勒石槽里——自害自。

棺材里伸出小手——死要钱。

城外头开米行——外行。

屁股里夹镰刀——作（割）死（屎）。

石灰船上火着——无救。

瞎子打秤——勿在心（星）上。

乌龟爬门槛——在看此一番。

飞机上钓蟹——悬空八只脚。

风吹杨树头——两面三倒。

壁洞里吹喇叭——响在外头。

千里送鹅毛——礼轻情义重。

鸡蛋里挑骨头——没事找事。

茶壶里落馄饨——肚里有货色,嘴里倒勿
　出。

歪嘴吹喇叭——一团邪气。

老虎头上拍苍蝇——碰不得。

烟囱管里挂扎勾——吊火。

捏骨头算命——摸煞不清（动作慢）。

老鸡婆生疮——毛里有病。

朱四官吃潮烟——连一连。

老寿星唱曲子——老腔老调。

药料里放甘草——缺勿得。

秃头做和尚——巧头。

热水瓶里放盐——水平有限（盐）。

黄鼠狼与狗恋——人缘人法。

七石缸当油盏头——眼腔骨大。

老太婆涂口红——给人家颜色看看。

王婆卖瓜——自卖自夸。

蚂蟥叮住螺丝骨——死不放松。

田鸡跳在戥盘里——自称（秤）为王。

孔夫子搬家——一定是书（输）。

笼糠搓绳——难起头。

鳗鱼跌勒汤罐里——曲死。

反贴门神——勿照面。

小囡牙拳头——吃不光有口福。

宜兴钵头蚤有大小——一套里货色。

木头人摇船——勿推板。

豆腐店里铁镬子——呒盖交（子）。

念经断脱木鱼杆——歇搁。

蛐蟮翻跟斗——直勿起腰。

严嵩庆寿——照单全收。

扛着空棺材出丧——目（木）中无人。

丫头做阿妈——老熟手。

六月里着棉鞋——好日（热）脚。

小孩子吃泡泡糖——吞吞吐吐。

石灰店里买眼药——走错门道。

狗头上生角——装模作样（羊）。

阎王老爷贴告示——鬼话连篇。

门缝缝里看人——把人看扁。

猪鼻孔里插大葱——装象。

屋檐下的水落管——受累（漏）。

抱不上树的刘阿斗——白费心。

亮月头里点灯——空挂名（明）。

聋子的耳朵——摆摆样。

嘴上抹石灰——白说白话。

驼子跌跟头——两头勿着实。

八十岁学打拳——寿长气短。

八仙过海——各显神通。

八月十五的月亮——光明正大。

白布掉进染缸——洗不净。

大白天作梦——胡思乱想。

夹忙头里膀牵筋——急煞人。

搬了石头砸自己脚——自作自受。

猪八戒照镜子——里外不是人。

顶着石臼做戏——吃力不讨好。

城头上出棺材——远兜远转。

老和尚敲木鱼——实笃笃。

黄鼠狼给鸡拜年——没安好心。

狗嘴里露不出象牙——没啥好话。

泥菩萨过河——自身难保。

烂河泥里滚石臼——越陷越深。

竹篮打水——一场空。

懒婆娘裹脚布——又臭又长。

水牛夹在象道里——小弟弟。

十二月时吃冷水——滴滴在心头。

做一天和尚撞一天钟——得过且过。

敲啥木鱼念啥经——专行。

敲锣卖糖——各干一行。

黄牛角水牛角——各归各（角）。

脚踏西瓜皮——滑到哪里是哪里。

芝麻开花——节节高。

老太婆吃豆腐——呒啥嚼。

汤联人卖芹菜——搭搭清。

杨树头——随风倒。

三只指头捡田螺——十拿九稳。

蛳螺壳里做道场——轧里轧煞。

瞎子摸拐脚——撞着法。

手臂上跑马——过得硬。

牯牛身上拔根毛——不在乎。

咸菜烧豆腐——有言（盐）在先。

和尚道士夜来忙——并煞腔。

石头往山里搬——多余。

两块豆腐一棵葱——一青二白。

口咬黄连——说勿出苦。

药店里揩台布——受足苦。

芝麻里的黄豆——独大。

偷佬佬竖牌坊——假正经。

青菜烧豆腐——清清白白。

程咬金三斧头——开头凶。

新箍马桶——三日香。

臭猪头碰着烂菩萨——臭味相投。

月初的月亮——不明不白。

粪缸里学游泳——不怕死（屎）。

新娘子上轿——第一趟。

脱裤子放屁——多此一举。

有饭烧粥吃——活该。

圈里没食——猪相打。

山头顶上倒马桶——臭名远扬。

隔年黄历——老观念。

狗咬吕洞宾——不识好人心。

大海捞针——无从下手。

鲜花插在牛屎上——可惜。

和尚撑洋伞——无法无天。

王小二过年——一年不如一年。

青肚皮猢狲——无记性。

猴子屁股——坐勿热。

嫁出的女儿泼出的水——管勿着。

叫花子唱山歌——穷开心。

癞蛤蟆想吃天鹅肉——瞎想。

井里的蛤蟆——坐井观天。

快刀斩乱麻——爽爽气气。

老鹰抓小鸡——有去无回。

和尚打架——抓勿着辫子。

拖泥萝卜——吃一段揩一段。

狗面亲家公——翻脸不认人。

牛吃稻柴鸭吃谷——各自人的福。

热锅里的蚂蚁——团团转。

孙悟空翻跟头——相差十万八千里。

兔子尾巴——长不了。

戏台上的胡须——假的。

着水老棉絮——吃重。

当面锣当面敲——直截了当。

小和尚念经——有口无心。

绣花枕头——一包草。

盐缸里出蛆——稀奇。

袖管里藏算盘——小九九。

丈二的和尚——摸勿着头。

竹筒里倒豆子——爽快。

心慌吃勿得热粥——慢慢来。

轮窑的砖坯——未定型。

偷鸡勿着丢了一把米——不合算。

生葱蚌壳气——生猛。

痴狗等羊头——空等。

牙齿好当阶沿石——说话算数。

生就皮毛铸成骨——难改。

三拳头打勿出闷屁——慢性子。

野鸡毛当令箭——像煞有介事。

第二节　习　俗

　　境内的风俗习惯,是先民移居南庄以后,世代在这方土地上生息繁衍,在生产和生活中形成的绚丽多彩、寓意深刻的民间风俗,相当一部分是泊来产物,洋为中用,他会我学,久而久之顺其自然成为南庄村民的风俗和行为习惯。习俗中包含传统习俗和新兴习俗。礼仪习俗中包括婚嫁礼俗、喜庆礼俗和丧葬礼俗。生活习俗中有装扮、饮食、住房、车船、生活忌讳和旧时陋习。交往习俗中有庆生、庆寿习俗。农耕习俗中有时令和农时习俗等。这些风俗习惯,有的能规范村民的行为准则,发挥正能量引导作用和激励人们从善向上,积极进取。但也有部分习俗夹带消极负面影响,与精神文明建设不相协调,甚至不可兼容,编者将其录入书目,意在留作后人参考。

一、岁时习俗

(一)传统节俗

　　春节　春节历史悠久,它起源于殷商时期,年头岁尾举行祭神祭祖活动,古代称"元日"。辛亥革命后,才将农历正月初一定名春节。是日,子时始至清晨,家家户户都要放开门鞭炮或放礼花,祝新岁开门喜庆。早饭都要吃汤圆,象征全家和睦团圆,甜美幸福。接着阖家或派代表到附近庙宇去烧香,老年人进茶馆喝橄榄茶。当天男女老少穿戴一新,象征万象更新。当日全天不扫地,不向外泼水,表示财水不外流。晚饭都要吃馄饨,俗称兜财馄饨,以祈求神灵保佑、发财致富。晚饭过后,关门时也要放鞭炮或放礼花,以示在新的一年里,天天喜庆祥和。新年里家家户户都要贴春联,走亲访友,表示祥和吉庆,人际和顺,增进友谊。中华人民共和国成立后,政务院规定放假3天。80年代改革开放后,国务院规定将两个双休日调休后,共放假7天。春节前,一些单位、部门要举行团拜会、座谈会、联欢会和开展拥军优属等活动。

财神生日　农历正月初五为财神生日。财神,即赵公明元帅,是民间发财致富的偶像。旧时农历初四深夜,本地老板或个体户都要举行接财神的仪式,供桌上摆好三牲(鸡、鲤鱼、猪头),放鞭炮或礼花,老板恭拜财神三次后,祈祷新的一年里能交好运,广开财路,发财致富。进入80年代,在经济大潮年代里,本地农历初五早晨,家家户户都要放鞭炮或礼花接财神,祈求家人能交好运、生意兴隆、财运亨通。

元宵节　元宵节是传统风俗中的大节之一。农历正月十五为"上元",上元之夜称"元夜",又称"元宵",这是从道教中借来的说法。相传元宵节的形式与汉文帝即位称帝有关,公元前179年大将周勃戡平"诸吕之乱",拥立刘恒为帝,平乱之日刚好正月十五日,所以汉文帝下旨,每逢正月十五日要张灯结彩与民同乐,举国同庆。元宵节风俗就此形成。这天夜饭家家户户要吃汤圆或馄饨(俗称兜财馄饨)。旧时,本地农村里要照田财,以祈求驱除虫灾,年年丰收;还有举行扛门白娘娘、调花灯等活动;有的要上街或到附近庙里看灯会、闹元宵。现在大多数人在家收看中央台电视节目元宵晚会,共度元宵。

二月二　农历二月初二,天气渐暖,经过冬眠的动物开始出来活动。有农谚:"二月二,蛇虫百脚全下地。"民间有旧俗,以白纸书写:"二月二,诸虫蚂蚁直下地。"贴在床脚、台脚、凳脚上,可防虫蚁爬上来咬人。此日,本地习俗吃"撑腰糕",可健身体、强筋骨,使腰不疼腿不瘸。该日有的人家为小儿剃头,据说可不生疱疖,防止痊夏。

农历二月十九、四月初一　解放前,境内参加庙会的群众较多,且多在春季。特别是农历二月十九的杨舍庙会,四月初一的华士庙会。每逢庙会前后三天,几乎家家户户都有人携老带小赶节场、走亲戚。到时,杨舍、华士的亲戚都是赶前三、五天备好美酒佳肴,迎接亲戚的到来。届时,庙内张灯结彩,设祭品,焚香烛,祭奉菩萨、神像。神像一般扛抬出巡,称"出会",前由"头行牌"执事仪仗开道,继有大彩旗,然后是传统的"臂锣社""马灯",以及妆饰古戏人物的"高跷"、"荡湖船"、"杠头"、"太保轿"、"看马"(配有饰服的马)、"看轿"等;有的地方还有武术队。队伍浩荡,观者如潮。在庙场及附近街道路旁还有伴随庙会出现的以手工业产品为主的小商品集场。赶庙会的群众,有信佛烧香的,有做生意买卖的,有看热闹的,人声鼎沸,至夜方散。解放后,取消庙会,保留集场。50年代,改为城乡物资交流会。进入 80 年代,成为定期的大规模集市贸易盛会。到了 21 世纪,曾几度停办,停了又办,办了又停。2010 年后,农历二月十九正日,杨舍河南禅院境内仍有大批香客前往进香,但专程去华士进香的人几乎鲜见。

清明节 每年公历 4 月 4 日或 4 月 5 日为清明节。是日,民间有"祭祀"的习俗。本地有"新清明""老清明"之分。"新清明"是指家里有新亡者(已满 100 日),要连续三年在清明节当天祭祀亡者;"老清明"则在清明节前后 10 天左右任选一天祭祀祖宗。本地民间有清明节扫墓的习俗,以示晚辈对先人的缅怀、悼念之情。中华人民共和国成立后,清明节前,机关、学校等单位均要组织祭扫烈士墓,敬献花圈,以缅怀革命先烈。是日,国务院规定放假 1 天。

立夏 每年公历 5 月 5 日或 5 月 6 日是 24 个节气中的立夏。立夏见"三鲜":水中三鲜为鲥鱼、鲚鱼、白虾;树上三鲜为梅子、樱桃、枇杷;地上三鲜为蚕豆、竹笋、苋菜。立夏日,民间有吃草头(苜蓿)摊面衣和吃咸鸭蛋的习俗;还有称人体重的习俗,据说这样做可以避免疰夏。

端午节 农历五月五日是"五"逢双,故称"重五""重午""端午",又称"端阳""天中"。是日,家家户户都要裹粽子,有咸肉粽、鲜肉粽、赤豆粽、火腿粽、白米粽等,这是相传为纪念楚国诗人屈原投江殉国而流传下来的民风习俗。当地各家各户将大蒜头、蓬头草、菖蒲等扎在一起,悬于门上、床头,传说这样可以避邪驱鬼;还有用雄黄酒擦在小孩的额部、耳部、手心、足心等部位,据说可以防毒虫叮咬。

六月廿四祀灶节 农历六月二十四日是祀灶节。是日,本地民间有祭祀灶神、吃米团子的习俗。是月,有的人家在六月初四、十四、二十四日三次祭祀灶神,以祈求灶神老爷对全家人的保佑和宽容,寄托人们对家庭和美、人际和顺、幸福安康的愿望。

七夕 农历七月七日为"七巧节",又称"乞巧节"。这是中国传统节日中最具有浪漫色彩的一个节日,也是中国民间的情人节。相传是牛郎、织女在天河(银河)上鹊桥相会之日。民间有吃油氽巧果、女人染指甲、制作小泥人(女人求子)的习俗。同时"七夕"又是夫妻之间表达爱意的日子。祈望养子成龙、养女成凤,祈求小孩聪明伶俐,学业进步,长大成人后成婚顺利,婚姻美满幸福。

中元节 农历七月十五日为中元节,俗称"鬼节"。据传阎王在七月十三夜"鬼放监",至七月十七日假止。本地人家门上、墙上、窗户上都要挂桃树枝,以示压邪驱鬼,求太平安康。农历七月十四日,家中有新亡者(已满百日),要连续三年祭祀亡灵。一般人家在七月十五日前后十天,选择一天祭祀祖宗,俗称"过七月半",以示对祖宗的敬重和怀念。

中秋节 农历八月十五日,即人们常说的"八月半"。这天介于秋季之中,故名中秋节。中秋节月亮圆满,又叫"团圆节"。明代《西湖游览志余》中说:"八月十五谓中秋,民间以月饼相送,取团圆之意。"中国传统风俗中秋团圆节由此而来。是日,民间有吃月饼、糖烧芋艿的习俗。中秋节晚上,阖家团聚,边嗑瓜子、瓜果,边赏皓月,欢庆团圆。家家户户在灶边,庭院中要供奉香火,点燃蜡烛,供奉月饼、菱藕、水果等供品,斋祭月宫中的嫦娥。在中秋佳节来临之际,民间盛行以月饼馈送亲友,通常是晚辈赠送给长辈。

重阳节 农历九月九日,为重阳。古人以"九"为阳数,故二九相重又称"重阳"。相传在汉初,刘邦在宫中每年九月九日都要佩茱萸、食蓬饵、饮菊花酒,以求长寿。后来,刘邦的爱妃戚夫人被吕后残害,她的近身宫女贾玲也被逐出宫廷。贾玲就将这一习俗传到民间。每年重阳节,民间百姓都要佩茱萸、饮菊花酒、登高望远,这样可以避祸、驱邪;老年人可以延年益寿,解除凶秽,以招吉祥。本地民间有登高吃重阳糕的习俗。1988年,国务院把重阳节定为"老年节",以示对老人的尊敬。是日,市(县)、镇(乡)村领导均要到敬老院看望住院老人,赠送节日礼品。有的单位还要上门看望高龄老人,送上慰问金或慰问品。

腊八节 农历十二月称腊月,十二月初八日俗称腊八。相传是日为释迦牟尼成道之日。本地民间有用白米加上山芋、芋艿、豆类、百合、瓜子肉、枣等煮粥的习俗,称"腊八粥"。

送灶日 农历十二月二十四日,当地有送灶神上天堂的习俗。传说灶神在人间执差一年,每年十二月二十四日夜要回天堂向玉帝述职。该日,民间家家户户都要准备好大团子、饴糖、水果等祭品,这种风俗代代相传。是日黄昏,先在灶上供奉灶神,焚香点烛,放好水果、团子、酒、茶、纸马等供品,祭祀完毕,放鞭炮,焚烧纸马,点香烛等送灶神上天堂。本地家家户户都要吃米粉团子,以祈求来年交好运,全家人和睦团圆。

除夕 农历十二月三十日(小月二十九日)是一年中最后一天,俗称"大年夜",又称"除夕"。除夕前一天,俗称"小年夜",又称"小除夕"。年前各家各户办年货、蒸年糕,还要蒸馒头,以祈求来年高升大发。家家户户都要祭祀祖宗,阖家团聚吃年夜饭。餐桌上除丰盛的荤菜外,必备一碗豆芽菜和长梗青菜,以祈求全家人头脑清醒(有清头)和长寿;年夜饭内都要放些黄豆,以示一切从头开始;将剩余的饭盛在饭篮里,放在中堂里,插上冬青柏枝,以祈求年年有余。吃过年夜饭后,长辈持红包给儿孙们发压岁钱,以祈求晚辈身体健康,年年长进。家家户户都要炒花生、炒瓜子、炒发芽豆等,此谓之"炒发禄",以祈求发大财。同时,家家户户在大门口两侧都要竖甘蔗,以祈求来年"节节高"。当天晚上家家户户都要放关门鞭炮或放礼花,以示辞旧岁,迎新年。除夕守年岁是最重要的习俗,魏晋史书上就有记载:除夕夜,阖家老小熬年守岁。现在大多数人家围在电视机前看春节联欢晚会。

(二)新节俗

元旦 1949年9月27日,中国人民政治协商会议第一届全体会议决议:"中华人民共和国纪年采用公元纪年法。"公历纪年规定1月1日为元旦。1950年,政务院规定法定假日1天。是日,机关、学校、工厂均要放假。本地有探亲、访友、参加娱乐活动的习俗。

"三八"国际劳动妇女节 公历3月8日为国际劳动妇女节。1909年3月8日,美国芝加哥女工和全国纺织、服装业工人,联合举行示威游行和罢工,要求增加工资、实行八小时工作制、妇女获得选举权等,得到美国和世界劳动妇女的支持和响应。1910年8月,在丹麦首都哥本哈根召开第二届国际社会主义妇女大会,根据主持人克拉拉的提议,大会将每年 3 月 8 日定为三八国际劳动妇女节。

植树节 1979 年 2 月,第五届全国人大常委会第六次会议决定,每年公历 3 月 12 日为植树节。是日,机关、学校、工厂等单位开展举行义务植树活动。

"五一"国际劳动节 公历 5 月 1 日为国际劳动节。1889 年 7 月 14 日,由各国马克思主义者召集的社会主义者代表大会在法国巴黎开幕。在这次会上,法国代表拉文提议:把 1886 年 5 月 1 日美国工人争取八小时工作制的斗争日,定为国际无产阶级的共同节日,与会代表一致同意通过,从此五一国际劳动节就诞生了。1950 年政务院规定法定假为1天。1999 年 9 月,国务院出台法定休假制度。每年"五一"法定假为1天。村里各单位张灯结彩,悬挂国旗、贴标语,增加喜庆气氛。

五四青年节 公历 5 月 4 日为青年节。1919 年,北平学生发起"五四"爱国运动。1949 年 12 月,政务院正式规定 5 月 4 日为中国青年节。

母亲节 每年公历 5 月的第 2 个星期日定为母亲节。此节始于 1907 年 5 月,美国费城安娜·M·贾维斯要求设立母亲节。我国古代每年亦有祭祀女神的习俗。人们对女神的崇拜,如果剔除了迷信的一面,就是人们对母亲的尊敬和崇拜,这是中国式的母亲节。

"六一"国际儿童节 公历 6 月 1 日为国际儿童节。第二次世界大战期间,1942 年 6 月,德国法西斯将捷克利迪策村的男性公民、老年妇女、婴儿全部枪杀。把数十位中青年妇女和 90 名儿童关进集中营,整个村庄给烧毁。为了悼念利迪策村的死难者和第二次世界大战中死难的儿童,1949 年 11 月,国际民主妇女联合会在莫斯科召开执委会会议,正式决定 6 月 1 日为全世界少年儿童的节日,即国际儿童节。是日,本地各小学由老师带领开展各种活动,本地的企事业单位亦向小学里的少年儿童赠送节日礼品。

"七一"中国共产党诞生纪念日 公历 7 月 1 日为中国共产党诞生纪念日。1921 年 7 月各地共产主义小组派出代表到上海召开中国共产党第一次代表大会,会上选举产生了党的中央领导机构和通过了中国共产党的纲领等文件,中国共产党就此诞生。1949 年中共中央决定:7 月 1 日为中国共产党的生日。每年"七一"前夕,南庄村党组织都要召开党员大会,总结工作,发展新党员。

"八一"中国人民解放军建军节 公历 8 月 1 日是中国人民解放军建军节。1927 年 7 月 31 日至 8 月 1 日,叶挺、周恩来、朱德、贺龙等人领导和发动了南昌起义,这标志着中国共产党独立领导武装革命的开始。1950 年 7 月,中央人民政府规定 8 月 1 日为中国人民解放军建军节。

教师节 1984 年 12 月 9 日,北京师范大学校长王梓坤最早提议开展"尊师重教月"活动。是年 12 月 15 日,北师大钟敬文、王梓坤、陶大镛、启功、黄济、朱智贤、赵擎寰等七位教授联名写信给国务院,建议正式设立教师节。1985 年 1 月 21 日,第六届全国人大常委会第九次会议作出决定,将每年 9 月 10 日定为教师节。

国庆节 公历每年 10 月 1 日为中华人民共和国国庆节。1949 年 9 月 27 日,中国人民政治协商会议第一届第一次全体会议上决定把 10 月 1 日定为国庆节。是年 10 月 1 日,毛泽东在天安门城楼上庄严宣告中华人民共和国成立。这是中国人民经过 100 多年英勇奋斗,特别是在中国共产党领导下,人民革命取得了伟大胜利。1950 年政务院规定放假 2 天,1999 年国务院规定放假 3 天。

圣诞节 公历每年 12 月 25 日,是基督教徒纪念耶稣诞生的日子,称为圣诞节。从 12 月 24 日到翌年 1 月 6 日为圣诞节节期。这是基督教徒的节日,是西方国家中最盛大的节日,类似中国的春节。近年来,本地人们也逐渐重视该节日。

法定节日 根据 2007 年 11 月 9 日公布的《国务院关于修改〈全国年节及纪念日放假办法〉的决定》,全年的法定节假日为 11 天。其中,元旦、清明、劳动节、端午、中秋各 1 天,春节、国庆节各 3 天。

二、礼仪习俗

(一)婚嫁礼俗

提亲 旧式婚姻讲究门当户对,男女双方听从父母之命、媒妁之言,甚至指腹为婚,无自由可言。通常男家来提亲,若女方同意议婚,男家请媒人送求婚帖,女方则将女儿"生辰八字"和允婚帖子裹以红封,由媒人送至男家供在灶座上。后请算命先生根据两人的"八字"推算双方命相有无克冲,若无冲碰,即合婚,或相约见面;不满意的话,则可回绝。

中华人民共和国成立后提倡婚姻自由,男女双方可自择意中人,亲友、同事、同学可作介绍人,牵线搭桥。80 年代后,通过婚姻介绍所或报刊公开征婚的人渐多。

定亲 定亲又名"订婚"。旧时小孩"娃娃亲"常见,经媒人介绍、双方大人同意,交换"生辰八字"(即口生)。一般男方要给女方几担米作为"定亲",俗称"放鱼秧""铜钿"。旧式定亲通常男家"送小盘",女方"受盘"。男家用胡桃、红枣等干果装成 4 盘,衣料装成 2 盘,连同糖果、糕点、喜花等物装成 4 盘,共 10 大盘(可少于 10 盘,但必须成双),由排头和手持拜盘(内装帖子、彩礼银饰)的家人送往女方。女方见之则放鞭炮,门前烧"三灯火旺"(用稻草扎成三鼎脚状),将送盘人迎入,收下彩礼。此日女方约来亲友,中午酒宴招待,将糖果、糕点、干果分赠之。女方回盘,相应干果 4 盘,俗称引盘,表示男女已定亲事。

解放后,送盘礼日渐衰落。推行"新婚姻法",废除娃娃亲和父母包办婚姻,提倡自由恋爱。但也有定亲,经男女双方同意,女方到男方吃饭,男方请近亲(父母之兄弟、姊妹)一道到场,俗称"吃五顿头"。一般男方要办几桌酒,叫定亲酒,之后女方择日请男朋友到女方吃饭(办酒),以示完全同意。90 年代以后,讲究和索要彩礼之风盛行,动辄就是几万、十几万豪礼,还必须有车有房(新购婚房)。

结婚　结婚,俗称"好日"。男方请人选"吉日"(结婚日子)用红纸写好,请媒人送到女家,同时带一定数目的现金,解放初还要一条裤子、几斤头绳(绒线)等彩礼,以后发展带自行车、手表、金环子、金项链等,视各户经济实力而定。

结婚程序:

男方,中午酒席先招待媒人(介绍人),即"待媒"。到女方"起妆"的也入席,再加亲戚、朋友。如多,可分批入席。媒人酒后即带新郎及"起妆"人到女方。女方邻居亲戚等人,在要地拦住新郎,要喜糖,以后发展到还要喜烟。男方发给喜糖、喜烟后,放"高声"(爆竹),新郎进入新娘家。男方起妆人把女方早已准备的嫁妆分成杠,媒人喊"起妆""发妆",男方帮忙人即抬起嫁妆往男方跑。

女方,在新郎未到之前,中午设宴招待女儿俗称"待小姐",亲友也同时入席。发妆后女方设宴待新郎(即待新官人)。

傍晚前,新郎先回家。新娘上轿(也有改成船、车)前拜别父母。一般父母坐在床沿上,女儿向父母跪拜,并叫声"爸妈,我走了,再见"。一般母亲关照几句后将事前准备好的一盆清水泼出去(意嫁出女儿,泼出水——收不回了)。女方花轿进入男方家宅前,先放两个"高声",以示到了。男方随即也放两个爆竹以示迎接。花轿落地后,新娘由男方婶娘搀至新房,随即舅爷(即新娘兄弟)也到男方(双方都要放爆竹)。稍后吃米团圆,以示阖家团圆。接着男方摆酒席招待新娘和舅爷(俗称待新娘子、待舅爷)。酒席结束后,拜堂(即一拜天地,二拜高堂,夫妻对拜),随后进入洞房,新郎拉着新娘红绿绸带,男女各执一头,脚踏一只只米袋(布袋)直至房门(意为代代相传)。新娘进入新洞房后,由婆领着见长辈"叫应",长辈给新娘"压岁钱"。

新中国成立后,男女双方在政府民政部门办理结婚登记手续,领取结婚证。婚姻受法律保护。

回门　结婚第二天,新婚夫妇回女家看望双亲(俗称"双回门",也有称"望冷静")。新郎请姐夫或兄挑一桌酒菜至岳父母家,晚饭后夫妻再回男方家。

入赘　男子结婚落户女家,俗称"招女婿"。旧时,"上门女婿"地位低,入赘后,一般要改姓女方的姓氏,所生子女也姓女方的姓氏。中华人民共和国成立后,提倡男女平等,入赘一般不改姓,子女可随母姓,也可随父姓。

催生、送汤　当地历来有催生、送汤习俗。特别是头胎,格外重视。产妇在分娩前,娘家备办新生婴儿所需的衣服、尿布和产妇服用的益母草、红糖等送到男家,俗称"催生"。产妇分娩后,旧时送红糖、果子、糕干,以后亲友要携带鸡、鱼、肉、蛋、首饰、玩具或红包等礼品前往慰问,俗称"送汤"。

(二)喜庆礼俗

满月酒、满纪团(周岁)　新生儿(女)满月前,要择取吉日为新生儿(女)理发,俗称"剃胎头"。满月日,向邻里送汤圆。主人家大办酒席,备好酒菜、蛋糕或红蛋等,答谢"送汤"的亲友,叫喝满月酒。孩子出生满一年,要做"满纪米团",备办满纪酒,宴请亲友,并向邻里送长寿面条和满纪米团,以祈求儿(女)岁岁健康,长命百岁。

庆寿、过生日 当地老年人历来有庆寿的习俗,一般从60岁开始,每隔10年庆一次寿。庆寿日,亲朋好友备好寿烛、寿面、寿联或红包等礼品。中堂里高挂寿星轴或金色的"寿"字、左右两边挂着寿联。桌上红烛高照,并放着果品、寿面。主人备好酒菜,宴请亲友、邻居。改革开放以后,随着农村经济的发展和人民生活水平的提高,本地还有过生日的习俗,男女老少,每逢生日,全家人在一起吃蛋糕、喝酒、吃面条,阖家庆贺一番。进入21世纪,随着人民生活水平的提高,人们的寿命越来越长,老年人庆寿一般提高到70岁才开始庆寿办寿酒。

建房酒 当地村民建造新房屋,主人家要选定吉日上正梁,两边立柱贴对联:"上梁巧遇紫微星;竖柱喜逢黄道日。"正梁上横批:"福禄寿。"立柱穿板两边贴"三星高照""百福并进"。上正梁时要放鞭炮,工匠要说吉利话,并要抛馒头、糕点、糖果等,俗称"抛梁",以祈求起屋平安顺利,发财致富。工匠师傅将青布兜系在正梁上,里面兜有红蛋、发禄袋、万年青、糖果、香烟等物品,以祈求袋袋(代代)青白,袋袋(代代)发禄(兴旺)。是日,主人家要备好酒菜宴请亲朋好友、泥木工师傅等,亲友均要送红包;岳母家要备糕点、水果、鸡、鱼、肉、筷碗、炊具和摇钱树等,一般少则5~6担,多则10~12担。80年代起,有的人家选择在楼房竣工后再办酒请客,凡赴宴者均要送礼(红包)。近年来,不少居民在镇上买了商品房后,亦择日办酒请客。

开业酒 当地店铺开业、新厂开业均要择吉日办开业酒。是日,放鞭炮,点红烛,供财神,以图生意兴隆,财源茂盛。前来祝贺的宾客备办屏风、匾额、大花瓶、花篮等礼品或以红包相送,主人要设宴款待宾客,并向来宾赠送开业纪念品。

升学酒 70年代末,高考制度恢复以后,本地人家凡子女考取了高等院校或中专后,家长要备酒菜宴请学校教师和亲友,一般亲友要备礼品或红包赠送,以示祝贺主人家的子女学业有成,前程似锦。

(三)丧葬习俗

挺尸 中国丧葬礼仪文化源远流长,挺尸是人死后第一个仪式,本地俗称:挺尸硬,家要长;挺尸软,家要衰。人落气后,一般子女要高喊几声,有的可能会回过神来,俗称"放死"。如喊不回,即为死去。落气后,放两个爆竹,烧出门裤。子女用温水为死者擦身子,换内裤。在死者嘴里放银物(含口银子),以示死者来世不会成哑巴。面上放黄纸(有传染病者面上贴粉皮把嘴和鼻全部盖没,以防病菌传染)。然后盖条被单,脚上磕只筛子。头边放张骨排凳,点亮头边灯,放一碗饭,上面盖一个"蛋照"(即煎蛋),插上一双筷子。凳旁放只铁锅或钵用以烧纸钱。死者床上的蚊帐全部拆掉丢在屋上。

入殓 死后当天晚上入殓。入殓前,死者为女性一定要等女方家属——兄、弟或侄儿等到访才能举行仪式,以防非正常死亡纠纷。

入殓请有道士、吹鼓手(俗称吹打)。亲人——子、女、媳披麻戴孝哭哭啼啼到河边买水。回来后,儿子同(穿)衣服,死者一般穿七个领头(即七件衣服)。死者不会动,故要儿子先穿好,再脱下,然后一起穿在死者身上。儿子同衣服时脚不着地,嘴不能说话,故儿子站在氅盖上,嘴里含一块糕干,待同好衣服后吃掉。衣服同好后再给死者穿衣,女儿、儿媳一旁哭喊。衣服穿好后,一个儿子捧头,一个儿子捧脚,加帮忙的将死者抬至中堂事先准备好的门板上。男人,理发、穿鞋;女人,女儿为母梳头、穿鞋。棺材里底下先放干石灰若干斤,再将死者放入棺材里。死者头放在菱角枕上,身上盖材褥、材被,然后放黄纸、锡箔折的元宝等,再加石灰把死者四周全部塞足,以免在出棺材时死者滚动。全部放足后,棺材盖轻放在上,以后改卫生棺,不再放石灰。(待三朝后出殡前才能闭合。)入殓结束,吃入殓夜饭。第二天,死者家属开始给亲友报丧。

超度亡灵 这是治丧活动的主要内容之一。入殓后,亡者家属要请道士念上路经,也有在亡者棺材前彻夜念佛、诵经,以祈求亡者在西方路上平安顺利地超度。亡者子孙、近亲要穿孝服,亲友戴黑布袖套,举行祭奠仪式时要烧纸钱、锡箔等。现在,本地流行亡者、子、女、媳要穿白鞋,戴白捆头,平辈只系白束腰(白布条)。

吊唁 亡者出殡之日,亲朋好友、邻里和亡者生前所在单位都要到场吊唁,丧礼以送钱为主,本地俗称"折白份"。近亲还要送火纸、孝烛、挽幛等。本家请村上有文化的人记"丧簿",收"份金",发糖、烟。本家近房有一人"发白"(束腰)。亲友基本到齐后发饭,俗称"吃素饭"。本家备有酒菜以飨宾客,菜肴好坏各不相同,视本家经济而定,但必有豆腐一碗,又称吃豆腐。

出丧 出殡之日,要请"吹打"。90年代有军乐队,见来人"吹吹打打"热闹一番。出殡前,儿子、媳妇一道"捡千年饭",亡者所有儿媳都要"捡千年饭"。再举行告别仪式。亲朋好友、晚辈向亡者跪拜后,回绕遗体三圈表示对亡者的尊重和永别。然后出殡,旧时棺材盖全部密实,抬出门。现时将卫生棺套在花轿里,子女在花轿前跪候,起轿后举幡纸,两个在前,接着花圈、军乐队、花轿、子女、亲友送葬,出殡途中不歇棺,待棺抬上灵车后,至亲相送到火葬场,再次举行告别仪式后火化。领了骨灰匣后返回。回家时,要在出殡路上附近桥墩旁或三岔口的火堆四周跨过,俗称"掸晦气"。回到家,骨灰匣放中堂,所有儿子家都要放一下。然后送安息堂(或公墓坟)安葬。

做七 又称"七期""终七"。期间每日要送饭、送洗脸水等,按时放到灵台上,让亡者享用。亡者的第一个七天为"头七",第二个七天为"二七",以此类推,直到"七七"四十九天为"终七"。"终七"的划分,本地也并不一致,有的人家到"七七"奠终,有的人家"五七"奠终,也有的人家"三七"奠终,还有的人家开丧过后,第二天就做"终七"。但做法大体相同,都要请道士7~13个不等,做道场,念经卷,诵祭文,给亡者超度。是日,还要"化库"(纸扎的房子模型),化纸钱,做七前天晚上女儿、女婿烧好一桌祭菜供奉死者亡灵,以示活人对亡者的孝敬。"终七"后,直系亲属一般可以"脱孝"。

落葬 旧时将长辈棺木入土,俗称落葬。一般坟以三穴(三对亡故夫妇)、五穴(五对亡故夫妇)为主。如主穴为最长者(祖父母),其长子、媳入左穴,次子、媳入右穴。其第三子夫妇不葬入,需另择坟地安葬。筑土高者称坟,穴地而平者称墓。

棺木入土前,小辈请来入穴者(祖母、母亲)娘家的直系亲属(侄儿)到现场祭祀叩拜。新坟堆成后,入穴者姓名一律写在木制神主长,长期供于家堂(神龛)里。

家堂 旧时,境内老百姓的家中或较大家族的公共厅屋中都设有安放祖先神位的屋宇,俗称家堂(神龛)。公共家堂一般长2米、宽85厘米、高70厘米,家庭设立的家堂规格小一些,都用木材制成,正中有小门紧闭,以防鼠、雀入侵。家堂悬挂于居家房正间或公家厅屋正房的次梁右上方。家堂里除陈列着本族本家列祖列宗的牌位(上书生辰、亡灵吉时、墓穴葬处等先辈的个人信息),还可存放亡者的唁簿唁文、小件遗物等。有的家堂还专门存放公用家谱,以方便本家族后裔查阅。

家堂是本家祖宗安息、神圣不可侵犯的地方。族人在逢年过节时都要供奉祭品和纸钱、香火,代表后辈不忘逝者,纪念贤人,表示孝心。后人至今还有"活家堂"一说,隐含贬褒两意:一是喻不劳而获、只想坐享其成的人,称之"到活家堂里去";二是羡慕活得适心、快乐、与世无求、与人无争的人,称之"种在活家堂里,像活仙人一样,称心煞哉!"

中华人民共和国成立后,特别是历次政治运动,都将家堂列入迷信、"四旧"范畴加以拆除,直至80年代家堂完全绝迹。

2000年以后,塘市地区在河头村开始建造安息堂,境内村民把先辈的骨灰盒安放在安息堂,清明节或忌日都可前往祭拜先辈,以表孝义。

上新坟 丧家亲属脱去孝服、孝鞋后,逢时过节,对死者和老祖先要举行祭祀活动,连续三年的清明节、十月朝(十月初一)要上新坟(扫墓),正七月半要举行祭祀活动。三年期满后,便恢复正常的祭祀活动。

三、生活习俗

(一)装扮

首饰 解放前,富人戴首饰多为翡翠、珠宝、金银之类,农民大多数很俭朴,首饰很少。1950年土地改革以后,农村有怕露富思想,首饰几乎不见。80年代后,国家出售金银首饰,首饰又重新出现,以金戒指、金项链、金手链、金手镯为主。90年代后,有钱女子戴金耳环、金戒指、金项链。

镶牙 20—30年代,镶牙曾盛极一时,凡是爱好装饰的男女青年都镶牙。有金质的、银质的,也有嵌宝的。30年代后期逐渐减少。解放以后,作为装饰的镶牙已少见。90年代以后,时兴装整套假牙。进入 21 世纪后,一种全新的镶牙技术开始应用,名称为种植牙齿,效果很好,但植牙价格昂贵,单牙就需上万元,一般人不会轻易出手。

发型 清代,男女发型都按满族规定,男子后半头留发编长辫,前半头剃光。少女梳独根长辫,已婚妇女梳圆型发髻,插钗或套网络。解放前男的发型有平顶头、圆顶头、西装头,少女有童花头,青年妇女有卷发、烫火。解放以后的 30 年中,发型无变化,男的有平顶、圆顶等式,女的基本都为短发。"文化大革命"时期,搞发型装饰被列为资产阶级思想的表现。80 年代开始,男女发型起了很大变化,烫发盛行。男青年留有长鬓,女青年留短发,男女难分,被称为"叔叔阿姨头"。80 年代中期,发型变化更多,有爆炸式、瀑布式、游泳式等,名目繁多。

(二)出行工具

解放前,富人外出坐轿骑马,解放后绝迹。境内代步工具主要是船、车。

船 解放前,境内主要的交通工具是船,西街大石桥下设一码头,天天有班船到无锡、苏州、杭州,载人运货。民国初年开始有轮船。80 年代轮船已少见。

车 清末民初时期,农村有独轮车载人载物,也有专以独轮车载人载物赖以谋生的,解放初已少见,60 年代后绝迹,至 70 年代以自行车代步已非常普遍,20 世纪末,大多骑摩托车或电瓶车上班或走亲访友。进入新世纪后,出门办事或上下班大多都驾驶私家小汽车。

(三)日常生活忌讳

店铺晚上关门,因关门与停业同义,故称"打烊"。

肉铺卖猪舌,"舌"与"蚀"谐音,故叫"赚头"。

病人服药忌称"吃药",称"吃人参",煎药称"煎人参"。

农村人 29 岁,称"小 30",49 岁称 50 岁,69 岁称 70 岁。忌"9",怕过不了"9"这一关。

书信忌用红笔写,红笔书写意为绝交。

头上忌戴白花,戴白花意戴孝。

新蚊帐第一次使用,不能开口说话,认为开口后挡不住蚊虫。

产妇及小产未满月,女子不能串门或走亲戚。

新结婚的女子未满月不能串门。

酒席上向人敬酒忌反手倒酒,反手为不敬。

平时桌缝不能对门口(南北向),南北向意为祭祀祖先的鬼桌。

送礼物忌送钟,因送钟谐音"送终"。

探望病人宜上午,认为下午不吉利。

商店及农家忌向外扫地,向外扫为散财。

串门走户不能站在门槛上,意不吉利。

父母去世未满月,子女不能理发,否则为不孝。戴了重孝不能随便串门。办丧事时向人家借了台凳在归还时要贴红纸。

请客就餐时小辈不能坐上首,吃罢饭后碗不能倒合在桌上。

梯子称"步步高"。

绳子称"万里长"。

放下去称"顺顺好"。

煤称"利市"。

钉称"万年销"。

榔头称"兴工"。

拉断绳子称"伸腰"。

(四)旧时陋习

抢亲 清末至民国初,农村常有抢亲的事发生。凡男方无力办婚事或女方有毁约之意,双方各不相让,就用抢亲解决。另外,还有抢小寡妇,已婚妇女如死了丈夫,满"五七"就可抢走。抢亲之前,男方相约帮手,派熟人看动静,掌握女方活动规律,然后等待时机。一旦时机成熟,新郎突然而入,拉住新娘,说声"回去吧!"帮手们一面放两个爆竹,一面帮助新郎把新娘抢了就走。抢亲有个规矩,新郎的手未触及新娘,其他人不得先动手,放了两个爆竹后,任何人不得阻拦。如果抢亲不成,原婚约也就不宣而解。解放后抢亲已绝迹。

童养媳 有些家庭因经济困难,把女儿送给人家当童养媳。也有的从小领养女孩,长大了成亲,以减轻负担。童养媳结婚简单,经常有把小夫妻关在一个房间里就算成亲,俗称"板钮亲"(关门亲)。也有男方择日办喜酒结婚俗称"圆房",小媳妇在结婚前几天回娘家,然后再迎娶。解放后绝迹。

垫房 男人死了妻子再娶,称为"垫房"。再娶之妇被认为不是原配夫妻,在某些场合要回避。如婶娘"铺床""背子孙包""秉花烛"等,非原配夫妻,不能当此役职。垫房的棺材摆在次位。解放后废除。

纳妾 封建婚姻制度允许一夫多妻,纳妾被认为是一种荣耀。也有因妻子不生男孩,纳妾为传宗接代。妾的地位很低,妾所生子女也低一等,正妻所生的儿子称"嫡子",妾所生之子称"庶子"。解放后,实行一夫一妻制,纳妾为重婚,违犯法律。

冥婚(抱牌做亲) 冥婚大致有两种:一是双方有婚约,男方突然死亡,女方愿意去夫家守寡,"从一而终",以示贞节。在出丧之时,女方抱"牌位"结婚。二是男女有婚约,双方都死亡,死后合葬成夫妻。解放后这种现象消失。

冲喜 男女有婚约,男的重病在床,男方托媒央求女方过门到男家算是夫妻,以此冲喜,以求男方病好,但往往造成不少悲剧。此习解放后废除。

吸毒 最早是抽鸦片烟。鸦片有毒,成瘾后不吸会涕泪直流,四肢无力,筋骨疼痛,身体渐渐衰弱,意志衰退,俗称"鸦片鬼"。又因鸦片价钱贵,不少人吸得家破人亡,沦为乞丐。30年代,曾一度出现吗啡红丸,其毒更甚于鸦片。40年代,出现海洛因、白粉。解放后,人民政府下令禁毒,对吸毒者强行戒瘾,对贩毒者判刑,50年代初绝迹。80年代一些地方不法分子偷偷贩毒,吸毒现象抬头,但境内尚未发现。

赌博　解放前盛行,不少茶馆为聚赌场所。赌博形式各异,有麻将、纸牌、扑克牌、龙牌,还有骰子,其中以牌九、"摇宝"输赢最大。有的嗜赌成习,倾家荡产,卖儿卖妻。解放以后,政府严禁赌博,赌博一度绝迹。80年代又逐渐出现,尤以搓麻将为多。90年代,农村老年闲着搓小麻将的不在少数。

缠足　封建社会,妇女流行缠足,"三寸金莲"成为美称,大脚姑娘遭人鄙视。民国开始,反对封建制度,然而对缠足未采取任何措施,不少人沿用旧习,继续缠足。五四运动批判封建主义,提倡男女平等,反对缠足,缠足才逐渐停止。

看香头　家人有病,或遇其他不测之事,妇女暗暗找巫婆求"老爷"保佑。这时,巫婆点燃一炷香,装神弄鬼一番,便从香头上得出结论,意思是"老爷"吩咐,用"三牲"多少、香烛纸钱多少,在什么时候,怎么求神救助会逢凶化吉等等,从中收取钱财。解放后这种迷信活动一度绝迹。80年代后又有抬头趋势。

关亡　家属亲人出于对亡故亲人的怀念,或遇有不测之事,请"关亡婆"关亡。"关亡婆"点燃清香,装成亡故亲人模样,以讨口气形式说出亲属关系,亡人在"阴间"的情况,指点亲属应注意什么等等,从而收取钱财。80年代后有少量出现。

念佛　家有不幸,请"佛头"通知讲经人及念佛人念佛,由讲经人诵经,老太跟着"和佛",户主在一旁定时磕头,昼夜连续。"念佛"花费较大,要买糖果糕点、素斋、香烛纸马,付讲经费、结缘费等等。此俗解放后禁止,80年代后又出现。

送客人　在夜深人静时备好几样荤菜及碗饭、纸钱,点上香至病人前,口前邀请缠绕病人的邪鬼去郊外领食领赏,到三岔路口供祭,焚烧纸钱,就算送去了鬼客人。

夜啼郎　小孩整夜啼哭不止,即用24开或16开红纸一张,用毛笔写上"天皇皇、地皇皇,家中出了个夜啼郎,人人走过念一遍,一觉睡到大天亮"。张贴在桥头、路口等公共交通场所,意在使小孩不再整夜啼哭。

姜太公在此百无禁忌　用毛笔在红纸上写"姜太公在此百无禁忌",然后张贴在门口、猪圈或其他一些地方,意能去邪除灾,确保平安。

四、交往习俗

(一)庆生习俗

送汤　产妇生后,母亲携带益母草、小儿衣服、尿布、猪肾、鸡蛋等送至儿女家。其他亲友也带婴妇所需补品、小儿食品、衣物或送现金,称"送汤"。

三朝　婴儿出生第三天,主人备筵宴请亲友。并煮面条,加上鸡、鱼、肉等熟食,称"吃三朝面"。亲友馈赠物品以示庆贺。80年代后,吃"三朝面"有了变化,一般婴儿出生几个月后才举办"三朝酒"。一是庆新生儿,二是答谢亲友馈赠。一般办了"三朝酒",不办"满月酒"。

满月 婴儿满月,家长设满月酒筵宴请亲友,另外以红蛋相赠。舅父抱满月外甥或外甥女理发。外婆赠小衣裳、鞋袜、帽子等物。80年代后,在三朝或满月后,外婆家还要送童车、婴儿钢折床给外孙、外孙女。

百日面 婴儿出生满一百天,家长请婴儿的外祖父母等亲友宴饮。今时兴食用大蛋糕,为婴儿拍摄照片等。

满季(周岁) 婴儿足岁,家长举办酒宴,请亲朋好友,赴宴者以礼相送。此习90年代仍颇为时兴。

(二)乔迁习俗

建房 建房时,岳父家向房主赠送活鲤鱼两条,糕点、团圆、馒头数担。扎好摇钱树,用整五、整十、五十元或一百元票面的人民币扎在树上送给房主。80年代后范围更大,除送上述物品外,还有送糖果、厨房用品、水果之类。待新居完工落成,乔迁新居时,亲友必须带贺礼赴宴,主人设宴答谢,同时向新居四邻分送糕点。乡间更为盛行,一般人家竖屋酒都要办几十桌。

分家 解放前,兄弟分家是件大事,媳妇的娘家要办"分家盘"。"分家盘"中有两种东西,一是食物团圆糕粽,鱼肉荤腥。其中有"万年箩",箩中放米,插一杆秤,秤上挂着"发禄袋",秤旁有万年青,秤的四周盘着一条猪大肠,还有花生瓜果,表示吉祥如意。二是生产生活用具,担筐犁锄、锅碗瓢盆之类。还有的送一张梯,称为"步步高"。解放后曾一度终止。80年代又有出现,但简化了。

(三)其他习俗

馈赠 遭了火灾,亲友都有馈赠粮食和生活用品的习俗。特别遭灾主妇娘家,立即买碗、筷、勺、箩、笆斗等日用品,并煮一锅饭用箩筐装着,中间插一杆秤和万年青,四周盘一条猪肚肠,还放芋头、百合等东西,表示吉祥如意、富足有余。解放后,政府倡导社会互助,帮助遭受水火灾害、重大工伤事故、疾病后困难者,人们自发地募捐,很受群众欢迎。

学徒拜师 解放前,年轻人学生意或学手艺须拜师。境内泥木工、裁缝在拜师时要送礼金,行跪拜礼,有的设酒筵,请师傅、师兄赴宴。满师后,学徒再设谢师酒。解放后,进工厂的学徒由车间指定师徒关系,无拜师礼仪。逢喜庆事,师徒间必须贺礼。个体行业拜师,学徒向师傅馈赠礼品。80年代后,学手艺者一次性付给师傅酬金,平时逢节日馈赠物品。

吃"会酒" 旧时,农民遇到买田、造房、讨媳妇、嫁女儿等大事,由于经济困难,请人出面牵头"搭会",每一"会"8~10人不等。总金额根据收头会者所需而定。收交会钱有的一年两次,有的一年一次,每次聚会缴钱由收头会者负责通知,收会者办一桌会酒。二会开始加低息,有的无息。收会次序除头会外有的抽签排定,有的共同商定。"搭会"实质是一种民间互助形式。此俗一直延续到80年代初,随着生活水平提高,现已少见。

五、农耕习俗

（一）时令习俗

正月半吃"稻稞团" 每年正月半,农家都做"稻稞团"。据传团子越大,稻稞越发,来年越丰收。

照田财、斋田神 旧时正月半晚上,农民用一碗"稻稞团"到田头斋田神,并把燃着火把的稻草在田头兜几圈,称为"照田财",参与者大多为青少年。祈求来年丰收。

初一、月半忌浇粪 农民浇大粪,每月要避开农历初一与月半,据说浇了没肥力。其他还有翻地垒田时第一铁耙和浇第一勺粪要呼"嘘",意在驱鬼神,怕得罪了鬼神要患病。劳动开始时先要说声"适来、适来",以求安全、顺利。

（二）农时习俗

开秧园 旧时,农民在第一天插秧称"开秧园",讲究邀帮忙邻居好友聚餐一顿,以示圆满顺利。丢秧把时,忌丢在人身上,传说如不小心把秧丢在身上后要遭祸殃。秧把不能用手接,接了不吉祥,意思是接"祸殃"。

斋蚕娘娘 农民在养蚕前要斋"蚕娘娘",并在蚕台上挂一枝桃树枝,以示去邪,祈求丰收。

斋猪圈 每年除夕,家家都要斋猪圈,祈求畜业兴旺。

烧发禄 养猪建圈,圈建好后,在圈内放一捆稻草,燃烧一下,以示猪胖膘肥、顺利发禄,俗称"烧发禄"。

挂红 农历二月十二为"百花生日"。农民要在花果树上系一张红纸(或携红头绳),俗称"挂红",祈求花红叶茂。

其他习俗 母猪生小猪,属虎的人不能去看,传说看了小猪会给母猪吃掉。竹园内出笋时,不能用手指点,传说指点后笋要烂掉。播苋菜时不能拍手,传说拍了手要到打麦时才发芽。播菠菜时不能回头再播,再播后发芽迟。播韭菜后要拍拍手,传说它是聋子,拍手以示唤醒它早发芽。割第一次新韭菜不能食,要把它丢在苋棵垛里,以望韭菜叶粗壮。酿酒蒸饭、蒸糕时,第一蒸(笼)的饭和糕不能先吃,传说吃了再蒸第二蒸(笼)要夹生。不准小孩在场,以防乱说话,蒸不顺利。80年代以后这种习俗渐渐淡薄,很少有人讲究。

第五章 人民生活

解放前,境内人民生活贫穷。正常年景,每亩水稻产量接近200~250千克,有数亩自田的农户生活尚可,大多贫雇农则糠菜半年粮。遇到天灾人祸,更是难以度日。1934年旱灾,河塘底干裂缝,农业遭受旱灾,收成锐减,局部地区颗粒无收,农民生活十分艰难,送女当童养媳、送儿当放牛郎是普遍现象,个别的甚至卖儿卖女。为了活命,贫雇农不得不向地主、富农租田,有不少人外出种"客田"。贫苦农民受尽剥削,加上苛捐杂税,不少农民倾家荡产。解放后,境内人民生活逐步好转。但由于实行计划经济,几十年中境内村民的日常生活、生产与证(购货证、粮油证)、卡(猪禽蛋交售卡、火油购货卡)、票(饭票、粮票、布票)和券(糖券、烟券、肉券、面粉券、棉絮券、肥皂券、担绳券、扁担券、竹柄券、杂树梢券)等密切联系,物质匮乏,生活不富裕。70年代末,中共十一届三中全会召开后,党的改革开放政策调动了广大农民的生产积极性。1983年,全境农业生产实行家庭联产承包责任制。随着改革开放政策的深入人心,乡镇企业迅速发展,农村剩余劳动力进入工厂。1985年,进入乡村企业的劳力占总劳力的42%,农民收入不断增长,生活逐步改善,1986年人均收入976元。2000年以后,全体村民的生活水平不断提高,住房、饮食、服饰、出行和通信等方面的条件大为改善,出现了翻天覆地的变化。2016年人均收入3.31万元。

根据江苏省制定的全面建设小康社会和现代化新农村的测评标准,南庄村已跻身全面小康社会的行列。

第一节　收入消费

解放前,南庄村农民生活水平低下,不少贫苦农民过着糠菜半年粮的生活。解放后,人民翻身当家作主人,生活逐渐改善。特别是中共十一届三中全会以后,农村推行家庭联产承包责任制,发展乡镇工业,允许农民经商办企业,农民生活明显改善。进入90年代,境内经济迅速发展,人民生活水平不断提高,逐步走向小康。

收入　1949年,全村农民人均收入不足30元,人均口粮约160千克。1957年人均收入增加到87.8元,人均口粮约260千克。1962年,人均收入81.4元,以后逐步提高。1970年人均收入96.4元,1980年人均收入153.4元。80年代前,境内农民的收入主要靠生产队里分红和个人家庭副业收入,一般家庭只能解决温饱问题。80年代开始,农民大多从事家庭手工劳动,有刺绣花边、裁缝、编织竹器、编织草帘、搓绳、绞担绳、纺黄纱、织手套、织布、做瓦坯、甩砖坯等。除了靠队里得工分以外,还赚点苦力收入。90年代,随着乡镇企业的崛起,境内居民的收入大多靠工资所得,部分居民开始兼营三产或做点小生意以增加家庭收入。2000年以后,居民的家庭收入开始趋向多元化。除了正常的工资和手工业收入外,部分居民有兼职收入、房租收入。个别居民进行富余安置房买卖,取得财产性收入。少数精明的居民涉足资本市场,有炒股、炒期货收入。2010年以后,随着"互联网+"等新兴业态的崛起,"互联网+"成为大众创业、万众创新的重要平台。境内居民有的在网上开店、在网上做中介和进行网上炒股、炒期货等营商、融资活动,有的居民家庭通过电子商务平台,从不同渠道买卖国债、外汇、房地产以及纸黄金、人民币兑换美元欧元等有价证券等开展理财,从事家庭财产的保值增值活动,以期取得更多的隐性或显性收入。2012年后,大南庄、夏家弄、小窑泾等自然村出现炒股、炒期货、炒虚拟币(比特币等数字货币)等专业户,这些专业户中,个别成功人士一夜暴富,一跃成为或超越新中产阶层。这部分居民在鼎盛期间用获利所得购置贵重物品或不动产等。

1962—2016年南庄村(大队)农民人均收入选年一览表

表2-5-1

年份	人均收入(元)	年份	人均收入(元)
1962	81.40	1986	976.00
1963	82.60	1987	1084
1964	89.57	1988	1176
1965	95.00	1989	1134
1966	103.50	1990	1165
1967	108.50	1991	1185
1968	95.70	1992	1520
1969	98.50	1993	1865
1970	96.40	1994	2312
1971	108.47	1995	3903
1972	95.30	1996	4176
1973	102.00	1997	4397
1974	103.00	1998	4795
1975	98.00	1999	4859
1976	95.00	2000	5761
1977	87.40	2001	5761
1978	127.50	2002	6066
1979	151.40	2003	7286
1980	153.47	2004	8320
1981	198.78	2005	9200
1982	218.47	2006	10200
1983	387.21	2007	11500
1984	595.00	2008	13030
1985	805.00	2009	14522

（续表）

年份	人均收入(元)	年份	人均收入(元)
2010	16337	2014	28750
2011	19067	2015	31258
2012	22518	2016	33100
2013	26103	—	—

1988—2000年从事南庄村家庭手工业从业人数、总收入选年一览表

表2-5-2

年份	从业人数	总收入(万元)
1988	425	125.30
1989	470	192.42
1990	660	323.80
1991	790	416.00
1992	1050	726.00
1993	1100	815.00
1994	1200	1225.00
2000	1310	1461.00

消费 解放前，全村农民生活贫困，平时缺吃少穿，因而消费水平低下。解放初期至70年代中期，由于政治运动频繁，境内经济虽有所发展，人们生活水平稍有提高，但还是维持在温饱水平。1978年中共十一届三中全会后，党的工作重点转移到经济建设上，村办工业发展迅速。村民开始进入乡、村办企业工作，第三产业迅速发展，农民收入有明显提高，生活水平和消费水平同步得到提高。1983年，大南庄徐顺良家第一个装上了电话机。随后，徐德龙第一个购置了摩托车。这部分离土不离乡的职工率先带动境内消费上了一个台阶。至1987年，南庄村全境拥有缝纫机39台、自行车147辆、电冰箱92台、洗衣机128台、电视机158台、电扇157台。人均生活水平1084元。人均住房面积47.6平方米。90年代后，全村消费水平逐步趋向城镇化，高档耐用消费品开始进入普通农民家庭。至2016年，村民消费水平大幅提高，各家各户用上了自来水和天然气等家庭日常生活消费设施。少数家庭住别墅、开高档车，绝大部分家庭住上宽敞明亮的楼房、购置大众化私家车。境内农民的生活水平和消费水平已步入小康社会。

2000—2016 年南庄村居民耐用消费品拥有量一览表（一）

表 2-5-3

年份 \ 品名	电话(台)	电视机(台)	手机(部)	空调(台)	冰箱(台)
2000	506	521	528	510	511
2001	506	532	537	613	513
2002	469	547	555	647	516
2003	460	566	568	692	527
2004	458	578	587	784	538
2005	450	580	593	891	564
2006	410	580	612	954	571
2007	361	593	637	987	598
2008	332	599	675	1045	612
2009	303	611	863	1137	612
2010	285	617	975	1254	675
2011	270	639	1082	1378	683
2012	215	658	1108	1491	611
2013	184	701	1210	1554	627
2014	171	728	1308	1579	631
2015	109	741	1425	1680	673
2016	107	799	1638	1694	696

2000—2016 年南庄村居民耐用消费品拥有量一览表（二）

表 2-5-4

年份 \ 品名	洗衣机(台)	童车(辆)	自行车(辆)	电动自行车(辆)	汽车(辆)	农用车(辆)
2000	509	28	1214	423	73	27
2001	509	37	1227	437	85	27
2002	511	43	1235	459	99	25
2003	513	52	1240	482	111	20
2004	517	76	1210	506	132	18
2005	526	88	1108	538	178	17
2006	537	95	1071	563	250	16
2007	525	104	987	592	288	16
2008	528	121	935	647	395	16

（续表）

年份＼品名	洗衣机（台）	童车（辆）	自行车（辆）	电动自行车（辆）	汽车（辆）	农用车（辆）
2009	538	208	748	691	424	16
2010	574	242	670	783	471	15
2011	582	283	408	840	489	15
2012	607	319	370	875	507	15
2013	633	344	340	913	543	15
2014	637	373	315	970	576	15
2015	649	406	293	985	589	15
2016	651	417	289	1026	604	15

第二节　住　房

解放初，农民都住低矮的平房、草房，人均居住面积不足 10 平方米。60 年代以后逐年好转。70 年代翻建瓦房，80 年代新建楼房，90 年代开始，部分村民到市区、镇区购买商品房，部分富裕户住进了别墅。至 2016 年，村里有村民在镇区、市区和大、中城市购房 191 户，总面积 1.75 万平方米。

2010 年后绝大部分农民住进了统一建造的安置套房。2016 年，全境居民户均住房面积 316 平方米，人均居住面积 82.73 平方米，大部分农户拥有 1—2 个车库（即自行车库、汽车库）。

20 世纪 90 年代至 2016 年南庄村村民购买商品房情况表

表 2-5-5

年份	镇区		市区		大、中城市	
	购房户数	购房面积	购房户数	购房面积	购房户数	购房面积
1990—2016	67	1830 ㎡	109	14055 ㎡	15	1615 ㎡

第三节　饮　食

解放前，境内农民以米、麦为主食，辅以少量杂粮。元麦的吃法是将其磨成细颗粒（俗称麦粞），或轧成麦片；小麦可以磨成面粉，也可以和大、元麦一样，加工成麦片。当时，大米是珍贵的食粮，只有地主、豪绅富商才能终年享用，烧粥烧饭。中等水平以上人家用米加麦片烧饭，或用米加麦粞烧粥。再穷一点的人家用麦片代替米加麦粞烧饭煮粥。有的连麦片也吃不起,只能吃全麦粞饭、全麦粞粥。当时境内流传着这样的顺口溜:"富人一仓粮,穷人一缸酱,一坛咸菜可度荒。"农民在夏季、秋季自制豆酱、面酱、腌制咸菜以备常年食用。传统家常菜有咸菜豆瓣汤、毛豆炒咸瓜丁、黄瓜、茄子;常年吃的点心有茄饼等。农民诚实好客,来了亲戚朋友,到镇上割肉打酒,做米团子、裹馄饨,热情款待。

解放初期,大米稍有增加,人均毛粮 260 千克 / 年。1953 年后实行以人分等定粮,在完成国家统购任务后人均一年最多分 300 千克毛粮,多余部分存入粮库以防荒年,称储备粮。由于粮食品种的年年更新,产量也年年提高,粮食也随之增加。食法有所变化,早晚两餐吃麦粞粥,中午改吃麦片饭。1963 年起,归还农民自留地,市场供应品种日趋增加,主要有蔬菜、禽蛋、鱼等及凭票供应的猪肉。人们饮食条件好转。80 年代后,农村实行家庭联产承包责任制,取消粮食统购统销,实行粮食开放等政策,农民生产的粮食由自己支配,人们对粮食的需求得到满足,收入水平提高,从吃饱转向吃好。

50—60 年代,村民副食以蔬菜为主,难得吃到荤菜。80 年代后,荤素各半,鱼、肉、鸡、蛋已成桌上家常菜肴。逢年过节或亲朋交往,菜肴丰富,热闹非凡。红白喜事待客,冷盆、热炒,还有点心、甜食,再加大菜全鸡全鸭。90 年代后,菜肴力求高档多样,点心甜食逐步西化。进入 20 世纪,人们饮食不再以温饱为主,而是讲究吃得精、吃得好、吃得健康,菜肴也提高档次,海鲜上桌,辅以名酒、高档饮料。

旧时保健滋补品一般村民不敢问津,以后逐年见诸送礼、敬亲、探病之时。90 年代后,则已为劳动人民普遍服用。新鲜水果常年不断,牛奶、各类营养饮料进入普通百姓家庭。

长期以来,境内的时令饮食繁多。一年之中,年初一吃年糕、团圆、馄饨;元宵节吃元宵、团子、馄饨;清明时节吃青团子;立夏尝三鲜;端午吃粽子、咸鸭蛋;夏至吃馄饨;中秋节吃月饼、糖烧芋艿;重阳节吃重阳糕;十二月初八吃腊八粥;廿四夜吃馄饨、团子;大年夜吃年夜饭,等等。时令饮食之风延至今日。

2015 年以后,随着生活水平的提高以及工作节奏的加快,境内部分居民已不再自行买菜做饭,而是通过互联网和移动支付等平台,手机预约订餐,各种美味佳肴通过"美团"等外卖公司很快就能送到家门口。

第四节　服　饰

男装　20 年代前,境内男性衣着以布衫为主,低领,有胡桃结纽扣 5 粒,内襟有一长形口袋。随着季节冷暖变化,穷苦人家长衫、棉袄加布衫过冬,富裕家族长衫内分别罩皮袍、棉袍、夹袍,其样式均与长衫相仿。夏季男子赤膊,富裕人家的长衫料子多为丝绸,也有香云纱作料子,取其质薄且凉爽。地主、士绅等穿长袍,外面还罩以马褂,俗称"长袍马褂"。

20年代起,男性开始穿中山装,学生穿学生装,少数人穿西装,劳动人民为方便干活,以穿青布中式短衫短袄为主,叠腰裤。境内农民还习惯在衣服外面束一条具有保暖防污作用的深色作裙。30年代初至40年代末,民众的衣料逐渐以棉布为主,时兴斜纹布、花格布等。农民依旧是中式对襟衫,老年士绅也依然是长袍马褂。冬季,富裕男子穿呢料长袍或西装大衣,贫苦民众则大多仍穿粗布棉袄棉裤。

解放后,长衫、马褂逐渐被淘汰,叠腰裤也被西裤所代替。50年代初,蓝、灰列宁装、乌克兰衫、翻领棉大衣等苏俄式服装相继流行,为干部、教师普遍穿着。至60年代,中山装、青年装、春秋两用衫,成为人们常服,颜色为蓝色和藏青色。而农民中,仍有穿土布、着旧式衣裤的。"文化大革命"期间,草绿色军便服成为人们尤其是年轻人争相竞穿的服装,绸衣、缎服几乎没有。因其时买布要凭定量供应的布票,所以面料一般选用质地较牢的卡其布,款式、色调均较简单。80年代起,服装面料转向以化纤织物为主,丝绸、毛呢需求量大增,棉织品退居次位。冬天穿毛线编织衫、羊毛衫、滑雪衫、夹克衫、羽绒服、猎装、呢大衣、裘皮或者人造裘皮大衣等。夏天穿针织汗衫、汗背心、的确良衬衫,西装短裤,还有的男青年穿花布衬衫。中青年穿西装长裤。青年人一度穿喇叭裤,后改穿直筒裤、牛仔裤。许多人穿西服,系领带,穿传统的中山装者逐渐减少。进入21世纪后,休闲装流行。

女装 解放前,女子的服饰为宽袖滚边的大袄短袄,叠腰裤,外围百褶裙。有些中青年女子则穿旗袍。式样为:直领,右开大襟,紧腰身,衣长至小腿,两侧开衩,高低不一,开襟处一般有镶、嵌、滚等工艺。有些妇女还按不同季节穿着有长、中、短之分的背心,背心也有单、夹之别。冬天,一些富家女子在旗袍内穿棉背心,外罩绒线外套或呢大衣。时髦女子则穿西装裤、短棉袄。民国后期,开始穿海花绒旗袍、皮毛大衣等。

妇女春季穿白色或者月白色肚兜,也称兜肚,外面穿罩前,均匀大襟立领。青年妇女喜欢穿花布衫,中年妇女以深、浅士林蓝布衫居多。裤子多为短脚裤,裤长仅及膝下,多用印花布缝制。夏季服装面料以棉布、夏布为主,富家女子也有丝绸、生丝质地的。普通人穿白布、浅士林布和淡色花布短衫,少数人穿夏布短衫和马夹。短裙的质料有丝、棉、麻三种。冬天穿棉袄,视家庭经济条件,分别选用较柔软的布料或者丝绸做面料,内絮棉花或丝绵、驼绒。棉袄罩衫,用土布、线呢、卡其布等较厚实的深色布料缝制。中青年妇女冬天加穿夹裤,老年妇女穿棉裤。

解放后,旗袍被淘汰,中式大袄短袄改成对襟短袄,叠腰裤改为西式紧腰有袋长裤。境内仍有不少人穿土布衣,着旧式衣裤。"文化大革命"中,女青年、女学生与男子一样,流行穿草绿色军便服,花衣、裙子匿迹。

80年代以后,男、女衣着款式增多,质量逐步提高,春服以凡立丁、哔叽、华达呢面料为主,夏服以府绸及涤纶、腈纶、氯纶等化纤面料为主,秋冬装以直贡呢、麦尔登呢、格子呢、混纺呢、圈呢、提花呢、双面呢为主。款式多样化。90年代以后,部分居民穿着衣服的面料更加高档,以驼绒、羊绒等高级棉毛、棉绒混纺精纺面料为主,性价比较高。夏天,男子以运动衫、体恤衫为主,高、中、低档的都有。女子以裙子为主,有连衫裙、喇叭裙、百褶裙、背带裙、套裙、一步裙、直筒裙、旗袍裙、围裙、裙裤等10余种。初冬,男子以西装、休闲服为主,女子流行女士西装、羊毛衫、各式毛线编结衫、滑雪衫、羽绒衫、呢大衣、裘皮或人造裘皮大衣等。裤子有西式长裤、喇叭裤、直筒裤、齐腰裤、牛仔裤等。2000年以后,衣裤的款式基本上每两年都会翻新一批,尤以女装更甚。

鞋 旧时,全村民众一般均穿"千层"布底鞋,式样大致有并梁尖头鞋,小圆口、方口、松紧口鞋。雨天则穿油钉鞋或油钉靴。有些妇女穿绣花鞋、搭襻鞋。农民平时穿布鞋和草鞋。冬季,除穿蚌壳式棉鞋外,不少人都喜欢穿芦花靴,也有穿蒲鞋。一些士绅平时着缎制船鞋,冬天穿高帮棉鞋,雨天穿钉鞋。随着橡胶工业的发展,逐步被浅口、中高统橡胶套鞋取代。解放后流行胶鞋,又称跑鞋、解放鞋,男女皆穿。塑料工业兴起后,塑料底布鞋逐步取代布底鞋。80年代后,鞋子种类日趋多样化,有各种塑料鞋、橡胶鞋、牛皮鞋、猪皮鞋、牛津底鞋、登山鞋、旅游鞋、运动鞋等。妇女普遍穿中跟、高跟皮鞋。夏季大多穿各种质地的凉鞋、拖鞋,也有的穿沙滩鞋。冬季一般穿棉皮鞋或棉布鞋、保暖鞋。穿芦花靴的已少见。

帽 解放前,境内劳动人民一般夏季带草帽,冬季戴布帽、罗宋帽、汤罐帽、毡帽,雨天戴笠帽。老年妇女戴蚌壳帽,亦有戴盆型绒线帽。学生戴学生帽或绒线帽。士绅、富豪戴西瓜皮帽、礼帽、鸭舌帽、裘皮帽。中华人民共和国成立后,瓜皮帽和礼帽被遗弃,流行解放帽,夏天戴荷边草帽。"文化大革命"时期流行草绿色军帽。80年代起,帽型繁多。夏天有遮阳的草帽、太阳帽、钩鱼帽,冬天戴鸭舌帽、东北帽、皮帽、绒线帽、滑雪帽等,部分老年人仍喜欢戴罗宋帽。2010年以后,已不多见旧式夏冬帽在居民中穿戴。

袜 解放前,境内农民多用布做袜套。20年代起开始穿棉纱袜。解放后,大多穿中筒或短筒袜。60年代开始流行尼龙袜和锦纶丝袜。80年代起,女青年开始穿长筒丝袜。90年代后,境内居民大多由衣着单调、低挡趋向多样化、中高档。而且讲究色彩、质地、款式、追求新潮。

进入21世纪后,随着高科技的迅速发展,人们衣着穿戴的更新换代更是今非昔比。2010年以后,境内部分居民已经尝试享受智能穿戴带来的快乐和便捷。

第五节　出　行

解放前,全村农村道路宽不足1米,崎岖弯曲不平,都为泥路,下雨后道路泥泞,十分难行。人们出行均为步行,很不方便。村民如出远门,必须步行到塘市去乘轮船。

60年代以后结合水利建设,大队修筑渠道,挖泥铺路,行路日渐方便。70年代以后,自行车成为主要交通工具,家家具备,甚至一家多辆。自行车一度成为紧俏商品,尤其是上海产"永久""凤凰"牌更难买到,无锡产"长征牌"和常州产"金狮牌"相对较多。80年代以后,境内所有主干道路(通往各自然村)铺设成碎石砖路(轮窑断砖)、砂石路,交通更为便捷。90年代以后,境内所有巷道也都浇成水泥路,交通工具逐年增多、更新,以车代步成为常态,摩托车、电动三轮车、电动自行车等已普及寻常百姓家庭,老式自行车已为鲜见。2000年以后,购买私家汽车的家庭日益增多,品牌从大众、长安、吉利、奇瑞、现代、广汽、别克、捷豹、凯迪拉克,到丰田、本田、比亚迪、奥迪、福特,甚至奔驰、宝马等。新能源汽车开始进入居民家庭。至2016年,全境拥有私家小轿车604辆。即使不乘私家车,在家里打个"12345"或"滴滴快车",出租车很快就能到达现场,出行十分便捷。

随着旅游业的快速发展,境内居民外出旅游的人数逐年增加。每逢节假日,境内居民或旅行社报名,或拼车、拼团,或网约车,或举家自驾游,参与在线旅游,形式新型别致,旅程丰富多彩。据不完全统计,2016年,境内居民利用节日、假期外出旅游达800余人次,其中出国出境旅游达百余人次,远赴欧、美旅游或探亲的就有近20人次。

南庄村境内有公交车站6个。居民近距离出门走亲访友或办事极为方便。

第六节　通　信

书信　旧时,境内通讯主要靠书信往来。解放后,平信八分一封,可寄全国各地,挂号信(有重要证件或特殊资料)二角一张邮票,信封也有别平信。2016年,平信每封1.2元。

书信有一定格式,开头称谓(顶格书写),内容另起一行,前面空两格。内容写完再另起一行,中段写此致或敬祝,另起一行末落款写信人姓名(自己人只写名)并写明与受信人关系,再另起一行写日期。

信封封面:竖式右上方写收信人地址[省、地、县、乡(镇)、村——自然村或街道、门牌号],中间写收信人姓名,左下方写发信人地址(境内写江苏无锡北外西塘市大南庄或其他自然村和写信人)。因常熟有东唐市,故一定要写明无锡北外,否则与东唐市混淆。横式分上、中、下写。2016年,境内已鲜见居民用纸质载体进行书信往来。

电话电报　解放前夕,境内通电话、拍发电报须到江阴、常熟两县电报局办理。解放后电信业务得到发展,逐步开办长途电话、农村电话。1962年,境内话路兼作报路,进行话传电报。1985年,开通县内专用话传报路。1990年以后,电信业务种类增多。1994年,境内始有家庭安装电话,可直拨国内国际长途。1995年末开始,塘市邮电支局动工建造占地7000多平方米、面积为2200多平方米的邮电通信综合大楼。1996年8月建成6000门程控电话终端。是年境内全部实行程控电话。2013年,全境共装程控电话506部。2016年,境内的座机电话已不足50台。

90年代始境内居民的通信设备已普遍使用无线通讯。从第一代的大哥大、BB机到20世纪初的手机普及。国产手机的品牌由爱立信、比亚迪、华为到步步高、海信、佳域、尼彩、魅族、小米、克莱斯、亿通、联想、天语、金立、索爱等,进口手机有索尼、诺基亚、三星、苹果等。2016年,境内居民拥有手机1638台,人均拥有量0.85台;16岁以上成年人人均0.96台。2016年,境内居民的通信平台多为QQ、微博、微信、视频聊天等。

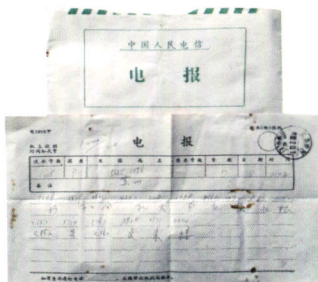

| 1981年电报文稿(徐生才提供) | 90年代的"大哥大" | 90年代的电话机 |

互联网 90年代中期至2000年,刚有互联网的时候,电脑还是个"稀罕物",想上网,还需自备电话线和"猫",还得专门去电信局申请一个服务号,带宽(上网速率)范围只有14.4K~56K,远低于现在的网速。当时的上网速度慢,价格较高,计时收费一个小时1元至3元不等;包年价格可达上千元。

2000—2011年,速度慢、过程复杂的拨号上网逐渐被淘汰。2001年中国电信、中国网通、中国联通、有线电视网等企业开始大规模宽带网络建设。宽带ADSL上网开始兴起,有512K、1M、2M、4M、8M。随着速度不断提升,宽带上网与拨号上网相比有了质的改变,上网资费也逐渐走低。至2010年底,南庄村宽带用户接近400户。

2011—2016年,光纤入户加无线WiFi,ADSL宽带逐渐升级为光纤宽带,D-link和TP-link路由器由有线变无线,上网更加方便快捷,宽带网速越来越快,技术越来越先进,覆盖面也越来越广。光纤覆盖的小区,居民已经可以在家里享受到20M、50M,甚至100M的极速网络。2016年无线上网逐渐成为主流,一台小小的无线路由器就能供多台设备上网。上网的设备也越来越多元化,平板电脑、智能手机迭代不休,3G、4G移动网络可以随时随地高速连接互联网,5G即将进入大众日常生活。至2016年,南庄村、南湖苑社区光纤宽带用户接近800户。村、社区全面实现无纸化办公。"互联网+"已成为境内知识分子获取更多信息和大众创业者创造更多财富的极佳平台。

第三卷　农村建设

60—70年代,南庄村农村建设缓慢。境内农民住宅均为平房,且草房占一定比例。70年代,境内开始通电,先有生产队集体生产用电,再有家庭社员生活用电。进入80年代,随着村办工业兴起,农村建设得到发展,全村农民住宅普遍翻新建成楼房,农村道路也由土路逐步铺设碎石路面,再到铺设混凝土路面。与此同时,南庄村接通自来水管道,村民全部用上自来水。90年代以后,农村各项建设与社会事业同步发展,逐步与城市接轨。1995年3月,南庄村始建村部办公楼等公共建筑。从2000年起,全村大面积组织实施"乡村城市化"的农村建设规划,全面进行宅基地归并,推行农民集中居住。2001年,境内9个自然村的道路全部铺设成混凝土路面,户户通水泥路。

旧时茅房(摄于50年代,陈礼彬提供)

旧时瓦房(摄于60年代,陈礼彬提供)

2002年以后,小南庄整体拆迁,开始集中安置。至2016年,全村9个动迁自然村,村民全部被安置在南湖苑、棋杆花苑、北海花苑、金塘社区、东兴苑、西溪花苑等6个小区。

2005年以后,境内公用设施建设加快步伐。至2016年,境内有新老办公大楼各1座,社区会所和公寓房各1处,拥有室内外文体活动场所10余个。公用事业基本到位,水电气等充分满足居民生活需要。

第一章　农民住宅

中华人民共和国成立前,境内农民住房均为平房,瓦房、草房兼而有之。70 年代后,境内农民翻建平房。80 年代建楼房。90 年代以后,有少数农民购置商品房。2000 年以后,全村农民陆续住安置房,极少数富裕农民购置别墅居住高档房。

第一节　自建房

1949 年前后的农民住宅,一般为清代、民国年间所建。大多是两间、三间体,土木结构,冷摊瓦或茅草屋顶的平房;贫困农户则是杂树梁,毛竹椽,泥垛墙;少数富户居住的是五间体,也有 11 间体(正房 5 间、院堂6 间),其中 1 间厅堂。东墙门邹姓家的住房有前后三排共 39 间。

70 年代后,有少数农民因老房建造年

50—60 年代民居(摄于 1980 年,徐建峰提供)

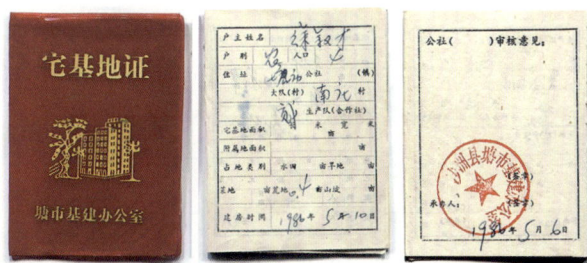

1980 年塘市镇颁发"宅基地证"(徐聚才提供)

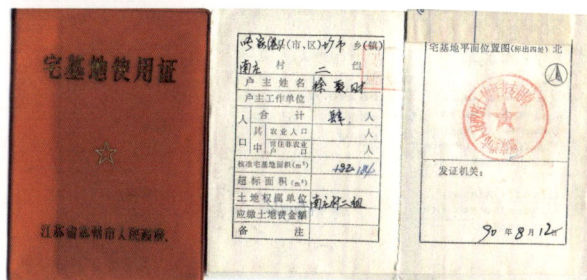

1990 年苏州市颁发"宅基地使用证"(徐聚才提供)

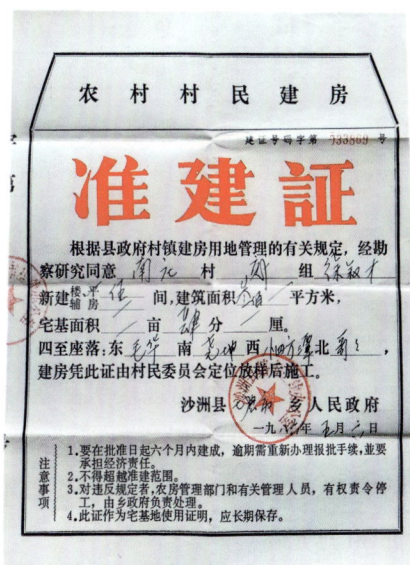

1986 年塘市镇颁发"准建证"(徐聚才提供)

代久远而破旧,或因孩子长大成人,需要成家分居,新建的都是统一格式的 7 架至 8 架 3 间体平房,旁边或后面搭 2 小间 3、4 架的辅房作厨房或牲畜房。中共十一届三中全会后,农村经济发生了新变化,不少百姓手头开始有余钱,社员生活好转,各自然村出现建楼房热。1976 年小南庄徐茂歧获批建 2 间平房,打 1 间楼房基础,于翌年完工,成为全大队第一个楼房户。80 年代南庄村开始进入建房高峰期。至 1998 年,全村有 470 户,新建或翻建楼房2715 间,建筑面积 8.64 万平方米,90% 的农户住上楼房。

1976—1998 年南庄村(大队)农民自建房一览表

表 3-1-1

组别	总户数	建楼房户数	总间数	建筑面积（平方米）	准备新建楼房户数		拆并小村庄（个）
					原地翻建户	出宅新建户	
一	32	30	180	5760	2	—	—
二	39	38	228	6840	1	—	—
三	42	41	260	8320	1	—	—
四	48	46	280	8960	—	2	—
五	32	28	172	5504	3	1	—
六	28	20	124	3968	8	—	—
七	28	24	126	4032	3	1	—
八	29	27	159	5088	2	—	—
九	31	27	180	5760	4	—	—
十、十一	62	54	226	7232	5	3	—
十二	40	33	167	5344	7	—	—
十四	14	14	72	2304	—	—	—
十五	25	20	118	3776	5	—	—
十六	21	18	108	3456	2	1	1
十七	12	10	65	2080	2	—	—
十八	45	40	250	7980	5	—	—
合计	528	470	2715	86404	50	8	1

1999 年后,全村出现楼房翻新,式样从兵营式发展到全封闭、多边形、庭院式。外墙粉饰从贴马赛克发展到贴进口面砖,屋面上盖琉璃瓦,四周装铝合金窗、幕墙玻璃。室内墙纸改贴墙布。房屋结构从砖混到钢筋混凝土框架结构。一般每套三上三下,有的加一侧间,造价 30 万元左右。

1999—2006 年,全村新增建房户数 58 户,共 356 间,建筑面积 1.14 万平方米。

1999—2006 年南庄村农民自建房一览表

表 3-1-2

年份	建房户数	建筑间数	建筑面积（平方米）	其中					
				楼房			平瓦房		
				户数	间数	建筑面积（平方米）	户数	间数	建筑面积（平方米）
1999	13	48	1536	11	42	1344	2	6	192
2000	15	105	3350	14	102	3264	1	3	86
2001	15	102	3264	14	99	3168	1	3	96
2002	4	25	810	2	19	608	2	6	202
2003	4	28	896	4	28	896	—	—	—
2004	2	14	440	2	14	440	—	—	—
2005	2	14	448	2	14	448	—	—	—
2006	3	20	640	3	20	640	—	—	—
合计	58	356	11384	52	338	10808	6	18	576

第二节　商品房

南庄村域内金港大道以东为住房建筑群聚集区。除南湖苑建筑是政府主导的动迁安置房以外，南湖湾、香蜜湖公馆-港城一品、中联棠樾和苏园均为房地产商开发的商品房。

南湖湾　建筑区域东与南湖苑南大门毗邻，其余三面环河：南临新丰河，与香蜜湖公馆隔河相望，西靠门前泾、北依黄泥泾，与南湖苑社区隔河相望。

2006 年 11 月，由张家港经济技术开发区投资开发，于 2009 年 2 月竣工。小区占地面积 2.29 万平方米，建筑面积 2.39 万平方米。共有商品住宅 17 幢 68 套。其中单式 44 套，双复式 24 套。由张

南湖湾（摄于 2016 年 12 月，顾彩云提供）

家港市悦丰投资开发建筑有限公司承建。区域内整体建筑具有苏南水乡风格。

香蜜湖公馆-港城一品　香蜜湖公馆的中心占地位置是开挖于 80 年代的哈弥湖旧址。

建筑区域东至南湖路,南与棋杆村和南庄村毗邻,西至金港大道,北至新丰河为界。

2008年5月,由江苏澳洋集团投资开发,于2013年10月竣工。建筑区域占地面积20.19万平方米,建筑面积22.16万平方米。建筑群东西片以南庄路为界,路东为别墅区,称香蜜湖公馆,有别墅87幢,会所1幢;路西为高层住宅区,称港城一品,有高层住宅6幢,独立商铺2幢,地下车库(含人防工程)1处。区域内整体建筑具有欧式风格。

中联棠樾　建筑区域位于东南湖苑,南临新丰河,隔河与港城一品相望,西至港城大道,北至汤联路,与苏园相邻。

2012年9月,由中联置业集团有限公司投资开发,于2015年5月竣工。建筑区域占地面积6.9万平方米,建筑面积5.47万平方米。共有商品住宅42幢139套。区域内整体建筑具有新加坡风格。

苏园　建筑区域东临陆新泾,南至汤联路,与中联棠樾相邻,西至金港大道,北至新泾路。

2010年12月,由张家港东方保利置业有限公司投资开发,于2013年12月竣工。建筑区域占地面积9.46万平方米,建筑面积5.03万平方米,总绿化面积2.45万平方米。建筑区域南部有别墅23幢,北部有高层住宅3幢。共有商品住宅403套。区域内整体建筑具有苏州园林风格。

哈弥湖西畔风景(摄于2007年8月,徐聚才提供)

香蜜湖公馆(摄于2016年12月,顾彩云提供)

港城一品(摄于2016年12月)

第三节　动迁安置

一、动迁

1994 年夏,修筑新沙锡路,田二房自然村有 3 户村民率先拆除住宅房。安置方案主要由政府统一安排宅基地,提供优惠价的砖、瓦、水泥制品、钢材、木材等建筑材料,根据实际情况合理补贴建房款,由农户所在村组择地自建。2002 年秋,修筑新泾路,小南庄有 37 户村民整体动迁,全部拆除房屋。安置方案由政府、村、村民协商,选址在塘市镇区附近的棋杆花苑,统一设计,对号入座,自行建造 37 套连体房。此后,田二房有 7 户农户陆续动迁,政府按农户原有实际房屋及经济情况给予补贴。

2005 年,从大南庄开始实行大范围动迁。1 月至 3 月,由镇、街道办、村联合召开村民大会,明确搬迁补偿标准和形式(有货币补偿和产权调换)。4 月至 10 月,以《苏州市房屋重置价格评估方法》规定对被搬迁房屋及室内装潢情况进行评估,做到面对面丈量、面对面评估、面对面商定。是年 11 月至 2007 年 12 月,由动迁农户分别与张家港经济开发区房屋动迁办公室签订房屋搬迁协议书。随之由被搬迁户交钥匙腾房,实施旧房拆除。

待动迁安置房分批建成后,以抽签定位方式分房。期间,大部分动迁农户自我租房居住。

补偿经费分别由搬迁补助费、临时安置补助费、提前搬迁奖励费、旧房评估值、装修评估值、附着物残余值、契税补贴等组成。

2005—2016 年,大南庄、李家巷、田二房、夏家弄、东墙门、孔家庵、小窑泾和朱家巷等 8 个自然村共 551 户村民动迁房屋 3446 间,建筑面积 8.89 万平方米。

2002—2016 年南庄村民房动迁一览表

表 3-1-3

自然村名（组）	组别	动迁时间	户主姓名							间数
小南庄	一组	2002 年 5 月	徐玉兴 徐桂新 蔡岳兴 李长才 徐满定	赵德义 李　刚 缪金坤 缪顺法 李仲良	徐福才 李惠刚 李建刚 徐国栋 徐　宾	徐祖德 缪金康 缪顺兴 徐益新 徐正定	徐玉祥 徐建忠 缪金福 徐益政 徐士俊	徐彩明 徐惠明 缪金标 徐国明 徐利兴	李宝林 蔡岳平 李长法 徐彩定 李秀球(女)	202
大南庄	二组	2005 年 3 月	徐建荣 徐仁良	徐云飞	徐忠	徐国峰	徐国荣	徐阿德	徐云庆	48
		2006 年 3 月	徐永涛 徐云达 陆瑞芬(女)	徐永丰 徐永兴	徐永高 徐永芹	徐洪兴 徐仁明	徐永年 徐建刚	徐永飞 徐云彪	徐永忠 徐瑞龙	90

（续表）

自然村名（组）	组别	动迁时间	户主姓名							间数
大南庄	二组	2006 年 6 月	缪仁祥　徐柏青　徐　达　徐桂清　徐叙庆　徐海明　徐浩明 徐建峰　徐建清　徐建庆　徐建宗　徐　骏　徐立峰　徐仁福 徐生才　徐顺方　徐铁军　徐伟刚　徐新明　徐新裕　徐云高 徐正元　邹仁高　徐仁祥　徐桂芬（女）							150
		2007 年 8 月	徐伟东　徐伟良　徐毛华							18
	三组	2006 年 6 月	蔡　彪　李其刚　徐叙法　蔡建财　蔡建东　徐栋方　徐栋春 徐栋良　徐根财　徐桂保　徐国新　徐建新　徐一新　徐建达 徐国兴　徐培兴　徐建国　徐建红　徐建明　徐海栋　徐世明 徐建强　徐黎明　徐利平　徐刘法　徐敏冬　徐　彪　徐　浩 徐荣法　徐明如　徐生财　徐士兴　徐世阔　徐世强　徐维忠 徐庆宝　徐祥元　徐邹宝　徐永进　徐元如　徐云财　徐正平 徐世宽　徐　平　黄和娣（女）							264
	四组	2006 年 6 月	蔡建良　蔡建高　蔡　杰　石明峰　徐克勤　徐凤清　徐惠龙 徐福顺　徐福兴　徐　革　徐桂福　徐桂香　徐国平　徐国强 徐国兴　徐　洪　徐洪法　徐建法　徐建飞　徐玉生　徐建国 徐建洪　徐建忠　徐　江　徐丽栋　徐　龙　徐　鹏　徐生法 徐顺高　徐伟滨　徐伟东　徐伟国　徐伟兴　徐文彪　徐文滨 徐文虎　徐晓东　徐永根　徐永清　徐永全　徐永兴　徐正丰 徐正良　徐正元　徐祖法　徐祖丰　徐祖荣　徐祖兴　徐高福 徐仁忠　徐　海　徐建忠　徐　强（顺全）							314
李家巷	五组	2006 年 8 月	李建丰　李德丰　闵惠芬（女）　缪惠芳（女）							24
		2012 年 7 月	李建清　李东元　李　扬　李福林　李　斌　李正高							36
		2013 年 3 月	朱向红　金　洪　李建忠　金　虎　李志明　李建明　李福根 李　达　李建国　李德忠　李根生　李洪兴							72
		2016 年 5 月	尤仁兴　金斌忠　金斌华　李建刚　徐荣祥　金根保　李栋环 李建良　尤仁刚　李德华　李德明　李德宏　徐忠祥　李静华							78
	六组	2006 年 9 月	李祖高　金关宝　金仁高　王惠芹　金叙虎　金建国　金国春 金仲加　金仲康　金福忠（国民）							66
		2012 年 8 月	金仁忠　金炳如　金杏忠　金仁妹（同根）							24
		2013 年 10 月	金炳如　李正洪　金永平　金正芳　金　龙　金仲元　金建忠 金建明　金建平　金惠祥　金建国　金惠英（女）							66
		2014 年 5 月	李进高　李如高　金新刚　金祖德　金传根　李梅花							12
		2016 年 9 月	金建荣　金建新　金惠兴　徐惠明　金惠良							6
田二房	七组	2003 年 8 月	徐　刚　徐　彪　徐正坤　王建平　王建秋　徐阿进　徐建清							49
		2006 年 5 月	徐栋环　徐云飞　王洪兴　王瑞龙　王永忠　王瑞高　王寿康 徐仁良　徐正明　徐云高　徐正兴　徐正祥　徐正环　王永飞 王建中　徐建清　王　彪　王阿南　王正乾　徐正龙　王建丰 顾琴珍（女）							149

（续表）

自然村名（组）	组别	动迁时间	户主姓名							间数
夏家弄	八组	2006 年 9 月	徐义方	王锡培	王岳保	赵卫东	赵卫林	王海东	王满如	217
			王东宝	徐瑞庆	王仁高	徐惠刚	王 健	徐元兴	徐永元	
			赵凤良	黄 彪	黄曙鸣	徐瑜茜	徐瑞明	王正如	王颂刚	
			徐瑜惠	徐 雷	王永达	徐瑞龙	王永明	王 卫	王金培	
			赵凤高							
	九组	2006 年 8 月	徐建明	徐建芳	徐仁法	徐福才	徐卫丰	徐福元	徐锦江	174
			徐树高	邹天宝	邹建华	徐云开	徐文年	徐仁才	徐文龙	
			徐文虎	徐伟军	徐 标	徐邹东	徐惠高	徐惠兵	徐建东	
			徐福根	徐国良	徐建洪	徐国峰	徐国平	徐建国	徐建丰	
			徐叙元	徐建高	徐 新	徐锦才				
东墙门	十组	2006 年 9 月	邹 靖	邹 洪	邹伟忠	邹永祥	邹永福	邹德明	邹立江	132
			邹文兴	邹建东	邹建丰	邹 云	邹龙彪	邹文华	邹正华	
			邹永球	邹国健	邹林明	邹国明				
		2013 年 10 月	邹建新	邹忠明	邹国龙	邹正龙	邹进康	邹 斌	邹惠东	216
			邹文祥	邹义明	邹仁祥	邹正德	邹龙兴	邹正祥	邹立江	
			邹利明	邹正良	邹芳达	邹银如	邹龙虎	邹建刚	邹国祥	
			邹国良	邹建良	邹惠明	邹龙财	邹仁财	邹建忠	邹建明	
			邹正元	邹云飞	邹 明	缪金翠（女）	王建华（女）			
			王素琴（女）	徐一芳（女）						
东墙门	十一组	2006 年 11 月	邹新正	邹正华	邹正荣	邹浩明	邹绍金	邹绍堂	邹文达	99
			邹维良	邹林虎	邹维明	邹文祥	邹静娟	邹正刚	邹云伟	
			邹义忠	邹建福						
孔家庵	十二组	2006 年 8 月	缪留祥	缪万明	陶荷娣	徐玉兴	缪育才	缪惠龙	邹仁毛	84
			缪惠祥	缪文革	徐金根	季宝成	陶玉娣（女）			
		2006 年 10 月	孙永萍	缪万生	邹祖民	缪林宝	蔡兴其	缪文学	邹建华	120
			季锦祥	徐国良	缪玉明	徐叙兴	缪惠国	季春华	陶福庆	
			缪惠刚	缪阿本	缪国忠	缪国平				
		2010 年	邹祖德	徐元良	邹文华	缪进高				25
		2011 年 2 月	缪留高	缪裕忠	缪棣高	缪玉忠				36
		2012 年 7 月	缪裕明	缪裕刚	徐惠良	蔡兴元	徐 燕（女）			30
小窑泾	十四组	2006 年 10 月	许云峰	王岳勤	王祖高	朱文刚	王建明	王祖兴	王清宝	96
			朱文兴	王祖根	王建国	王锦文	王明章	王英忠	缪国强	
			王英锋	王锦良	王德勤	赵荷仙（女）				
		2010 年 4 月	王月明	王金宝						6
		2012 年 12 月	王 强	王自强						12

（续表）

自然村名（组）	组别	动迁时间	户主姓名							间数
小窑泾	十五组	2006 年 10 月	陶龙宝　陶国忠　陶达保　陶建义　陶金华	陶永明　陶建丰　陶传宝　陶建东　陶达明	陶建达　陶　洪　陶永福　陶建忠　陶金华	陶如仁　陶晓明　陶建军　陶建云　邹燕萍（女）	陶新宝　陶长荣　陶掌高　陶建平	陶瑞丰　陶建华　陶进才　陶建国	陶达云　陶进法　陶兴宝　陶天宝	194
		2010 年 4 月	陶建明　陶如仁							12
		2011 年 3 月	陶正龙							6
	十六组	2006 年 10 月	朱满全　朱利宝　朱进宝　丁梅娣（女）	朱仁宗　朱建忠　朱仁法	朱彩明　朱秉忠　朱仁丰	朱莲兴　朱元宝　朱掌才	朱龙根　朱仁高　朱仁金	朱龙宝　朱建新　朱惠珍（女）	朱连法　朱建龙	126
		2010 年 4 月	朱掌庭　朱福祥							18
		2012 年 7 月	朱建青　朱国新　邹永高　邹建高　邹建良							35
	十七组	2006 年 10 月	王福才　王治平　王中华	王永良　王玉良	王进法　王建祥	王建明　王凤傲	王建平　王永平	王振祥　王瑞华	王友才　王春富	96
		2010 年 4 月	王永祥　王凤祥							6
朱家巷	十八组	2010 年 4 月	朱永昌　朱德明　朱建法　季锦高　陶建刚　朱建国　季　光	朱雪高　朱建明　朱士财　朱银法　朱雪龙　朱瑞娣　朱国荣	朱凤标　季锦法　朱建龙　朱金德　朱建胜　朱木云　朱建兴	朱凤高　季锦龙　李梅英　朱玉高　朱汝龙　朱建新　朱建洪	朱善财　朱雪虎　李小平　季　芒　朱洪兴　朱进法　李　忠	朱德平　朱建云　朱瑞龙　季　芳　朱永仁　陶金刚　朱德才	朱龙才　季锦丰　朱建洪　朱金虎　朱金龙　陶银刚　陶春磊	283
		2012 年 7 月	朱正兴　朱建福　朱法兴　朱惠东　陶雪栋　朱国兴							36

二、安置

　　2001 年 12 月,小南庄整村被安置在棋杆花苑。2005 年 3 月,南庄村对部分被预动迁的涉房农户实施安置。2006 年 7 月,南庄村对大范围被动迁的涉房农户开始在南湖苑社区实施分批安置。

　　第一批:2005 年 3 月 10 日,第一至二幢楼实施安置。

　　第二批:2006 年 7 月 25 日,第三至六幢楼实施安置。

　　第三批:2007 年 6 月 27 日,第七至三十四幢楼实施安置。

　　第四批:2008 年 8 月 18 日,第三十五至五十九幢楼实施安置。

　　第五批:2009 年 10 月 30 日,第六十至六十一幢楼实施安置。

2010年开始，除南湖苑社区尚有少量房源安置外，大部分由张家港经济技术开发区统一安置到北海花苑、西溪花苑、金塘社区和东兴苑社区。

第四节 集中居住区

2001年，随着张家港市城乡一体化建设的发展，以及金港大道拓宽改造和新泾路贯通，南庄村的动迁村民逐步被安置到集中居住区。先有小南庄整体动迁和田二房部分动迁的村民被安置到塘市镇区集中居住。此后，陆续有各自然村的动迁村民被安置到棋杆花苑、南湖苑、塘市花苑、北海花苑、金塘社区、东兴苑和西溪花苑等小区集中居住。至2016年末，全村村民分别被安置在塘市办事处区域内的6个社区集中居住。南庄村动迁居民居住人口最多的小区是南湖苑社区，占全村总人口的70％以上。

2003—2016年南庄村村民被安置集中居住一览表

表 3-1-4

自然村名	组别	安置时间	户数（户）	小区名称	自然村名	组别	安置时间	户数（户）	小区名称
小南庄	一组	2002年5月	35	棋杆花苑				4	西溪花苑
大南庄	二组	2005年3月	1	南湖苑				2	西溪花苑 金塘社区
			6	棋杆花苑	五组	2016年5月	1	西溪花苑
		2006年3月	16	南湖苑				1	西溪花苑
		2006年6月	26	南湖苑				7	西溪花苑
		2007年8月	3	南湖苑			2006年9月	2	西溪花苑
	三组	2005年3月	2	棋杆花苑	李家巷			2	西溪花苑
		2006年6月	45	南湖苑				6	南湖苑
大南庄	四组	2006年6月	1	东兴苑			2012年7月	3	西溪花苑
			52	南湖苑		六组	2013年10月	2	西溪花苑
李家巷	五组	2006年8月	1	西溪花苑				12	西溪花苑
			3	南湖苑			2014年8月	3	西溪花苑
		2012年7月	1	棋杆花苑				2	西溪花苑
			5	西溪花苑			2016年11月	4	西溪花苑
		2013年3月	1	西溪花苑	田二房	七组	2003年4月	6	棋杆花苑
			10	西溪花苑					

（续表）

自然村名	组别	安置时间	户数（户）	小区名称	自然村名	组别	安置时间	户数（户）	小区名称
田二房	七组	2006年5月	3	棋杆花苑	孔家庵	十二组	2012年7月	1	西溪花苑
			1	金塘社区				1	金塘社区
夏家弄	八组	2006年9月	19	南湖苑	小窑泾	十四组	2006年10月	1	棋杆花苑
			1	金塘社区				17	南湖苑
			2	南湖苑			2010年4月	1	金塘社区
			23	南湖苑			2012年12月	2	西溪花苑
	九组	2006年8月	5	金塘社区		十五组	2006年10月	4	金塘社区
			7	金塘社区				1	棋杆花苑
			25	南湖苑				27	南湖苑
东墙门	十组	2006年9月	2	西溪花苑			2010年4月	2	金塘社区
			2	西溪花苑			2011年3月	1	东兴苑
			20	南湖苑		十六组	2006年10月	1	金塘社区
		2013年10月	15	西溪花苑				1	棋杆花苑
			5	西溪花苑			2006年10月	20	南湖苑
			1	西溪花苑		十六组	2010年4月	1	金塘社区
			1	金塘社区				5	南湖苑
			6	南湖苑			2012年7月	1	西溪花苑
	十一组	2006年9月	3	西溪花苑		十七组	2006年10月	1	金塘社区
			15	南湖苑				2	东兴苑
孔家庵	十二组	2006年8月	3	金塘社区				12	南湖苑
			5	西溪花苑			2010年4月	1	北海花苑
			8	南湖苑				1	东兴苑
		2006年10月	3	西溪花苑	朱家巷	十八组	2010年4月	38	金塘社区
			2	金塘社区				3	南湖苑
			14	南湖苑			2012年7月	3	金塘社区
		2010年12月	1	西溪花苑				1	棋杆花苑
			2	金塘社区				6	西溪花苑
		2011年2月	3	金塘社区					

第二章　公共建筑

　　1995年3月建南庄村部办公楼(2008年5月改作商用楼),2005年3月建南庄村、南湖苑社区办公楼,2007年2月建社区会所,2011年1月建公寓房。2016年,南庄村共有公共建筑4处。

第一节　村部办公楼

一、村部老办公楼

　　1995年3月,南庄村自筹资金在金港大道辅道西侧建造行政办公楼,于1996年5月竣工交付使用。办公楼位于东靠金港大道,南靠利民服饰包装有限公司,西靠南庄工业区,北靠双良毛制品有限公司。建筑占地面积1000平方米,建筑面积2200平方米。办公楼为一体式框架结构,九间体,全长36米,楼面5层,工程总造价130万元,由晨阳建筑工程公司施工承建。

位于金港大道西侧的南庄村委老办公大楼(摄于2014年5月)

　　2008年5月,因南庄村村委会搬迁至南湖苑社区,该办公楼成为商业用楼。

二、村部新办公楼

　　2005年3月,由张家港经济技术开发区投资在南庄村、南湖苑社区新建坐北朝南办公楼一座,于2005年12月竣工交付使用。办公楼位于区内安置房(下同)东5、6幢,南20、22幢,西健身场地,北13幢。办公楼由宜兴二建等单位施工建造,其标志性主体工程楼顶由圆形组成,具有欧洲建筑风格。整座

位于南湖苑社区的村委新办公大楼(摄于2016年12月)

办公楼占地面积 1500 平方米,建筑面积 2689.91 平方米,总造价 570 万元。一层有服务大厅超市和卫生服务站,二层为活动室,三层为行政办公室。办公楼周边配套建有广场、健身路径、公共乒乓球台、宣传栏、电子显示屏、塑像、文化墙、亮化工程、门卫等设施。

2005—2007 年南庄村、南湖苑社区办公楼主体建筑室内布局一览表

表 3-2-1

项目名称	具体位置	建造时间	竣工时间	更新日期	建筑面积（平方米）	内部布局
办公楼	新丰路与南湖路交会处	2005.03	2005.12	2016.07 改造外墙	2689.91	一层：南湖苑社区服务大厅、爱心超市、社区卫生服务站 二层：棋牌室、图书室、乒乓球室、多功能活动室 三层：南庄村党总支、村委会办公室
室内活动室	棋牌室	—	2007.07	—	200	12 张棋牌桌,椅子 40 张
	图书室	—	2007.07	—	180	图书 6546 册,桌子 5 张,椅子 40 张,电脑 8 台
	乒乓球室	—	2007.07	—	180	乒乓球桌 2 张
	多功能活动室	—	2007.07	—	180	座位 60 个,音响、投影以及功放等播放设备 1 套

2007—2016 年南庄村、南湖苑社区室外建筑（附着物）一览表

表 3-2-2

项目名称	具体位置	建造时间	竣工时间	更换日期	建筑面积（平方米）	外部设施
宣传栏	社区广场东侧	—	2007.07	2012.11	10	—
	社区广场南侧	—	2007.07	2012.11	15	—
	社区广场西侧	—	2012.11	—	10	—
	社区广场北侧	—	2016.05	—	8	—
	三期(54—61 幢)门卫处	—	2011.10	—	6	—
电子显示屏	社区南门卫	—	2008.10	2017.03	3.5	—
塑像	社区服务大楼南侧缪昌期	—	2007.05	2012.10 搬移至广场西	—	—
	社区服务大楼西侧赵古泥	—	2007.05	—	—	—
	社区服务大楼北侧张宿辉	—	2007.05	—	—	—

（续表）

项目名称	具体位置	建造时间	竣工时间	更换日期	建筑面积（平方米）	外部设施
文化墙	45 幢东侧	—	2006.07	—	20	—
文体广场	社区服务大楼南侧	—	2007.01	2012.10	800（包括舞台100 平方米）	—
	舞台	—	2012.10	—	100	—
	社区服务大楼北侧	—	2007.01	2013.05	500	—
健身路径	16 幢南侧	—	2007.10	2016.11	230	秋千 1 台、太空漫步器 1 台、双杠 1 台、滑梯 1 台、双格肋木架 1 台、太极推手器 1 台、压腿杠 1 台、腹肌架 1 台、扭腰器 1 台、仰卧架 1 台
	47 幢西侧	—	2011.10	—	120	压腿器 1 台、腹肌板 1 台、转腰架 1 台、漫步机 1 台、单杠 1 台、双杠 1 台、骑马机 1 台、太极揉推器 1 台、臂力训练器 1 台
	57 幢西侧	—	2013.11	—	120	秋千 1 台、太空漫步器 1 台、双杠 1 台、滑梯 1 台、双格肋木架 1 台、太极推手器 1 台、压腿杠 1 台、腹肌架 1 台、扭腰器 1 台、仰卧架 1 台
室外乒乓球场	45 幢东侧	—	2007.10	2016.09	110	乒乓球桌 2 张
	13 幢南侧	—	2007.10	2016.09	150	乒乓球桌 1 张
门卫	东隅南 1 处	—	2005.11	—	70	—
	北 2 处	—	2007.06	—	140	—
	西隅东 1 处	—	2008.10	—	70	—
	西隅西 1 处	—	2008.12	—	70	—
路灯	社区区间	2005.12	2009.10	—	136 盏	—
技防设施（监控）	社区区间	2008.05	2013.10	2013 年（13个），2017 年9 月（20个）	辐射全社区	—

第二节　社区会所

2007年2月，张家港经济开发区投资在南湖苑社区西部新建区内公共设施——南湖苑社区会所，于2007年12月竣工并交付使用。社区会所位于东靠小湾泾，南靠社区61幢，西靠中联棠樾，北靠汤联路。占地面积1200平方米，建筑面积2520平方米，楼面为3层。一、二层10间，三层4间，辅房3间。会所总造价504万元。由张家港市合兴建设安装有限公司施工承建。一楼为便民餐厅，厅内最多可同时容纳20桌200人就餐，社区居民预约可在餐厅操办喜宴。会所的二至三楼出租给私营业主作商务办公及餐饮服务场所。

第三节　南庄公寓

2011年1月，经张家港经济技术开发区规划局批准、张家港市发改委同意，南庄村在紫荆路旁建设民工房，后称南庄公寓。南庄公寓东靠紫荆路，南靠丁香路，西侧是孔家庵动迁地块，北与太阳金属公司毗邻，占地总面积2万平方米。南庄公寓共建有6幢11层小高层楼房，总投资8000余万元。建筑总面积4.6万平方米，661套。其中一期315套，二期346套。工程由

位于南庄村西部的南庄工业区公寓房（摄于2013年11月，陶心怡提供）

张家港经济开发区招标办招标，中标单位均为张家港市合兴建设安装工程有限公司。分两期建设。一期于2011年2月动工建设，2012年12月竣工。二期于2012年7月动工建设，2013年12月竣工。同时，由南庄村聘请苏州新区新世纪建设监理有限公司张家港保税区分公司为两期工程监理公司。

2011—2014年南庄公寓建筑一览表

表3-2-3

项目名称	建造时间	竣工时间	建设单位	施工单位	总投资（万元）	建筑面积（平方米）
南庄公寓二、四、六号房	2011.02	2012.03	杨舍镇南庄村经济合作社	市合兴建筑安装工程有限公司	3135	22828.4

（续表）

项目名称	建造时间	竣工时间	建设单位	施工单位	总投资（万元）	建筑面积（平方米）
南庄公寓一、三、五号房及泵房	2012.07	2013.07	杨舍镇南庄村经济合作社	市合兴建筑安装工程有限公司	3540	22260
双层停车房	2013.12	2014.02	杨舍镇南庄村经济合作社	市西张建筑工程有限公司	80	1033
配套设施	2014.03	2014.07	江苏省经济技术开发区实业总公司	市电力局、市政工程公司	1500	—

注：1. 二、四、六号为 11 层框架结构，共 290 套公寓房。其中二号房建筑面积 8720 平方米，四号房建筑面积 6569 平方米，为 110 套小户型；六号房建筑面积 7539 平方米，为 120 套小户型。

2. 一、三、五号房及泵房为 11 层框架结构，共 380 套公寓房。其中一号房建筑面积 8953 平方米，共 120 套大户；三号房建筑面积 6503 平方米，共 130 套小户型；五号房建筑面积 6503 平方米，共 130 套小户型；泵房建筑面积 301 平方米。

3. 双层停车房为 2 层框架，檐高 5.5 米。

4. 配套设施为道路绿化路灯高压供电系统。

第三章　公用事业

南庄村的公用事业始于 60 年代。60 年代末，境内通电，90 年代通自来水，2006 年以后家家用上液化气，2016 年，全境开通管道天然气。

第一节　供水·供电

供水　解放前后，农民用水都以河水为主，家家都有一只水缸，大的能容 3~4 担（150~160 千克）水，小的 1 担（50 千克）水。户户有担桶和提桶，担桶用来挑水，提桶在上河滩淘米、洗菜时顺便带一桶回家以便另用。水缸里挑满水后用明矾捣细，放入水缸里搅拌，使水中杂质沉淀，清水用来烧粥、饭和煮开水。较大的自然村有 1~2 眼水井。到了夏天，村民不烧开水，就用毛竹筒吊井水喝。70 年代开始，每个生产队挖 1 眼井。80 年代，85% 以上的农户有自用井，有的还挖灶边井，家家户户饮用井水。为保证水质和安全，井口上加盖，并装人工水压泵，有的楼上放一只大水缸（或砌水池），用电动泵打水，俗称土自来水。

1996 年 10 月，塘市自来水厂（深井水）开始通管道供水，附近生产队社员吃上了自来水。1994 年 4 月，长江自来水引水工程启动。工程分两个阶段：第一阶段投资 4650 万元，从西张栏杆桥到塘市新庄郎铺设主管道1500米,年底完成安装、试压;第二阶段从接口通向各行政村、企事业单位。2000年开始至2016年,境内村民全部饮用长江水。

供电 解放前,境内村民晚上通常用灯草(芯)棉油盏、蜡烛照明,50年代改用火油灯、美孚灯照明,遇上婚丧喜事则用一种充气燃火油的汽油灯照明。夜间引路大多用四角灯,少数用矿石灯照明。

60年代末,塘市各大队相继建电灌站,南庄大队大队部及周边的生产队开始通电,但主要用于农田灌溉,不用于社员生活。70年代初,农业生产用电的电力线路,都在沿村主干道架设7米高的水泥圆杆,高空布线。然后架设支线电路。支线电路一般都用5米高的方形水泥杆。1975年10月起,社员家庭用电由南庄大队或各生产队从打谷场架设电线到自然村,设若干座变压器,然后把照明电通往各家各户。随着村民生活水平的提高,用电量也随之不断增加,由原来的照明用电发展到空调、洗衣机、电热水器用电。再加村办企业的发展,用电高峰时经常超负荷跳闸,村民用电很不正常。1985年,大队添置发电设备,村民用上自发电,基本缓解了全村照明用电的紧张状况。

1991年,境内用电设施进行改造,统一将电表移至规定地方,统一安装,统一管理。是年开始在主干道等公共场所安装路灯。

1998年秋至1999年,境内实行农网改造,低压线、高压线、进户线、变压器等分类布设。全村增设变压器3台,总容量280千伏安。电网改造后,电压增强并稳定。2016年末,全村共有变压器8台,总功率为3115千伏安。其中工业用电400千伏安规格的4台,农业用电100千伏安规格的2台,公寓、过渡房用电1000千伏安和315千伏安的各1台。从而确保了境内村民的生活用电,改善了村民的生活质量。2010年后,社会进入智能电网时代。2016年,境内的公共事业、企业、家庭用电全部富足,除了更新线路临时停电之外,不再发生让电、限电、避峰等状况。

第二节 供油·供气

供油 60—70年代,境内生产队都有拖拉机,当时的动力机都靠燃烧柴油产生动力,润滑油用来维护主机及各部位。早期柴油也需计划供应,稍后柴油就放开供应,每个生产队都需要储备3~4圆桶(150千克/桶)柴油,供农忙时脱粒、犁地用和灌溉用。偶尔也有用拖拉机来发电,满足社员做事体(如造房、婚丧)需要。进入80年代后,境内有了高压电源,电力替代了柴油机动力,柴油需求量有所递减。取而代之的是汽油需求量逐年递增。至90年代,随着境内农用车的增加和小轿车的迅速普及,供油的主要品种为汽油。至2016年初,南庄全境拥有600余辆小轿车,每年车均耗油1200升,境内全年的汽油消耗达72万升。2016年3月27日,境内港城大道西侧建东海油第五加油站,既满足了境内机动车辆的用油,也方便了外地过境车辆。

供气 1973 年,境内在夏家弄、小窑泾、朱家巷等自然村推行"茶壶形土坑式沼气池",沼气池虽有建池方便、成本低等优点,但质量差、易跑水漏水、坍方等,使用寿命仅一二年,后改进为"圆型二合土池"。1975 年起,境内先后在小南庄、夏家弄等自然村推广沼气池。每只沼气池容积 10 立方米,为圆型活动盖水压式砖结构,造价 170 元左右。生产沼气用于做饭或照明。此后,全境各自然村陆续试用和推广。1979 年,主要推广圆型砖结构池,虽使用效果较好,但农户真正使用沼气的不到 10%。1980 年,公社沼气办公室对各大队沼气使用情况进行调查,病态池、报废池占多数,完好池、正常使用池较少。1981 年以后,境内沼气不再推广。1989 年,为解决民用液化气,塘市乡政府统一规划,由乡民政办公室负责,在西塘公路儿童食品厂东侧建造液化气站,机关工作人员、市镇部分居民开始用上液化气。1993 年起,塘市供销社生产资料部及社会个体户等先后建立液化气供应点,农村家庭先后用上罐装液化气。至 1994 年,境内居民有 70% 以上使用液化气。2006 年,全村各家各户用上液化气,土灶基本绝迹。2007 年南湖苑社区全部贯通管道煤气线路,入住居民个人向港华燃气公司申请并缴有关费用,即可开通。2016 年,全境开通管道天然气,90% 以上居民使用管道天然气,仅有少数老年居民仍用液化气。

第四卷　交通·水利

第一章　交　通

中华人民共和国成立前，南庄没有公路干线与外地连接，乡间只有泥路，境内百姓长途出行和物资运输主要依靠水路。30年代中期，杨舍地区开始使用小货轮托运客货，塘市建有轮船码头，境内百姓可乘船到达杨舍、江阴、常熟、无锡等地。运载货物只能由谷渎港木船进入杨宕泾，然后驳上岸靠人力移动到目的地。境内道路均为土路小道，以独轮车（俗称"羊角车"）为主要交通运输工具。30—50年代，南庄境内主要干路有三条，一是塘市至杨舍，二是塘市至苏市桥，三是北洇至杨舍。

中华人民共和国成立后，党和政府十分重视发展交通运输事业。道路建设发展迅速。70年代开始，境内开始修筑机耕土路，供手扶拖拉机行驶，以后又修筑成碎石路。80年代开始，镇、村投入资金，修筑村组（村民小组）道路，实现路面硬化，实现硬化道路组组通、户户通。90年代开始，新丰路筑成，金港大道（新沙锡路）开通，港城大道竣工，境内交通更加便捷。金港大道往南可上沿江高速公路，直达苏、锡、常、沪、宁等大、特大城市。2000年以后，紫荆路、南湖路、汤联路、新泾路相继建成或拓宽。新泾路往东可穿越苏虞张一级公路到塘桥镇，直达沪通高铁塘桥站。至2016年末，境内有村级公路2条，途经南庄村的主要公路有7条，纵向4条，横向3条。设有6个公交车站。

历史上境内地面起伏不平，河网凌乱不堪，水系不通畅。50年代起，境内开始注重兴修水利，先是开凿、拓浚、疏浚大小河道4条，后又开挖朱家浜、新丰河。2016年，境内有桥梁13座。

20世纪80年代村组水泥路（大南庄二队东西向巷路，徐建峰提供）

港城大道

金港大道

新泾中路

丁香路　紫荆路　东墙路　汤联路　南湖路

南庄村委

新丰路

港城大道

新丰路

紫荆路

金港大道

金塘西路

金塘中路　南湖路

金塘东路

镇中路

★　村委

＝　公路

北

2016年南庄村陆路交通示意图

第一节　公　路

一、省级公路境内段

金港大道（228省道）

南起沿江高速公路，北至张家港市区，纵贯南庄村中部，长约1.5千米。该路始辟于1993年，定名为新沙锡路。初为砂石路面，1993—1996年，在老路面两侧按一级公路标准拓宽。2001年12月，市政府将南环路至沿江高速公路段（全长5.16千米）命名为金港大道。按局部封闭双向六车道标准建设，路面宽22.5米。2002年7月至2003年11月，省交通厅投资7000余万元，按一级

1993年1月1日始筑新沙锡公路，图为塘市镇机关干部在南庄段劳动（钱惠良提供）

公路标准对金港大道进行养护改造。2004年，金港大道全线安装路灯，成为境域的交通主干道，也是沿江高速途经南庄村进入杨舍城区的快速通道。

二、市级公路境内段

1. 港城大道

南起李巷村河头，北至张家港市区。纵贯南庄村西部。境内段长约1.5千米。境内段路面宽38米，沥青混凝土路面，双向六车道，其中机动车道宽32米，绿化隔离带宽4米，两侧的非机动车道各为宽4.5米。机动车道与非机动车道之间为宽1.5米的绿化隔离带，非机动车道外侧有宽20米的绿化带。港城大道为张家港市南北交通大动脉，也是途经境内最宽的公路。

2. 新泾路

东起塘桥镇，西至港城大道，位于南庄村北区，横穿全境。建于2002年。沥青混凝土路面，双向四车道。境内段长2.2千米。

三、镇级公路境内段

1. 新丰路

东起新沙河，西至小窑泾。位于南庄村南区，横穿全境。建于1978年，原为泥路，后筑水泥路面。90年代起，分期拓修，至2016年，全路贯通，东起东南大道，西至港城大道，路面

为水泥路,境内段长约 2.1 千米。

2.紫荆路

南起张家港市金港物流有限公司,北至张家港市区。位于南庄村西区,纵贯全境。建于 2007 年,路面为沥青路,境内段长 1 千米。

3.南湖路

南起塘市,北至张家港市区。位于南庄村东区,纵贯全境。建于 2009 年,路面为沥青路,境内段长 0.5 千米。

4.汤联路

东起东南大道,西至金港大道。位于南庄村北区,横穿境内东区。建于 2010 年,路面为水泥路,境内段长 0.5 千米。

20 世纪 30—50 年代南庄境内主要干路一览表

表 4-1-1

干 路	经过村庄
塘市至杨舍	塘市—大南庄—南中房—大房石基—北窑泾—陶家湾—杨舍
塘市至苏市桥	塘市—东兴巷—旺家巷—大窑泾—小窑泾—朱家巷—缪家巷—黄家巷—苏市桥
北漍至杨舍	北漍—横港桥—缪家庄—陈家圩—三房巷—吴家庄—凤家庄—大窑泾—东墙门—大石桥—马家巷—水川里—赵庄—杨舍

2016 年省、市、镇级公路南庄村境内段一览表

表 4-1-2　　　　　　　　　　　　　　　　　　　　　　　　　　　　　　　　单位:千米

路　名	建造年份	级别	起　止	路面质量	境内长
新丰路	1978	镇	东南大道经南庄村向西至港城大道	水泥路	2.1
金港大道	1997	省	张家港市区向南经南庄村上沿江高速公路	沥青路	1.5
港城大道	1999	市	张家港市区向南经南庄村至李巷首末站(丁家河头)	水泥路	1.2
紫荆路	2007	镇	张家港市区向南经南庄村至金港物流	沥青路	1
南湖路	2009	镇	张家港市区向南沿靠南庄村至塘市	沥青路	0.5
汤联路	2010	镇	东南大道经南庄村向西至金港大道	水泥路	0.5
新泾路	2016	市	塘桥镇向西经南庄村至港城大道	沥青路	2.2

2016 年南庄村村级公路一览表

表 4-1-3　　　　　　　　　　　　　　　　　　　　　　　　　　　　　　　　单位:千米

路　名	建造年份	起止	路面质量	长度	宽度
东墙路	2008	南庄工业区小街至新泾西路	柏油路	0.5	0.02
丁香路	2012	金港大道至西区河	水泥路	1.3	0.02

第二节　交通设施

一、候车亭

1996 年 8 月,塘市中心小学易地新建落成后,境内南庄小学并入塘市中心小学,小学生上学、放学每天由校车接送。为了方便小学生候车,杨舍镇在小窑泾设 1 个候车亭。候车亭设有雨篷。确保朱家巷、小窑泾、孔家庵等地远道小学生不受雨淋。候车亭一座,造价 0.8 万元~1 万元。2014 年停止使用。

二、公交车站

1996 年,境内开通公交车。先是 9 路,由市区通往塘市,境内设南庄站。2016 年,境内设有 8 路、35 路、212 路公交车站 6 个(3 条线路)。其中金港大道有南庄、南庄北两个站;新泾路有金港大道、南湖路两个站;紫荆路两侧有同名南庄公寓两个站。

市公交 8 路金港大道西侧南庄站(摄于 2015 年 4 月,陶心怡提供)

市公交 35 路港城大道南庄站牌(摄于 2015 年 4 月,陶心怡提供)

三、桥梁

1967 年,大南庄在村北面北长泾与黄泥泾东西两头河上新建 2 座砖拱桥,用于村民通行,是境内首次建造砖砌拱形桥。1978 年和 1980 年夏家弄东西两头新丰河上建造砖拱桥和支架装配桥各 1 座。至 2016 年,南庄村由于农田建设、公路建造、镇村规划建设,新建、改建、修建桥梁 16 座,保留老桥 2 座,拆除 3 座,2016 年境内有桥梁 13 座。

位于南湖苑社区的北长泾河向阳桥(摄于 2013 年 10 月,陶心怡提供)

2016 年南庄村主要桥梁一览表

表 4-1-4

序号	桥 名	坐落位置	跨越河道	结 构	跨径（米）	宽度（米）	荷载（吨）	修建年份
1	向阳桥	27 幢前	北长泾	砖拱桥	1967 年建,保留旧桥			
2	团结桥	34 幢前	北长泾	砖拱桥	1967 年建,保留旧桥			
3	夏家弄东桥	夏家弄东	新丰河	砖拱桥	30	3.5	3	1978
4	夏家弄西桥	夏家弄西	新丰河	简支架装配桥	30	4.8	1	1980
5	新丰河桥	南湖苑入口	新丰河	桩基础	20	16	20	2005
6	黄泥泾东桥	社区前	黄泥泾	简支架	17	16	20	2005
7	黄泥泾西桥	27 幢前	黄泥泾	混凝土桩基础	15	14	20	2007
8	北长泾桥	61 幢后	北长泾	简支架桥	13	14	20	2008
9	南庄桥	36、53 幢前	新丰河	简支梁桥	20	16	20	2010
10	金港大道新丰桥	新丰河中路	新丰河	简支梁桥	48	34.6	80	2010
11	紫荆路新丰桥	宝电厂	新丰河	简支梁桥	30	10	80	2010
12	弘鼎桥	澳洋呢绒厂	新丰河	灌注桩基	30	10	50	2016
13	新丰路桥	西区河	西区河	灌注桩基	47.6	14.5	80	2016

第三节　交通运输

60 年代,南庄村的交通运输有陆运和水运,运输工具主要分人力运输工具和机动运输工具两种。70 年代,境内的运输工具是以人力运输工具为主。80 年代,人力运输工具逐渐被现代机动运输工具所代替。2000 年以后,人力运输工具基本被淘汰,且以陆运为主。2010 年以后境内已不再有木船和水泥船。

一、陆运

70 年代前,境内陆路交通较为闭塞,以步行为主。去杨舍等邻近集镇,多数是泥路,宽约 1 米。70 年代,配合农田基本建设,境内各组逐渐修筑机耕道,始铺乱砖路面,后改铺石子路面,较大的自然村能通行汽车。1978 年,新丰河南岸先筑碎石煤渣路,后浇沥青路面。东起老沙锡路,西至港城大道。1979 年 10 月,沿新沙河筑的老沙锡公路开通。境内群众到塘市上车可南至无锡北至杨舍。次年,老沙锡公路铺上沥青路面。公共汽车每天 10 余班次,交通方便。1983 年 9 月,塘市至西张开通西塘线,杨舍至常熟、上海的公共汽车途经塘市镇区。1992 年,全境村级公路连通各个自然村,形成了纵横交叉的陆上交通网络。1994 年下半年,新沙锡公路开通,纵贯全村,境内段 1.5 千米,路面宽 30 米。新沙锡公路往南直通沪宁高速公路,向北可达张家港保税区码头。至 2016 年,境内的陆路运输十分便捷。

（一）人力交通运输工具

手推独轮车 木制,客货两用。载重 150 千克左右,车两边可坐人或载物,60 年代被逐步淘汰。

板车 又称榻车,大多数为木质车身,少数为铁质车身、铁车厢。车厢长 2 米左右,宽 1 米左右,载重 1000 千克左右。70 年代起用,1983 年实行家庭联产承包责任制后村民因要拖运粮食或肥料,故大部分家庭均备有此车。2005 年被逐步淘汰。

船 有木船、水泥船两种。60 年代

手推独轮车(摄于 60 年代,陈礼彬提供)

后开始使用钢丝网混凝土结构的水泥船,其优点是价廉、易保养、使用周期长,吨位有 5000 千克、7000 千克不等。新丰河开通后,境内各生产队都购买水泥船 1～2 条,主要用于装运稻、麦、化肥、氨水等。2010 年被全部淘汰。

自行车 一种较轻便的代步及运输工具。60 年代,用自行车从事搭客载货,俗称"二等车"。80 至 90 年代,自行车普遍成为村民出行的交通工具,基本实现户户普及。境内最多时共有自行车 1000 余辆,直至 90 年代后期,逐步被电动自行车替代。2016 年,境内仅剩自行车 20 余辆。

（二）机动交通运输工具

70 年代开始,境内机动交通运输工具逐步发展,除挂桨机船外,机动车辆也开始出现,如拖拉机、汽车、摩托车、电瓶车等。

机帆船 70 年代后,开始在水泥船尾加装螺旋桨推进器,用柴油机驱动行驶(俗称机帆船)。1980 年,全境各个生产队将水泥船都改装成机帆船,境内有机帆船 20 余条。90 年代被逐步淘汰。

拖拉机 60 年代以后,境内的机动交通运输工具主要为手扶拖拉机。1974 年初,大南庄三队徐元如发起,与东墙门邹文祥、田二房王瑞龙合伙购买装载手扶拖拉机 2 台,是境内最早的陆地机动运输工具。1975 年,大南庄四队徐永根个人出资率先购买拖拉机 1 台(有车斗),用于跑运输,为村民装运石子、砖块等。1983 年,境内有手扶拖拉机 18 台。是年,原来生产队集体购买的部分手扶拖拉机作价卖给村民改装成运输车。80 年代在砖瓦厂生产最盛时期,境内有 6 个生产队的社员购买拖箱拖拉机为村民运送砖瓦。全村有运输专业户

17 户。1991 年,全村有手扶拖拉机 27 台,农忙时耕田,农闲时跑运输。1994 年,境内有拖拉机 12 台。1997 年,境内有拖拉机运输专业户 12 户。2010 年,拖拉机运输大幅减少,基本被货车取代。2016 年,境内仅有 3 台。大南庄二组徐永年有 1 台,临时为农户运输建筑垃圾、搬运小型货物等。大南庄三组徐正平有 1 台,常年固定为南庄工业区等地清除生活垃圾或少量的工业废品。朱家巷十八组朱德才有 1 台,临时为农户运输物资。

汽车 是境内村民陆路交通运输的主要工具,有轿车、面包车、卡车、小货车等。1991 年,全境有轿车 1 辆、农用卡车 2 辆。1994 年起,境内李家巷李栋环和小窑泾陶建丰经营小客车接送客人。1994 年,南庄村有小客车 8 辆,其他车辆 8 辆。1996 年,大南庄二组徐国锋最早购买农用型汽车 2.5 吨货物运输车 1 辆,后改装成翻斗车开始搞运输。1997 年,同村邻居徐忠购买同款型卡车 1 辆,用于跑运输,挂靠固定单位装运货物。1997 年,全村有汽车运输专业户 18 户。随后,境内搞运输做生意的人员不断增多,至 2016 年,有卡车 15 辆、皮卡 2 辆、小货卡 1 辆、面包车 2 辆,从业人员 20 余人。

摩托车 现代化代步工具,境内大部分村民主要用来方便上下班,也有少数用于搭客。80 年代末,境内少部分人开始购买摩托车。随着乡镇企业的发展,摩托车成为主要代步工具。至 90 年代,境内有摩托车 187 辆。2000 年以后,境内摩托车逐渐减少。2016 年,境内仅剩 10 余辆摩托车。

电动自行车 继摩托车逐步淘汰以后,取而代之的是电瓶车。2000 年前后,境内居民家庭开始购置电瓶车,至 2010 年,境内拥有各种款式和品牌的电瓶车 500 余辆。以后逐年减少,至 2016 年,境内有电瓶车 400 余辆。

二、水运

(一)货运

解放前,境内水路闭塞,陆路仅靠 3 条官(干)道,货运只靠肩挑或用独轮车,每辆载货 150～220 千克左右。运至塘市、杨舍或北漍轮船码头再托用出去。境内的水上运输仅靠小木船由谷渎港进杨宕泾再到南庄站,运载少量物资。随着朱家浜和新丰河的开掘,水上运输业开始发展。1964 年塘市交通运输管理站建立(交管站),大南庄、田二房、小窑泾等生产队领取航运证,组织社员轮流搞运输。1965 年,大南庄(第二生产队)率先购进 1 条 5 吨水泥船,主要用于运输农用物资、农副产品等,运输量不大。1967 年起,大南庄(第二生产队)率先有两条水泥船,从事副业,专门接受塘市交管站调派,运输中长途物资。货物主要有黄酒、甜水酒、稻谷、大米、小麦、面粉等粮食物资,毛竹、杉木、化肥、农药等生产资料物资,红砖、水泥、石灰、楼板等建材物资。进入 70 年代,各生产队陆续购买水泥船,载重为 5 吨、7 吨、10 吨不等。主要往返于塘市、杨舍等地,为生产队装运氨水、出售余粮等。1976 年,境内有水泥船 12 条。1980 年,境内有各类货运运输船只 27 条。有农用挂桨机船 7 条,主要用于装运计划物资,来往于上海、无锡、苏州、常州等地。1983 年开始,境内的货运运输船只大部分改装挂机动力,仅有少量手工摇船。主要以运输砖瓦为主,是当时砖瓦厂的主要运力,承担了成品运输 40% 的吞吐量。正常年份,各砖瓦厂成品场的下水码头上车水马龙,码头下各类船只一字排开,众多搬运工手脚麻利娴熟,挥汗如雨。每座砖瓦厂日载运吞吐量均有 100 余吨,装运场面蔚为壮观。至 80 年代末,农船运输基本消失,主要改由陆路运输。2010 年,境内水上运输业全部淘汰。

20 世纪 70—80 年代南庄大队运输船只一览表

表 4-1-5

总条数	总吨位(吨)	水泥船类型						
		农船		运输船		挂机		
		条	吨位	条	吨位	条	吨位	马力(匹)
27	177	18	95	2	20	2	15	24

(二)客运

1912 年,客轮通行,苏州及无锡等五艘客轮每天往返于无锡、苏州、常熟和杨舍之间。境内农民乘坐轮船要到塘墅轮船码头。

解放后,轮船仍为水运主要工具,其业务有所发展。往返常熟、无锡的班船每天有两班,往返苏州的班船每

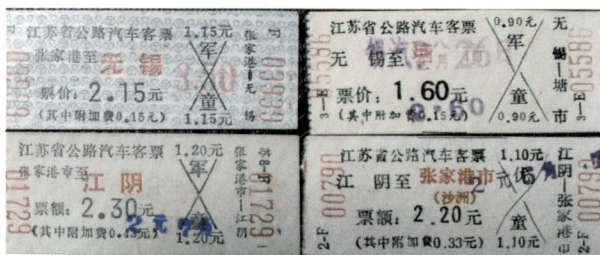

20 世纪 90 年代长途客运汽车票(摄于 2016 年 12 月,徐瑞芳提供)

天一班,每年春节期间,偶尔也有加班船安排。70 年代后,乡镇公路开始通车,水运逐渐萧条。至 1988 年,轮船客运全部停止,村内农民出行不再乘坐客轮外出,取而代之的是客运长途班车。境内村民到市区乘坐长途汽车可直达江阴、无锡、常熟、南京和上海等大、中城市。

第二章　水　利

解放前,境内地面起伏不平,河网零乱。通江河道无闸节制,随潮涨落。受小农经济的影响,内部河道互相分隔,宣泄不畅,极易形成旱涝之灾。民国时期,有 8 年旱、涝成灾,尤以 1934 年旱灾最为严重,境内大、小池塘河底干裂发白。

解放后,特别是沙洲建县以来,人民政府发动群众兴修水利。50 年代,境内着重将数条

内河与朱家浜、谷渎港等河道疏通,提高排灌能力。60年代以后,按照"小型为主、配套为主、自办为主"的治水方针,开挖以新丰河为重点的区域性排灌河道,并不断疏浚池塘河浜。70年代开始,在"农业学大寨"运动中,大搞平整土地,加强渠道建设,发展电力灌溉,完善配套设施,以确保排灌畅通。80年代后,水利建设的重点转为巩固已建工程,加强管理,提高经济效益,基本达到百日无雨保灌溉,日雨150毫米不成灾。

大寨河开工誓师大会(摄于1972年,陈礼彬提供)

第一节　河道整治

解放前,塘墅谷渎港河道弯曲,狭窄淤浅,境内引水困难,水旱灾害频繁发生。解放以后,特别是1958—1994年,有规划、有步骤地全面兴修水利,进行河道整治。境内先后开凿、拓浚、疏浚大小河道4条,其中新开凿区域性河道1条,乡村中心河道1条,疏浚村级生产灌溉河道4条,形成了各级河道纵横成网,相互配套,排灌、运输综合利用的新的水利体系。1968—2016年,境内先后疏浚县、镇级河道4次,区域性河道3次。

一、疏浚县级河道

新沙河为县级河,原名谷渎港,分南、北两段,全长16120米。南段杨舍至北澳,全长1170米,其中塘市境内段为2500米。于1971年12月10日动工疏浚,1972年1月底竣工。境内派数百名民工参与。新沙河底宽12米,底高吴淞零上0.5米,边坡1:2.5,土方66万立方米。1972年2月3日下午3时放水通航。

二、疏浚乡村级河道

(一)朱家浜(诸家浜)

朱家浜因为两岸受益户共同开挖,故名诸家浜。后因西至朱家巷,又称朱家浜。

朱家浜东起谷渎港,西至朱家巷。1948年开挖,全长2850米,境内段2480米。东经芦庄接谷渎港(后改为新沙河),西至朱家港(现与西区河相通)。小修(治滩涂、清污)3~5年一次,大修1974年与1993年共两次。塘市镇并入杨舍镇后重点改造3次。2012年至2013年修浚,两侧筑重力式混凝土挡墙,长850米,宽20米。南湖路至新珑湾小区河段,于

2014 年至 2015 年开挖,两侧直立式混凝土挡墙,长 220 米,宽 9 米。金港大道东至南湖路河段,于 2015 年整治疏浚,长 1200 米,河道清淤疏浚。

(二)新丰河

新丰河于 1978 年开挖,东接新沙河,从芦庄村部起西至小窑泾龙吐舌头泾,全长 2.7 千米,境内段 2.1 千米。1981 年第一次疏浚,自新沙河向西 1 千米至大南庄。2002 年疏浚,自西区河至金港大道,作河道清淤、修坡处理,长 2 千米,宽 20 米。2006 年,金港大道至南湖路清淤,两侧筑生态挡墙。2014 年,南湖路往东 250 米清淤,筑重力式混凝土挡墙。棋杆花苑段:2014 年修建,两侧筑重力式混凝土挡墙,长 220 米,宽 15 米。是年金港大道至西区河清淤,两侧筑生态挡墙。

三、疏浚村组河道

境内的内陆河,俗称河塘。解放前,全境大小河塘共有 184 条,总面积 600 余亩。50 年代,因农田灌溉需要,百姓在冬春少雨季节各自为政,自发开展河塘疏浚。60 年代后,国家提倡农业机械化,开始出现机械动力灌溉,用小型拖拉机作动力,引进内河水灌溉庄稼。80 年代起,境内的河塘不再是农田灌溉的主要来源,部分经疏浚连通外河,用于农船进出通行,部分用来放鱼养菱、养蚌育珠,兼以罱泥积肥等。至 90 年代,历经并田填河,较大河面的上大河仅存 30 多条。至 2010 年,境内河面积较大的内陆河主要有杨宕泾等 17 条。2016 年,境内的河塘基本消失。

20 世纪 50 年代境内部分河塘名称及面积一览表

表 4-2-1

自然村	河塘名称	面积(亩)	河塘名称	面积(亩)	河塘名称	面积(亩)
小南庄	后漕泾	6	杨宕泾梢	3	港湾泾	3
	小陶泾潭	1	狗屎潭	1	门前泾	6
	叫花子湾	3	高早潭	1	南边泾	2
	大王庙基泾	1.5	大陶泾潭	1.5	—	—
大南庄	杨宕泾	3	陶泾潭	0.3	佘头泾	0.5
	北长泾	3	黄泥泾	3	后黄泥泾	3
	小四方潭	0.5	大四方潭	1.5	张家泾	4
	牛翁潭	0.5	港车泾	5	鱼秧潭	0.7
	西元泾	1	小湾泾	0.2	上陆新泾	12
	中陆新泾	10	下陆新泾	10	东高泾	2
	河花潭	2	项前泾	2	猪草泾	0.6
	摇婆泾	0.5	张宕泾	5	小泾河	0.8

（续表）

自然村	河塘名称	面积(亩)	河塘名称	面积(亩)	河塘名称	面积(亩)
大南庄	坟潭泾	0.3	门前泾	5	小泾河	0.2
	灶下泾	2	宅基泾	3	小扬家泾	0.5
	水沟泾	1	摇婆泾	1.5	麻皮泾	2
	石河泾	1	蒲鞋潭	0.2	西高泾	2
	草鞋潭	0.3	东头河	12	裤子裆河	3
	猪爬潭	0.4	划宕里	5	南窑泾	3
	李大湾	8	菱树泾	2	—	—
李家巷	湖塘里	5	刘齐潭	2	小金河	2.5
	庙基河	2	小金河	2	大河	15
	家下泾	2	小泾河	2	荷花潭	4
	鹅湾泾	5	张家门前泾	2	—	—
田二房	张房泾	8	门前泾	10	南家泾	8
	小湾泾	5	长泾河	6	家后泾	10
	上中泾	3	火叉泾	7	张家泾	3
夏家弄	后头泾	15	坝头巷家下泾	5	虎家泾	10
	鸭头泾	10	宕泾	3	东潭	3
	门前泾	4	西潭	3	张家泾	4
	北鸭头泾	3	猪屎泾	3	南长泾	13
东墙门	怨家潭	1.1	苍婆泾	0.8	陈献泾	7
	十亩泾	5.8	砚台眼	0.7	锅底潭	0.8
	竖南泾	1.1	泥长泾	1.5	黄泥泾	0.7
	龙潭泾	4.5	长水沟	1	勃刀潭	1.5
	面长泾	2.5	小阳元泾	5	大阳元泾	15
	孙家泾梢	0.8	龙须泾	2.1	安全泾	1.8
	门前泾	1.2	家后泾	5.5	水沟泾	1.8
	陶家潭	5.5	南夹港	1.5	北夹港	2
	四条头河	5.5	翻扒泾	1.2	—	—
孔家庵	观音塘泾	3	大小水渠泾	5	大河	4
	梢河池	2	陶家池	2.5	缪渤潭	2.4
	夹江泾	5	松墩泾	3.5	江顺泾	2
	牛尾巴	3.5	塘泾	7	六庙泾	5
	苍蒲泾	3	—	—	—	—

（续表）

自然村	河塘名称	面积(亩)	河塘名称	面积(亩)	河塘名称	面积(亩)
小窑泾	徐家湾	3	湾泾	1	西油车泾	1.5
	龙吐舌头泾	2	后潭	0.5	竖头泾	2
	东油车泾	1	水头泾	1.5	朱家浜	2
	家下泾	4	黄鳝水沟泾	2.5	木渎斛	3
	墩墩泾	2	荷花池	6	油车泾	3
	翻扒泾	2	黄泥泾	5	面杖泾	3
	南泾	3	小泾	3	南泾河	4
	西家泾	5	鸭头泾	6	龙潭泾	5
	庙墩泾	4	高家泾	3	花海湾	3
	陈港巷	6	邹家泾	8	赵家门前泾	6
	墩墩河	3	赵家后头泾	3	小家西	5
	王妹潭	3	王家潭	1.5	夹江泾	4
朱家巷	小渠泾	2	门前泾	2	徐家湾南梢	2
	家东泾	3	庙基泾	2	东水渠	5
	黄鳝水沟泾	2	葫芦潭	1	水沟泾	2
	西水渠	3	上家泾	4	下家泾	4
	墩墩泾	3	横泾河	15	陆家斛	3
	南河潭	2	北河潭	3	摇婆泾	20
	棉絮潭	6	石杖泾	2	汪汉泾	5
	汪家家下	5	—	—	—	—

20 世纪 80—90 年代南庄村(大队)主要河塘名称一览表

表 4-2-2

名 称
杨岩泾　后槽泾　张宕泾　南边泾　宅基泾　港车泾　灶下泾　黄泥泾　大四方潭　北长泾　陆新泾　南泾　水渠泾　梢河泾　大河　张家泾　家后泾　南长泾　安全泾　南窑泾　水头泾　门前泾　王家潭　龙须泾　陶家池　南泾　横泾　上家泾　下家泾　西水渠　墩墩泾　葫芦潭　水沟泾

第二节　排　灌

清末至民初,境内灌溉主要靠人力车水,牛力戽水次之。如遇到高田要架设 2~3 台水车逐级上水,俗称"盘水"。长期以来,农田灌溉极为困难,粮食因此歉收。如遇大旱年景,农民为抢水常常带来各种纠纷。解放后,大力发展机械灌溉,渠道、排灌站等灌溉工程陆续兴建。1967 年开始有电力灌溉。1970 年全境实现机械化灌溉。1970 年以后逐步发展电力灌溉。1985 年境内全部实现灌溉机电化,1990 年以后全部实现电气化。

人畜力灌溉　60 年代前,水车是境内的主要灌溉工具,分人力水车和牛力水车两种。水车由车轴、车箱、斗板、鹤槔、车民牛、车桁、石盖(搁置车轴转动,共 2 只)组成。车轴有四人轴、六人轴两种,境内大多以六人轴为主。车箱长度以斗板张数计算,一般有 11、13、15、17、19、23 张等几种。境内因属纯稻区,高岗地多,大多用 17 张以上的长水车。鹤槔、牛由车榫相接,似"龙骨",用以提水。灌溉时以 6 人、8 人、9 人档运作,6 人档在劳动时可停车休息片刻,8 人档俗称"八转六",按筹码转数,其中 2 人轮流休息;9 人档俗称"九人转",按筹码转数,其中 3 人轮流休息。按劳动强度,"八转六"最为辛苦。牛车则要加上墩芯、盘面。一部人力车日灌溉面积 5~8 亩,一部牛车日灌溉面积 8~10 亩。内塘水源不足的地方,要从外河翻水,塘翻塘、沟翻沟,几渡上水,最多时有二、三渡。私有制时,内塘上水田有规定(一条内塘规定几块田上水),因此,一旦发生旱情,规定芒种后第 6 天,几块田的农户就得请人帮助"抢水"。解放前,仅大、小南庄有耕牛 26 头(即牛力水车 26 部)。1962 年,境内共有人力水车 48 部、牛力水车 50余部,人畜力灌溉面积 2000 余亩。70年代后,人畜力灌溉基本绝迹。

位于朱家浜南岸的人力灌溉铜像(摄于 2016 年 8 月,朱晓华提供)

机械灌溉　解放前,境内小南庄始有柴油机灌溉。1951 年大南庄沟通三条河,经杨宕泾引进谷渎港水,设 4 个码门,用戽水机船灌溉 100 余亩农田。1952 年开通北长泾,连接上、中、下陆新泾,有 12 个码门,灌溉面积 500 余亩。1958 年人民公社成立后,由抽水站统一安排抽水机灌溉,开始修建灌溉渠道。1963—1967 年,东墙门、夏家弄、田二房、大南庄 4个自然村沟通 13 条内河,大队购进机船戽水,灌溉面积 1000 余亩。

电力灌溉　1968 年,大南庄西元泾电灌站是塘市公社首批改建成的电灌站之一。李家巷新建电灌站是全公社最早的 4 个电灌站之一。1972 年东墙门新开团结浜建电灌站。3个电灌站灌溉境内 60% 左右的农田。随着电力事业的发展和新丰河的开通,境内电力灌溉覆盖面积逐年扩大。1983 年,全村有电动机 58 台,水泵 31 台,境内全部实现电力灌溉。2006 年以后,境内大部分耕地被征用,电力灌溉逐步淘汰,到 2016 年不再有电力灌溉。

田间沟渠　50 年代初,境内只有小毛渠(田埂旁筑过水渠)。1958 年以后,随着固定机灌站的发展,渠道工程逐渐兴起。

70 年代,渠道工程发展迅速,一般一座固定机灌站或电灌站有渠道千米以上。渠道工程由大队投资,按受益面积分摊到生产队,劳动力全部由生产队负担。

1976年以后,境内机灌队伍逐步建立。电灌站发展后,管理人员由公社负责技术培训,生产队的电工由大队培训。1986年,全境机电灌溉队伍发展到18人。实行联产承包责任制后,各生产组机电灌溉均由生产组组长兼管。

1980年,大队用管道铺设暗渠,暗渠上面为村级机耕道。1983年以后,农村逐步建立农户联产承包责任制,渠道工程未有发展。原来的渠道工程(明渠)因多年失修,有的渠道弃之不用,有的地下暗渠坍塌,裂缝穿洞,加上部分农户在渠道上乱挖缺口、引水灌溉责任田,使得许多干、支渠道损坏严重。1985年渠系利用率仅60%。1990年后,镇政府加强对农业的投入,各个行政村对渠道派专人整修,并村村建立百亩示范丰产方,镇农业公司在南庄村建立百亩示范丰产方,浇灌混凝土渠道,从而使全境田间渠系工程发生新的变化,达到路渠结合:路下暗渠灌水,路上行人跑车,路旁植树绿化。1998年后,境内机电灌溉队伍逐步解散。至2016年,机电灌溉不复存在。

第三节　农田示范区

土地平整

农业合作化前,境内粮田高低不平,大小不均,大的七八亩一块地,小的仅二三分地。小河塘星罗棋布。合作化以后,逐年把部分小田块合并,但还不能适应作物高产的要求。60年代开始,境内平整土地主要平整坟地、高岗、庙基。70年代初开始,平整土地主要以低洼地、河梢、河浜及河面不足2亩的河塘为主。部分自然村还以宅基中的小河塘为主,填平部分河潭,安排村民作为宅基地使用。1975年起,大搞平整土地、格田成方,做到块块"自立门户",圩灌圩排。1986年,加大对农业投入,乡村两级都建立丰产方,达到旱涝保收、稳产高产。

1996年冬至1997年春,对新沙锡路两侧进行大平整,从河北村原塘市派出所开始,途经南庄村(李家巷、田二房、夏家弄、大南庄)到棋杆路为止。总共平整土方25.98万立方米,耗资67.95万元整。其中:河北31.407亩、南庄510.415亩、棋杆83.747亩,合计平整土地625.569亩。通过平整(河面、废地、低洼地),南庄村实际增加面积69.93亩,平整土地后新建永久性渠道2.92千米,从西元泾到陆新泾新挖河道393米,总土方1.87万立方米,新建新丰河电灌站1座。

1963年秋，时任大队党支部副书记、大队长的徐刘增带领民兵前往大南庄新宅基庙基头铲平祭土种绿（前排左起：徐桂福、徐玲娣、徐玉芬、徐桂芬、徐云清、徐刘增、徐永全。中排左起：张如全、徐宝娣、徐小芬、徐天宝、徐林才、徐琴娣、蔡彩琴、邹士加。后排左起：徐瑞龙、徐顺祥、徐叙庆、徐顺方、徐福顺、徐祥宝、徐荣祥、徐士俊）（摄于1963年10月，徐瑞龙提供）

20世纪50—70年代南庄村（大队）平整坟地、高岗、河浜名称及面积一览表

表4-2-3　　　　　　　　　　　　　　　　　　　　　　　　　　　　　　单位面积：亩

自然村	坟地、高岗、河浜名称	面积（亩）	坟地、高岗、河浜名称	面积（亩）	坟地、高岗、河浜名称	面积（亩）
小南庄	大坟里	1	两个头大坟	1.5	—	—
大南庄	门前坟	1.2	杨宕泾岗坟	0.2	杨宕泾公墓坟	1.5
	玉相坟	0.8	陶泾潭河	0.5	后老坟	12.5
	高三亩坟	0.5	叶家宅基坟	0.5	河花潭河	5
	杨家泾河西梢	0.5	西家泾	1	巷前泾	0.4
	八仙坟	1	郭家坟	0.5	东李大坟（王家）	0.9
	西李大湾坟（徐家）	1	东头河鬼坟台	0.5	柏树坟坁	0.8
李家巷	殿生坟	5	亩坟	0.3	上六亩坟	0.7
田二房	四亩头坟（王家）	0.3	张望圩坟（徐家）	0.5	—	—

（续表）

自然村	坟地、高岗、河浜名称	面积（亩）	坟地、高岗、河浜名称	面积（亩）	坟地、高岗、河浜名称	面积（亩）
夏家弄	汝成八分头坟	0.3	马胜红坟	0.3	九分头坟	0.4
	相郎坟	0.3	七荒坟	0.5	邹掌生篱笆坟	0.5
	邹相宝坟	0.5	曹家坟坵	0.5	—	—
东墙门	角结结坟	0.5	坟堂屋陈家坟	0.8	杨家坟坵	0.5
	黄泥泾	1.5	龙西泾	2.5	—	—
孔家庵	大松坟	5	小松坟	2	六家坟	0.5
小窑泾	陈家坟	0.5	马嘶桥祖坟（婆鞋田北侧）	1.5	十松坟头	0.3
	一亩三上下坟	0.3	角老三亩赵一根坟	0.3	另杂坟头	0.3
	小二亩坟	0.2	陶家祖坟	0.3	陈巷旺坟	0.3
朱家巷	高坟头	1	上岸田	1	南泾头	0.5

丰产示范区

南庄大队的农田示范区建设基础工程始于1974年，按照"排得快、灌得好、降得下、易管理"的农田田园化要求，从改造低产田入手，大搞平整土地和格田成方，重新调整河、沟、田、路、站、村的布局，将原来大小不一、高低不平的田块，分隔成格子化农田，连片格子田成为各个生产队的丰产示范区。

60年代开始，全市加快低产田改造和农田标准化建设步伐。市委多次下发通知，要求加强农田示范方、吨粮田、丰产方的建设。1995年，苏州市制订吨粮田建设标准，对吨粮田、丰产方和低产田改造提出了"挡得住、排得快、灌得好、降得下"的新要求，进一步推进境内丰产方建设。2006年9月，张家港市委、市政府出台《张家港市现代化农业建设实施意见》，提出"十一五"（2006—2010）期间建成高标准基本农田4万亩的目标。"十一五"期间，全村根据市、镇的要求，共完成建设高标准基本农田200余亩。

示范方 全村示范方始建于60年代初。70年代始，按照公社"以农养农、以工扶农"的政策，境内将丰产方建成示范方，每个示范方面积50亩，村投资8万元建设永久性渠道，所有田块格子成方、沟渠配套，确保旱涝丰收。示范方都设有标志，竖在田间。每个示范方由大队主要领导任组长，大队农技员为专管员。1979年，在气候多变的情况下，夏熟获得了好收成，全村小麦亩产平均317千克，秋熟种上常农粳5号，亩产515千克。

吨粮田 吨粮田水利是旱涝保收田、高产稳产田建设的继续和发展。在平整土地、改造低产田的同时，注重改善农田灌排条件，治理水土流失，有计划地实施旱改水工程。

1985年，全村开始建立吨粮田，总面积350亩。在建设吨粮田的基础上，南庄村根据外地先进经验,对吨粮田实行一改三结合:即把明渠改为暗渠;结合平整土地,格田成方;结合大搞灌排分开,做到块块"自立门户",圩灌圩排;结合调整社员自留地,建设标准化机耕道。

1986—2003年,全村改造低产田250余亩。

丰产方　90年代初,南庄村开始建设丰产方。村内把30亩以上连片吨粮田称作丰产方,大的丰产方有80~120亩。1992年,全村5个生产队改造3处中低产田,修建沟渠1100米,受益面积520亩。至1995年,全境建成各类丰产方5个,总面积150亩。新建电灌站2座,砌筑渠道1500米,铺砂石路2000米,混凝土1200米,农田绿化6800株。累计总投资5万元。2000年以后,稻麦连年获得丰收,产量普遍比大面积田块增收15%左右。

丰产方田块(摄于2009年8月,赵正高提供)

2006年以后,境内不再有示范方、吨粮田和丰产方。

第五卷　农　业

中华人民共和国成立前,全境有耕地2500余亩,农民历来以农业为生。农业生产以种植水稻、三麦(小麦、大麦、元麦)、油菜为主。由于受自然灾害频发和生产技术落后的影响,稻麦收成一直处于较低水平。一般年景,水稻亩产约295千克,三麦亩产约85千克,油菜籽亩产约60千克,大灾年景收成更是微薄,农民生活贫苦。中华人民共和国成立后,经过土地改革和合作化运动,调动了农民的生产积极性,促进了生产力的发展。1958年"人民公社化"运动开始,大搞平均主义,生产力受到严重损害。由于"一大二公"、浮夸风、瞎指挥等"左"倾思潮泛滥,加上自然灾害等因素,导致农业连续3年减产,经济困难,农民连温饱也难以维持。1962年实行"三级所有,队为基础"的管理体制,农业生产得到恢复。1966年,三麦亩产147千克,水稻亩产402千克,油菜籽亩产132千克。1966年"文化大革命"开始,"以粮为纲"的思想将农民束缚在单一的粮、油生产和猪、牛饲养上,社员家庭副业被视为"资本主义尾巴"。

70年代以后,境内耕地逐年减少,主要用于国家、集体、筑路、修浚河道征地,镇村集体公共用地,农村小区建设用地,三产和工业用地,农民建房、修筑行政村中心路和各自然村巷道等用地。1983年,全村实行家庭联产承包责任制,农村经济开始全面振兴。1983年,油菜籽亩产129千克,三麦亩产348千克,水稻亩产458千克。1994年,全村实行"两田制"分离,农民只种口粮田,将责任田分离出,土地逐步向适度规模经营发展。1997年,全村农业生产全部实现机械化。1998年,全村推行农村集体土地承包经营制,稳定和完善农村土地承包关系,完成对承包人的土地确权登记、发证工作,实行股权固化。2010年,全村耕地面积不足百亩。2016年,农田全部被征用,剩余耕地已流转,全部被张家港经济技术开发区租用。

1990—2016 年南庄村（大队）农业产值一览表

表 5-1-1   单位：万元

年份	总产值	种植		禽畜水产		
		农业	林业	禽	畜	水产
1990	399.5	195.8	5.8	66.8	102.6	28.5
1991	439.6	215.5	8.6	75.5	107.2	32.8
1992	350.75	227.05	—	56.1	48.9	18.7
1993	446.76	229.5	27.76	87	71.7	30.8
1994	434.2	230.5	5.2	92.5	70.5	35.5
1995	440	217	4.8	110.8	68.8	38.6
1996	484.5	218	3.2	150.5	69.5	43.3
1997	418.9	222	4.5	146.6	68.3	40.5
1998	490.88	218.38	5.6	158	70.2	38.7
1999	458.16	203.56	3.5	145	70.5	35.6
2000	457.75	202.35	3.2	142	71.3	38.9
2001	468.3	217.5	2.8	135	69.3	43.7
2002	247.9	135	3.8	25.6	65.2	18.3
2003	211.3	127	4.5	16.8	50.2	12.8
2004	198.8	125	2.7	10	45.9	15.2
2005	175.1	109	2.5	8.5	43.8	11.3
2006	112.8	110	2.8	—	—	—
2007	117.9	115	2.9	—	—	—
2008	110.2	107	3.2	—	—	—
2009	117.5	103	14.5	—	—	—
2010	113	85	28	—	—	—
2011	166	75	91	—	—	—
2012	190	63	127	—	—	—
2013	207	62	145	—	—	—
2014	223	60	163	—	—	—
2015	244	58	186	—	—	—
2016	276	52	224	—	—	—

第一章 农村经济体制变革

长期以来,境内的农村经济体制变革一直以土地占有为中心。解放前,封建土地私有制。解放后,实行土地公有制,境内土地权属历经了土地改革、农业合作化、人民公社化、家庭联产承包责任制、土地规模经营、土地确权登记、土地入股股权固化等历次变革。

第一节 封建土地私有制

一、土地占有

解放前,境内土地全部为私人所有,农村两极分化严重。据解放初统计,境内的小南庄、大南庄、李家巷、田二房、夏家弄、东墙门、小窑泾、孔家庵、朱家巷9个自然村,共有耕地2513亩。占总户数85%以上的广大贫苦农民所拥有的土地仅占土地总数的41.93%,大部分农民不得不租种地主、富农的土地来维持生活。再加上战争、苛捐杂税、拉夫、抽壮丁以及自然灾害、瘟疫和盗匪抢劫等天灾人祸,农民生活非常困难。广大贫苦农民每年人均口粮只有85千克左右,过着糠菜半年粮的生活。有的被生活所迫,卖儿鬻女,有的让未成年的子女去帮地主、富农家看牛、做佣人,有的外出做临时工或去学手艺,以养家糊口。

二、地租剥削

解放前,境内地主对农民的剥削主要是地租剥削。

老租头田地租　向地主或富农租种土地的佃户,要长期缴租,称"老租头田"。租种一亩田,约需7~9斗租米,每年夏季缴麦2斗(1斗折合7.5千克),其余秋季缴米或稻谷,也有到秋季一次缴米或稻谷的。西片江阴县境的租米比常熟县境的要略少些。

活络头田地租　耕种者先缴一定数额的押金向地主租种土地,并规定一定期限(1~3年)。在租赁期间,耕种者必须每年向地主缴一定数量的租米,每亩1石(1石折合75千克)米左右,期满后将田归还给地主,耕种者收回押金。有时地主还要向佃户加收押金,称"加上岸",加重农民的负担。

搁租田地租　农民在经济上遇到困难,向地主求借,将自己的土地抵押给地主,每年向地主缴租米9斗,并在规定期限之内,赎回抵押的土地。

分种田地租　地主或小土地出租者的土地给农民耕种,灌溉、种植均由农民负担,肥料、种子由地主负担。秋收时,提租对半分,即将收到的粮食,提去租米以后,余粮由地主和农民各分一半。这样农民辛勤劳动一年,所得无几。这是一种比较严重的剥削。

包三担地租　农民向地主或富农每租种一亩田,秋季稻谷登场时必须向地主或富农缴3担米(每担折合50千克),不管年景好坏,都要缴纳。

三、借贷剥削

一粒半　年初向地主、富农借1石米,年终归还时要加5斗利息。有的算一粒二,即借1石要还1石2斗。麦尽稻不熟时,有的农民向地主、富农借了米,不管是1个月或2个月,归还时都要算"一粒半"的利息。

利滚利　如向地主借1石米,年终时归还1石5斗。如当年未还,到第二年要以向地主借1石5斗计算,加50%的利息,依此类推。

豆饼换米　秋初,如果农民缺农本,向地主、富户借豆饼(每担折成4斗米)。秋熟时,豆饼价升值,每担豆饼要按6斗米计算,再加50%的利息。

麦换米　初夏,农民缺粮时向地主、富户借米1石,折算成2石麦,秋季时麦价与米价相等,因此,农民还时要还2石米,即借一还二。

印子钱　借期不超过2个月,有的甚至仅几天,实行利上加利,称为"早顶对,夜子分"。放印子钱的,大都是地痞流氓。

卖青棵　农民遇到突然灾祸,借贷无门,于是当稻麦还未成熟就低价出卖,其价约为当时稻麦价格的60%~80%。

四、其他剥削

无地农民到地主、富农家当长工(雇工)　一般在春节到农历七月半,每年一个正常劳动力只得2石至3石米左右的劳动报酬。看牛者(童工)一年只得5~7斗米,有的只有2~4斗米。一个正常劳动力的劳动报酬如以全年计算的话,上半年得2石米,下半年得1石米(因为上半年的劳动强度高,下半年的劳动强度低)。

哈牛皮　1个人工换地主的牛去耕1亩地,6个人工换牛戽1亩地的水。这种不等价的交换,实际上也是一种剥削方式。

有的农民向地主借钱买牛,每年要给地主戽6亩农田灌溉之水,还要租种3亩地,每年每亩缴租米9斗。

第二节　土地改革

1950年12月,境内开始开展土地改革运动。1951年9月结束。全境有农户471户。其中贫农209户,中农88户,上中农20户,富农4户,地主7户等。根据"依靠贫雇农、团

结中农、孤立富农、打倒地主"的土改工作政策,对境内土改工作进行具体指导:

1950年12月,境内成立土地改革委员会。通过冬学民校,组织农民学习《中华人民共和国土地改革法》,广泛宣传发动,同时,统计常住户口人口和田亩数,摸清地主、富农"四大财产"(即土地、房屋、家具及大中型农具)的基本情况,全面进行土地登记,划分阶级成分,并对地主、富农的财产进行查封,查清黑田,评定阶级成分,经区委批准后,出榜公布。

1950年土改时期境内划分阶级成分及其占有土地一览表

表5-1-2

序号	阶级成分	户数	占总户数的%	占有耕地(亩)	占总耕地%
1	雇农	—	—	—	—
2	贫农	209	44.56	418	16.0
3	中农	88	18.76	1144	44.08
4	上中农	20	4.26	300	11.56
5	下中农	137	29.21	411	15.83
6	小土地出租者	2	0.42	26	1.0
7	富农	4	0.85	80	3.08
8	地主	7	1.09	210	8.09
9	自由职业者	4	0.85	6	0.23
合计	—	471	100	2595	99.87

附:评定农村阶级成分标准

雇农:生产资料一无所有,全靠做长工、出卖劳动力勉强维持生活者。

贫农:有少量的自耕地和宅基地,每年自给不到一半,另种地主少量租田和外出打短工为生者。

中农:全部是自耕地,自耕地总数按全家人口计算超过人均数者。

上中农:除全部是自耕地,且有大型生产农具(耕牛、水车等)外,在农忙季节还临时雇佣一些短工者。

下中农:占有较少生产资料,需要出卖少量劳动力,生活水平较低下的中农。

小土地出租者:靠剥削的总收入低于自己劳动收入一倍以下的,且剥削的收入属因劳动力不足而出租部分土地获得。

富农:靠剥削的收入超过自己劳动收入一倍以下者。

地主:全部靠剥削为生者(地主中有恶霸地主、一般地主和开明地主之分)。

自由职业者:自食其力者。

1951 年 2—3 月,发动农民诉苦,斗争地主。确定分田标准(先得户每人留 1.55 亩,其余需分出,既得户基本不动,后得户每人分进 1.25 亩),没收地主的土地、房屋、家具、大型农具"四大财产",然后出榜公布,最后抽签分田。

土改时期境内主要田块地名一览表

表 5-1-3

自然村	地　名
小南庄	二亩四里　郭三亩　大王庙基泾　秋田二亩　陶金团　角上三亩　填豆三亩　周龙田　横五亩　十亩半　四分豆　南边泾　桑树泾　大坟里
大南庄	三亩头　花香坟　二亩四　桥头二亩　后老坟　岩岗坟　门前坟　三亩六　窑墩头　高三亩　大路坟　施家坟　东五亩　西五亩　小二亩　八分头　花番坟　四亩头　二亩四　桑树田　狗屎潭　下四亩　杨中田　叶家坟坛　阿四三亩　杂角四亩　后老坟　洋牛田　勃刀坟　陶江田　二亩四里　陶和尚坟坛　八仙坟头　二亩三　沈荒田　大一亩　二亩头　南八亩　六亩六　鱼秧潭　黄泥泾　张家四亩　茅柴田　牛尾巴　湾五亩　北长泾岸　张房坟　东头河田　灶下泾坛　邹家坟坛　里荒田　大王庙基泾头　芦穆坟　外河角　三亩六　长条里　外湾　二亩七　南八亩　东元泾坛　塌脚坛　摇婆泾坛
李家巷	长三亩　二亩田　坟坛里　高头上　夏三亩　石角头坛　湾五亩　小八亩　里四亩　周长坟坛　小二亩　二亩里　中四亩　外三亩　五亩二　九亩里　七亩里　街西头　下二亩半　六亩里　野四亩　桑田　南元湾　二亩四
田二房	二亩四　后头二亩　里元角　茂宝田　士英田　张房坟　四亩八　西五亩三　南五亩三　北五亩三　天打坟坛　林生五亩头　林财四亩头　王财四亩头　扬月湾　长二亩　半亩里　黄萝卜田　码门田　尖角坛　坤郎田　东团四亩　四亩三　下场田
夏家弄	西潭　角郎　西四亩　竹园头　五亩头　街西头　七分头　小宅基　后三泾　长三亩　新泾岸　水其泾坛　四亩三　周田　角郎坛　二亩头　中泾和尚　一亩六分　张家泾坛　一亩二　南五亩　高三亩　一亩半　二亩四　七分头　低田里　相郎坟坛　一亩头　曹家坟坛　鸭头泾　东八分　八分头　阿桂三角头　半亩里　高头三亩　九亩里　一亩六　马响红　七分头　外里楝树坛　沿海坟坛　章阿桂一亩六　陈献泾梢　三亩八　横头泾　高头五亩　二六分　八六松湾坛　西八分　三亩头　八角郎坛　小四亩　大四亩　四亩八　六亩里　蚂蟥田　上四亩　长三角　小福五亩头　东潭　狗屎潭坛　志成一亩三　包家家户
东墙门	三亩头　六分四厘　二亩里　十亩泾岸　门前头　五亩四里　半亩里　门前坟　荷花池田　孙家泾梢　安全泾坛　九三亩半　小二亩　坟堂头　六分头里　家后泾前　园田里　三亩七里　四亩里　后龙眼　中望坛　一亩六　碾间场　漫漫地　塘盐泾　四条头河　苍蒲潭　外泾　种坛　下六分　两小坛　下坛　一亩里　一亩半头　杂乱子坛　小六亩　门前头　后桥　一亩四　尖坛六亩　十二亩里　坟坛　高头亩　小六亩　家后头　牛尾坛　二亩四　东三亩　后六亩　中三亩半　四分头亩　小扬元泾坛　南隔　私房泾　陈小泾　石头坛　一亩三　一亩半　墙门头　老松坟　十亩泾
孔家庵	野六亩　一亩二　蒲鞋湾　二亩四里　九分头　二分头　松墩泾　两半陵　二亩半　四亩六　大河　松登泾坛　苍蒲坟坛　五亩四里　荷花坛　一亩三　三亩头　庙田　门前泾　长一亩　横泾岸　高头四亩　牛尾巴　西湾　江仁泾　上八分　东兴公坟　老田　庙湾泾坛　三亩六　降泾田　毛白潭　陶家池坛

（续表）

自然村	地　名
小窑泾	前六亩　二亩坵　竹圆头　起多巷　泾多巷　小三亩　周眉田　小二亩　前六亩　八分头　九房里　赵家巷　陈家巷　周扇田　苋稞坟　二亩七　长三亩　老屋基　王相田　一亩里　二亩半　门前头　二亩四　小漕泾　小家泾　坟登三亩　河花心　下家潭　八分八厘　大一亩　老坟头　西泾岸　成里长泾　六家坟头　下四亩　龙角坵　安泾坵　梅家坵　高头坵　老坟坵　横八分　水路里　家西头　二亩头　家车坵　西油车泾　小河岸　半亩头　鸭头泾　家下泾　三亩三　杜毛湾　麦仗泾　四分头　松元二亩　灶坟坵　六分头里　三亩里　沙田　四二亩　二亩里头　六分头里湾里　灶坟上　榔柱田　金坵湾　东坟坵头　蒜六亩头
朱家巷	一亩六　南亭心　一亩四　长三亩　后头　后头泾　里通田　世定田　二亩头　巷泾　利通田　坟头坵　陈家田　黄鳝坵　一亩半　粗石泾　横泾坵　石家田　舌海田　陈巷　石家潭　邹坵田　横田　后田　坟田　下坵　王家西　门前头　角头坵　四亩头　三亩头　门前头　龙潭坵　二亩里　里小坵　高坟头　顾场坵　家西头　横后坵　灶坟头　赵巷　后门头　门前头　汤沟坵　小桥头　庭心坵　角三亩　西高头　老坟头　六分头　坟堂三亩　黄鳝水沟　场上场檐上　陈家巷　油车基　七分头　陈家坟　赵家巷　二亩八

1951年4—9月，主要复查"五大标准"（即人口、房屋、土地、生产资料、剥削程度），查有否漏划成分，有否包庇现象，有否打击报复行为，有否隐匿的逃亡地主，有否侵犯贫下中农的利益，同时，镇压不法地主，巩固土地改革的成果。最后，以乡为单位，召开大会。由江阴县人民政府按户主姓名统一颁发"土地所有证"。境内南庄村、东墙村共有364户农民领到"土地房产所有证"。

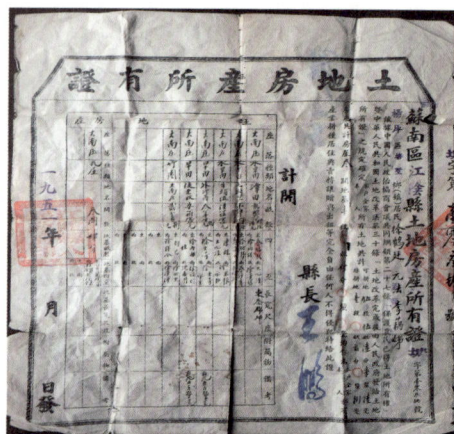

"土地房产所有证"（1951年）（摄于2016年5月，徐生法提供）

土改时期境内农民领到"土地房产所有证"户主姓名及编号一览表

表5-1-4

户主姓名	土地证编号	户主姓名	土地证编号	户主姓名	土地证编号
邹廷保	533	邹云根	537	邹志喜	544
张贵娣（女）	534	邹根才	538	邹庆云	545
邹小二	535	邹仁卿	539	邹万文	546
邹阿才	536	邹志成	540	邹志来	547
邹永兴	536	邹志仁	541	邹仁昌	548
何阿凤（女）	536	邹再弟	542	邹保弟	549
邹富根	537	邹耀生	543	邹仁生	550

（续表）

户主姓名	土地证编号	户主姓名	土地证编号	户主姓名	土地证编号
邹殷氏（女）	551	邹金歧	583	朱永福	612
邹褚氏	552	邹梅根	584	朱永歧	613
邹钜卿	553	邹标保	585	朱茂福	614
邹再卿	554	邹阿保	586	朱根弟	615
邹利福	555	邹保生	587	朱士洪	616
邹长生	556	季保成	588	朱金华	617
邹顺生	557	季保全	589	朱大洪	618
邹永峰	558	缪桂林	590	陶三保	619
邹桂生	559	缪仁林	591	朱世根	620
邹汉生	560	缪召廷	592	朱根堂	621
林根妹（女）	561	缪文林	593	陶满生	622
邹永法	562	邵大妹（女）	594	朱世成	623
邹满生	563	缪根保	595	朱中林	624
邹高生	564	缪玉锦	595	朱掌福	625
邹荣生	565	朱阿满	596	朱掌星	626
邹喜生	566	朱士照	596	朱掌高	627
邹永才	567	朱康宝	597	朱掌照	628
邹林生	568	朱成松	598	朱东华	629
邹永来	569	季宝福	599	朱炳初	630
邹永法	570	季根香	600	朱满二	631
邹福生	571	季林保	601	朱福二	632
邹根生	572	季永林	602	朱福泉	633
邹徐生	573	朱宝兴	603	朱世生	634
季林二	574	朱保荣	604	朱福保	635
徐元根	575	朱阿标	605	朱宝龙	636
徐钊根	576	朱阿根	606	朱阿永	637
徐金根	577	朱生歧	606	王掌生	638
徐许氏（女）	578	朱金培	607	王和生	639
缪仁全	579	朱法二	608	邹阿文	640
缪永全	580	朱仁福	609	赵涛根	641
缪掌生	581	朱金福	610	王育生	642
缪耀卿	582	朱阿毛	611	王维卿	643

（续表）

户主姓名	土地证编号	户主姓名	土地证编号	户主姓名	土地证编号
陈永清	644	陶永发	674	缪福生	940
王满生	645	陶清宝	675	缪惠生	941
朱大生	646	陶锡才	676	赵大妹（女）	942
王梅根	647	陶洪如	677	缪成先	943
王德步	648	陶锡洪	678	缪祖福	944
王凤傲	649	陶阿庭	679	缪锦增	945
王桂步	650	朱岳根	680	李廷兰	946
王福卿	651	陶维珍（女）	681	李云生	947
王维保	652	朱满华	682	徐茂歧	948
陶大妹（女）	653	陶锡庆	683	徐永良	949
王凤祥	654	陶宝芳	684	徐发生	950
王兴步	655	缪培祥	919	徐中林	951
陶朱氏（女）	656	缪永清	920	徐香林	952
王雪广	657	缪长保	921	徐福林	953
王雪云	658	缪培根	922	徐邵氏（女）	954
王竹松	659	缪杏生	923	徐五保	955
陶富仁	660	缪凤高	924	徐小弟	956
王同生	661	缪福元	925	徐松林	957
王永章	662	缪遗生	926	徐保和	958
王进生	663	缪福先	927	徐和同	959
陶阿南	664	缪永兴	928	徐宗歧	960
王永满	665	缪永林	929	徐钟芳	961
王林弟	665	缪永福	930	徐根传	962
王田保	666	叶榴佳	931	徐保娣（女）	963
王康瑞	667	缪永根	932	焦志山	964
王梅叙	667	缪永寿	933	徐秉章	965
王汝金	668	缪金桂	934	缪才保	966
朱岳林	669	缪召先	935	赵晋保	967
陶梅弟	670	缪祥生	936	赵晋荣	967
陶彩如	671	缪惠亨	937	徐汉青	968
陶锡增	672	徐秀妹（女）	938	徐金法	969
陶仁剑	673	缪金申	939	徐湘林	970

（续表）

户主姓名	土地证编号	户主姓名	土地证编号	户主姓名	土地证编号
徐世根	971	徐侯氏（女）	1003	徐鹤廷	1034
徐永生	972	徐福元	1004	徐殿生	1035
徐品成	973	徐富元	1005	蔡锦秋	1036
徐永加	974	徐才元	1006	徐林生	1037
徐锦彪	975	徐朱氏（女）	1007	徐林生	1038
徐永根	976	徐金福	1008	徐林福	1039
徐尧堃	977	徐士英	1009	许法法	1040
钟秋严	978	徐士芳	1010	徐惠廷	1041
徐留成	979	徐定保	1011	徐惠成	1042
徐根香	980	徐庆保	1012	邹士加	1043
徐培坤	981	徐士根	1013	徐王氏（女）	1044
徐瑞卿	982	徐士兴	1014	徐林娣（女）	1045
徐仁贤	983	徐和三	1015	徐茂林	1046
徐茂宝	984	蔡潘氏（女）	1016	徐二保	1047
徐茂成	985	蔡顺卿	1017	徐仁才	1048
徐纪宗	986	蔡汉清	1018	邹相宝	1049
王阿四	987	蔡锦坤	1019	徐阿炳	1050
徐惠增	988	徐世云	1020	徐义宝	1051
徐玉才	989	蔡保华	1021	徐掌生	1052
徐玉泉	990	徐福根	1022	徐桂生	1053
徐玉根	991	徐锦文	1023	徐富生	1054
徐和尚	992	徐保全	1024	徐法生	1055
徐根宝	993	徐阿四	1025	徐根法	1056
徐锦福	994	徐炳如	1026	徐根财	1057
徐生培	995	徐永生	1027	徐永加	1058
徐金传	996	徐寿生	1028	徐玉成	1059
徐满忠	997	徐汉章	1029	徐林成	1060
徐马忠	998	徐永清	1029	徐汉氏	1061
徐留增	999	徐永堃	1030	徐中宝	1062
徐汉英	1000	徐汉增	1031	徐良宝	1063
徐金保	1001	徐蔡增	1032	徐洪保	1064
徐林生	1002	徐福增	1033	徐金保	1065

（续表）

户主姓名	土地证编号	户主姓名	土地证编号	户主姓名	土地证编号
徐鸿歧	1066	王和生	1084	金法宝	1102
徐丙生	1067	王毛保	1085	赵小廷	1103
徐仁保	1068	徐志才	1086	金福生	1104
徐富仁	1069	王锡廷	1087	金永林	1105
徐富庆	1070	王元保	1088	金康保	1106
王同保	1071	徐福生	1089	李洪泉	1107
王玉根	1072	徐培生	1090	李永林	1108
王根宝	1073	王掌二	1091	李中林	1109
王永清	1074	王清保	1092	尤浩祥	1110
王仁清	1075	金均英	1093	尤利保	1111
徐福成	1076	金福庆	1094	尤进保	1112
徐阿桂	1077	金中桂	1095	李良保	1113
徐福康	1078	金佛林	1096	李士明	1114
王徐氏（女）	1079	金友宝	1097	李永歧	1115
王锡歧	1080	金永根	1098	李永康	1116
徐培根	1081	金长生	1099	李玉兴	1117
王寿保	1082	金福全	1100	李千保	1118
王贵生	1083	金顺生	1101	—	—

注：部分农民两户合领一张"土地房产所有证"。

第三节 农业合作化

一、互助组

1952 年春，境内农民在中国共产党"组织起来、发展生产"的号召下，按照自愿互利原则，普遍建立了互助组。

境内的互助组有两种形式：一是临时互助组，农忙时成立农闲时散。计酬办法采取以工换工的方式处理；二是常年互助组，是农民在生产中开展互助合作的固定形式，参加互助组的户数，少则六七户，多则十多户，大型农具作价入组，三年内陆续还清。计酬办法采取出工计工，年终一次性结算。结算时，大体上是以总工数按总田亩数的平均值得出平均用工数，然后以各户的土地多少、得工多少，以现金找补。工价视当年各组的收成而定。组内设组长、记工员各 1 人。

至 1954 年，全境共有常年互助组 27 个，临时互助组 38 个。

二、初级农业生产合作社

1954 年春,在贯彻执行过渡时期总战略的过程中,塘墅乡按照"积极引导,稳步前进"的方针,在境内引导试办初级农业生产合作社(以下简称初级社)。大部分初级社有 1~2 名中共党员,设正副社长、会计、社务委员若干人。办初级农业生产合作社的原则是:(1)自愿报名,自由结合;(2)土地根据土质好坏,评级入股,大型农具(水车、罱泥船、耕牛)折价入社,统一生产经营;(3)成本按股投资,每股 6~8 元;(4)划分作业组,实行定额评工记分,干部带头劳动;(5)以贫农为绝对优势,下中农次之,中农少数;(6)入社、退社自由。

初级社的分配实行"土劳分红"制。即农业纯收入扣除积累,25%~40% 按入股土地分配,60%~75% 按投工数分配。初级社的劳动管理实行定额记酬制,亦有包工到组、定额到人的。生产管理,由社员选举产生管理委员会,由社长或副社长具体负责。劳力、土地、农具等由管委会调配。生产劳动由管委会组织,生产计划由管委会制订并交社员大会讨论通过。

1955 年,境内的南中房、小南庄、大南庄、李家巷、田二房、夏家弄、东墙门、小窑泾、孔家庵、朱家巷等以自然村为单位相继建立初级社。塘市乡党委根据各地实际情况帮助初级社总结经验,积极支持初级社发展农业生产,优先供应豆饼化肥,翌年农业生产获得了大丰收。副业生产也有了较大的发展,南庄、东墙的初级社先后建办糖坊,饲养生猪、肉鸭,增加经济收入。对初级社的分配比例也作了适当的调整,按土地 60%、劳力 40% 来进行分配,当年每个社员劳动一天得 0.78 元。是年开始实行评工记分,正常劳力一天记 10 分。

三、高级农业生产合作社

1956 年,农业合作化的浪潮席卷全国,初级社相继并成高级社。高级社一般是以几个初级社或几个行政村合并后建立。杨舍区委在塘市乡横泾村试点,将横泾村和街西村连成一片建成东亚四社。不久,南庄村全境建立了塘丰第三高级农业生产合作社(以下简称高级社)。高级社时的劳动管理是"三包一奖"制,即包工、包本、包产、奖赔。高级社沿用初级社管理委员会作为生产管理机构,并在社以下设生产队。高级社内由主办会计负责全社的经济核算及分配工作,还配有记账的助理会计、工分核算会计、劳力成本核算会计、现金会计、仓库会计、生产队会计、生产队现金保管员、生产队物资(粮食)保管员等。财务制度十分严格,非正常性开支一概拒付,杜绝白条入账。社管委会定期查账、对账、清账、公布账目,向社员大会报告财务收支等情况,赢得社员的信任。成立高级社以后,土地归集体所有,实行按劳分配,每个男劳动力的劳动报酬日值均在 1.2 元左右。粮食按人分配基本口粮,小部分以工分带粮及以肥带粮。年人均吃粮在 260 千克左右。

第四节　人民公社化

　　1958 年 8 月 29 日，中共中央政治局北戴河扩大会议通过《中共中央关于在农村建立人民公社问题的决议》。9 月 24 日，塘市人民公社正式成立。撤销原高级社的建制，成立 8 个工作区。公社管委会设社长、副社长，统一管理全社生产。公社制订的生产计划、规定、办法和决定均交给下属工区具体执行。

　　1958 年秋，"大跃进"开始，浮夸风盛行，大办食堂，吃饭不要钱。是年 10 月，全境组建社员食堂 18 所。社员归口食堂管理，食堂的组织形式是生产队的前身。

社员集体吃食堂（摄于 1958 年 11 月，陈礼彬提供）

人民公社化时期二工区社员食堂分布一览表

表 5-1-5

自然村	食堂个数	食堂名称	自然村	食堂个数	食堂名称
小南庄	1	小南庄食堂	东墙门	2	东食堂　西食堂
大南庄	3	南食堂　中食堂　北食堂	孔家庵	2	东食堂　西食堂
李家巷	2	东食堂　西食堂	小窑泾	4	河南王家食堂　朱家食堂　河北王家食堂　陶家食堂
田二房	1	田二房食堂	朱家巷	1	朱家巷食堂
夏家弄	2	东食堂　西食堂	—	—	—

　　1958 年冬，境内组建 10 个生产队，以自然村为单位，基本每村建 1 个。

人民公社化时期南庄大队各生产队划分一览表

表 5-1-6

自然村名	生产队别	自然村名	生产队别
小南庄	一	东墙门	六

（续表）

自然村名	生产队别	自然村名	生产队别
大南庄	二	孔家庵	七
李家巷	三	小窑泾（河南）	八
田二房	四	小窑泾（河北）	九
夏家弄	五	朱家巷	十

人民公社化时期南庄大队各生产队干部一览表

表 5-1-7

生产队别	职别	姓 名	生产队别	职别	姓 名
一	队长	蔡汉青	六	队长	邹根才
	会计	李富兴		会计	邹永年
二	队长	徐富元	七	队长	季宝成
	会计	徐瑞庆		会计	缪棣宝
三	队长	尤利宝	八	队长	陶永法
	会计	李根法		会计	陶仁刚
四	队长	徐法生	九	队长	季林宝
	会计	徐福生		会计	王凤傲
五	队长	王根宝	十	队长	陶三保
	会计	邹荣金		会计	朱棣宝

1959 年，调整人民公社的体制和规模，确定实行公社、大队两级核算。

1960 年春，境内调整了生产队的规模。除小南庄（一队）、田二房（七队）和朱家巷（十八队）三个自然村仍保留一村一队外，其他自然村的生产队设置均作了调整。大南庄设立 3 个生产队（二至四队），李家巷设立 2 个生产队（五至六队），夏家弄设立 2 个生产队（八至九队），东墙门设立 2 个生产队（十至十一队），孔家庵设立 2 个生产队（十二至十三队），小窑泾河北设立 2 个生产队（十四至十五队），小窑泾河南设立 2 个生产队（十六至十七队），朱家巷设立 2 个生产队（十八至十九队）。1961 年冬，孔家庵的十二队与十三队合并称十二队，朱家巷的十八队与十九队合并称十八队。

人民公社化时期南庄大队调整生产队设置一览表

表 5-1-8

自然村名	调整前队名	调整后队名	自然村名	调整前队名	调整后队名
小南庄	一队	一队	东墙门	六队	十队
大南庄	二队	二队			十一队
		三队	孔家庵	七队	十二队
		四队			十三队
朱家巷	三队	五队	小窑泾（河北）	八队	十四队
		六队			十五队
田二房	四队	七队	小窑泾（河南）	九队	十六队
夏家弄	五队	八队			十七队
		九队	朱家巷	十队	十八队

1962 年 2 月以后，实行公社、大队、生产队三级所有制，将以大队为核算单位改为以生产队为核算单位，生产队在农机具、牲畜、劳动力和土地等方面享有调配的自主权。

计划管理　60—70 年代，每年初，各个生产队都要召开社员大会，对当年生产作"一年早知道"的总体安排，确定农、副、工三业的生产指标。

劳动管理　按劳动力的多少，分成若干固定的临时劳动作业组，设组长、记工员。按季节农活需要，各生产队制定劳动定额，对参加劳动社员进行当日评工记分。一般一个男劳动力劳动满一天记 10 分（即 1 工），

生产队社员大会（摄于 1978 年 2 月，陈礼彬提供）

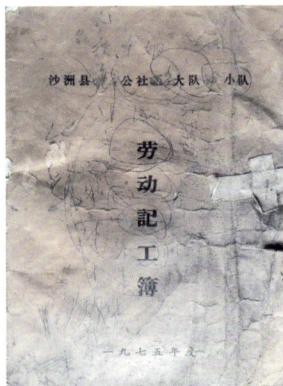
1975 年南庄大队第二生产队社员劳动记工簿（摄于 2016 年 12 月，徐聚才提供）

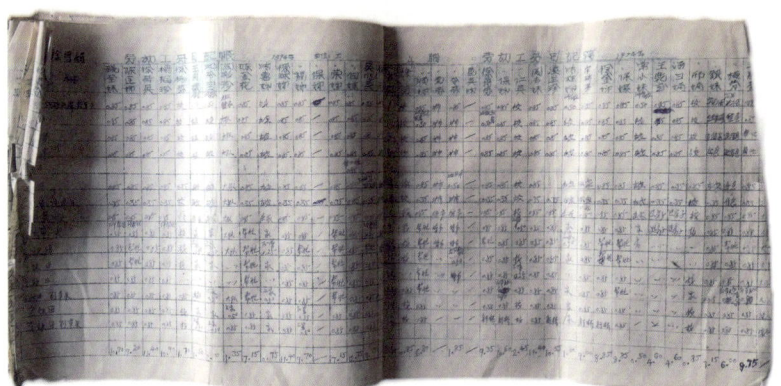
1976 年社员出勤工分簿（摄于 2016 年 12 月，徐聚才提供）

妇女记7—8分。未成年人参加劳动,由小队社员大会讨论,开展评工打折,每年递增,直至满分。年终以工分结算社员报酬。

财务管理 各个生产队设会计管账,设现金出纳员管钱,设仓库保管员管物资、农具等。

粮食分配 食堂停办后,全大队实行以人分等定粮,0—3岁、4—7岁、8—11岁、12—15岁、16岁以上成年人以工带粮。无劳力者吃基本量。

每年农村的分配办法由县、公社定出基本方案,包括分配原则、积累提留的比例、吃粮标准、农村"五匠"(木匠、瓦匠、篾匠、漆匠、缝衣匠)交钱记工、社队工人及外出人员交钱记工等。生产队则根据上述规定并结合本队实际情况制订分配方案(预算),公社批准后再交生产队执行。待收支、粮食、工分、物资全部入账后才能最后分配。

秋季分粮(摄于1970年11月,陈礼彬提供)

人民公社化时期,大队干部和小队干部都属不脱产干部,与社员同吃、同住、同劳动,年终凭工分结算报酬。大队干部有书记、大队长、主办会计等定员干部和共青团书记、民兵营长、妇女主任等条线干部。生产队设队长、副队长、会计、妇女队长等小队干部。贫下中农是人民公社的坚强支柱。

人民公社化时期南庄大队大队干部一览表

表5-1-9

职 务	姓 名	出生年月	政治面貌	入党(团)年月
书 记	王育根	1920.04	党员	1954.07
副书记	徐刘增	1929.03	党员	1955.08
大队长	邹再棣	1926.08	党员	1955.02
副书记	季永林	1930.05	党员	1956.07
副大队长	尤利宝	1939.11	党员	1957.08
副大队长	徐富元	1930.12	党员	1955.08
主办会计	黄和生	1932.08	团员	1952.12
助理会计	徐永坤	1930.02	团员	1952.12
粮站站长	邹永岳	1929.03	—	—
妇女主任	缪梅宝	1935.05	团员	1956.07
副业主任	徐法生	1935.10	党员	1955.12

1961 年南庄大队生产队干部一览表

表 5-1-10

队别	职务	姓名	出生年月	政治面貌	队别	职务	姓名	出生年月	政治面貌
一队（小南庄）	队长	蔡汉清	1931 年 8 月	党员	九队（夏家弄）	队长	徐锦芳	1938 年 1 月	团员
	副队长	徐香林	1913 年 8 月	党员		副队长	徐义保	1921 年 7 月	党员
	副队长	徐阿四	1914 年 12 月	党员		会计	邹荣金	1924 年 6 月	团员
	会计	李富兴	1935 年 12 月	党员	十队（东墙门）	队长	邹长法	1940 年 6 月	党员
	妇女队长	金秀娣	1935 年 4 月	—		副队长	邹仁昌	1942 年 6 月	—
二队（大南庄）	队长	徐仁生	1929 年 7 月	党员		会计	邹文兴	—	
	副队长	邹士加	1923 年 8 月	党员	十一队（东墙门）	队长	邹德保	1929 年 6 月	
	副队长	徐茂林	1934 年 6 月	—		副队长	邹再庆	1923 年 9 月	
	会计	徐瑞庆	1929 年 7 月	团员		会计	邹永才	1931 年 12 月	
	妇女队长	徐琴娣	1936 年 7 月	—	十二队（孔家庵）	队长	徐金根	—	
三队（大南庄）	队长	徐富元	1929 年 12 月	党员		副队长	邹金歧	—	党员
	副队长	蔡和林	1930 年 8 月	党员		妇女队长	范珍妹	—	
	副队长	徐忠仪	1913 年 8 月	—	十三队（孔家庵）	队长	缪金安	1931 年 1 月	
	会计	徐庆保	1934 年 12 月	—		副队长	缪祥根	1931 年 3 月	
	妇女队长	徐根娣	1940 年 5 月	—		会计	缪棣保	1930 年 4 月	
四队（大南庄）	队长	徐永生	1919 年 7 月	党员	十四队（河北）	队长	王爱生	1925 年 5 月	
	副队长	徐惠庭	1920 年 1 月	—		副队长	王明掌	1928 年 4 月	
	副队长	徐祥生	1940 年 5 月	—		会计	王维庭	1928 年 8 月	
	会计	徐仁良	1934 年 7 月	—	十五队（河北）	队长	陶阿毛	1931 年 3 月	党员
	妇女队长	蔡荣娣	1940 年 2 月	—		副队长	陶阿进	1928 年 2 月	—
五队（李家巷）	队长	尤利保	1928 年 1 月	党员		会计	陶仁刚	1936 年 12 月	团员
	副队长	李士林	1935 年 5 月	团员		妇女队长	陶法娣	1941 年 1 月	—
	副队长	李永林	1917 年 8 月	—	十六队（河南）	队长	邹阿文	1926 年 8 月	党员
	会计	李根法	1937 年 7 月	—		副队长	朱长照	1924 年 7 月	—
	妇女队长	陆根娣	1937 年 7 月	党员		妇女队长	许阿秀	1929 年 4 月	—
六队（李家巷）	队长	金福全	1917 年 4 月	党员		会计	朱祥金	1939 年 5 月	团员
	副队长	金龙保	1937 年 5 月	—	十七队（河南）	队长	王凤傲	1941 年 1 月	党员
	会计	李玉明	1931 年 4 月	—		副队长	王春良	1941 年 2 月	团员
七队（田二房）	队长	徐寿保	1932 年 2 月	党员		会计	王永祥	1940 年 4 月	—
	副队长	徐富生	1934 年 8 月	—	十八队（朱家巷）	队长	陶三保	1900 年 5 月	党员
	会计	徐福生	1930 年 10 月	党员		副队长	朱忠林	1933 年 6 月	—
	妇女队长	王凤娣	1940 年 10 月	—		会计	朱棣保	1939 年 1 月	团员
八队（夏家弄）	队长	徐富仁	1921 年 7 月	党员		妇女队长	朱瑞英	1941 年 12 月	—
	副队长	王根宝	1908 年 8 月	党员	—	—	—	—	—
	会计	赵定华	1931 年 7 月	—					

1966 年 6 月，"文化大革命"运动开始。期间，人民公社三级管理机构曾一度瘫痪，生产队管理处于无政府状态。不久，公社设立生产指挥组，负责领导农、副业生产，推行"大寨式"评工记分。1968 年，公社、大队均改称"革命委员会"，生产队设革命生产领导小组，管理农、副业生产。1981 年后撤销公社、大队革命委员会和生产队革命生产领导小组，实行公社、大队和生产队三级管理。60—80 年代初，凡集体的事情，不管农业生产布局、社员年终分配、劳动力出勤评分记工，生产队都要召开社员大会讨论。有时一开就是几天或几个晚上。直到 1983 年 7 月农村实行体制改革，生产队讨论的次数有所减少。

1962—1982 年南庄大队经济分配一览表

表 5-1-11

年度	农业收入（万元）	副业、工业及其他收入（万元）	上缴农业税（万元）	公共积累（万元）	人均可分配收入（元）	人均吃粮水平（千克）
1962	112.5	5.82	6.10	6.37	81.40	187.00
1963	113.3	5.76	6.20	6.21	82.00	287.00
1964	108.1	5.58	6.57	8.51	89.57	289.00
1965	117.4	7.82	6.70	8.57	95.00	272.00
1966	115.2	8.79	6.80	11.53	103.50	287.00
1967	108.5	13.42	6.70	12.13	108.50	282.00
1968	127.2	13.56	6.60	10.41	95.70	257.00
1969	119.7	14.70	6.70	10.52	98.50	261.00
1970	121.3	14.30	6.80	10.31	96.40	262.00
1971	118.4	17.42	6.70	11.42	108.47	278.00
1972	123.7	18.57	6.70	12.47	95.30	274.00
1973	125.32	28.49	6.80	17.45	102.00	283.00
1974	125.47	35.40	6.70	19.52	103.00	285.00
1975	131.32	34.17	6.70	18.87	98.00	281.00
1976	128.00	35.71	6.60	22.18	95.00	287.00
1977	131.5	36.43	6.50	20.41	87.4	285.00
1978	137.6	39.56	6.70	23.81	127.5	292.00
1979	141.2	38.41	6.80	23.85	151.4	298.00
1980	143.7	47.32	6.70	22.37	153.47	295.00
1981	142.8	52.61	6.60	23.47	198.78	289.00
1982	145.1	59.17	6.7	24.78	218.41	295.00

第五节 家庭联产承包责任制

1978年党的十一届三中全会以后,以农业生产责任制为核心的农村经济体制改革逐步展开。1981年,南庄大队开始在部分生产队试搞家庭联产承包责任制。1982年秋收秋种后,全大队推行家庭联产承包责任制,并设立联队会计。以农户为单位承包生产队耕地,年终将农业税、公积金、公益金和管理费上缴给生产队,完成粮食征购任务后,剩下的粮食收入都归农户所有,生产队不再结算分配。是年,全大队有573户农民实行家庭联产承包责任制,共承包农田1907亩。同时,大队农业社长除了做好面上的服务工作之外,还要求生产队对植保、灌溉、排水、机耕等项目实行专业服务。农民有了生产经营的自主权和劳动力的支配权,解决了原来分配中的平均主义和"大锅饭",生产积极性充分调动起来,农村经济全面振兴,农业稳产高产,农民生活水平逐年提高,加上家庭自营收入和务工收入,境内农民人均年收入超千元,彻底改变了过去"高产穷村"的状况。

1983—2016年南庄村经济分配一览表

表5-1-12

年度	农业收入 (万元)	副业、工业及其他收入 (万元)	上交农业税 (万元)	公共积累 (万元)	人均可分配收入 (万元)
1983	158.47	269.78	6.7	22.81	387.21
1984	151.65	291.51	6.7	20.34	595
1985	162.37	395.60	6.8	19.56	805
1986	174.58	452.30	6.6	17.65	976
1987	195.67	657.80	6.5	18.41	1084
1988	208.76	817.80	7.2	20.54	1176
1989	256.84	816.84	10.4	24.78	1134
1990	195.8	837.86	10.5	35.58	1165
1991	215.50	875.32	10.8	36.00	1185
1992	227.05	937.00	13.4	43.2	1520
1993	229.50	955.00	14.2	55.2	1865
1994	230.50	1034	15.8	61	2312
1995	217.00	1215	16.2	68	3903
1996	218.00	1312	16.56	79	4176
1997	220.00	1516	16.7	89	4397
1998	218.38	1864	16.9	107	4795
1999	213.56	2173	17.4	187	4859

（续表）

年度	农业收入（万元）	副业、工业及其他收入（万元）	上交农业税（万元）	公共积累（万元）	人均可分配收入（万元）
2000	202.35	2985	14.5	258	5761
2001	217.5	3052	7.68	330	5761
2002	135	4048	6.30	257	6066
2003	127	8152	—	445	7286
2004	125	9000	—	657	8320
2005	109	12693	—	705	9200
2006	110	15793	—	782	10200
2007	115	29162	—	781	11500
2008	107	30875	—	851	13030
2009	103	35640	—	918	14522
2010	85	40974	—	1058	16337
2011	75	42133	—	1356	19067
2012	63	46906	—	1553	22518
2013	62	38665	—	1602	26103
2014	60	44622	—	1747	28750
2015	58	36917	—	1752	31258
2016	52	20511	—	1838	33100

注：2003 年国家取消农业税。

1992 年末开始，境内农民逐步向集约化过渡，实行口粮田、责任田和饲料田"三田"分离，即社员只种口粮田和自留地，其余土地分离，由专业大户承包经营。至 1994 年，全村有 596 户 1883 个农民实行集体化生产经营，共承包"三田"土地面积 1613.22 亩。

1994 年南庄村各村民小组口粮田、责任田和饲料田一览表

表 5-1-13

组别	户数（户）	人口（人）	耕田			
			承包面积（亩）	其中		
				其中口粮田（亩）	其中责任田（亩）	饲料田（亩）
一	41	119	117.53	59.56	45.17	12.80
二	46	153	122.17	76.50	27.27	18.40
三	46	163	127.77	81.50	29.17	17.10
四	55	194	130.13	97.00	15.63	17.50
五	30	96	92.23	48.00	33.43	10.80

（续表）

组别	户数（户）	人口（人）	耕田			
			承包面积（亩）	其中		
				其中口粮田（亩）	其中责任田（亩）	饲料田（亩）
六	28	100	65.79	50.00	6.49	9.30
七	33	101	81.55	50.50	21.85	9.20
八	29	103	78.59	51.50	17.93	9.16
九	32	100	80.81	50.00	20.51	10.30
十、十一	65	204	121.60	102.00	—	19.60
十二	44	139	130.18	68.50	47.68	14.00
十四	17	59	60.02	29.00	20.92	10.10
十五	31	86	92.52	43.00	39.02	10.50
十六	29	76	108.87	38.00	59.07	11.80
十七	15	38	64.90	19.00	38.00	7.90
十八	55	154	140.83	77.00	49.33	14.50
合计	596	1885	1615.49	941.06	471.47	202.96

注：南庄村未设十三组。

家庭联产承包责任制实施后，境内大量富余劳动力转向工业、副业和服务业。2000年，境内转移的劳动力占总劳动力的35%。2005年，境内有种植业、畜禽业、水产业、家庭加工业、运输业、建筑业、商业、饮食服务业及其他行业的专业户45个，并陆续出现专业种养大户，从业人员215人，平均每个劳动力收入达3888元。有从事种植、养殖加工等行业的新经济联合体15个，从业人数105人，其中帮工、徒工48人。除上缴国家税金和提留积累外，经济联合体成员人均年收入2385元。2013年有各类专业户35户，从业人员125人，平均每个劳动力收入18228元。

2000—2013年南庄村专业种养大户生产一览表

表5-1-14

年份	种粮（亩）	果木（亩）	蔬菜（亩）	养鱼（亩）	养猪（头）	养鸭（羽）	养鸡（只）
2000	656	0	160	—	2800	300	600
2001	716	20	80	—	2800	300	600
2002	686	20	110	—	3000	300	600
2003	686	20	110	—	2600	300	600
2004	686	20	110	—	2600	300	600
2005	666	20	130	—	2700	300	600

（续表）

年份	种粮（亩）	果木（亩）	蔬菜（亩）	养鱼（亩）	养猪（头）	养鸭（羽）	养鸡（只）
2006	666	20	130	—	—	—	—
2007	666	20	130	—	—	—	—
2008	666	20	130	—	—	—	—
2009	670	20	120	130	—	—	—
2010	780	20	90	130	—	—	—
2011	786	420	70	145	—	—	—
2012	766	615	70	150	—	—	—
2013	766	615	340	150	—	—	—

第六节　土地规模经营

1970 年到 1977 年初，南庄大队将五队到十二队 8 个生产队的小河全部开通连接，建造小木桥 3 座，当时称作上大河，帮助境内村民解决部分灌溉问题。1978 年末，境内开凿新丰河，才真正全面解决境内的抗旱排涝问题，为土地规模经营创造条件，农业丰收有了一定保障。

1996 年底，全村再次实行土地平整，从二组到九组跨组连片大面积平整，实行连片农田格子方，沟渠全面配套。境内土地面积 5 亩左右的良田有 50 余处，为适度土地规模经营打下基础。

20 世纪 90 年代南庄村土地面积 5 亩以上主要田块地名一览表

表 5-1-15

自然村	田块名称	面积（亩）	田块名称	面积（亩）	田块名称	面积（亩）
小南庄	松毛圩	6	上十亩丰	5.5	宗宗六亩里	5.5
	玫瑰田	5.3	横五亩	5	十亩里	10
大南庄	小六亩	5.2	小六亩	4.8	玉财五亩头	5.1
	河南七亩	5.5	根根五亩头	4.8	杂角四亩	6.2
	施家圩	5	牛泥巴田	5	坝头五亩	5
	沈荒田	5	芦穄圩	5	东五亩	5.3
	西五亩	5.1	南八亩	8.2	上低田	5
李家巷	小北圩	5.5	五亩里	5.8	金权六亩头	6.5
	田生五亩头	5.5	—			
田二房	林生五亩头	5.1	南六亩五亩三	5.5	杨油湾	5.5

（续表）

自然村	田块名称	面积(亩)	田块名称	面积(亩)	田块名称	面积(亩)
夏家弄	根财五亩头	5.3	高头五亩	5.2	旺家家五亩头	5.7
	红宝六亩头	6.2	九亩里	7.3	—	—
东墙门	尖坵六亩	6.2	高生五亩头	5.1	二小坵	6.2
	新松文坵	7.5	独乱子坟坵	5	尖坵六亩	5.5
	根才五亩头	5.2	马场田	5.3	仁生五亩头	5.3
孔家庵	香炉坵	5.5	弯五亩	7	高坟墩坵	5
小窑泾	后二亩	5.1	阿康四亩头	5.3	蒲鞋田	5.3
	草鞋田	5.1	玉才四亩里	5	生歧五亩头	5.2
	前六亩	6.5	家东五亩头	7	—	—
朱家巷	盐卤田	7.15	八亩里	7.8		

　　1998年起全村实行两田分离制，规定村民种的农田，平均每人0.5亩，共计770.58亩。余下430.42亩农田分包给有一定资本的4个外来种田大户或种田能手，40亩农田留给南庄村农业公司实行规模经营。

1998—2013年南庄村种田大户土地规模经营一览表

表5-1-16

姓　名	面积(亩)	合同期(年)	备　注
范伟明	148.32	5	村里提供仓库、场地、灌溉、拖拉机、供电设施及农业信息技术，农忙时提供劳动力，建机耕路等。
金立忠	98.51	5	
谢克标	122.15	5	
津友生	61.44	5	
南庄农业公司	40	5	

第七节　土地确权登记

　　根据中共中央办公厅、国务院办公厅中办发〔1997〕16号《关于进一步稳定和完善农村土地承包关系的通知》文件精神，为全面准确贯彻农村土地经营承包政策，南庄村实行延长土地承包30年不变的第二轮承包工作。1998年初开始，在市、镇农业部门的统一指导下，全村开展了农村集体土地承包经营的确权登记工作。是年5月底，境内全部完成对承包人承包土地权的确认，并上报镇和市逐级审核批准。经审核批准，给全村承包农户颁发由张家港市委农工部制发的"农村集体土地承包经营权证书"，发证工作于当年10月全部完成。全村共完成确权发证560户(册)，具有承包经营权面积1408.87亩。农户具有承包经营权的耕地面积,以该村民小组集体现有的可耕地面积,除以该村民小组1998年7月1日在册总人数,作为该农户具有承包经营权的耕地面积,统称为承包田,不再分"口粮田"与"责任田",不涉及自留地,实行按人平均计算。农户发证时所耕种的面积少于或多于承包经营权面积的,作为自愿转让和自愿受让面积。证书发放后,全家户口农转非的,村、组可以收回经营权证,由村、组集体发包给其他农户耕种。

自1998年实行二轮承包土地确权登记发证以后,南庄村根据"明确所有权,稳定承包权,搞活经营权"的要求,按"自愿、有偿"的原则执行政策,一直未有大的变化。

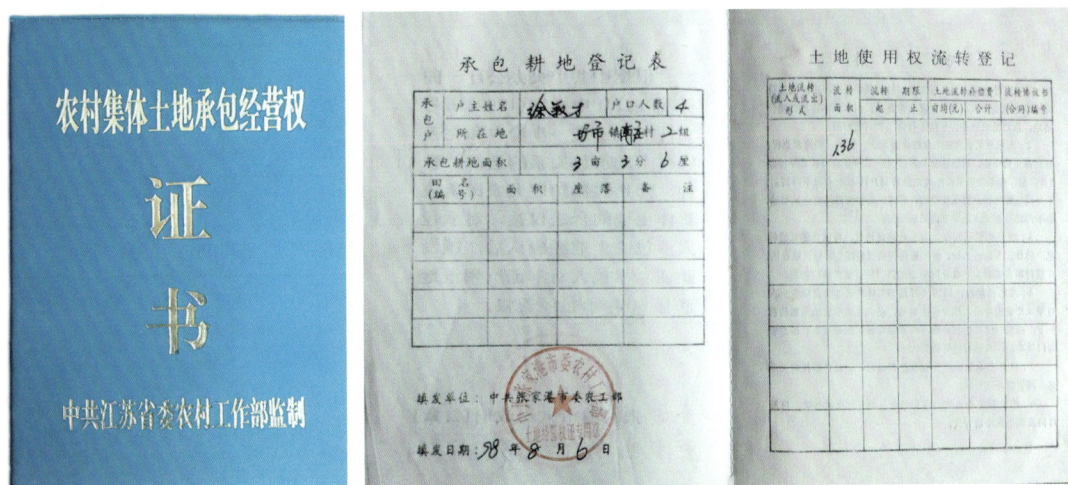

1998年颁发的土地确权证书(徐聚才提供)

1998年南庄村"农村集体土地承包经营权证书"发放一览表

表 5-1-17

| 组别 | 户数 | 发放"证书"前有关情况 | | | 按规定测算情况 | | 发证后农户承包集体耕地归户情况 | | |
		农户在册人口（人）	实际耕种面积（亩）	转让经营权面积（亩）	7月1日农户在册人口（人）	具有承包经营权面积（亩）	发证（册）	实际耕种面积（亩）	转让经营权面积（亩）
一	38	117	57.5	1	118	104.4	38	59	45.4
二	47	146	72.5	0.5	146	122.1	47	73	49.1
三	47	160	77.5	2.5	161	111	47	80.5	30.5
四	49	183	91	0.5	185	96.3	49	93	3.3
五	32	107	53.5	—	108	64.8	32	53.5	11.3
六	27	106	53	—	111	55.5	27	53	2.5
七	27	98	46	3	99	79.5	27	46	33.5
八	27	106	51	2	102	58.2	27	51	7.2

（续表）

组别	户数	发放"证书"前有关情况			按规定测算情况		发证后农户承包集体耕地归户情况		
		农户在册人口（人）	实际耕种面积（亩）	转让经营权面积（亩）	7月1日农户在册人口（人）	具有承包经营权面积（亩）	发证（册）	实际耕种面积（亩）	转让经营权面积（亩）
九	30	122	61	—	123	61.5	30	61	0.5
十、十一	60	220	88.62	21.38	215	118.3	60	88.62	29.68
十二	39	144	65.6	6.4	136	130.6	39	65.6	65
十四	15	56	30	—	58	50.47	15	30	20.47
十五	28	89	43.99	0.51	88	92.45	28	43.99	48.46
十六	26	80	39.51	0.49	77	110.12	26	39.51	70.61
十七	12	36	18	—	35	17.5	12	18	—
十八	56	167	83.03	0.47	166	136.13	56	83.03	53.1
合计	560	1937	937.75	38.75	1928	1408.87	560	938.75	470.62

注：南庄村未设十三组。

第八节　股权固化

南庄村村民股权固化沿用土地确权登记时的信息指标，设置股权并加以固定。2016年10月，南庄股份合作社依法成立。股份合作社加强对境内民营企业的引导、管理和服务。但工作重心主要转移到村自身对实际经济的监管和运作，包括集体房东经济在内的增量资产来源也日趋多元化，从而确保集体资产的保值增值。

根据苏农办发〔2014〕79号《关于社区股份合作社股权固化改革的实施意见（试行）》文件精神，南庄股份合作社决定开展集体产权制度改革，把股民享有的股权试行固化，以后不再作大的调整。于2016年初召开听证会，就享有股权人员界定范围、集体经营性资产量化的时间点等问题进行听证，广泛听取股民和群众的意见。在此基础上，召开股民代表大会，完善修改了上届股份合作社的章程，讨论通过了一系列股权固化的实施方案。这些方案包括：

根据南庄股份合作社章程的规定，对股权设置作了严格规定，享受全股权的人员包括：基本村民。截至2016年5月15日年满16周岁（2000年5月15日前出生）的本村村民；1998年得到确权、购房后户口迁出且年满16周岁的原本村村民；婚嫁（赘）出户口应迁出而因政策因素确实不能迁出者；1998年确权时在校的大中专生，在普通单位就业的本村村民；落实政策的随迁家属未安排工作人员。可以照顾享受部分股的人员包括：未满16周岁,其父母一方或双方享受全股权人员,本人照顾享受0.5股。婚嫁(赘)出,户口应迁出但未迁出的人员,本人照顾享受0.5股;婚嫁(赘)出,户口迁出但在2016年5月15日前户口在本村的人员,本人照顾享受0.5股。购买户口的,在2016年5月15日前户口在本村的人员,照顾享受0.5股。1991年至1998年确权前的大中专毕业生,在2016年5月15日前户口在本村的人员,享受0.5股。1998年确权前购房转小城镇户口的,在2016年5月15日前户口在本村的人员,照顾享受0.5股。享受部分股权人员的子女(2016年5月15日前户口在本村的)照顾享受0.25股。不得享受股权人员是:公务员、参照公务员执行机关工作人员及离退休人员。事业单位在编人员及离退人员。银行、信用社等金融机构正式人员及离退人员。军队干部、志愿兵及离退人员。不享受股权人员的子女。婚嫁(赘)出人员,在2016年5月15日前户口不在本村的人员。

南庄村股份合作社的章程还对股份设置与管理进行规定。股份设置:所有股份和财产所有权均归南庄村股份合作社集体,个人依本章程规定所取得的股权只享有收益分配权。按截止日2015年12月31日,经杨舍镇农经部门内部审计确认的1760.36万元村级集体经营性资产净值为基准,设总股份1886.75股。股权固化:按章程规定配置的股权实行固化,保持相对稳定。如遇政策性调整或确有需要调整的情形,换届时经社员代表大会讨论决定可进行适当调整。固化以后的股权不得抵押、担保、转让、转赠、买卖、继承,不得退股提现。管理:原村经济合作社所有的农业用地、河塘等资源性资产、非经营性资产、文化卫生等福利设施以及无形资产暂不折股,这些资产由本社统一管理或发包出租。以后国家征用土地,除地面青苗费归经营者外,其他补偿一律属本社所有。股份合作社负责经营和管理南庄股份合作社资产、股权,并受国家法律保护,任何单位和个人不得侵犯。

2016年南庄村各组股权固化参股情况表

表 5-1-18

序号	组别	户数	全股人员	0.5股人员	0.25股人员	不享受人员	总股数
1	一	38	102	25	—	—	114.50
2	二	52	139	24	3	—	151.75
3	三	41	149	18	—	—	158.00
4	四	49	159	27	—	—	172.50
5	五	36	109	27	—	3	122.50
6	六	29	21	13	—	—	27.50
7	七	33	89	21	—	—	99.50
8	八	34	110	18	1	—	119.25

（续表）

序号	组别	户数	全股人员	0.5 股人员	0.25 股人员	不享受人员	总股数
9	九	33	109	14	—	—	116.00
10	十	35	111	18	—	—	120.00
11	十一	27	104	18	—	—	113.00
12	十二	39	128	35	4	—	146.50
13	十四	17	50	10	—	—	55.00
14	十五	28	92	17	—	—	100.50
15	十六	24	70	15	1	—	77.75
16	十七	13	29	10	4	—	35.00
17	十八	51	146	23	—	—	157.50
合计		579	1717	333	13	3	1886.75

注：南庄村未设十三组。

第九节　土地管理

1962—1966 年征用土地均由沙洲县人民委员会审批，其中道路与河道的基本建设等为征用土地的重点项目。1967—1977 年，县属单位的大项目工程，用地由沙洲县革命委员会审批，小项目工程用地先后由沙洲县民政局生产指挥组和计划委员会负责审批。社队工业用地数量不多，均未经审批。80 年代初，乡镇办企业大幅增长，建设用地急增，乱占滥用耕地现象频繁发生。1981 年 7 月 20 日，沙洲县人民政府颁发《关于农村土地管理暂行规定》，申明企业、事业单位需要建房用地须单位申请，公社讨论，报县计委批准，发给基建执照后方可用地动工。但这一规定未能实行。1985 年 11 月，沙洲县人民政府又颁发《关于加强土地使用管理的通告》，强调今后凡乡镇企业用地，均须由用地单位向所在乡（镇）的村镇建设办公室提出申请，经乡（镇）人民政府审查核实，报县土地管理办公室批准后方可使用。1987 年 5 月，市政府发出《关于对全民大集体乡（镇）、村、队办企业、事业单位非农业用地初办手续的通知》，要求凡是非法占地的单位必须补齐手续，初办手续费按当时征地费用的 5% 收取，每亩 120 元。对补办手续的单位一般不作任何处罚。南庄村于 1998 年按上级的用地出资 100 余万元，补办了集体土地使用证手续（300 亩）。至此，集体建设用地全部纳入土地管理，乱占滥用耕地现象杜绝。1996 年，为规范用地，塘市镇清丈了境内 9 个自然村全部村民的宅基地。是年 7 月，境内对超面积用地户作了相应经济处罚。

一、土地补偿

中华人民共和国成立初期,土地补偿由征地、被征地单位协议作价,政府没有统一标准。70年代起,县(市)政府为了确保征地和被征地双方利益,相继出台了一系列的征地补偿标准。1972年,征地补偿为该地块前三年产值的4~5倍,每亩约360元。1976年,征用耕地以近2~3年定产总值的亩产值为标准计算。1986年至1988年,砖瓦窑厂制坯取土用地的补偿标准为:第一年按年产值补偿,后三年分别按年产值的70%、50%和30%补偿。1989年,确定征地补偿费为每亩3577.2元。1992年,征地补偿费提高到每亩4800元。1993年,征地单位除向被征地单位支付国家规定的补偿费外,还视情况适当增加3项费用:地上附着物补偿,每亩限1500元内;征地后人均耕地在0.5亩以下的,补偿粮差每亩5000元以内;当年度的农业税款补偿。1994年8月,对征、使、拨用地征收基础设施建设补助费,标准为规划区每平方米征收15元,其他地区每平方米6元。2000年征用耕地的,按耕地前三年平均年产值的10倍计算。

二、农业人口安置

60—70年代,征用土地时由社队农副业、企业安排劳动力。1992年起,撤组转户时符合安置条件的征土工,由户口所在地乡镇负责安置,也可自谋职业;凡没有在市属企业安排工作的征土工,一律实行养老保险,由征地单位将剩余农业劳动力安置补偿费每人4800元,一次性汇入养老基金同比统筹办公室专户,到退休年龄后,按国家规定的最低生活保证数,按月领取退休生活费。1994年征地撤组后,老年保养补助金每人每月45元,1995年改为每人每月60元,由市民政局发放。1997年12月起,凡符合办理撤组转户的征地保养人员,由征地单位按每人每月140元,一次性向市民政局缴纳20年征地保养金33600元,保养人员的保养金仍由市民政局发放。

2000年起,需要安置的被征地农业人口按年龄段分为被抚养人、剩余劳动力、保养人员3种。其中剩余劳动力安排由征地服务机构负责向市社保局一次性投保医疗保险,投保费为每人5000元。2005年起,征地撤组后,被安置的农业人口按照《张家港市征地补偿和被征地农民基本生活保障暂行办法》规定,实行基本生活保障:第一年龄段(不满16周岁者)人员一次性领取6000元的生活费;第二年龄段(男16—45周岁、女16—35周岁)人员建立被征地农民保障个人账户,其金额标准为2000元的安置补助费及耕地补偿费的70%,到达法定退休年龄后按月享受最低退职待遇;第三年龄段(男46—59周岁、女36—54周岁)人员,每人每月领取180元的生活补助费;第四年龄段(男60周岁及以上、女55周岁以上)人员每人每月领取200元征地保养金。第二、三、四年龄段人员领取的生活补助费、征地保养金从2005年7月按《张家港市征地补偿和被征地农民基本生活保障暂行办法》规定开始执行。

2016 年末,南庄村共有 17 个村民小组,其中一至九组确权人员均已基本安置,个别人员须等撤组转居后再另行安置。十至十八组农户已全部拆迁,剩余土地被开发区租用,租金和土地款利息年终统一按人、田各半分配。

三、土地灭荒

2003 年 12 月,杨舍镇政府提出限期解决全镇土地抛荒问题:对征而未用的非农建设用地,督促用地单位尽快动工建设;预计 1 年内不用而又可以耕种并收获的,应要求恢复耕种;已有 1 年以上未能动工建设,预计 1 年内不用而又可以耕种并收获的,可以收回土地使用权。2004 年,对闲置 1 年以上的非农建设用地收取每亩 200 元的荒芜费;对闲置 2 年以上的依法无偿收回,重新配置利用。是年,全村对所有土地进行了全面检查,对东墙门、小窑泾等自然村出现的闲置零星土地,按户人口统一划分,鼓励村民积极耕种。至 2008 年 10 月,本村无故抛荒、半抛荒情况基本绝迹,村民自发垦荒种上果蔬作物。2016 年,境内土地已不存在灭荒。

第二章　种植业

南庄村为平原地区,种植业主要以粮食作物稻、麦为主。清末至中华人民共和国成立前,由于灌溉条件限制,经常出现抛荒。50 年代起,采用机械灌溉,一些旱地才逐步变成水旱地。

土改时期,全村耕地面积为 2021 亩,人均 1.62 亩。随着人口增长,从 70 年代中期起,农民为改善居住条件,或父子分居,或兄弟分家,或儿子娶媳,有农户开始草房翻瓦房,农村掀起建房热,部分耕地变为宅基地。加上社队办工业用地,人均耕地面积逐年减少。1980 年,人均 1.45 亩。1994 年,耕地面积下降到人均仅 0.87 亩。1995 年起,镇农业公司在全镇范围内抓平整复垦,境内拆除废弃小窑 2 座,填平小河浜扩地 28 亩,平整复垦新沙锡路两侧挖废地 55 亩。开新丰河,新增耕地 65 亩。此后,每年又不断复垦,同时又继续被征用土地。至 1999 年,境内人均耕地面积增加至 0.95 亩,比 1994 年人均增加 0.08 亩。以后近 10 年间,开发区等征地建设新农村,加上工业小区用地,大量耕地消失,2013 年,境内耕地人均 0.65 亩。

60 年代前,全村的农作物以夏秋两熟为主,少量低洼田因常年积水只种水稻,也有的生产队利用间陈夹种一熟瓜,高岗田种大豆、山芋等作物。夏熟作物主要以三麦为主,兼种绿肥(红花)、油菜;秋熟作物主要种水稻,少量种大豆、芹菜、甘蔗等。1965 年试种双季稻,一年由两熟改为三熟。1966 年开始逐步推广,1976 年双季稻种植面积占水稻种植面积的

85%，两熟平均亩产 615 千克。1979 年推广杂优稻，种植面积占 10%~15%，亩产 505 千克。1983 年双季稻面积逐步减少，1985 年开始恢复稻麦"两熟制"，不再种植双季稻。1998 年农村土地实行第二轮承包后，大部分耕地转包给种田大户种植，稻、麦生产已不占主导地位，大多改种其他农作物。2006 年至 2016 年，南庄村大部分农田被征用，地里不再出现大面积粮食作物。

第一节 粮食作物

一、种植布局

(一)品种

三麦 小麦、大麦、元麦统称三麦。解放初期，全村有部分农民种植大麦和元麦。50 年代中期开始，境内主要以种植小麦为主。50—60 年代均为自繁自育的地方品种，1964 年开始引进外地的优良品种扬麦 3 号。以后，推广扬麦 16 号为主，淘汰其他品种。至 2006 年，境内不再统一三麦种植品种。

1963—2006 年南庄村(大队)三麦品种一览表

表 5-2-1

品种 类别 \ 年份	1963 年前	1964—1970 年	1971—1980 年	1981—2006 年
小麦	长萁白壳、水钻子、菜籽黄、铜柱头	矮秆红、吉利、阿夫内乡 15、望麦 15—17、铜柱头、菜籽黄、华东 6 号	钟山、59332(安徽 11 号)、阿夫、望麦 17、华东 6 号、扬麦 3 号、7317、宁麦	旗嘉、扬麦 5 号、苏麦 6 号、扬麦 16 号
大麦	三月黄、老来蜕、白大麦、红茎四柱头、红茎六柱头	尺八、矮白杨、赶程、红茎四柱头、红茎六柱头	早熟 3 号、2-14	—
元麦	立夏黄、慈姑青、四柱头、六柱头	矮脚早、立新、萧山三月黄、立夏黄、黑六柱	矮秆齐、757、立新 1 号、2 号、立夏黄、海麦 1 号、浙 114、早熟 43 号	—

水稻 粳稻、糯稻、籼稻，统称水稻。解放初期，境内对粳、糯、籼稻都有种植，但以粳稻为主。

1964 年前，全村种植水稻一向以单季中晚稻为主，适当种一些早稻和糯稻。1965—1984 年，全村推广种植双季稻。其中 1976 年又种植杂优稻，1985 年开始，以单季晚稻为主，至 2006 年境内少量农田为大农户种植。

1952—2006 年南庄村(大队)水稻品种一览表

表 5-2-2

品种类别＼年份	1952 年	1953—1963 年	1964—1970 年	1971—1980 年	1981—2006 年
早稻	江西糯稻、处暑黄	处暑黄、江西饭稻	—	—	—
中稻	凤凰稻	石稻、小青芒、三穗千(以中稻为主)	农垦 57、51、44、46，石稻，小青芒，沪选 19，东方红 1 号	沪选 19、东方红 1 号、南粳系、桂花黄、宇红、东亭 3 号	宇叶青、东亭 3 号、3017、复选 4-1、81633、88122、武育粳 2 号 9-92、9915、9522、常优 1 号、华粳 3 号、常农粳 5 号
晚稻	晚八个头、牛毛黄、落霜青	—	农垦 58 号(当家品种)、八五三、老来青、苏稻 1 号、苏粳 2 号、农垦 58 初霜	苏粳 1—2 号、昆稻	
糯稻	晚糯稻、粳谷糯、早红芒糯、金坛糯、马金糯、香谷糯	白芒糯、红芒糯、粳谷糯、马金糯、呕血糯、早稻	红芒糯、京引 15、江丰、红糯	—	—

1965—1970 年，前季稻品种有：六才 1 号、矮脚南特号、三九青、青阳 1 号、二九南。1970—1984 年，有长紫 32、广六矮 4 号、原丰早、二九南、二九青、矮三九。后季稻品种有：农垦 58、57，红糯，江丰，京 15。1971—1984 年，有农垦 57、东方红 1 号、沪选 19、南丰 4 号、桂花黄、京 15(糯)、宇红 3 号、东亭 3 号。1979 年，杂优稻品种：汕优 2 号、泗优 6 号、南优 2 号。

油菜　50 年代前，油菜品种单一，种植的全是本地油菜，俗称菜花菜，一般亩产不超过 50 千克。1959 年，引进新品种胜利油菜，60 年代大面积推广，70 年代中期引进"宇油 7 号"，1990 年起又引进"扬油 1 号"和"苏油 1 号"，2000 年以后种植品种主要为"汇油"和"双低"，至 2010 年境内农田基本消失为止。

(二)布局

60 年代，全村夏熟作物以三麦为主，兼种绿肥。三麦面积约占耕地面积的 64%，其中小麦面积占三麦面积的 74.9% 左右，绿肥面积占耕地 31%，油菜面积占耕地面积 5% 左右。秋熟作物主要是水稻，还有少量的芹菜、茭白、藕等水生作物。

70 年代，三麦面积占耕地面积 58% 左右，绿肥面积约占耕地面积 31%，油菜面积占耕地面积 5% 左右。秋熟作物水稻面积占耕地面积 95% 左右，其他约占 3%~5%。

80 年代，夏熟作物以小麦为主，小麦面积占地面积约 62%，绿肥面积占耕地面积 18.6%，油菜面积占耕地面积 10%。秋熟作物水稻面积占耕地面积 92% 左右，其他作物约占 8%。

90 年代小麦占耕地面积 68.6% 左右,油菜面积占耕地面积 2%~2.6%。1991 年开始不再种植绿肥。1994 年,全村开始全面实行"两田分离制";农户只种口粮田,其余均为责任田,实行土地规模经营。2000—2006 年,全村紧紧围绕"农业增效,农民增收"的目标,大幅度进行种植结构的调整,粮食作物开始减少,经济作物的种植明显增多。2006 年以后,南庄村不再有集体统一农作物布局,多为农户和大农户自主布局。

1958—2006 年南庄村(大队)三麦、水稻、油菜籽亩产一览表

表 5-2-3

年份	三麦亩产(千克)	水稻亩产(千克)	油菜籽亩产(千克)
1958	95.70	308.00	57.00
1959	125.00	287.00	59.00
1960	98.00	259.00	68.00
1961	105.00	248.00	73.00
1962	105.00	267.00	85.00
1963	93.00	334.00	87.00
1964	108.00	385.00	105.00
1965	165.00	417.00	146.00
1966	147.00	458.00	132.00
1967	141.00	421.00	141.00
1968	168.00	356.00	138.00
1969	159.00	421.00	132.00
1970	167.00	365.50	145.00
1971	211.00	406.00	136.00
1972	286.00	421.00	145.00
1973	252.50	461.00	132.00
1974	314.00	429.00	141.00
1975	275.50	408.00	133.00
1976	311.50	417.00	168.00
1977	252.00	456.50	141.00
1978	238.00	451.00	148.00
1979	256.00	489.00	128.00

（续表）

年份	三麦亩产（千克）	水稻亩产（千克）	油菜籽亩产（千克）
1980	267.00	432.50	134.00
1981	285.00	437.00	128.00
1982	241.00	437.00	137.00
1983	348.00	458.00	129.00
1984	278.00	476.00	125.00
1985	341.00	441.00	129.00
1986	305.00	437.00	117.00
1987	237.00	448.00	122.00
1988	316.00	456.00	124.00
1989	231.00	497.00	131.00
1990	234.00	495.00	124.00
1991	228.00	505.00	129.00
1992	235.00	452.00	127.00
1993	314.00	505.00	131.00
1994	283.00	517.00	137.00
1995	287.00	489.00	128.00
1996	305.00	505.00	121.00
1997	304.00	517.00	127.00
1998	317.00	509.00	131.00
1999	232.00	481.00	135.00
2000	283.00	517.00	129.00
2001	257.00	476.00	127.00
2002	300.00	483.00	131.00
2003	280.00	495.00	128.00
2004	295.00	517.00	132.00
2005	286.00	508.00	141.00
2006	291.00	517.00	138.00

二、作物栽培

解放前,南庄一直采用粗耕粗种的传统方法,水稻、三麦、油菜的产量极低,水稻亩产150千克左右,三麦亩产50千克左右,油菜籽亩产不超过50千克。解放后,党和政府十分重视农业,推广农业科技,倡导科学种田,提高耕作质量,加强农作物植保,农作物产量有了较大幅度的提高。

(一)三麦栽培

解放前,境内三麦播种栽培与管理技术比较落后。粗耕狭畦,很少施基肥,以穴播为主,散播较少。一般在春节前后施一次人畜粪肥,直到成熟收割,正常年景亩产40~50千克。50年代,由于加强管理,大面积推广"矮秆红"等耐肥高产品种,三麦亩产达到150千克左右。1972年开始学习塘桥公社六大队(杨园村)的三麦高产技术,境内多次组织生产队干部、农民到塘桥公社六大队参观,学习"五争"高产栽培技术:

早作准备争主动 境内是晚稻晚麦区,秋播季节较紧,必须及早做好各项秋播准备工作。每年秋播前,境内做到思想早发动、规划早落实、肥料早积足、种子早处理、物质早准备,争得秋播主动权。

打好基础争"五苗" 一是催芽播种,晚播争早苗。经过几年实践,凡10月下旬播种的,只浸种不催芽;11月上旬播种的,催芽至"露白"播种。催芽播种能提早7天出苗,提早2~3天成熟。二是精耕细整,熟化土壤。具体做到深翻细斩,土块不超铜钱大,麦垱公路形,宽垱狭沟,边整地、边播种、边盖籽。三是施足基肥。播种时每亩用5~8千克化肥作随籽肥;麦子播种后,每亩再施100担酥松优质的泥杂肥盖籽,确保麦苗"胎里富"。

冬壮冬发争穗多 一是科学施肥。麦子出苗后,施好提苗肥,进入越冬阶段重施腊肥,一般每亩追施猪灰、泥杂肥100多担,穴施化肥25~35千克。二是拍麦压麦。掌握3叶、4叶轻拍,5叶开始压,窜苗旺长反复压;不满3叶不敲,不施腊肥不敲。一般拍压三四次,促进发根分蘖,争得每亩有60万左右壮苗过冬。

穗长秆壮争穗大 春季巧施返青肥,适量普施孕穗肥,使麦子返青以后稳长壮秆,每亩达到65万左右壮苗,35万成穗。

战胜灾害争粒重 一是开沟降湿、防渍、防病。秋播时,开好横沟、围沟、隔水沟等一套排水沟系,横沟深60厘米,围沟深于横沟,隔水沟又深于围沟,达到一方麦田,两头出水,四周托起,排除潜层水,降低地下水和表土湿度,使麦子生长正常,活熟到老。二是加强防治病虫害,看准时机及时喷药,把病虫害控制到最低限度。

70年代,学习塘桥三麦高产技术后,正常年景下,境内连续多年三麦平均亩产250~300千克。1990年以后,农民都采取灭茬免耕种植三麦,做到重施随籽肥,一垱一条沟,春季后普施孕穗肥,防治病虫害。至2013年,正常年景三麦年平均亩产可在300千克以上。

（二）水稻栽培

水稻是南庄农业生产的主要粮食作物。

1. **单季稻**。分早、中、晚三种类型。长期以来，中稻约占60%左右。1963年开始，推广农垦58号高产良种以后，单季晚稻逐步增多，约占60%左右。早稻基本淘汰。70年代推广双季稻，1976年，双季稻面积最多时，占水稻总面积的54.72%。1983年，随着双季稻的逐步减少，单季稻面积不断增多。1985年，单季稻种植面积占水稻总面积的97%，都是晚粳稻。

水稻选种（摄于1988年，赵正高提供）

单季稻的栽培方法，历史上采用育秧移栽，在秧苗活棵后进行耘耥加工，在稻苗拔节孕穗前追施肥料，搁草搁田。中、晚熟粳稻产量一般在450~500千克。

50年代中期开始，先后推广江苏省农业劳动模范唐保明、全国农业劳动模范陈永康和无锡东亭等地的水稻高产栽培技术，逐步发展成现在的水稻栽培技术。

（1）培育壮秧。境内传统秧田，田面上水整平后，用脚踏几条界路，形成秧板，长短宽窄不一，无排灌沟，秧田与大田之比为1∶15左右。1950年开始，推广合式秧田。秧板宽4市尺，秧板之间开好沟系，同时推广盐水、泥水选种。60年代系统推广陈永

稻田厍秧落谷（左）、稻田撒秧灰（右）（摄于1970年，陈礼彬提供）

康培育壮秧的经验，扩大秧田，落谷稀，秧田与大田之比为1∶6左右；讲究秧田施肥技术，在施足基肥的基础上，施用断奶肥，看苗施用接力肥，拔秧前施好出家（嫁）肥，培育成有分蘖苗的呈篾片状的壮秧。

（2）适时播种、移栽。1949年前后，早、中籼稻、粳稻，均在4月20日左右播种，5月下旬移栽，1962年起，为避免螟虫害和抽穗灌浆期的高温，中粳稻的移栽期分别推迟到5月

末,1983 年以后,晚粳稻的移栽推迟到 6 月中旬。

(3)合理密植。传统的单季稻插秧株行之间呈正方形,栽插密度每亩 2 万穴左右。1952 年开始推广小株方形密植,株行距为 5×5 寸,称"五寸方",每亩栽插密度在 2.4 万穴左右。70 年代,全面推广无锡东亭等地的水稻高产栽培技术,把栽插密度提高到每亩 3 万穴左右。1985 年,栽插密度退到 2.4 万穴左右。

稻田拉线莳秧(摄于 1974 年,陈礼彬提供)

(4)精细耘耥,清除杂草。水稻移栽半个月后就要及时加工耘耥,把杂草消灭在芽苗阶段。70 年代一般耘耥 3 次,多的 4 次,最后一次拔草搁田,称"掳草"。1980 年以后,耘耥次数逐年减少,特别是应用除草剂后,就不再需要耘耥,仅在 7 月底拔一次大草。

(5)合理施肥。历史上在水稻全生长期一般施肥两次,一次为基肥,常用猪羊灰或草塘泥,另一次是在搁田前施

稻田莳秧(摄于 1985 年,徐敏提供)

饼肥或其他有机肥料。有的农户对长势欠佳的田块用人畜粪补施一次,称"提黄宕"。60 年代,推广陈永康单季稻"三黑三黄"的施肥经验,即在秧苗移栽后到收割前,根据每个生长阶段的叶色,掌握叶色褪淡时施肥,使叶色转黑,施肥三四次。80 年代初,推广叶令模式,简化施肥技术和减少氮肥的用量。

(6)耕作革新。1958—1959 年,境内农田大搞深翻。整个秋季,全境农民挑灯夜战,靠人力翻地,最深垄地达 40 厘米。由于打乱了土层结构,影响作物生长,自 1960 年以后,不再提倡深翻。

2.双季稻。1965 年,全村开始试种双季稻,1983 年后,开始逐步减少种植双季稻的面积,至 1985 年停止双季稻种植。

双季稻的栽培技术:

(1)适时播种移栽。前季稻在 4 月 20 日左右开始,抓住冷尾暖头播种,出苗率和成秧率较好,容易避过低温阴雨,防止烂秧。5 月中、下旬分批移栽。70 年代,油菜茬的前季稻,

推迟到6月上旬移栽,尽管采取铲秧、蹲秧和两段育秧等补救秧龄过长的措施,但仍发生超龄秧,移栽时穗分化已开始,穗形变小,影响产量。后季稻的播种期,则根据品种的培育类型、育秧方式和前季稻的预计成熟期分批播种,秧龄掌握不超过45天。

(2)合理施肥。前、后季稻都以施足基肥为主,以有机肥料搭配化肥。大田生长期间,看苗补施一次氮素化肥,施肥量占全生长期总施肥量的20%左右。

(3)合理密植。前、后季稻都靠基本成穗获得高产。前季稻栽插密度,株距2.5~3寸,行距5寸,每亩4万~4.5万穴,基本苗20万~25万支。后季稻栽插密度,株距3寸,行距5寸,每亩4万穴,基本苗20万支左右。

3.“三系”杂交稻。即不育系、保持系、恢复系。1976年从湖南引进,经过制种,然后将种子育秧后进行移栽。1977—1980年,4年的年平均亩产455千克,其中1978年达到481.5千克。杂交水稻具有产量高、省种子、省秧田、早熟等优点,但米质差,容易发生白叶枯病,以后种植面积逐步减少。1983年实行家庭联产承包制后停止种植。主要栽培技术是:

(1)稀播育秧,每亩大田用种0.75~1千克,每亩秧田播种10千克左右。

(2)合理密植。每亩栽插1.6万~1.8万次,基本苗1.8万~2万支。

(3)合理施肥,主要掌握看苗施肥,一般施用分蘖肥和穗肥,发挥大田分蘖优势,争取大穗。

(三)油菜栽培

油菜是南庄农业生产的主要油料作物。50年代,年平均亩产50千克左右,70年代以后亩产量可达210千克,1985年亩产达282.5千克。

1.培育油菜苗

境内油菜的播种时间在9月10—20日之间,每亩种子在0.75千克左右。

(1)留足苗床。一般以旱田为主,施足基肥,约占总肥量的40%,并以有机肥为主,每亩施灰肥30~50担、磷肥40~50千克,并浇好盖籽粪。

(2)苗期管理。一播就管,播种时浇足水,力争全苗。及时捡苗,培育壮苗。在施肥方面,三叶前以促为主,勤施稀肥。三叶以后,以控为主,移栽前施好出家肥,秧苗要老健青秀。

(3)做好苗期的防病治虫工作。发现病虫害,每亩用乐果或甲胺磷150克加多菌灵150克,50~75千克水稀释,用小机喷洒。移栽前两天,再用药一次,做到带肥带药下田。苗龄为一个月,一般为6张叶、6寸高、绿叶紫边、根茎粗壮就可移栽。

2.移栽技术

(1)移栽时间:在10月底至11月初。密度每亩0.8万~1万穴为宜。

(2)方式:解放前为狭垅打宕式,合作化和公社化时期为阔垅式,80年代为板田劈沟式。

(3)移栽后浇淋根水,及时开沟,做到一垅一条沟,面积较大的田块开一条横沟。

（4）施足基肥，用鸡粪和猪、羊灰转宕。分田到户后，多数农民只种口粮田，猪、羊养得少，一般以磷肥、复合肥为主。冬前施好腊肥。清明后施抽苔肥，碳铵穴施每亩 40 千克。花期每亩施尿素 5 千克左右，提高结籽率。

（5）九成熟十成收。有 60％ 的荚果变黄就可及时收割，保证丰产丰收。

三、肥料

（一）有机肥料

解放前，南庄农作物使用的肥料都是人畜粪、河泥、草塘泥及各种饼肥等有机肥料，使用量较少。解放后，发动农民发展养猪养羊，增加厩肥，境内养猪养羊掀起高潮。1963 年后，连续 10 多年以肥带粮，每 1 元钱灰肥，生产队补给 0.25~0.5 千克稻谷，以后改成每出售一头生猪补给 25~50 千克稻谷，农户每年出售 3~4 头生猪。70 年代后期，境内猪

社员罱河泥（左）、拷河泥（右）（摄于 1974 年，陈礼彬提供）

羊总数每年达 2500 余头。1958 年大积大造自然肥料，垒千脚泥，换老墙头泥，熏土，捉蛤蟆，割青草、瓜藤，全年每亩施用量有一二百担。60—70 年代，大力推广放养绿萍、水葫芦、水花生、水浮莲，还组织到上海、苏州、无锡等城市装运人粪、垃圾，最多时年装运量近万吨。70 年代，发动各行各业，干部带头，割青草、铲草皮、大搞堆肥和肥料仓，同时继续发展养猪养羊。进入 80 年代，大力推广稻、麦秸秆直接还田作肥料。

自然肥料全年每亩的使用量，50 年代为河泥、草塘泥 60~80 担，泥杂肥 50 担，人畜粪 10~20 担，饼肥 18 千克；60 年代为河泥、草塘泥 70~80 担，泥杂肥 70 担，人畜粪 30 担，饼肥 20 千克；70 年代为河泥、草塘泥 100~120 担，泥杂肥 100 担，人畜粪 40~50 担，饼肥 20 千克。进入 80 年代，有机肥料使用量逐渐减少。90 年代后期，境内不再使用河泥、草塘泥，部分农民仅使用畜粪，大部分农民则使用饼肥或稻、麦秸秆直接还田。

（二）化学肥料

1950 年，全村开始推广使用化学肥料，主要是氯铵、硫酸铵等氮肥，用量极少。1952 年起推广过磷酸钙，到 1958 年平均每亩使用量为 5 千克左右。60 年代开始使用钾肥，主要是氯化钾，平均每亩不到 2 千克，并大量使用氨水，化肥使用量每亩 20 余千克。70 年代大量使用碳酸氢铵，化肥使用量每亩 40 多千克。1979 年开始使用复合肥，80 年代化肥使用量每亩达 100 千克。90 年代开始，复合肥和尿素、碳酸氢铵等同时使用，平均每亩 80 多千克。

（三）微生物肥料和植物激素

1970年，全村开始试用土法生产的"九二〇"植物生长激素，面积约2000多亩次。此后，结合"七〇二"使用，稻、麦增产效果明显。1978年全境应用面积约2000亩次。

1972年境内开始应用"五四〇六"抗生菌肥，先应用于油菜，增产效果较好。以后扩大应用于三麦，都有一定增产效果。1978年后，境内应用"五四〇六"抗生菌肥达1500余亩次。90年代起就不再使用。

四、植保

（一）三麦病虫害及防治

1. 境内的三麦病害主要有叶锈病、秆锈病、赤霉病、纹枯病和黑穗病。叶锈病、秆锈病主要发生在50—60年代，病期从麦子拔节直到抽穗。60年代起用敌锈钠喷洒，效果较好。70年代已基本控制。赤霉病是麦苗的主要病害，从1951—1985年35年中有18年发生，其中大发生年为1952、1954、1958、1973、1983年。造成减产一至三成。赤霉病菌主要是稻根带病越冬，3月底开始滋生，4月中、下旬在元麦、大麦和小麦抽穗扬花期入侵穗部，4月上旬至5月中旬为发病高峰期。诱发原因是连续阴雨和气温较高，稻茬所带病菌迅速形成孢子，侵入正在抽穗、扬花、灌浆的麦穗造成减产。根据境内小麦防病经验，掌握在麦子基本齐穗、开始扬花时及时喷洒多菌灵，5~6天后再喷一次，就可基本控制。2000年以后，用麦病宁防治。

2. 境内的三麦虫害有麦蚜虫、粘虫等，亦以药剂防治为主，对提高千粒重效果显著。

粘虫 俗称"行军虫"。成虫呈褐色，软体，长约二三厘米，体圆对径4~5毫米，每年2月底3月初从南方迁飞入境。附于三麦叶片上蚕食。解放后危害严重的年份有1967、1971、1972、1973、1977、1979年，造成严重减产。可用二五敌百虫、晶体敌百虫、毒杀粉等喷洒。2010年以后，粘虫病害基本消灭。

麦蚜虫 可用乐果粉、二二三杀灭。2000年至2013年用新一代农药防治。

（二）水稻主要病虫害及防治

境内水稻的主要病害有白叶枯病和纹枯病。白叶枯病在50年代和60年代曾连续数年普遍发生，危害严重。1964年大面积种植抗病品种农垦58号后，病害得到了控制。1977年大面积种植三系杂交水稻后，白叶枯病又有发生，危害重者亩产不过150~200千克。1984年大面积改种单季稻盐粳二号后，此病不再发生。纹枯病于70

稻田施药（摄于1989年，徐建峰提供）

年代大面积推广双季稻后,在前季稻上零星发生,1976年起发病面积逐年增加。80年代蔓延到单季稻,发病面积较广。主要用井冈霉素、稻脚青等农药防治,效果较好。50年代至60年代初,水稻苗期胡麻斑病发生比较普遍,以后随着施肥量增加而逐年减少。

稻瘟病,俗称老梗瘟,易发生在洼地和过密的、疯长的田块。病稻棵下部霉烂,影响发育,并造成稻苗死亡。80年代起用井冈霉素药水,每亩0.2~0.25千克,用喷雾器喷洒。用甲铵磷泼浇或用乐果泼浇,可治三化螟等病虫。

境内水稻虫害危害较大的有大螟、二化螟、三化螟、稻飞虱、纵卷叶虫等。境内主要是二化螟、三化螟危害。1953—1955年水稻受三化螟危害后,白穗率达7%,产量减5%~10%。螟虫防治:50年代初,采用点灯诱蛾,还采用秧田采卵块、冬季挖稻根、水稻分蘖期剪枯心苗等方法消灭螟虫。50年代中期开始用药物防治,螟害得到有效控制。90年代始,在防治稻飞虱时进行兼治螟虫,已不成危害。2000年至2005年,以吡虫啉、吡蚜酮防治为主。2006年以后不再防治水稻病虫害。

稻田三匹机打药水(左)、田头小抽水机灌溉(右)(摄于1970年,陈礼彬提供)

1963—1970年南庄大队监测水稻三化螟各代发生情况表

表5-2-4

类 别		始 见			过 程		
		一般	最早	最迟	盛期	高峰	最末期
一代	蛹	4月下旬	1963年4月20日	1966年5月上旬	5~7天	5~7天	1970年6月2日
	蛾	5月中旬	1964年5月7日	1967年5月24日	5~7天	5~7天	1967年6月10日
	卵蜉	6月初	1962年5月18日	1967年6月13日	5~10天	7天左右	1966年7月19日
二代	蛹	6月中旬	1967年6月21日	1962年6月23日	5~8天	5~8天	1970年8月6日
	蛾	7月初	1964年6月27日	1970年7月10日	5~7天	5~7天	1966年7月20日
	卵蜉	7月上旬	1963年7月9日	1967年7月13日	5~7天	5~7天	—
三代	蛹	7月下旬	1964年7月23日	1965年7月4日	5~7天	5~7天	1967年9月14日
	蛾	8月上旬	1964年7月30日	1970年8月10日	5~7天	5~7天	—
	卵蜉	8月中旬	1962年8月11日	1967年8月12日	5~10天	5~10天	—
四代	蛹	无记录	—				
	蛾	9月中旬	1969年9月7日	1967年9月18日	5~7天	5~7天	1965年9月27日
	卵蜉	无记录	—				

纵卷叶虫。每年 6 月随南方湿气流从福建、广东等地迁飞来到境内,危害期主要在 7—8 月间。1977 年以来,每年都有发生,尤以 1977、1979、1983、1984 年为严重。防治方法:及时抓住幼虫阶段,全面喷洒农药,即可扑灭。纵卷叶虫全生育期分孵化、成虫、蛹、蛾 4 个阶段。成虫呈乳白色,咬食水稻叶片。成蛹前卷叶为巢,致使叶片萎缩而影响水稻生长。2010 年以后,主要使用毒死蜱、吡蚜酮等农药。

1974—1985 年南庄大队监测水稻纵卷叶虫发生情况表

表 5-2-5

类别	一般	最早	最晚
二代	6 月下旬	1974 年 6 月 15 日	1980 年 7 月 10 日
三代	7 月下旬	1975 年 7 月 18 日	1982 年 8 月 10 日
四代	8 月下旬	1976 年 8 月 16 日	1985 年 9 月 2 日

稻飞虱。境内出现的稻飞虱对水稻危害均在晚期,水稻一旦受到稻飞虱的侵害,整棵稻从根至梢部全部腐烂。解放后最严重的是 1962 年,全公社有 70% 的水稻受到危害。1984 年后,在水稻后期的管理上,由农业公司组织专门植保队伍在水稻田里观察,做到一经发现,立即汇报,马上用药,尽量不让其蔓延。如已蔓延的,即大面积用药。除用一六〇五、一〇五九农药外,也可使用混灭威药粉,每亩 5~7.5 千克,拌上细泥,天晴时在上午 10 时后撒在稻田里。1996 年以后,采用扑虱灵、甲铵磷、杀虫霜等,效果更好。

(三)油菜病虫害及防治

60 年代全村的油菜品种为胜利油菜。移栽期一般在 10 月底。冬前生长过旺,抗寒、耐病力差,造成蚜虫群集危害。霜霉病在冬前发生,春季的菌核病和花期的潜叶蝇危害比较普遍。油菜籽亩产徘徊在 50 千克左右。1967—1972 年间,苗期小菜蛾发生频繁,危害严重。70 年代中期,大面积引进了比较耐病的宁油 7 号,病虫减少,常发生的有蚜虫、菌核病和"龙头病"。菌核病在 70 年代后期和 80 年代前期发生的面积较大,危害较重。其他病虫的危害程度大为减轻。

防治方法:霜霉病、菌核病、"龙头病"等,在初花期、盛花期每亩可用多菌灵 0.25 千克,加 75 千克水稀释后进行喷洒,效果可达 80% 以上。对蚜虫、潜叶蝇可用菊酯类农药防治,效果比较好。蚜虫每亩也可用乐果 0.15 千克,加 75 千克水稀释,进行小机喷洒,效果也较好。

1985 年以后,南庄大队农技员加强对各生产队的植保指导,坚持以防为主,灾害性病虫害在境内未有大的发生。

2010 年以后,主要用菊酯类农药以喷洒方法防治蚜虫、小菜蛾等害虫。

（四）草害及防除

全村危害农作物的杂草甚多。危害水稻的有牛毛草、三棱根草、稗草、节节草、爪皮草、莎草等；危害三麦、油菜的有"看麦娘"、猪秧秧、梢草、繁缕、婆婆纳等。60年代初，草害极为普遍，尤其是水稻田里的三棱根草，危害很大，导致水稻减产。1961—1964年，在麦子收割后，发动群众突击深挖三棱根，多的田块每亩达50~100千克，经连续四年深挖除草，加上合理轮作冬绿肥后，草荒田块基本绝迹。80年代草害又逐渐加剧，大面积使用绿麦隆、稻田净、除草醚、绿黄隆、杀草丹等化学除草剂后，草害得到一定控制。对单子叶杂草，可及时用化学除草剂进行喷洒或每亩用"稳杀得"0.1千克，加55千克水稀释，进行小机喷洒，以防草害。2010年以后，使用卞丁及苯璜异丙隆除草害。

（五）豆类及蔬菜田的"地老虎"

"地老虎"又称"乌土蚕"。成虫呈褐色，嘴极锐利。白天潜伏于土中，半夜后才出土，专咬食农作物的幼茎。对豆类、瓜类、藤蔓类、蔬菜类威胁最大。可用敌百虫、乐果等喷于作物上，也可翻地时将混灭灵药粉撒入土中杀灭。

五、种子

中华人民共和国成立前，南庄农民素有调种的传统，但数量不大。清末民初后，选种、良种越来越被重视。中华人民共和国成立后，政府每年都从外地引进三麦、水稻优良品种。2010年以来，塘市镇农业公司加大推广小麦、水稻优良品种的指导，小麦、水稻保持稳产高产。

期间，全村农户一般采用四种选种方式（水稻）：

春天粒选 开春后，家家户户将隔年储藏的稻种放在筛子里筛去草籽，拣除杂色稻谷，根据面积留足种子。

定稻穗选 稻谷成熟待割时，农户带着布袋来到田里，将秆粗、穗大、粒子饱满的稻穗剪下，选足所需的良种。

除杂块选 大户人家挑选一块长势好的田块，认真地拔除杂稻、稗草，收割时单收单打。

向外引种 一般通过亲朋好友关系，采取购买、调换的办法，引进优良品种。

2010年以后，小麦良种为扬麦16号，水稻为常优1号、华粳3号、常农粳5号等良种。

六、应季农活

中华人民共和国成立前，南庄村绝大部分人祖祖辈辈以农为业，终年守住稻、麦两熟主要农作物的种植，辅之有油菜、黄豆、蚕豆、黄萝卜、山芋等占比很少的其他杂粮生产。农民们日出而作，日落而息，严格按照春、夏、秋、冬节令的变化，因季制宜地投入田间和场头的应时农活，成为一种传统，年复一年，每年都唱"四季歌"，从事着繁重的体力劳动。中华人民共和国成立后,随着农业机械化和电气化的发展,农民的劳动强度大大降低,特别是拖拉机和收割机的普及,使境内广大农民从高强度的体力劳动中解放出来,生产力得到了很大提高。90年代后,农民们只需从事部分机电化不能介入的农业生产管理方面的传统农活。

历年南庄境内田间(场头)传统农活名称一览表

表5-2-6

季节	农活名称
春	牛耕田　挑猪(羊)灰　车猪(羊)灰　拆灰　稻谷选种　浸种　催芽　垒田　做场　秧田上水　做秧田　夹秧板　落谷(庌秧)　上秧灰　放鱼秧　秧田拔三棱根　拔蚂蟥子草　割红花　割草头　罱河泥　搪河泥　挑河泥　开灰潭　搅灰潭　积杂肥　麦田补黄宕　种山芋
夏	采蚕豆　油菜收菜籽　撒孕穗肥　麦穗选种　割麦　捆麦　挑麦　堆麦　甩(轧)麦　打麦柴　飏麦　晒麦　推磨　轧麦片(栖)　轧糠　装氨水　施肥　拆麦秆　挑河泥　拆河泥　垒田角　裁塌岸　牛赶水　人力车水　洋龙打水　灌溉上水　摊田　整田　扒塌岸　撒肥田粉　拔秧　莳秧　补秧　稬稻　糙稻　耘稻　刹绿萍　捞草(牛毛草、鸭舌草、水丁头)　拔稗草　捉螟虫　点螟灯　捉卵块　剪稻包虫　打药水　喷药粉　撒毒土　开沟　排水　种"十边"(指田边、河边、屋边、场边等)黄豆　搁田　追肥　撒孕穗肥　补黄宕
秋	庌黄萝卜　收"十边"黄豆　稻穗选种　割稻　捆稻　幢稻拼头　挑稻　幢稻芦　甩(轧)稻　捆柴　飏稻　晒稻　幢柴芦　扬落草　甩桔头　碾(轧)米　筛米　筛糠　麦籽选种　垒田　落别　做地？庌麦子　打宕种油菜　种"十边"蚕豆　鞭(甩)黄豆　垒山芋　垒黄萝卜
冬	补种油菜　开沟　碾麦地　敲麦沟　浇肥田粉水　浇(盖)河泥浆　削梢草　捉狗屎　挑粪　浇粪　搓绳　绞绳　打扇　擀水车扇　打牛脚践　做牛蒲鞋　打干河　挑河泥　晒河床　开灰潭　整田　挑土　挖泥　挑河　筑渠道　做田岸　垒田埂(塌别、大的泥块)

第二节　经济作物

一、树木

旧时,南庄农户家前屋后都种树,以榉树为最多。榉树虽生长缓慢,但质地坚硬,是制作家具理想的木材,经济价值很高。有些农户房前屋后、河边、祖坟四周种植,多以槐、榆、楝、枫、杨等树为主。也有一些农户种几棵桃树、石榴、枣树等,既是点缀,又可食果,但并不注重栽培技术或追求经济效益。庙宇、祠堂、观音堂院内外,都植有银杏等珍贵树木。大南庄华严庵内一棵银杏树,明末清初就已有,树龄400余年,树主干直径1.70米,树高20余米,1958年大跃进时被砍掉。

1960年前后,人民政府号召恢复私家竹园,集体大搞植树造林。境内在大路两旁栽种成片树木,各小队在渠道两旁种植杞柳、白杨等树。社员利用家前屋后、场头、河边种树,谁种谁有,大部分社员以种植榉树、朴树、樟树为主。70年代开始大搞绿化。1973年,全大队植树3万余棵。1980年,新丰河两侧全绿化。1983年,境村内西元泾渠道两旁种植柳条树。

1986 年,各自然村主要由农民自发种植树木。1989 年,全村植树 5000 余棵。1994 年植树 1000 余棵,育树苗 9.5 亩。1999 年,工业区、厂区及各自然村家前屋后的绿化面积不断扩大,新增各类绿化面积约 3500 平方米。2002 年,全村种植香樟、桃树、黄杨等 4200 余棵。2008 年南庄村在南湖苑社区实行环带式绿化,共种植苗木 7000 余棵,品种以香樟、桂花、银杏为主。2011 年开始,境内西片大面积被承包种植树木 130 余亩,每亩种植香樟、桂花、银杏等品种 70 棵左右。至 2016 年,种植林木发展到 160 亩,达到 1100 余棵,枝繁叶茂,郁郁葱葱,连成一片,成为一大绿色景观,树干直径 8 厘米左右的香樟共有 100 余棵。小区道路两侧进行绿化全覆盖。2016 年,全村绿化覆盖率 44.2%,环境质量综合指数分值 95.8。

二、果蔬

黄豆芽　俗称豆芽菜,其原材是大豆。50 年代初期,境内有不少农户从事黄豆芽培育。仅大南庄就有 3 户,徐利全、徐林福、徐高福,年产豆芽菜 4000 多千克。徐利全培育生产的豆芽菜产量最高、质地最好,该豆芽菜色泽光亮、鲜嫩、口感好,销路极好。

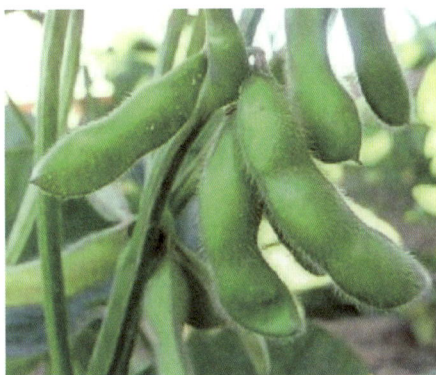

做豆芽菜工艺比较简单,主要在生产过程中要严格掌握温度,适时换水,观察生长状况。每斤黄豆能生产 7~8 斤豆芽菜。

生长中的大豆(摄于 2001 年,徐建峰提供)

70 年代后,大南庄、夏家弄、东墙、小窑泾等不少农户从事黄豆芽培育,户均年收入达 2000~3000 元左右。豆芽上市季节,每天有 200~300 千克豆芽出售。2007 年停止培育黄豆芽。

绿豆芽　绿豆芽生产一般在夏季。每到初夏气温升高,人们喜食绿豆芽,育黄豆芽农户就改育绿豆芽。一般每 50 千克可卖近百元,收入颇高。秋后天凉,再改育黄豆芽。2007 年以后,境内不再有绿豆芽生产。

蔬菜　境内蔬菜品种较多,常见品种有青菜、白菜、萝卜、菠菜、黄瓜、冬瓜、丝瓜、豇豆、扁豆、茄子、韭菜、芹菜、茭白、青毛豆、辣椒等,2007 年停止种植。过去多为农户零星种植,总面积 300~500 亩。1989 年,小南庄、大南庄、田二房、夏家弄、东墙门、小窑泾的不少农户积极从事蔬菜种植,少的二三分地,多的一二亩地。

1962—1964 年,境内不少农户及生产队曾大面积种植白菜,畅销无锡、苏州、上海、浙江等地。农户种植白菜年收入 300~1000 元。1978 年以后,增加了花菜、荠菜、菜椒、四季豆、包菜、药芹等新品种。

境内农户种植蔬菜抢早、抢快、抢新,从事蔬菜种植的农户年收入 5000~10000 元。

1974 年以前都用传统方法栽培,1974 年引进冷床、小环棚等保温设施用于育苗,使茄果类蔬菜提早上市。1982 年,推广地膜覆盖栽培技术,用塑料薄膜护根育苗。随着先进蔬菜栽培技术的不断应用,蔬菜年亩产量从 1980 年的 3500~4000 千克提高到 1990 年的 6000 千克,2013 年达到 6500 千克。2016 年停止种植蔬菜。

水蜜桃　50 年代初,大南庄徐林福种 3 亩水蜜桃。60 年代后,南庄境内李家巷、东墙门、小南庄等自然村部分村民于 1988 年前后引进无锡水蜜桃在家前屋后种植,合计有 500 多株。种植户精心选育精品水蜜桃品种,皮色或淡黄,或乳白,或微红,果大、肉嫩、鲜甜、多汁、果皮易剥。每年就近销售,供不应求。也有的批发给无锡、苏州的商贩,全年销售量达 1200 余千克。2006 年动迁安置房以后停止种植。

育秧苗　境内每个自然村村民都有育各种蔬菜秧苗的传统,这些蔬菜秧苗分别是瓜秧、茄秧及其他蔬菜秧苗,除留足自种外,多余部分调剂给邻居或上街出售。1965 年以后,60% 的村民育山芋苗,冬天储藏山芋,春天育苗。平均每户每季育山芋苗收入 300 余元,南庄村第五队、六队、七队、九队、十队、十一队、十四队、十五队、十六队、十七队、十八队 11 个生产队 55 户全年育山芋苗总收入 65000 余元。"文化大革命"时当作资本主义尾巴被禁止。"文化大革命"后又兴起育山芋苗高潮。1990 年以后,很少有人育山芋苗。

菱　南庄的菱种有红菱、小青菱、两角菱、馄饨菱等品种。境内农户历来就有放菱传统。大南庄、小南庄、李家巷、小窑泾、东墙门、孔家庵等自然村的农民利用上河(内河)或大河浜梢种菱。春季放种,秋季采菱。人民公社时期,有 70% 的小队都放 3~5 亩小面积的菱。农村实行联产承包责任制以来,不少农户承包河面放菱,作为副业收入。1999 年,全境有 100 多户承包内河放菱,面积 400 余亩。2013 年已很少有人放菱。

茭白　境内的茭白有米茭和麦茭之分。自 90 年代开始境内盛产两季茭白,即米茭和麦茭。茭白直销塘市、北澳、新桥、西张、杨舍等地。主要专业种植户有观音堂头(孔家庵)缪阿奔(种 3~4 亩地)和徐伟良(种 18 亩地)、小窑泾俞小妹(利用 1~2 亩低洼地也种植茭白)。产地主要以孔家庵为主,是南庄村农副产品中的一大特产。2016 年境内还有茭白地 3.7 亩。

南庄茭白(摄于 2008 年,徐聚才提供)

瓜　瓜种主要有香瓜、西瓜。种瓜一直是境内一项副业。人民公社化后,公社坚持以粮为纲,只有小部分生产队种少量瓜,面积 2~3 亩。1990 年以来,农户很少种瓜,市场上出售的各种香瓜、西瓜一般都是从外地贩运而来。1999 年开始,全村调整农业结构,农户种香瓜、西瓜逐渐增多。2006 年停止种植。

三、食用菌

蘑菇　分春、秋两季，以秋菇为主。1971 年，南庄大队第十二生产队和河头大队第四生产队从外地引进长征"18 号"菌种，试种 900 平方米，当年产菇 0.39 吨。1978 年境内开始大面积种植，1979—1981 年达到高峰。1981 年，全境有秋菇基地 1.64 万平方米，产菇10.8 吨。1983 年以后，蘑菇产量逐年下降。到 1985 年，全境有秋菇基地 4400 平方米，产菇 35200 千克。栽培方式有室内栽培、地棚栽培、简单棚栽培 3 种。1999 年，全境栽种秋菇6000 余平方米，产菇 55000 千克。2006 年停止种植。

平菇　平菇种植始于 1980 年，技术管理比较简便，经济效益较高，发展较快。1985 年以后，全村栽种平菇基地面积 3500 平方米，年产量达 4000 千克。2006 年停止种植。

其他菌类　1981 年境内菌种厂试种毛木耳、猴头菇，1983 年试产草菇，这些品种均未推广发展。1991 年停止种植。

第三章　畜禽渔副业

南庄的畜牧水产业，历史悠久，项目甚多。除了解放初期大型牲畜牛、马仅有少数人家饲养之外，其他如猪、羊、兔、鸡、鸭、鹅等，几乎家家都有养殖。最盛时期是 1978 年改革开放以后，全村出现了不少养殖专业户，养殖对象有猪、山羊、鸡、鸭等。2000 年全村共有 42户养殖专业户从事养猪、养羊、养鸡、养鸭等。2006 年，全村从业人员有 77 人，大部分农户在做工及种地之余兼搞养殖业。2007 年以后，境内陆续动迁，包括养殖在内的副业开始萎缩。2016 年，境内已不见畜禽渔副业。

第一节　畜禽饲养

一、牛

解放前，南庄的耕牛一直由私人饲养，以水牛为主，黄牛较少。牛作为生产工具，是主要的农用畜力，除用来犁田耕作以外，还可上磨碾米磨粉，代替人工做重力活。1949 年，全村共有耕牛 40 多头，平均每头牛负担耕地 50 余亩。1952 年，全村耕牛增加到 50 头。60 年代后期，随着农业机械化的发展，境内耕牛逐渐减少。

水牛犁地(摄于 50 年代，陈礼彬提供)

1976年以后,境内已没有耕牛饲养。

二、猪

南庄境内农家素有养猪习惯。解放前,大多由富裕农户饲养,数量较少,全境年末存栏生猪不到500头。解放后略有上升。1957年起,生猪由单一私人饲养发展为私人饲养与集体饲养相结合的模式,集体养猪场陆续建办,1958年生猪年末存栏1000余头。三年经济困难时期,不少集体养猪场停办。1962年末,全境生猪存栏量比1958年下降25.5%。1965年,贯彻政府提出的私人饲养与集体饲养相结

生产队集体养猪场(摄于1974年)

合的"两条腿走路"方针,南庄各生产队划给农户猪饲料地,每头猪1分地,鼓励社员私人养猪。猪灰按质量作价给生产队使用,每头猪的猪灰年收入20~30元,从此生猪饲养量回升较快。1966年,生猪年末存栏达2500余头。1974年,沙洲县成立畜禽委员会,负责指导以养猪为重点的畜禽生产,并规定给予出售生猪的农户粮食、布票奖励,根据售价,直接由收购部门发给奖券。南庄大队各生产队提高猪灰价格,每头猪的猪灰年收入30元以上,并在年终实行"以肥奖粮",每1元肥料奖稻谷0.25~0.5千克。农户养猪积极性提高,每户每年一般出售生猪2~3头。1977年开始,集体养猪推行"四定一奖赔"(定任务、定产值、定饲料、定报酬,超产奖励、减产赔偿)责任制后,生猪养殖发展迅速。1980年,境内生猪年末存栏1800余头。1980年前,境内每个生产队都办养猪场,一般每个集体猪场每年出售生猪30~120头不等,并饲养母猪繁育苗猪。1982年秋,农村普遍实行联产承包责任制,生产队不再集体养猪,奖励猪饲料粮等政策取消,猪灰由农户自用,生猪年末存栏量开始下降。1983年,全村年末存栏仅1000余头,全年出售苗猪1092头。1984年起,全村开始培育养猪重点户、专业户。1985年,队队多有养猪场,较小的生产队有壮猪10~20头,较大的生产队有壮猪30~50头,每年出售两批。全村有养母猪重点户、专业户38户,平均每户当年出售苗猪31.6头。第十一生产队邹永寿家全年养母猪2头,出售苗猪50余头。

种猪　解放前,境内农户饲养的猪种都是二花脸黑种猪,性成熟早、产仔多、肉质鲜美,但发育慢,出肉率低,一般饲养七八个月才上市,体重65千克左右。解放后猪种有所改良。1958年开始,供销社从外地引进约克夏、巴克夏公猪,与二花脸母猪配种,其杂交猪生长发育快,饲养五六个月后上市,体重75千克左右。境内东墙门邹长生长年饲养公猪,专为母猪配种。70年代起,境内陆续推广人工手术授精技术繁殖仔猪,由塘市畜牧兽医站负责上

门服务。

母猪、苗猪 境内苗猪由农户饲养母猪繁殖出售。人民公社化前,以农户私人饲养母猪为主,所产苗猪由私人到"猪路场"出售。人民公社化后,集体猪场也饲养母猪。1965年,境内各生产队均办养猪场,共圈养母猪17头,加上农户私人饲养母猪,母猪与生猪年末存栏量之比为1:7.8。至60年代末,境内集体养猪业达到高峰。第一、二、四、十、十二、十八生产队常年饲养母猪均超过两头,产仔近千头,自留足生产队饲养壮猪以外,多余仔猪全部挑到交易市场出售。1973年起,私人养母猪被作为搞资本主义遭批判,多数母猪被作价归集体,不少被宰杀。1976年,境内母猪年末存栏量有所上升。1983年秋,农村实行家庭联产承包责任制,国家对母猪、苗猪养殖的有关奖励政策取消,自此饲养量逐年下降。1985年,境内母猪与生猪年末存栏量之比为1:12.7。1999年,母猪与生猪年末存栏量之比为1:12.4。2000年后已无母猪存栏。

壮猪 境内历来就有饲养壮猪的传统。70年代之前养猪是为了改善生活,大户人家逢年过节或操办大事,就杀只猪。70年代开始,养猪作为家庭副业,成为增加收入的重要来源。当时生猪饲养周期一般都要7~8个月至一年,出栏猪重在60~65千克左右。饲养方法:解放前,一般用麦粉、稻谷糠煮熟加水喂养,饲料单一,成本高。解放后,饲料搭配有所改善。人民公社化后,提倡广找饲料来源,以青代精,以青代粗,搭配稻柴、山芋藤和其他秸秆轧糠作饲料。1970年,试用"中曲"发酵饲料和"新曲"发酵饲料。1980年后,因为提倡按科学配方生产的混合饲料喂猪,加上购进苗猪体重都达20~30千克重,所以壮猪饲养周期缩短为三个月左右,出栏时体重在80千克以上。境内过去一般用土栏,目的是用猪灰用作田间基肥。1990年以后,农民私人养猪大都仍用土栏,养猪重点户、专业户用水泥栏(水泥栏用混凝土浇制,可用水冲洗)。2006年开始境内实施动迁,农户不再养猪。

三、羊

南庄村农家养羊历史悠久,品种以山羊为主,也有少量湖羊。山羊以长江三角洲白山羊为主,繁殖率高,生长期短,养两年可宰杀食用。湖羊积肥、产毛效益较高。1949年末,境内圈存羊500余只,其中山羊占76.5%。50年代,羊的饲养量逐年增加,尤其是湖羊饲养规模发展较快。1957年至70年代末,存栏量稳定在1200~1500只,其中湖羊占55%。1980年以后,数量逐年减少。1990年末,存栏羊仅550只,比1980年下降55.5%。70年代开始改良羊的品种,境内引进新疆细毛羊,与本地湖羊杂交,改的湖羊增加产毛量,羊毛质量也有所提高。1977年,从浙江引进毛肉多用的湖羊良种。1978年开始,连续三年引进萨能奶山羊和改良羊。2000年以后,境内养羊农户开始减少,仅有少数农户养1~2只山羊,年终自家屠宰用来改善生活。到2006年动迁时,境内无养羊户。

四、兔

南庄村历史上以饲养本地菜兔为主。1946 年前后,境内开始从无锡引进英系安哥拉兔。解放后,养兔业随着国际兔毛市场需求量的增减而升降。50 年代养兔业发展较快,全境有兔 3400 只。1962 年开始连年下降。1965 年,养兔业复兴,全境年末存栏有 4600 余只,主要以国外引进的"力克斯"长毛兔品种为主。当时一只拉毛兔每月能产 0.1 千克兔毛,农家一般每户养 10

长毛兔(摄于 1989 年,徐瑞龙提供)

多只拉毛兔,经济收入较为可观。受"文化大革命"影响,养兔数锐减。1974 年,实施兔毛出售奖励,养兔业出现回升,境内养兔在 50 只以上的有 25 户。1975 年末,全境年末存栏有 4200 余只,其中毛兔占 62.5%。随后,国际市场肉兔需求量增加,农户转向饲养日本大耳兔和青紫兰兔等肉用兔。1982 年下半年,兔毛价格上涨(特级毛集市价每千克 220 元),养兔业再次复苏,有人戏言"养儿子不如养兔子"。1986 年后,因乡镇企业发展迅猛,农村劳力纷纷进厂,养兔数量逐年下降,到 1994 年,境内已很少有人养兔。到 2006 年,养兔户基本绝迹。

五、家禽

境内农家饲养家禽以鸡、鸭为主,鹅少量。1949 年末,全境共养家禽 2800 余羽,户均 8 余羽。以后逐年发展。1957 年末,有 3700 余羽,户均 10 余羽。1960 年开始,家禽饲养量剧减,年末存 1000 余羽。1970 年起开始回升。1972 年后的几年内,境内不少生产队因私人散养的鸡、鸭糟蹋农作物而自发禁养,60%

家鹅(摄于 2012 年,徐孝廉提供)

家庭散养鸡(摄于 2012 年,徐孝廉提供)

的自然村不见鸡、鸭。1985 年后,农民圈养鸡、鸭量有所增长。1988 年后,境内出现养鸡、养鸭专业户,较大的专业户有徐志良、徐高福、邹浩明 3 户。全境每年出售肉鸡 1.13 万余羽,出售肉鸭 5000 余羽。1998 年以后,境内鸡鸭专业户全部转行。2000 年以后,只有零星农户散养家禽。2006 年整村动迁后,不再有村民饲养家禽。

第二节　淡水养殖

养鱼　南庄村河塘养鱼有悠久历史。解放初期,境内养鱼面积有240余亩,都是自然水面,亩产30~40千克,花、白鲢鱼占总产量的75%,青、草、鳊、鲤等鱼种占25%。

50年代,淡水养鱼有较快发展。1955年,全境养鱼面积400余亩。1960年,有养鱼面积310余亩。1961年以后,养鱼面积逐年减少,1964年起逐年恢复。1966年以后平整土地,不少内河填平被改为水稻田。1971年,全境养鱼面积142余亩,淡水鱼总产量2900余千克,平均亩产20余千克。1980年起,贯彻"精养为主,养捕并举"的渔业生产方针,允许渔产品直接上市,鱼价随行就市,淡水养鱼业很快发展。1984年,县政府把水产业作为调整农村产业结构的重点,全境精养鱼产量占总产量的三分之二。农村实行联产承包责任制后,各生产组把零星内河包给社员养殖,亩产成鱼30—80千克。养鱼专业户一般承包20~40亩河面,实行精养,亩产400~500千克,品种花、白鲢和青、草、鲫各占25%。2013年,全境放养面积25余亩,亩产500余千克。2006年停止养殖。

河蚌育珠　1967—1978年,以大南庄、东墙门、小窑泾等自然村为代表,全大队有60%的生产队发展珍珠蚌养殖。1967、1968两年,境内从事珍珠蚌养殖的生产队相继引进幼蚌3.6万只,手术植片1.8万余只。1968年,县多种经营管理局成立珍珠管理委员会,统一组织采购种蚌,产珠的最高年份为1974年,全年产珠120余千克。是年,东墙门、大南庄两个自然村进行人工繁育幼蚌,试验获得成功。1974年以后,国际市场珍珠需求量下降,珍珠养殖出现低潮。1979年珍珠销售好转,珍珠养殖回升。1981年后出口减少,珍珠大部分用于保健、化工、装饰品。培育珍珠的蚌有三角帆蚌和皱纹冠蚌两种。种蚌全部从浙江、湖北等地引进。农村实行联产承包制后,境内不少生产队停止珠蚌养殖。至1982年后,境内的珠蚌养殖基本停止。

20世纪60—70年代养河蚌(育珠)(摄于1976年,陈礼彬提供)

1967—1978 年南庄大队河蚌育珠一览表

表 5-3-1

年份	手术蚌（万只）	繁育幼蚌（万只）	产珠（千克）	年份	手术蚌（万只）	繁育幼蚌（万只）	产珠（千克）
1967	1.8	—	0.4	1973	35.0	—	200.0
1968	2.4	—	1.2	1974	20.0	0.3	210.0
1969	4.3	—	3.8	1975	6.0	4.0	100.0
1970	12.0	—	30.0	1976	2.0	5.0	24.0
1971	26.0	—	80.0	1977	2.0	10.0	12.0
1972	30.0	—	125.0	1978	20.0	48.0	150.0

第三节　水产捕捞

解放前，南庄村内河的水产捕捞通常是依靠北澧的渔船（一般配有鱼鹰），还有一个办法就是每年冬天或春天，把河水沥干后下河捕捉。当时养鱼规模不大，专养家鱼（鳊鱼、鲢鱼、草鱼、鲤鱼），很少有野鱼（黑鱼、白丝、鲈鱼、鲫鱼等），一般一亩也只能捕捉到 50~60 千克家鱼。中华人民共和国成立后，特别是 60 年代后，境内开始有专业捕捞户上门捕鱼，有用丝网捕鱼，也有用大型的塘网捕鱼。每条河一般一年最多网一次，有些面积大一点的内河 2~3 年才网一次。70 年代开始，境内有 8 个生产队自备捕捞工具，用麻腊线织成 40~50 平方米的塘网，一般不再请外人来捕鱼。生产队满足队里需要后，还到别处帮人捕鱼，贴补生产队，增加副业收入。2000 年后境内不再有水产捕捞。

第四节　副　业

摇黄纱　60 年代初，塘市棉织厂发放黄棉花，境内妇女白天参加生产队劳动，晚上或阴雨天抓紧不出工的空余时间在家摇黄纱。摇成棉纱后上缴给棉织厂，每千克加工费 0.90 元。80 年代初，境内不再有妇女摇黄纱。

绣花边　境内刺绣花边始于清末民初，1965 年前由常熟县花边经理部发放经营。许多针线手艺好的农家妇女就聚在一起学刺绣，她们以刺绣为副业，挣点零用钱花。1961—1965 年塘市公社开设花边发放站，组织生产手绣布花。1965 年，境内有 50 多人参加刺绣，全年加工费总收入 1.5 万元。1966 年沙洲县花边经理部塘市分部成立，主要为塘市地区的客户服务，经营花边业务。1973 年新增针结花边业务，境内全年加工手绣布花及针结花边近 5000 套，加工费收入 3.5 万元。1985 年后，停止花边刺绣业务。

修线头 2000年以后，境内东墙门等村出现修线店铺，开展修线头服务，从事企业生产的半成品衣服、饰品及布料的修边、修线、雕洞、剪孔、熨烫、整理等加工业务。雇员以本地中老年妇女和外地无业妇女居多。初始阶段10~20人，发展到最盛时期有50~60人。修线店的营业形式主要有"收、发、派"。"收"，是将企业运输过来的加工产品收下来，少则几十千克，多则几百千克甚至上千千克，做好交接记录，约定交货价格、交货时间。"发"，是除了一部分留在店里就地参加劳动加工的雇员外，将来料加工的半成品发放给在家兼工的人员家庭作业，不妨碍完成家务事。"派"，是把店里富余雇员派往有用工需求的企业做临时工，修线店老板抽取每人每日5~10元的中介费。在店劳动雇员和外派企业的临时工都实行计件工资，必须保证质量，经验收后多劳多得。若任务忙，修线店全年发放工资150余万元以上。

编织芦帘、草帘 60年代初，境内大部分生产队的社员都会编芦帘，一部分用来晾晒自家萝卜等蔬菜，但主要用于市场出售，增加家庭副业收入。特别是杨舍北面种植棉花的农户，秋收季节就需用大量芦帘，棉农大多数都到"江南"收购。全大队每年供应芦帘3000条左右。60年代末至70年代初，境内有两座村办小土窑烧制砖瓦，70年代末至80年代，境内先后有公社建办建筑砖瓦窑厂一座，大队和浙江人先后投资建办砖瓦厂（轮窑）两

编芦帘（摄于1974年，陈礼彬提供）

座，用作砖坯防雨的草帘用量很大。境内有40%以上社员起早摸黑编织草帘，提供给窑厂。南庄、李家巷、田二房、东墙门、小窑泾等社员以煤渣生火做饭，节省稻草用来编织草帘。兴盛时期境内从事草帘编织的有350多户，每年编织草帘20万余条，年收入总计10万余元。1990年后逐年减少，仅有部分年老体弱的辅助劳力从事草帘编织。2007年后停止生产。

饲养地鳖虫 地鳖虫是一味中药材，经济价值较高。1974年，大南庄第二生产队徐云清从外地引进地鳖虫幼苗进行饲养。地鳖虫繁殖率很高，第一年引进种苗后，第二年即可成熟产卵，以此往复。1975年境内饲养地鳖虫的专业农户有32户，分布在大南庄、小南庄、东墙门、孔家庵等自然村。由于饲养的专业技术和要求偏高，1978年以后，境内的养地鳖虫专业户都改行搞其他副业，80年代停止饲养。

第四章　农机具

中华人民共和国成立前,境内农民从事农业生产,从种到收皆靠人力、畜力和传统农具。

中华人民共和国成立后,在继续使用传统农具的同时,政府大力倡导农具改良,多数传统老式农具逐渐被农机具所替代。50年代,耕地木犁改用铁犁,并使用畜力双轮双铧犁,稻麦脱粒的木制稻床逐步被半机械化的脚踏脱粒机替代。60年代后期,开始使用小型柴油机传动机械脱粒。1967年,大南庄第二生产队集体购买了第一台"东风12型"手扶拖拉机,随后陆续有生产队购买拖拉机。70年代,境内每个生产队都有手扶拖拉机,翻耕土地基本实现机械化。到1980年,全村有手扶拖拉机17台,配套农具有双铧犁、旋耕机、压麦机和防滑轮等。由于拖拉机及其配套机械的使用,极大地减轻了农民的劳动强度,提高了工作效率。80年代,小麦种植基本实现机械化。

1988年以后,境内开始有中型拖拉机。1993年以后,境内开始拥有大型联合收割机,至1996年共有3台,并成立了农业服务站,专门为生产队维修农机、保养农机。

第一节　传统农具

一、耕种农具

长期以来境内农田耕作主要依靠人力和畜力。常用耕种农具有步犁、钉耙、锄头、开沟锹、菜花锹、铡刀等。

50年代,境内共有耕牛50头,用于耕地和拉水车等。农活绝大部分靠畜力、人力和传统农具完成。

铡刀(摄于2016年,徐孝廉提供)

二、植保和排灌农具

中华人民共和国成立初,境内农户没有植保农具,夏季稻田除虫灭螟采用点灯诱蛾、手工撒六六粉等措施,无法高效防治病虫害,农业收成的好坏基本都靠年景。境内的灌溉依靠大雨囤水、上田过水、人工拷水等措施。几天不下雨就靠人力用龙骨水车车水。人力水车根据车轴的不同分四人水车和六人水车两种。人力水车一般都是六人水车,自然村大的有 5~8 台,自然村小的也有 2~3 台。

三、收割和脱粒农具

稻麦收割长期使用月亮型镰刀,70 年代开始广泛使用锯齿型镰刀。镰刀收割工作效率低,劳动强度大。稻麦脱粒长期使用稻床、连枷等工具,依靠人力拍打脱粒,再用漏筛扬净。50 年代中期开始使用脚踏脱粒机,该脱粒机一般由两人操作。1963 年,境内有脚踏脱粒机105 台。

60—70 年代南庄境内常见传统小型农具一览表

表 5-4-1

类别	常见农具名称
田间	罱泥篓 拷泥勺 钉耙 锄头 耥 镰刀 铲子刀 砍柴刀 簸箕 克络(小口竹篓) 毛竹扁担 硬树扁担 担绳 络绳 敲麦榔头 打打榔头 粪桶 料勺 秧夹板 洋撬 铁钎 铁锹
场头	稻床 捎棍 连枷 抓耙 翻耙 出箕 扬篮 筛子 竹蚕条 芦菲折子 大篙子(音勃乱) 竹扫帚 风车 柳条挽子 竹箩 瓜蒲 碾砣 木梯 毛竹架(三根式) 乌枪 浸种水缸 箩 笆斗 铡刀 磨子 石臼

第二节　农业机械

一、耕种机械

手扶拖拉机　1967 年,境内第二生产队集体购买第一台"东风 12 型"手扶拖拉机。70 年代开始,境内每个生产队都购置了手扶拖拉机。土地翻耕基本实现了机械化。

1981 年,境内有手扶拖拉机 17 台,总马力 204 匹。配套农具有双铧犁 7 台、旋耕机 17 台、压麦机 2 台、盖麦机 3 台、防滑轮 12 副、开沟机 3 台。农民耕种基本上实现机械化,减轻了农民的劳动强度,提高了生产效率。农闲时间,部分手扶拖拉机还用于运输。

中型拖拉机　1988 年,境内开始使用中型拖拉机进行麦田开沟。至 1996 年,境内共有4 台中型拖拉机。1982 年后,推行家庭联产承包责任制,农民纷纷进镇村企业务工,没有时间种田,其承包土地的耕种、收割、脱粒,全部由村农业服务站完成,村民只需负担一定的费用。

二、植保机械

50 年代中期,境内农民开始使用单杆式人力压缩喷雾器和手摇喷粉机,用于防治三麦、水稻、棉花的病虫害。1973 年,境内有第二、七、十三个生产队购进汽油远程喷雾机,需 10人左右运作。不久全大队各生产队全部改用手动水龙式喷雾器,每个生产队有 1~2 台,另有单杆式喷雾机 5~10 台。

1982年开始，境内开始使用手动背包式喷雾器和喷粉器，该植保机适合于单人操作，使用方便，很受农户欢迎。全大队实行家庭联产承包责任制后，基本每户都有一台。1984年开始推广机动植保，但一般农户仍以手动植保机为主。至90年代，南庄村土地实行规模经营，境内广泛使用机动植保机械。90年代后境内建立的各生产队丰产方，病虫害防治全部使用机动植保机。

三、收割机械

1990年，南庄村由村里出资先后购置桂林联合收割机，至1993年，共有联合收割机4台。小麦的收割和脱粒一次性完成，极大地提高了效率。同时还引进少量外地收割机帮助收割，基本实现小麦收割脱粒机械化。90年代中期，境内有农户拖拉机手与他人合作购进洋马联合收割机，专门为农户收割水稻。2000年后，小麦水稻收割实现机械化。

联合收割机(摄于2000年,徐云高提供)

四、脱粒机械

60年代后期，境内使用小型柴油机传动机械脱粒，每个生产队有2~3台。70年代开始，电动机代替柴油机。1976年，稻麦脱粒全部实现机械化。1980年，境内有机动脱粒机28台，总功率123千瓦；扬谷机33台，总功率27千瓦。1982年，实行家庭联产承包责任制后，脱粒机械走向小型化，大部分农户有小型电动稻麦两用脱粒机。90年代中后期，大型联合收割机的广泛使用，小麦、水稻收割和脱粒一次性完成，极大地提高了工作效率，家庭小型电动稻麦两用脱粒机不再使用。

多人脱粒机(摄于2016年,徐瑞龙提供)

小型脱粒机(摄于2016年,徐瑞龙提供)

第三节　农机管理与服务

1989年,南庄村成立农业服务站,拥有固定资产78万元,其中农机价值63万元。设有固定服务人员8人,分植保、机耕、机电、机械维修、肥药、排灌、农技、财务8个组。农机组的任务是加强对本村农机手的管理与培训,农机维修、保养和成本核算等,基本做到小修不出村。每年春耕生产、夏收夏种和秋收秋种前,对所有的农业机械进行全面检查保养,集中进行维修,农忙时还组织技术人员到各村民小组巡回修理,保证农业机械正常使用。1990—2013年,境内先后培训农机手76人次。

随着改革的不断深入和市场经济的发展,耕地逐步减少,境内的机械动力也相应减少。1998年,农机组解散,南庄村为确保集体资产不流失,对大多数动力机械评估作价,实行产权转移,卖给私人经营。1990—1996年,先后将村经济合作社集体购买的桂林产大型联合收割机4台,分别以0.8万元、1.6万元、1.5万元和2.1万元出售给金建荣、缪玉忠、蔡兴其和王满兴。

第六卷　工　业

　　南庄村工业历史起源于建材工业。早在明朝时期,大南庄就有土窑生产砖瓦等建筑材料。

　　民国前,南庄村的纺织业比较发达。民间纺纱织布从业者百余人,乡间的农妇们"黄昏始织、三鼓方睡"是一种常态。缝纫、竹木加工等手工业作坊也出现得较早。境内有3户小手工业者在塘市、新桥、杨舍等镇上从事作坊生产。

　　解放前,南庄村的私营作坊因受旧的社会制度制约,经营维艰,发展缓慢。解放初,人民政府对私营工业企业实行"利用、限制、改造"的方针,鼓励和扶植合作工业。1956年实行公私合营。南庄村没有像样的合作工业。1958年"大跃进"时,南庄大队动员百余名劳动力,建造各式小高炉,大炼"钢铁",造成严重浪费。60年代初,南庄大队建小土窑烧砖、烧瓦、烧石灰。1962年沙洲建县后,经过国民经济调整,社办企业大部分关、停、并、转,集体手工业得到恢复。1966年,公社和大队办企业开始起步,陆续建办砖瓦、塑料、轻工、粮饲加工和小五金等小型工厂,南庄大队企业增加到7家。1970年后,根据中央农业会议精神,队办工业纷纷上马,队办企业进入发展阶段。1978年以后,随着农村经济体制改革的逐步展开,南庄大队的工业经济得到长足发展,产业结构不断调整,人员素质不断提高。1985年,南庄大队先后有610名农村富余劳力转向工业。工业发展逐步由初期的铺摊子、求数量转向上管理、上技术、上质量、效益高的"三上一高"发展模式,积极发展横向经济和技术

发展工业大会(摄于1978年,陈礼彬提供)

"联姻"，形成集体、个体并存，以集体为龙头，以轻工为主业，形成具有一定经营规模和技术含量及管理水平的工业新格局。1985年，全村共有村办工业企业10家，个体及村民小组工业企业5家。1990年以后，南庄村工业开始全面发展。1999年，全大队工业总产值1412.7万元，拥有固定资产4860万元。2005年，南庄村建办工业区。2012年，南庄村工业产值4.3亿元。2015年起，南庄村村级企业和招商引资企业淘汰落后产能，开发高新技术产品，严禁环保不合格企业进驻工业区。2016年，境内有各类工业企业54家，完成工业产值57.38亿元。其中村级工业产值2.6亿元，招商引资企业工业产值54.78亿元。

第一章　工业体制

境内工业体制经历5个不同阶段。解放前后，均为私营手工业；60年代为公私合营办企业；70年代后发展小队企业；80年代发展大队企业；90年代以后培育股份制企业。

第一节　私营个体工业

解放前，境内私营个体工业主要以手工业为主，有轧棉花（棉花脱籽）业、木弓弹棉花（做棉被）业、织布业、铁木竹业、成衣业、印染业、纺织业、鞋业、修理业等。一般合家作业，也有带1—2名学徒经营。

中华人民共和国成立初期，境内有各类手工业户25家，东墙门、小窑泾一带以轧花、纺纱为主，带动境内西片大部分壮年劳动力参与其中，每年销售利润折合人民币6万余元。1954年以后，国家对个体手工业和资本工商业进行社会主义改造。解放前夕，大南庄徐根香出资与无锡立昌米厂老板合营的立昌米厂，解放后得到改造，实行公私合营。徐根香出资购买的机械设备作为民族资本折价参股，共计人民币4900余元，国家以逐年偿还资本的方式向其收购。到1962年，徐根香的资本全部得到清偿。1957年末，境内90%以上的个体手工业者组织起来，成立各种手工业社（组）。夏家弄赵阿南、小窑泾陶明华负责把各家各户的轧花机集中起来，再增加购进机械，成立棉花加工场，招揽生意。

1962年，南庄大队个体手工业主要有五金电器、竹木藤器等加工修理业。在国民经济调整以后的两年中，个体手工业有所发展。1966年以后，在"左"的思想影响下，个体手工业受到严重冲击。1978年起，个体手工业开始恢复。1980年以后，出现个体及联户工业，并逐渐发展起来，行业涉及金属、塑料、小化工、小炼油、杂件加工、针织、缝纫、棕绷、织草包（草帘子）、车船运输等。

1990年以后,南庄村个体工业发展更为迅速,到1994年末,全村共有个体工业及家庭联户工业10家。1996年,全村私营个体工业向外向型、科技型、规模型发展,至1999年,全村有私营个体企业20多家,具有一定规模的私营个体企业有11家,其中年销售超百万元的占25%,全村工业总产值1212万元。

2016年,全村有私营个体企业42家,有较大经营规模的企业25家。

第二节　村(队)办工业

50年代中期,境内高级农业生产合作社为增加社员收入,办起了集体性质的粮饲加工、砖瓦、纺织等小厂。1962年,国家对社队工业进行压缩调整。1963—1970年,社队工业逐步从"地下"向公开发展,社、队二级先后办起了建筑、塑料、砖瓦、石棉等7家企业。

1971—1975年,小队办企业采取"母鸡生蛋""一厂带一厂"的办法,陆续创办了电器、五金、纸盒和粮饲加工等企业。1978年中共十一届三中全会以后,农村劳动力进一步向村(队)办企业转移,南庄村(队)办工业进入新的发展时期,经济效益明显提高,社会效益成绩显著。

1983年末,全大队有村办企业14家,产值269.18余万元,利润28万元;1986年,全村有工业企业22家(含个体、联户工业,福利企业等),产值452.30万元,利润55万元。1984年开始,由于原辅材料供应不足等原因,塘市乡组织对境内村民小组办工业和联户办工业进行整顿,对部分没有生产能力的企业和"皮包公司"实施停转措施。1985年起,南庄村(大队)村办工业企业发展很快,逐步形成了电器、纺织、机械、塑料制品、建材、家具、服装等7个行业105个产品的格局,大部分行业工业产值超过百万元。

1994年开始,塘市镇在镇、村两级企业中推行股份合作制。1996年11月,南庄村集体企业上瓷电器有限公司实行转制。至1996年末,南庄村村级企业实行股份合作制占总数的71%。2000年末南庄村的集体企业除福利企业外,全部转为股份合作制或私营个体企业。2016年,全村村(队)办完成工业产值2.6亿元。

1956—2016年南庄村(大队)办企业一览表

表6-1-1

企业名称	性质	建办年份	注册资本(万元)	经营项目	职工人数(人)	经营地址
塘丰三社轧花厂	高级社办	1956.06	0.42	棉花、纺纱	18	东墙门
南庄轧米面粉加工	高级社办	1957.05	0.8	轧米	4	东墙门

（续表）

企业名称	性质	建办年份	注册资本（万元）	经营项目	职工人数（人）	经营地址
大南庄小窑	四个队联办	1963.01	0.8	青砖、小瓦、望板	21	夏家弄
李家巷小窑	大队办	1967.07	0.8	青砖、小瓦、望板	20	南庄五—六队
南庄大队小窑（田二房）	大队办	1970.06	0.8	青砖、小瓦、望板	18	南庄二—四队
南庄加工厂	大队办	1970.07	3.5	碾米、轧糠	3	南庄四、七队
南庄五金厂	大队办	1973.08	0.8	小五金配件	8	南庄十一—十一队
南庄服装厂	大队办	1975.09	0.7	各式服装	22	东墙门大队部
南庄预制件厂	大队办	1976.05	2.1	水泥制品	13	南庄四队
南庄建筑队	大队办	1976.05	2.5	建筑	51	南庄四队
南庄服装厂	大队办	1976.09	1.8	服装	15	东墙门大队部
南庄眼镜厂	大队办	1976.04	1.5	眼镜	124	东墙门大队部
南庄失蜡铸件厂	大队办	1979.05	1.8	失蜡铸钢、翻砂	18	东墙门大队部
南庄弹簧厂	村办	1981.07	0.8	弹簧	11	南庄大队部（四队）
塘市建筑砖瓦厂（北窑）	社办	1982.08	5.5	建材、85砖	105	南庄一—五队
南庄保温材料厂	村办	1983.07	0.7	硅酸铝	15	南庄大队部（四队）
南庄日化厂	村办	1983.06	1.5	日化	18	南庄大队部（四队）
南庄砖瓦厂	村办	1985.08	10.8	85砖	95	东墙门（十一—十四队）
南庄助剂厂（一）	私营	1985.07	1.5	工业分敏剂	5	夏家弄（八队）
南庄助剂厂（二）	私营	1985.08	2.5	工业分敏剂	8	夏家弄（八队）
南庄助剂厂（三）	私营	1985.09	1.5	工业分敏剂	5	塘市村
南庄助剂厂（四）	私营	1985.10	2.8	工业分敏剂	8	南庄村
南庄助剂厂（五）	私营	1985.12	1.5	固色剂	7	夏家弄（八队）

（续表）

企业名称	性质	建办年份	注册资本（万元）	经营项目	职工人数（人）	经营地址
南庄小学校办厂	私营	1987.10	0.8	硅酸铝	6	南庄加工厂
宏大砖瓦厂	私营	1987.01	15	85砖	90	小窑泾（十四、十七队）
南庄羽绒厂	私营	1987.07	1.2	羽绒服、羽绒被	22	东墙门
南庄失蜡厂	集体	1987.12	2	失蜡铸件	18	东墙门
张家港市申美包装材料厂	私营	1994.08	150	塑料包装袋、塑料薄膜	80	南庄工业区
张家港市利民服饰塑料包装有限公司	私营	1999.11	500	塑料包装袋	88	南庄工业区
张家港市杨舍镇塘市小李建材经营部	私营	2000.07	20	建材	12	南庄工业区
张家港市宏信纺织品有限公司	私营	2000.08	50	纺纱加工	30	南庄工业区
张家港市杨舍镇九洲金陶瓷加工厂	私营	2001.05	25	瓷砖	7	南庄工业区
张家港市利源针织织带有限公司	私营	2001.07	80	松紧带	27	南庄工业区
张家港市仪达服饰有限公司	私营	2001.07	60	服饰	15	南庄工业区
张家港市春明电器有限公司	私营	2002.08	50	熔断器配件	14	南庄工业区
张家港市弘叶毛制品有限公司	私营	2002.12	50	纺织产品	32	南庄工业区
张家港市杨舍镇塘市金泽艺术玻璃厂	私营	2003.03	30	工艺玻璃	3	南庄工业区
张家港市杨舍镇塘市百顺家具厂	私营	2003.07	50	橱柜、衣柜	6	南庄工业区
张家港市杨舍镇塘市永丰织布厂	私营	2003.07	50	织布	35	南庄工业区
张家港市佳叶针织织带有限公司	私营	2004.01	50	松紧带	10	南庄工业区
张家港市杨舍镇塘市唯美工艺玻璃加工厂	私营	2004.06	20	铝合金移门	8	南庄工业区
张家港奥特威自动化设备有限公司	私营	2005.04	50	复卷机送料机	23	南庄工业区
张家港市杨舍镇塘市家豪移门经营部	私营	2005.05	50	铝合金门	10	南庄工业区
张家港市港良塑料制品有限公司	私营	2006.04	50	母粒	8	南庄工业区
张家港市杨舍镇南庄汽修厂	私营	2006.05	50	汽车修理	10	南庄工业区
苏州老人头汽车用品制造有限公司	私营	2007.01	100	汽车皮套	10	南庄工业区
张家港市元佳和家居有限公司	私营	2007.07	50	木制品	25	南庄工业区
张家港市科华齿轮有限公司	私营	2007.09	200	齿轮轴	44	南庄工业区
张家港市多德利塑料制品有限公司	私营	2008.04	80	帽舌芯	4	南庄工业区
张家港市杨舍镇塘市科昊复精梳厂	私营	2008.04	200	精梳毛纺	14	南庄工业区
张家港市新诚服帽辅料有限公司	私营	2008.04	50	衬板	3	南庄工业区

（续表）

企业名称	性质	建办年份	注册资本（万元）	经营项目	职工人数（人）	经营地址
宝恩吉（张家港）服帽有限公司	私营	2008.09	100	梭织帽、针织帽	19	南庄工业区
张家港开普超声电器有限公司	私营	2009.03	50	超声波清洗机	5	南庄工业区
张家港市旭日电器有限公司	私营	2009.05	50	加工产品	22	南庄工业区
张家港市杨舍镇塘市时进画框经营部	私营	2009.07	50	画框	5	南庄工业区
苏州惠思腾机械科技有限公司	私营	2009.07	100	药品分点机	8	南庄工业区
张家港泰侨服饰有限公司	私营	2009.07	50	成衣	10	南庄工业区
张家港慧洋建材有限公司	私营	2009.10	80	复合板	7	南庄工业区
张家港市天时服饰旅游用品有限公司	私营	2009.10	50	箱包	10	南庄工业区
张家港市杨舍镇塘市鹏飞大理石经营部	私营	2009.10	50	大理石	5	南庄工业区
张家港鑫业电器箱柜有限公司	私营	2010.01	50	电箱	13	南庄工业区
江阴市新洋电子科技有限公司	私营	2010.03	80	SMT 贴片加工	10	南庄工业区
张家港市新国华机械设备有限公司	私营	2011.03	30	纺机配件	8	南庄工业区
张家港市五星电源有限公司	私营	2011.03	50	电气自动化成套	9	南庄工业区
张家港市九州空调设备厂	私营	2011.07	50	纺织空调除尘等	15	南庄工业区
张家港市双良棉制品有限公司	私营	2012.10	200	花色纱线	35	南庄工业区
张家港市杨舍开发区五星模具厂	私营	2015.01	15	模具	3	南庄工业区
江苏佰迪凯磁性材料有限公司	私营	2015.12	1280	电子元件磁芯磁环磁条磁片等	85	南庄工业区
张家港市保锝泰电子科技有限公司	私营	2016.02	100	电子变压器	80	南庄工业区

1990—2016 年南庄村（组）办企业各行业产值一览表

表 6-1-2   单位：万元

年份	总产值	行 业							
		电器	纺织	机械	塑料制品	建材	家具	服装	其他
1990	837.86	132	—	—	—	515	105	—	85.86
1991	875.32	105	101.72	—	—	525	85	—	58.6
1992	937.00	155	105.6	—	—	518	95	—	63.4
1993	947.00	162	104.5	—	—	538	112	—	30.5
1994	1728.00	251	532	—	200	542	135	—	68
1995	1868.00	285	341	—	426	551	95	—	170

（续表）

年份	总产值	行业							
		电器	纺织	机械	塑料制品	建材	家具	服装	其他
1996	1213.00	195	195	—	194	508	87	—	34
1997	1483.00	205	231	—	280	545	115	—	107
1998	1640.00	287	295	—	350	438	122	—	148
1999	1412.70	250	217	—	268.7	457	155	—	65
2000	2192.00	400	480	—	494	561	170	—	87
2001	2455.00	808	610	—	500	360	115	—	62
2002	2766.00	745	353	407	505	310	86	276	84
2003	8152.00	2038	1630	1467	1222	570	160	815	250
2004	7902.00	1975	1580	1424	1185	553	158	790	237
2005	15700	3681	3540	2826	2670	785	157	1570	471
2006	16500	3721	3430	3036	2910	895	167	1790	551
2007	19200	4800	4369	3450	2880	960	258	1920	576
2008	27300	6825	5856	4914	4624	1092	340	2830	819
2009	29400	8078	6817	4650	4410	882	385	3170	1008
2010	31500	9450	7560	4705	4745	630	300	3165	945
2011	34600	10650	8520	4855	5795	710	345	3565	160
2012	43000	12772	10320	6048	6980	860	400	4330	1290
2013	41000	12300	9840	5847	6453	820	390	4120	1230
2014	44000	13200	10560	4800	8400	880	410	4430	1320
2015	36900	11100	8800	5150	5950	740	350	3720	1110
2016	26000	7800	6240	3278	4522	520	250	2610	780

注：上表不含市、镇属企业。

第三节　校办工业

　　70年代，教育部门允许建办校办厂，其盈利用于补助经费不足的中小学校。校办工厂多为纯加工性质的小厂，一般由教师家属及聘请一些社会上有一定专长的人员当职工。

　　1985年，境内南庄小学建办校办厂，主要生产化工及保温棉等，盈利微薄，1988年停办。

90 年代初,境内建办南庄小学乳胶厂,有员工 15 名,到 1996 年 9 月,南庄小学并入塘市中心小学,校办厂由塘市中心小学管理。为深化体制改革、明晰产权、转换企业机制,根据省、市有关股份合作制的政策要求,1999 年 8 月由市集体资产评估事务所评估,经市体改委批复,对该校办企业实行转制。

第二章 工业门类

南庄村的工业主要有三大类:轻工电子工业、纺织服装工业和建筑材料工业。三个门类的工业企业各有特色,轻工电子工业科技含量高,纺织服装工业企业规模大,建筑材料工业发展历史悠久。

第一节 轻工电子工业

80 年代初期,南庄村境内开始建办卷尺厂、铸件厂、弹簧厂等。以生产小五金为主,生产各式卷尺、铸件、钢丝弹簧及液压机配件产品等,年产值 92.2 万元。1997 年,这些企业转制为股份合作制企业。2000 年以后,境内深化企业改革,广引能人,先后办起了多德利塑料制品、申美包装、利民包装、春明电气、佰迪凯、新洋电子、九州空调设备等轻工电子企业。

随着南庄工业区的建成,自 2007 年起,江苏爱康实业集团有限公司、张家港市华捷电子有限公司、张家港东方四通科技有限公司等先后落户工业区,这些企业中部分是省高新技术企业,技术力量浓厚,产品科技含量高,远销多个国家和地区。

2012 年,境内轻工业企业销售收入 3500 万元,成为境内重要的支柱产业之一。2016 年,境内轻工业电子企业的销售收入 27 亿余元。

第二节 纺织服装工业

70 年代中期,南庄村有纺织企业 3 家。其中,大队办企业南庄服装厂年生产各式服装达 3000 余件(套)。2000 年以后,境内有佳叶针织、丰泽羊毛、宏信纺织、仪达服饰、新诚服帽、老人头汽车用品、弘叶毛制品、永丰织布、天时服饰、双良纺制品等纺织服装企业。2006 年迁入的江苏东渡纺织集团有限公司是境内规模最大的纺织服装企业,年产值达 21.71 亿元。至 2016 年,境内有纺织服装企业 12 家、职工 625 人,2016 年全年销售收入 25 亿元。

第三节　建筑材料工业

南庄村的建材工业可溯源到明朝。据《塘市镇志》记载，明朝万历年间，大南庄村西北约30米处建有一座小土窑，老百姓在此挖土制作砖坯和小瓦坯，专业生产小青方砖和小瓦片。这些砖、瓦坯制作工艺精良，质量上乘，每块小青方砖侧面刻有制作者姓氏或名字，每片小瓦内侧刻有花纹。这些半成品经凉透晒干后搬到土窑中，下面砖坯上面瓦坯中间空出火道。装坯工序完成后，烧窑工从窑门口向窑肚放入大量炭料用于燃烧，半月左右达到一定火候以后洒水冷却取出，即成小青方砖和小青瓦。成品出窑后，周边地区的大户和老百姓前来购买，土窑的生意兴隆，砖瓦供不应求。据传，明代周边的7个村庄所用的砖瓦建材几乎全部来自大南庄的土窑。大南庄村子里的大四方潭和小四方潭两处河塘，均为当时取黏土制砖、瓦深挖而成。经过若干年的发展，南庄土窑在乡间小有名气，规模也不断扩大。民间约定俗成，起了个地标性的名字叫窑墩头。清咸丰末年，太平军曾在窑墩头驻扎兵营，在李鸿章调集清军攻破杨舍城后，撤离窑墩头。此时，正值兵荒马乱，民间造房停滞，小土窑开始走下坡路，直至荒废停产。

60—70年代，南庄大队相继在大南庄、田二房、李家巷建办土窑式小砖瓦厂，职工分别为21人、18人、20人，年产青砖分别为148万块、125万块和135万块。1976年，南庄大队办水泥预制件厂，职工13人，生产水泥平板、水泥六孔板、水泥五孔板、水泥

旧时小青方砖（摄于2002年，徐立峰提供）

小青瓦（摄于2002年，徐建峰提供）

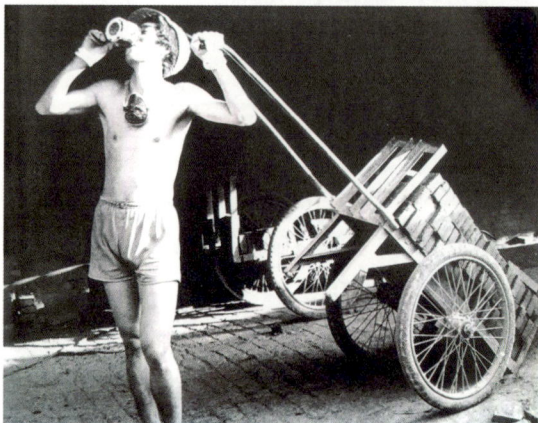

红砖出窑（摄于1982年，陈礼彬提供）

桁条、水泥窗框等预制件,年产量1300立方米。至90年代中期,这些小窑厂、小水泥预制件厂相继停办。随着农村居民生活居住条件的改善,平房翻建楼房的意愿不断加强,砖瓦等建筑材料的需求日益增大。根据形势发展,80年代开始,境内相继建办了三座轮窑(以下称砖瓦厂)。塘市建筑砖瓦厂(北窑),于1982年建成,厂基建在南庄大队第三生产队,主要占用境内第一、二、三、四、五生产队的土地80余亩,用作挖泥取土和摆放砖坯。南庄砖

境内生产22年的塘市建筑砖瓦厂(北窑)拆除现场(摄于2003年2月,徐聚才提供)

瓦厂,于1985年建成,厂基建在南庄村第十、十一村民组,主要占用第十、十一村民组土地,共78亩。宏大砖瓦厂,于1987年建成,厂基建在南庄村第十七村民组,主要占用第十四、十六、十七村民组土地。三个砖瓦厂共有进坯出砖窑门60门,年产机红砖8000余万块,安置就业近300人。至2006年,境内的建材企业全部停产拆除。

1963—2003年南庄属地砖瓦厂年产量一览表

表6-2-1

厂　名	投产时间	年产量		停产时间
		砖(万块)	瓦(万片)	
大南庄小窑	1963	148	21.7	1989
田二房小窑	1964	125	18.9	1990
李家巷小窑	1970	135	16.5	1988
塘市建筑砖瓦厂	1982	3200	—	2002
南庄砖瓦厂	1985	2400	—	2003
浙江宏大砖瓦厂	1987	2400	—	2001

第三章　南庄工业集中区

南庄工业集中区(下称工业区)位于南庄村西部,东靠金港大道,南依新丰河,西接紫荆路,北临新泾路,占地6.7公顷。2016年,工业区内共有企业62家,其中村级企业42家,招商引资企业20家。

第一节 基础建设

工业区前身是张家港欧洲工业园下辖的工业小区。南庄工业区于 2000 年 10 月开工建设,2002 年竣工。主要基础设施由杨舍镇和建筑部门共同规划并实施,实行工程项目招标管理。南庄村投入资金 500 万元,用于区内道路、给排水、电力、通信、绿化等公共基础设施建设。至 2016 年,区内完成配套设施道路建设 3.2 千米、给排水管道 3.8 千米,装机电力 400 千伏安变压器 3 台、500 千伏安变压器 1 台、1000 千伏安变压器 1 台。区内绿化面积 5080 平方米。

第二节 招商引资

1990 年 7 月,黄玉堂建办张家港市黄兴木材经营部,为工业区第一家商品批发经营部。1993 年 8 月,陈宏建办张家港市声达超声设备厂,为工业区第一家工业企业。1996 年 12 月,邹建刚建办张家港市水产调节公司,是工业区第一家水产企业。1999 年,工业区中有村级工业企业 9 家。

2000 年起,由杨舍镇牵头,招商引资引进企业入驻工业区。2001 年 7 月,工业区第一家大型企业江苏东方四通科技有限公司落户开业,成为境内首家高新技术企业。

至 2016 年,招商引资外来落户工业区的企业共 20 家。其中有 10 多家"高、大、上"(高新技术、大型中外合资、挂牌上市)企业。工业区中有在深圳证券挂牌上市的大型企业——爱康集团,有在三板挂牌上市企业——江苏绿岩生态技术股份有限公司,有江苏省高新技术企业——江苏东方四通有限公司。工业区中还有伊萨设备与机械制造、杰佳针织服装等美资、日资企业等多家外来投资企业。为配套上述大中型企业人才发展的需求,作为招商引资的配套工程,工业区建有 6 幢公寓房,向广大员工提供千余套各式户型的住房并配置相关设施,解决从业者的后顾之忧。

工业区中除了上述企业外,还集聚了 40 多家村级企业。

2016 年,村级企业建筑总面积 8.63 万平方米,在册职工总人数 867 人。其中,建筑面积最大的企业为张家港市保锝泰电子科技有限公司,共有 1.3 万平方米。2016 年员工人数最多的企业为张家港市利民服饰塑料包装有限公司,共有 88 人。张家港市申美包装材料厂,2016 年销售收入为 4000 万元,位列第一;宝恩吉(张家港)服帽有限公司和江苏佰迪凯磁性材料有限公司分别为第二和第三。

2016 年南庄工业区部分市、镇属企业主要经济指标一览表

表 6-3-1   单位:万元

企业名称	建办时间	注册资本	总投资额	固定资产	主要产品	年产值	年销售收入
江苏东方四通科技有限公司	2001.07	800	5000	2000	数控产品	9000	9000
江苏绿岩生态技术股份有限公司	2003.05	2268	4000	270.19	景观绿化	7096.65	7096.65
杰佳针织服装(张家港)有限公司	2003.09	427	610	2349.28	针织服装	1079.5	995.42
张家港华捷电子有限公司	2003.09	5221.21	5221.21	1525	电器	21589	21589
江苏东渡纺织集团有限公司	2006.04	5188	5188	97659	面料服装	217102	216727
江苏爱康实业集团有限公司	2007.03	3000	45000	800000	光伏组件	258419	258419
苏州恒辰印刷科技有限公司	2007.07	200	8000	5000	纸制品	5281	5281
张家港市金圣浩机械制造有限公司	2010.05	50	50	87	设备制造	783	783
苏州润德新材料有限公司	2013.03	1000	1500	150	切割配套	2100	1500
张家港市恒昌纸制品有限公司	2013.06	1000	8000	5000	纸箱包装	10000	10000
伊萨焊接器材(江苏)有限公司	2015.07	7320	18287	22378	各类焊接	21439	21571
江苏佰迪凯磁性材料有限公司	2015.12	1280	2000	542	磁芯研发	3055	2366
张家港保锝泰电子科技有限公司	2016.02	100	1500	30	传感器	850	682

第三节 企业选介

2016 年,境内有全年销售额超过 500 万元的企业 19 家,其中销售额超过 5000 万元的企业 8 家,销售额超过 1 亿元的企业 4 家,销售超过 20 亿元的企业 2 家。本节选取境内 18 家主要企业逐一作概况介绍。

一、江苏爱康实业集团有限公司

江苏爱康实业集团有限公司,部分位于南庄工业区。该公司建于 2007 年 3 月,占地面积 22.63 万平方米,建筑面积 30 万平方米。注册资本 3 亿元,总投资 4.5 亿元,固定资产 80 亿元。2015 年拥有 6000 名员工,其中工程技术人员 512 人。

位居中国民营 500 强之列,为中国新能源产业的龙头企业,主攻光伏产业。江苏爱康实业集团有限公司生产的主要品种有光伏组件铝合金边框,光伏电池片、组件,光伏安装系统支架、铝型材,光伏组件封装用 EVA 胶膜,涂锡铜带(光伏焊带)。江苏爱康实业集团有限

公司产品主要销往：国内有江苏、浙江、安徽、河北等省；国外有日本、韩国、德国、澳大利亚等国家。江苏爱康实业集团有限公司 2016 年产值、销售收入均为 25.84 亿元。

二、江苏东渡纺织集团有限公司

江苏东渡纺织集团有限责任公司，位于南庄工业区。该公司建于 2006 年 4 月，占地面积 2 万平方米，建筑面积 8.3 万平方米，注册资本 5188 万元，总投资 5188 万元，固定资产 9.77 亿元。2016 年公司职工 2500 人，其中工程技术人员 220 人。

江苏东渡纺织集团有限公司主要生产针织面料和针织服装。产品主要销往美国、澳大利亚、法国、意大利、德国、柬埔寨、越南、马来西亚等国。江苏东渡纺织集团有限责任公司 2016 年产量 9620 万件，产值 21.71 亿元，销售收入 21.67 亿元。

东渡集团公司（摄于 2015 年 10 月，顾彩云提供）

东渡公司产品（摄于 2015 年 10 月，顾彩云提供）

三、张家港华捷电子有限公司

张家港华捷电子有限责任公司，位于南庄工业区。该公司建于 2003 年 9 月，占地面积 2.32 万平方米，建筑面积 1.42 万平方米。注册资本 5221.21 万元，总投资 5221.21 万元，固定资产 1525 万元。2016 年公司职工 202 人，其中工程技术人员 21 人。

张家港华捷电子有限公司主要生产开关、连接器、智能控制器、电子元器件、电脑周边产品、手机零件等。产品主要销往德国、美国、加拿大、日本、韩国及国内著名配套企业。张家港华捷电子有限责任公司 2016 年产量 5.76 亿只，产值 2.16 亿元，销售收入 2.16 亿元。

四、伊萨焊接器材（江苏）有限公司

伊萨焊接器材（江苏）有限公司为一家美资企业，位于南庄工业区。该公司建于 2015 年 7 月，占地面积 4.67 万平方米，建筑面积 4.77 万平方米。注册资本 7560 万元，总投资

1.95 亿元,固定资产 2.24 亿元人民币。2016 年公司职工 120 人,其中工程技术人员 40 人。

伊萨焊接器材(江苏)有限公司主要生产各类焊丝,除销往国内外,还销往德国、俄罗斯、巴西、印度等国家和地区。伊萨焊接器材(江苏)有限公司 2016 年产量 3.93 万吨,产值 2.14 亿元,销售收入 2.16 亿元。

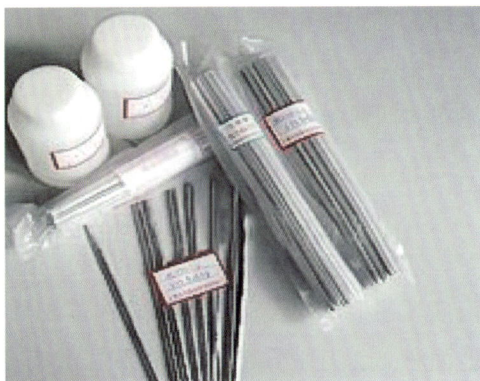

伊萨公司产品(摄于 2015 年 12 月,朱晓华提供)

五、张家港市恒昌纸品有限公司

张家港市恒昌纸品有限公司为一家私营企业,位于南庄工业区。该公司建于 2013 年 6 月,占地面积 2.1 万平方米,建筑面积 4 万平方米。注册资本 1000 万元,总投资 8000 万元,固定资产 5000 万元。2016 年公司职工 180 人,其中工程技术人员 5 人。

张家港市恒昌纸品有限公司经营范围主要有:纸箱包装、加工、销售;包装装潢印刷品和其他印刷品印刷。张家港市恒昌纸品有限公司 2016 年产值 1 亿元,销售收入 1 亿元。

恒昌公司产品(摄于 2015 年 12 月,朱晓华提供)

六、张家港东方四通科技有限公司

张家港东方四通科技有限公司为一家股份制企业,位于南庄工业区,属于江苏省高新技术企业。该公司建于 2001 年 7 月,占地面积 3.3 万平方米,建筑面积 1.1 万平方米。注册资本 800 万元,总投资 5000 万元,固定资产 2000 万元。2016 年公司职工 130 人,其中工程技术人员 58 人。

公司以数字化功率控制器为主要产品,多次被国家科技部列为创新基金项目及国家火炬计划项目。主

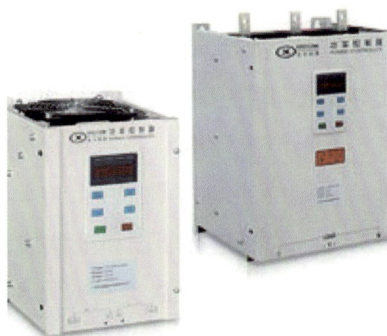

东方四通公司产品(摄于 2015 年 12 月,徐建荣提供)

要产品有中频电源、开关电源、调压器、功率控制器。产品覆盖国内外，市场占有率在国内处于领先地位，并销往韩国、日本、巴西、英国、俄罗斯、泰国、尼日利亚等几十个国家。张家港东方四通科技有限公司2016年产量2000台，销售收入9000万元。

七、江苏绿岩生态技术股份有限公司

江苏绿岩生态技术股份有限公司，位于南庄工业区。该公司建于2003年5月，占地面积1.2万平方米，建筑面积1.8平方米。注册资本2268万元，总投资4000万元，固定资产270.19万元。2016年公司职工158人，其中工程技术人员71人。

属于国家高新技术企业。该公司具备地质灾害治理施工甲级、设计乙级资质。2015年通过国家高新技术企业认定。主要从事矿山地质灾害治理和岩石生态恢复绿化、泥石流治理、园林景观绿化技术、土壤恢复技术服务等。江苏绿岩生态技术股份有限公司2016年产值7096.65万元，销售收入7096.65万元。

绿岩生态公司（摄于2015年12月，徐建荣提供）

八、苏州恒辰印刷科技有限公司

苏州恒辰印刷科技有限公司为一家私营企业，位于南庄工业区。该公司建于2007年7月，占地面积2万平方米，建筑面积3.4万平方米。注册资本200万元，总投资8000万元，固定资产5000万元。2016年公司职工100人，其中工程技术人员20人。

苏州恒辰印刷科技有限公司是专业纸制品包装企业。主营食品、电器、纺织品、轻工产品等的包装印刷和纸盒成品、说明书等。产品主要销往欧美和东南亚国家。苏

恒辰印刷公司（摄于2015年12月，徐建荣提供）

州恒辰印刷科技有限公司2016年产量1760万平方米，产值5821万元，销售收入5281万元。

九、张家港市申美包装材料厂

张家港市申美包装材料厂是一家集体所有制企业(福利企业),位于南庄工业区。1994年8月,境内建办首个社会福利企业,即张家港市申美包装材料厂。企业起步阶段注册资本为50万元,以后逐步增加到150万元。起步阶段的厂房面积为1000平方米,以后增加到1700平方米。总资产由起步阶段的100万元增加到3500万元。建厂初期,员工10人,以后逐年增加到80余人,其中安置"四残"人员23人。

企业主要生产经营塑料制品、吹塑、保温包装材料、纸制品制造、包装装潢印刷、社会零件印刷、普通商标印刷等。2016年,张家港市申美包装材料厂主要产品塑料包装系列年产量达5550万套,销售4800万元,利税250万元,其中税额145万元。张家港市申美包装材料厂2016年企业性质仍为集体所有,未转制。

申美包装材料厂(摄于2016年8月,蔡建高提供)

申美包装厂产品(摄于2016年8月,蔡建高提供)

十、张家港市双良棉制品有限公司

张家港市双良棉制品有限公司是一家私营企业,位于南庄工业区。该公司建于2012年10月,注册资本200万元。公司占地面积0.47万平方米,建筑面积0.46万平方米。2016年公司职工35人。

公司经营范围主要有:精梳棉、特种纱线制造、加工、销售;纺织原料及产品购销。张家港市双良棉制品有限公司2016年销售收入4000万元。

双良、科华公司(摄于2016年7月,蔡建高提供)

十一、苏州润德新材料有限公司

苏州润德新材料有限责任公司,位于南庄工业区。该公司建于2013年3月,占地面积0.35万平方米,建筑面积0.4万平方米。公司注册资本1000万元,总投资1500万元,固定资产150万元。2016年公司职工45人,其中工程技术人员11人。

专业从事硬脆产品切割配套材料的研发、制造和销售的高新技术企业。专注于为硅、蓝宝石等超硬度材料提供切割配套材料与解决方案。主要产品有光电新材料、冷却液、粘接剂、清洁剂、修复剂、多线切割支撑树脂材料、光电设备配件、光电辅助材料等。产品主要销往国内各省光伏企业以及韩国、马来西亚、中国台湾等国家和地区。苏州润德新材料有限责任公司2016年产量1200万千克,产值2100万元,销售收入1500万元。

润德公司新材料产品(摄于2015年12月,蔡建高提供)

润德公司光电新材料切割产品(摄于2015年12月,蔡建高提供)

十二、张家港市利民服饰塑料包装有限公司

张家港市利民服饰塑料包装有限公司为一家私有企业,位于南庄工业区。该公司建于1999年11月,注册资本500万元,占地面积0.38万平方米,建筑面积0.28万平方米。2016年公司职工88人。

公司经营范围主要有:塑料包装袋、吹塑、服装辅料制造;BOPD塑料粒子及PD、PE薄膜,

利民公司服饰塑料包装、保鲜膜、一次性塑料包装类产品(摄于2016年1月,朱力提供)

服装辅料购销;包装装潢印刷品印刷。张家港市利民服饰塑料包装有限公司2016年销售收入3000万元。

十三、江苏佰迪凯磁性材料有限公司

江苏佰迪凯磁性材料有限责任公司,位于南庄工业区。该公司(下称BDK)建于2015

年 12 月,是一家专业从事高性能软磁铁氧体材料及磁芯研发、生产和技术服务的国家级高新技术企业。

公司注册资本 1280 万元,总投资 2000 万元,占地面积 1.2 万平方米,现有员工 85 人,其中工程技术人员 10 人。公司拥有先进的软磁铁氧体磁芯生产线,配置功能完善的检测分析仪器。

佰迪凯公司(摄于 2015 年 12 月,朱力提供)

BDK 专注于功率铁氧体磁芯和高磁导率铁氧体磁芯的研发生产,定型十多个材料系列和数百个磁芯品种,产品被广泛应用于光伏风能发电、新能源汽车、充电系统、绿色大功率照明、电力电子、数字通信、互联网、电磁兼容及干扰抑制(EMC/EMI)、显示器(LED/LCD)等多个领域。

BDK 拥有资深的专家顾问团和优秀的研发团队,其中专职研发和工艺工程师多名,开发并完成多项高端新材料(如特异性磁芯),获得多项专利成果。他们具有深厚的理论基础和专业知识,拥有丰富的生产实践经验,可有效解决软磁铁氧体材料生产过程中的技术工艺问题。

BDK 充分借鉴国内外先进磁性材料企业的工艺技术和管理经验,遵循 IS09001 – 2008 质量管理体系、ISO 14001 – 2004 环境管理体系、GB/T 28001 – 2001 职业健康安全管理体系。

江苏佰迪凯磁性材料有限责任公司 2016 年产量 1384.84 吨,产值 3055 万元,销售收入 2366 万元。

十四、张家港市弘叶毛制品有限公司

张家港市弘叶毛制品有限公司为一家私营企业,位于南庄工业区。注册资本 50 万元。公司占地面积 0.53 万平方米,建筑面积 0.47 万平方米。2016 年公司职工 32 人。

公司经营范围主要有:粗纺针织纱制造、加工、销售,纺织原料购销。强项专业是生产混纺点子纱,为江苏国泰外贸商指定生产厂家之一,产品远销澳、美等国家。张家

弘叶毛制品公司(摄于 2016 年 8 月,朱力提供)

港市弘叶毛制品有限公司年生产纱线 60 万千克,产值 3000 万元,销售收入 1500 万元。

十五、杰佳针织服装（张家港）有限公司

杰佳针织服装（张家港）有限公司为一家外商投资企业，位于南庄工业区。该公司建于2003年9月，占地面积2万平方米，建筑面积1.85万平方米。注册资本425万元，总投资650万元，固定资产2394.28万元。2016年公司职工60人。

公司主要致力于针织服装的生产加工，产品有各类休闲服、T恤、睡衣等针织服装。产品大部分返销日本。杰佳针织服装（张家港）有限公司2016年产量26.98万件，产值1079.50万元，销售收入995.42万元。

杰佳公司产品（摄于2016年12月，潘霞提供）

十六、张家港市科华齿轮有限公司

张家港市科华齿轮有限公司为一家私营企业，位于南庄工业区。张家港市科华齿轮有限公司建于2007年3月，占地面积1万平方米，建筑面积0.67万平方米。注册资本200万元。2016年公司职工44人。

经营范围主要有：精密齿轮、精度花键、精度环塞规制造、加工、销售；五金加工；自营和代理各类商品及技术的进出口业务。公司生产1~6模数、直径12~360毫米、精度可达到DIN 5级的精密圆柱直齿、斜齿。公司以专业的技术水准，优质可靠的产品和良好的全程服务为客户提供全方面的技术支持。公司拥有国内先进的数控车床、滚齿机、磨齿机、内外圆磨等设备、检测设备，并配有美国进口MM齿轮检测中心的检测技术。公司拥有完善的质保管理体系，具有一批开拓进取、励精图治的管理精英。科华人恪守质量为生命、用户为上帝、服务为天职的经营理念，面向全国新老客户来样来图加工制作。张家港市科华齿轮有限公司2016年销售收入1000万元。

科华公司齿轮产品（摄于2016年7月，潘霞提供）

十七、张家港金圣浩机械制造有限公司

张家港市金圣浩机械制造有限责任公司，位于南庄工业区。该公司建于 2010 年 5 月，占地面积 0.7 万平方米，建筑面积 0.62 万平方米。公司注册资本 50 万元，总投资 50 万元，固定资产 87 万元。2016 年公司职工 30 人，其中工程技术人员 10 人。

张家港市金圣浩机械制造有限公司主要从事冶金机械设备的设计、生产、安装等业务，长期与达涅利、西马克、奥钢联、韩国浦项等国际知名冶金机械设备设计和制造公司合作。部分机械配件、钢包车等销往常熟达涅利冶金设备有限公司、西马克技术（苏州）有限公司、广西玉

金圣浩公司车间（摄于 2016 年 12 月，朱力提供）

林市中金金属科技有限公司。张家港市金圣浩机械制造有限责任公司 2016 年产值 783 万元，销售收入 783 万元。

十八、张家港保锝泰电子科技有限公司

张家港保锝泰电子科技有限责任公司，位于南庄工业区。张家港保锝泰电子科技有限公司创建于 2016 年 2 月，注册资本 100 万元。公司占地面积 1.4 万平方米，建筑面积 1.3 万平方米。2016 年，员工 156 人，其中工程技术人员 5 人。

经营范围主要有：专用传感器、小型变压器、滤波器、节能灯具的研发、制造、加工、销售及相关的技术服务；节能照明灯具的设计、安装；自营和代理各类商品及技术的进出口业务等。张家港保锝泰电子科技有限责任公司 2016 年产量 1000 万台，产值 850 万元，销售收入 682 万元。

保锝泰公司电子产品（摄于 2016 年 12 月，朱力提供）

第四章 企业管理

南庄村的工业企业自 1957 年创办以后,由大队分管工业的副大队长管理,各厂实行厂长负责制。1983 年,农村经济体制改革,行政村设经济合作社。境内的村办企业由工业社长负责管理。1996 年,实行产权制度改革,村不再对私营企业进行管理,只对企业提供各种服务。

第一节 企业内部管理

90 年代以前,全村工业企业以砖瓦厂、眼镜厂、失蜡铸件厂等骨干企业为主,管理比较粗放。90 年代以后,管理开始走上正轨。眼镜厂在企业管理中,主要开发新品种,提高产品质量,降低物质消耗,加强企业经营管理。执行科室、车间人员的岗位考核制度,打破"大锅饭",实行每月评定考核,评定计分,按月结算,奖惩分明。

2000 年以来,境内的大型和较大型企业,都设有"八科""三办""二室"。各办、科、室均实行岗位责任制、考核制,职、权、利分明。加强设备管理,加强工艺管理,改进产品设计,合理配套、调整各道工艺。建立全面质量管理制度,及时发现、分析和解决生产中所出现的问题。围绕"质量、品种、价格、信誉"八个字,搞好企业经营管理,加强 TQC 小组的领导,企业内所有工作都纳入"质量第一"的轨道。在计量和检测上,做到原辅材料从进厂、计量、验收、入库,严格把关。

2005 年,村级企业实行厂长负责制,集体承包,层层落实经济责任制,撤销有关科室,充实加强厂领导和管理力量。调整产品结构,强化基础管理,增强企业活力,严把质量关,健全质量管理网络。通过七级管理,提高经济效益,是年境内各骨干企业成为苏州市或张家港市企业基础管理一级合格企业,张家港市三级计量合格企业。

2006 年,村级企业以降低成本、强化质量为主,做到道道把关、环环扣紧,确保产品的合格率和一等品率达到内控指标。强化基础管理和生产现场管理,提高了设备完好利用率。关心职工生活,提高职工素质,使职工人人关心管理,个个注重管理,节约每一根纱、每一寸布,调动广大职工的积极性,提高企业的声誉和知名度,以产品信誉争市场。其他企业转制后,企业内部管理制度由其自行制定。

2016 年,各企业加强管理,严格把关,经济效益明显提高。

第二节 工资·福利

一、工资

60年代南庄的队办工业（小队企业）创办开始，有社员进厂务工，大队对进厂务工的劳动力按照"亦工亦农，农忙务农，农闲务工"的原则，报酬一律采取"做工在厂，分配在队，厂队结算，适当补贴"的办法。外出务工人员的报酬实行交钱记工，到年底由生产队统一分配（按生产队统一工分价，每工折多少钱，然后根据所缴钱数折合多少工分）。至70年代初，交钱计工逐步退出。

1976年大队建办南庄眼镜厂后，大队（村）内大部分劳动力就业于这家眼镜厂。企业对职工采取定额管理、定额报酬，职工开始正式领工资。1979年，村（大队）办企业职工年工资人均432.8元。80年代起，村（大队）办企业职工的工资逐年提高，福利也跟着提高。1995年，职工年工资人均5998.8元，相当于1979年的13.86倍。2000年以后，逐步改革队办企业员工的工资分配制度，大部分企业实行基本工资＋工龄工资＋岗位工资＋工种工资四部分组成的工资制度，奖金实行浮动制。以后职工工资按两段分配。第一段为起点报酬（基本工资），每人每月100元；第二段为浮动工资报酬。新进职工试用期2个月，试用期内月薪60元。试用期满后，对应知会、操作规程进行考试，及格后方可正式上岗，转为正式合同制职工。职工正式上岗后，实行定额计酬，多劳多得，工资奖金全浮动。对外来职工每月发生活费60元，其余年终一次性兑现。

2006年以后，南庄村对企业不再实行经济承包责任制，不再进行年终考核，职工工资由企业自主发放。

2013年起，境内职工工资大幅上升，且职工之间的工资水平差距拉大，月工资4000至5500元不等，特殊工种和技术人员的工资相应要比一般操作工高50%或1倍以上。一般企业每月发放工资，年终适当加发一次性各类名目的奖金。2016年，职工年工资人均5.18万元，相当于1979年的119.69倍、1995年的8.64倍。

1978—2016年南庄村（队）办工业职工年平均工资选年一览表

表6-4-1

年份	平均工资（元）	年份	平均工资（元）
1978	370.6	1983	496.9
1979	432.8	1985	692.6
1980	458.7	1987	953.4
1982	518.7	1989	1425.7

（续表）

年份	平均工资（元）	年份	平均工资（元）
1990	1547.1	2004	14658.6
1992	2214.2	2005	15461.7
1993	3567.4	2006	16587.6
1994	4468.6	2007	17652.3
1995	5998.8	2008	18783.1
1996	6315.1	2009	21638.7
1997	7257.9	2010	27640.3
1998	8192.8	2011	29550.2
1999	9352.6	2012	30978.6
2000	10490.5	2013	32850.4
2001	11384.4	2014	39420.7
2002	12452.7	2015	41850.6
2003	13567.1	2016	51800.2

1980—2016 年南庄村务工劳力选年一览表

表6-4-2

年份	务工人数	其中外来务工人数	年份	务工人数	其中外来务工人数
1980	895	216	1995	2813	1882
1981	1032	327	1996	2953	1907
1982	1187	335	1997	3047	2102
1983	1475	505	1998	4132	3211
1984	1585	685	2000	4231	3305
1985	1665	690	2001	4367	3401
1986	1705	732	2002	4518	3641
1987	1785	835	2003	4728	3851
1988	1852	945	2004	5012	4132
1989	1935	1042	2005	5251	4321
1990	1976	1068	2006	5347	4415
1991	2013	1082	2007	5567	4637
1992	2087	1132	2008	5842	4938
1993	2537	1481	2009	6047	5167
1994	2631	1732	2010	6255	5318

（续表）

年份	务工人数	其中外来务工人数	年份	务工人数	其中外来务工人数
2011	7052	6131	2014	7685	6712
2012	7213	6342	2015	7851	6909
2013	7517	6508	2016	8905	7958

二、福利

南庄村级企业对职工婚假、丧假（直系亲属），一般不作硬性规定，原则上规定三天，得基本工资。

职工生育产假期为两个月，产假期内得基本工资。超过两个月须办理续假手续，没有报酬，但最多不超过四个月，违者作自动离厂处理。

职工因事请假，超过规定，扣除本月基本奖。建楼房准假一个月，平房半个月。事假超过规定天数的不得当月基本工资。

职工因病请假，一律凭医生证明，并经领导审批后有效。对外单位的医生证明，要凭本村医务室的转院手续才有效，病假期间无基本工资。

1993年，村办企业职工看病规定到村医务室就医，本人签字，药费实行全报，年终由医务室与所在单位统一结算。1994年，为进一步规范医疗制度，境内村办企业职工医疗费实行包干限额报销办法，规定每人年医疗报销标准为72元（月人均6元），由职工所在单位负担。职工去医务室看病一律现金支付（外地职工6元医疗费与生活费一起发，本村职工按月发放），实行包干使用，超支自理，结余归己。2000年以后，职工医疗纳入医保受理。

工伤待遇，按当时发生的情况，由车间证实，凭医生证明，厂部生产科审批，基本工资照得。2000年以后，职工工伤纳入社保受理。

劳保用品，对在厂职工的劳保用品按不同工种发放。女挡车工年发放围裙（俗称"饭单"）1条、衣袖套2副，每季度肥皂粉2包、毛巾1条。机修工另加手套2副，工作服一年发一次。铸件、五金等厂每两年发放一双工作鞋，一年一身工作服。2000年以后，职工的劳保用品根据各企业的实际情况发放，部分企业实行经济补贴，发现金不发实物。

退休保养，1992年开始，南庄村规定男60周岁、女55周岁，连续工龄满6年以上者，可办理退休手续。6—10年工龄，月退休工资30元，11年以上月退休工资35元。职工因病、工伤丧失劳动能力，不能连续工作的，由所在单位鉴定同意并报送村里，作病退处理。病退职工工龄满6年以上的，工资按退休标准处理。对不具备退休条件，但已到退休年龄，工龄在5年以内的（含5年），由所在单位鉴定同意，可作退职。退职职工，1—5年工龄，一年工龄按一个月工资计算（2000元），退职费一次性结算。以上规定，境内仅执行了二至三年后自行中断。2000年以后，大部分企业为职工办理社会保险，集体和个人按规定比例缴纳社保费,职工到法定退休年龄时办理退休手续。

1998—1999 年,全村各企业分别实行体制转换,转为私营企业。各厂职工工资福利等由各企业按上级主管部门规定自行制定执行。2016 年各企业仍按规定执行。

第三节 知识产权

一、注册商标

90 年代,境内张家港市良工阀门厂生产的"WA"牌阀门、张家港市南庄气球厂生产的"飞翔"牌家用手套分别获得国家工商局注册商标的授权。2006 年以后,随着境内村办、私营和外来企业的增加,注册商标的拥有量逐年增多。杰佳针织服装(张家港)有限公司的"蓝库"、江苏东渡纺织集团有限公司的"伊思贝得""伊思酷尔"注册商标先后获得授权。至 2016 年,境内有注册商标 25 件。其中,江苏东方四通科技有限公司生产的大功率软开关电源、PWM 交流调压器、PWM 直流前置电源等产品的专用商标获"苏州市知名商标"称号,江苏爱康科技股份有限公司生产的太阳能电池板专用边框、太阳能支架、组件专用 EVA 封装胶膜等产品的专用商标获"江苏省著名商标"称号。

二、专利

2000 年以后,境内苏州润德新材料有限公司向国家知识产权局申请专利 15 件。其中"MB 多线切割机导轮的修复方法"(专利号:LR 201410198757.5)等 2 件获国家发明专利授权,"切割太阳能硅片用的玻璃板"(专利号:CA 2013022629230.5)等 9 件获国家实用新型专利授权。2010—2015 年,江苏东方四通科技有限公司、江苏绿岩生态技术有限公司、伊萨焊接器材(江苏)有限公司、张家港金圣浩机械制造有限公司、张家港华捷电子有限公司和江苏东渡纺织集团有限公司等企业先后向国

张家港东方四通科技有限公司发明专利证书(摄于 2016 年 6 月,公司办公室提供)

家知识产权局提交发明专利申请、实用新型专利申请共 202 件。至 2016 年,境内企业已获发明专利授权 59 件、新型专利授权 86 件。

第七卷 商贸服务业

解放前,南庄村交通运输不发达,商务贸易发展缓慢。境内大南庄、东墙门仅有商号店铺5家,从业人员10余人,有药店、粮油店、面店以及棉布、百货、南北货、香烛、饮食服务等行业,每家店铺的资金折合大米500~1000千克不等。

解放后,随着国营商业和供销合作社的建立和发展,加上国家对私营工商业实行"利用、限制、改造"的政策,私营商业所占比例逐渐缩小。这些小商小贩在土地改革中分到了土地,便弃商务农。1950年以后,国家对粮食、油料、棉花先后实行统购统销,原有的私营粮油商行一律停业或转他业。

80年代,随着村办工业经济的发展,境内大南庄、李家巷、东墙门、小窑泾渐渐有三三两两的小摊点。经营项目有农副产品、日用百货、小吃、家电修理等。

90年代初,大南庄、夏家弄、东墙门等自然村建立了生活服务代销店,按计划供应生活日常用品。1992年,全村共有各类工商户42户,营业额327.95万元。1998年,南庄村在金港大道西面开始建南庄村工业小区,兴建农民街后,街面两侧各种商铺陆续开业,有农贸地摊、日用百货店、小吃店、理发店、缝纫店、小电器店及各类修理服务业等。

2000年以后,南庄村发生了巨大变化,村民拆除老宅基,全面建设新农村。南庄村充分利用地理优势大力发展商贸服务业,商业、运输业、贸易及房东经济等产业齐头并进,成为集体增收、村民致富的重要渠道。2016年,全村完成商贸服务业总产值779.99万元。

1990—2016 年南庄村商贸服务业分类产值一览表

表 7-0-1 单位:万元

年份	总产值	各类产值				
		商业	服务业	农贸市场	房东经济	其他
1990	293.23	100.54	67.02	83.78	—	41.89
1991	306.36	105.03	70.03	87.53	—	43.77
1992	327.95	112.44	74.96	93.70	—	46.85
1993	331.45	113.64	75.76	94.70	—	47.35
1994	354.15	114.60	96.30	95.50	—	47.75
1995	323.75	111.00	74.00	92.50	—	46.25
1996	337.75	115.80	77.20	96.50	—	48.25
1997	341.25	117.00	78.00	97.50	—	48.75
1998	345.80	118.56	79.04	98.80	—	49.40
1999	347.20	119.04	79.36	99.20	—	49.60
2000	349.30	119.76	79.84	99.80	—	49.90
2001	281.75	96.60	64.40	80.50	—	40.25
2002	415.49	270.07	41.55	83.10	—	20.77
2003	485.80	315.77	48.58	97.16	—	24.29
2004	468.89	304.78	46.89	93.78	—	23.44
2005	345.00	224.25	34.50	69.00	—	17.25
2006	471.00	306.15	47.10	94.20	—	23.55
2007	576.00	338.65	52.10	104.20	55.00	26.05
2008	682.49	400.20	61.57	123.14	66.80	30.78
2009	735.00	428.48	65.92	131.84	75.80	32.96
2010	881.99	517.07	79.55	159.10	86.50	39.77
2011	994.03	584.15	89.87	179.74	95.30	44.97
2012	859.94	487.17	74.90	149.90	110.50	37.47
2013	819.99	451.55	69.47	138.94	125.30	34.73
2014	879.99	477.42	73.45	146.90	145.50	36.72
2015	1110.05	618.20	95.20	190.20	158.90	47.55
2016	779.99	397.47	61.15	122.30	168.50	30.57

注:上表不含 7-3-1 南庄农贸年集场经营一览的统计数据。

第一章　商　业

第一节　集体商业网店

60 年代,境内 9 个自然村在夏家弄西侧耀生六亩里建有大队代销店,主要供应油、盐、酱、醋、食糖、火柴、火油、潮烟、香烟、咸萝卜、乳腐、纸张、肥皂、文具以及竹柄、扁担等生活用品和农用品。在计划经济物资紧缺的时期,代销店有的日用品、食品必须凭证供应,如食糖、香烟、火油、肥皂等,还有的商品除凭证供应外,还需发券供应,如棉絮、担绳、竹柄、扁担等。直至 80 年代初,代销店由供销社收回,大队兴办小店,农村商业网店有了较大的变化。90 年代起集体商业网店开始弱化或淘汰,2000 年以后完全淘汰。

保存至今的 1963 年"光荣肥皂"(摄于 2016 年 12 月,徐聚才提供)

第二节　个体商业摊贩

解放初期,境内就有个体商业摊贩 13 户,主要经营棉花、土布、米、麦。60 年代初,大南庄、小窑泾有个体户专门走街串巷贩卖竹篮、筲箕、筷筒等竹篾日用品、家具等竹制品。60年代末,大南庄、小南庄、东墙门、朱家巷等村民贩卖白蒲菜籽、菠菜籽、红花籽、草头籽等。最盛时多达 30 余人。随后,由于政府的政策干预和历次政治运动的波及,小商小贩受到处理,一度绝迹。80 年代起,又有摊贩开始出现,最盛时达到 40 多户,主要出售烟、酒、盐,以后发展到塑料家具、服装等生活用品和伤湿膏药、梨膏糖之类的医疗辅助保健用品。

进入 21 世纪后,境内集体商业网店已经绝迹,取而代之的是个体商贸业不断繁荣发展。不少本地居民利用自家店面(也有外来民工租用门面)开设小超市,经营日用百货、电子产品、儿童玩具、糕点小吃、米、面、油、盐、酱、醋等。有的开设农副产品销售店,销售产品如时令新鲜瓜果、新鲜蔬菜、新鲜鱼虾,还有开设小饭店、理发店等,满足了村民需求。兴起的南庄工业区小街为外来经商人员搭建了创业平台。这些个体经商人员创办的大多是父子店、母女店、夫妻店、姐妹店。商业街门店涉及的行业有餐饮、零售、服务、娱乐、培训等。蔬菜、肉类、水产等个体经营户，他们每天凌晨从市区北面数千米外的青草巷批发市场购进鸡、鱼、虾、猪等肉类和应时或者反时令的各类蔬菜，以及蛋类，然后在商业街区摆摊出售，便利周边的村民和外来务工人员的生活。2016年，境内共有个体工商户64户，年营业额650万元。

2016年南庄工业区商业街门店经营一览表

表7-1-1

行业	类别	门店名称	法人代表	经营门面(间)	开办年月
餐饮业	饭店	东北人家	王利民	3	2011.04
		聚友饭店	臧卫清	2	2011.05
		建安饭店	朱仁法	1	2011.05
		金宝家常菜	梁德双	3	2012.05
		咱家饭店	郁文兴	1	2012.07
		四川酸菜鱼	王妹	1	2012.07
		香源菜馆	王丕东	3	2013.06
		河南饭店	张芳芳	1	2013.12
		麒麟家常菜	刘云青	2	2014.02
		川味小炒	曹顺安	3	2016.03
		好亿饭店	董焱	2	2016.03
	面店	兰州拉面	韩全福	2	2009.03
		福建小吃	董建明	1	2011.03
		东北水饺	徐才保	1	2011.07
	熟食店	豫来小吃	郭景民	1	2010.08
		惠康小吃	金光军	2	2014.05
		南庄蛋糕店	王大林	1	2015.01
		福建肠粉	孙财旺	1	2015.03
		壹号快餐速配	刘海	2	2016.03
零售业	超市	小百货	张国林	3	2000.03
		小徐超市	徐水金	2	2006.04
		家家乐超市	苏亮立	2	2010.03
		好易购超市	高和荣	4	2011.03
		家福超市	聂文桥	5	2011.04
		南庄同心超市	肖桂兴	6	2013.07

（续表）

行业	类别	门店名称	法人代表	经营门面（间）	开办年月
零售业	蔬菜水果	建明菜坊	邹建明	3	2002.05
		家家乐水果	缪仁明	2	2010.03
		四季果业	卢站群	4	2015.10
	药店	南庄药房	张　柳	3	2009.05
	服装	时尚宝贝	方大高	1	2006.01
	建材	世纪联合建材商店	钟　翔	6	2004.02
		盛世熔岩	李　威	2	2016.03
		新荣消防器材经营部	郭　荣	3	2017.03
服务业	移动通信	中国移动	项仁英	1	2008.01
		新达	朱胜林	1	2011.05
		超威电池、电瓶	林　永	1	2012.03
		中国移动	童宇要	2	2013.08
		京东快递	威吾国	3	2016.04
	福彩专卖	南庄福利彩票	陶建平	1	2009.05
	汽车维修	宇鑫汽车美容装饰快修	朱广州	2	2012.03
		小陈车行	陈　飞	1	2014.10
	理发美容	剪艺	王宝林	1	2011.03
		时尚造型	周梅大	1	2012.04
	足浴	兰兰	梅兰娣	1	2011.08
	快递	韵达快递	葛永鑫	1	2016.02
	驾校	俊杰驾校	万　大	1	2013.10
娱乐业	棋牌	南庄棋牌室	刘海美	1	2016.05
文化业	字画	聪大	邹浩生	1	2015.07

2016 年南庄公寓房商业门店经营一览表

表 7-1-2

行业	类别	门店名称	经营者姓名	经营门面（间）	开办年月
餐饮业	饭店	南庄饭店	张开仁	2	2014.03
		重庆川菜	麦治勇	2	2015.10
	面店	汉中面店	朱永德	1	2009.05
		南庄面店	王岳大	3	2011.07
	熟食店	沙县小吃	张海荣	2	2015.03
		塘市华丰副午店	侯午峰	1	2016.12

（续表）

行业	类别	门店名称	经营者姓名	经营门面(间)	开办年月
零售业	超市	宏鑫超市	张能红	2	2013.05
		易家购物	刘利军	5	2013.06
		便民超市	林王一	6	2015.05
	建材	陶瓷E家	王刚明	3	2011.10
		麦隆祺	文　龙	5	2013.03
		实木批发	周文兴	3	2013.06
服务业	驾校	兴源驾校	吕川韦	2	2016.06
	彩票	中国福利彩票	杨晓瑞	1	2016.05
	理发美容	靓点便民理发	秦兵兵	1	2013.10
文化业	字画	文轩字画店	郭　靖	2	2016.12

附：商店选介

2007年，杨舍前溪巷人缪惠琴租用南湖苑社区140余平方米的门面房，开办名为爱心超市的百货商店。2012年，爱心超市租房到期，由湖北省黄岗市广济县蒋辉敏夫妇经营。

超市位于南庄村南湖苑社区行政办公大楼一层，东邻社区卫生服务站，南门外即是社区广场，西邻社区行政服务大厅，北门外即是树林绿化区，营业面积120余平方米，是南湖苑社区内规模最大的超市。超市内装备立式空调和通风

位于南湖苑社区的爱心超市（摄于2016年12月，陶心怡提供）

换气设施，有南北通道供顾客双向出入。超市汇集各类生活消费品，包括烟、酒、粮、油，各类面食制品，针织、鞋服，小家电，小五金，日杂，南北货等七大类商品，可供社区居民随时选购，并可为居民提供商品送货上门等服务。2012年前，年均商品销售额130余万元。2012年以后，因社区周边地方相继开办超市，爱心超市的营业额出现下降。

第二章　生活服务业

第一节　餐饮业

80年代初,南庄大队部西侧开办第一家餐饮店,餐饮店仅1间门面,有2人经营,主要项目是简单饭菜,如熟菜有花生米、豆腐干之类,品种比较单一,由当地村民王法龙经营,年收入仅够维持日常开销而已。

进入21世纪,随着南庄工业区小街的建成,餐饮业不断发展,日益兴旺。餐饮业店有面馆、熟食店、小吃店、饭店、羊肉店、火锅店等。一般规模不大,以夫妻店、家族成员店居多。经营的品种有米饭、面条、馄饨、包子、油条、馒头、大饼、酒菜、烧烤、油炸食品。菜肴荤素搭配,有30多个品种。主要食客以外地打工者为主。

至2016年,境内工业区和金港大道西侧沿路共有大小餐饮店27家。其中面店5家,熟食店9家,小吃店3家,酒店、饭店10家,各类路边烧烤2处,大饼摊点1个。

第二节　其他服务业

解放前,南庄村的生活服务业主要是用农家手摇纺车配土式织布机纺织纱布的纺织业,其次是穿棕绷业、竹器编织业、泥瓦工业、木匠业、裁缝业等小手工业。50年代初期,境内的生活服务业一度得到发展。农业合作化后,不少家庭副业转为集体经营。"大跃进"和"文化大革命"期间,集体和个体服务业受到严重影响,特别是"文化大革命"时期,个体服务业被当作"资本主义尾巴"割掉。1978年后,个体、集体的副业生产都逐步得到恢复发展。1988年,全村包括服务业在内的多种经营品种有5大类,20多个项目。1994年,全村有木工、瓦工、篾工、漆工和缝衣工等7个专业,从业人员有150余人,占区域人口的7.55%。

一、个体服务业

木工　50—60年代,南庄境内从事木器家具制作或造房起屋的专业木工较少。大南庄有徐培坤等。1968年后,逐渐增多,遍布各自然村,大南庄有徐锦才、徐云才,小窑泾有陶达宝、朱仁金等。1980年以后,大南庄有蔡建才、徐达,小南庄有李宝通父子、徐洁等,总共有20余人。木工除为集体、个人建房做门窗、橱柜以外,还自购木材为村民定做木器家具,如饭桶、提桶、担桶、马桶、大小脚盆、桌子、床、凳子等,多余家具运往集市出售。有时还为用户来料加工,有时为社员提供上门修补服务。1990年以后,随着生活水平的提高,人们的需求向高档化、成套化发展,传统的日用家具被现代化家具所替代,木器家具生意清淡。部分木工进入建筑公司,部分木工在境内家具厂工作,少数木工从事室内装潢。1990年后传统的木工活逐渐被专业装潢公司替代,木工的个体服务逐渐被淘汰或停止。

瓦工 解放初,南庄就有农民从事瓦工活,但人数不多。一般都是受请外出上门服务,如支灶、砌墙、铺砖地、浇筑水泥场等。70年代以后,因农村开始掀起平房翻建热,瓦工行业开始活跃起来,有些瓦工带徒弟传手艺。大南庄徐克勤、徐正清、徐桂清等一批瓦工精英培养了一批瓦工骨干,为本村人甚至为村境外的人服务。80年代初徐克勤组织成立建筑队,先开始为社员家庭服务,后发展壮大,承包集体建筑,业务得到迅速扩张,且百分之百按合同法执行,不断提高施工质量。1987年3月,南庄村建筑队被评为江苏省"重合同守信用"单位。21世纪后,个体瓦工基本都改行或被淘汰。

篾工 解放前后,小南庄等自然村就有篾工7—8人。他们做工一般不出门,从事来料加工。村民把采购的毛竹或自家竹园砍的粗竹子送到篾工家里,可加工成大到竹榻、坐车、凉席、晒篇、竹链、竹篮、箩筐、竹椅、躺椅、扬篮、筛子、簸箕、扁担,小到洗帚、竹筷、筷笼、筲箕、笊篱、竹杯等各种生活日用品。

漆工 境内漆工解放以后才有,专门提供上门服务。小南庄徐宗歧父子,田二房徐建清、王建秋,还有大南庄徐建清、小窑泾朱彩明等,均从事油漆工作。先是上门为农家油漆一些木器家具嫁妆等,后发展到室内油漆装潢。油漆工上门服务,少则一星期,长则一、两个月才能完工。90年代后,家具油漆已不再普遍,一部分漆工在业内改行当老板,或开油漆铺,或组织团队承揽油漆装潢业务。

缝衣工 缝衣工,俗称裁缝。南庄境内的裁缝,解放初就有之。老一辈的裁缝,大南庄有蔡家、徐家,东墙门有邹家,孔家庵有蔡家,小窑泾有陶家。当时没有缝纫机,全凭手艺裁剪、缝合,制作成衣。70年代后,几乎每个自然村都有裁缝师傅,全境从事裁缝手艺的有15户30余人,他们肩挑缝纫机,受请到各家各户,服务少则两三天,长则十来天。农家做衣,一般都需要提前预约。90年代后,上门裁缝已不多见,小南庄、大南庄、夏家弄、东墙门等裁缝师傅都到街市租房,在固定场所营业,做来料加工服务。

针织 70—80年代末,境内从事针织服务的家庭颇多,共有50多户,有手套机、针织横机20余台。部分家庭是自产自销,也有部分家庭与厂家挂钩进行加工生产,少数家庭进行来料加工。90年代后,境内的针织服务渐渐消失。

电商 2015年后,境内居民和新市民中一部分知识型创业人士开始先行先试,涉足电商服务行业。这部分人服务的领域宽广,除国家禁止以外的,无所不包,运用微商、网上推介和新零售模式开展。2016年境内有个体电商7家。

二、集体服务业

人民公社化后,市镇商业重点为基层服务,提倡"送货下乡"。塘市供销社与商业部门合作,实行送货下乡,品种有油、盐、酱、醋、火柴、火油、肥皂等日用品。规定每月农历尾数为三、六、九将生活必需品送到各村场头田头,很受群众欢迎。

60年代初期,塘市供销社分别在大南庄、夏家弄、东墙门、小窑泾设代销店(下伸店),经营一些日用生活必需品(油、盐、酱、醋、烟酒等)。70年代中期,下伸店由大队接收,店员报酬由大队结算。经营品种有所增加,除油、盐、酱、醋、糖等外,还增加了一些生活用品和农用品。

70年代,国家鼓励集体、社员个人大办养猪场,生猪产量骤增。由于交通不便、猪肉供应过剩,每逢盛夏,地方政府号召农民要吃"爱国肉"。肉价最低时每千克1.48元,塘市供销社和商业部门,在夏收夏种和秋收秋种期间挑送副食品下乡,主要有鲜肉、带鱼等。

80年代后,政府支持集体经济发展,村办企业日渐兴旺。大队筹资建了一批平房、楼房,鼓励村民及外地人租房经商。

2010—2016年,南庄工业区和南湖苑社区加大招商引资集体服务力度,鼓励大众创业,在区内开设各类服务门店共91家。其中,有家用电器修理,美容美发,自行车、摩托车、三轮电瓶车修理,烟、酒、粮油食品供应,还有各类家教、保洁、搬运、健身理疗等服务,都受到群众欢迎。许多村民不出村就能在家门口买到各类荤菜、素菜、水果、南北货等,尤其是老年人每次理发只要花8—10元钱,既实惠又方便。

第三章　集贸市场

第一节　农贸市场

2000年始,为适应大众消费需求,南庄村民和外来民工在工业区街上设有摊位30多个,每天早晨和下午下班前的生意比较兴旺,年成交额在30~50万元。

工业区农贸市场上的交易品种有蔬菜、水产、禽蛋、豆制品、肉类和各种生产生活用品,农民多余的粮、油、农副产品都上市。随着个体远销户的发展,集贸市场的农副产品蔬菜、水产品、肉类、水果、各种土特产、日用小商品与日俱增,茶叶、海货等南北货十分丰富。

春夏秋冬一年四季,农贸市场还有季节性的秧苗买卖。交易的秧苗主要是:春季有各种瓜秧、茄秧、扁豆秧、玉米秧、茭白秧、山芋苗等(为赶季节早出售,秧农都采用薄膜育苗);

初夏有韭菜秧、晚瓜秧、晚长豆秧等；秋季有包菜、芹菜、雪里青、白婆菜、白粳菜、大头菜秧等；初冬有莴苣、宝塔菜、晚菜、荠菜、雪里红、雪菜秧等。卖秧苗的农民清早沿街道两旁席地设摊，卖家主要有周边各自然村的农民，他们以此为家庭副业，年收入 300～800 元不等。早在 60—70 年代，小窑泾、孔家庵、东墙门的农民以育山芋苗为主赶集市叫卖。2001 年，停止育苗。

第二节　集　场

设集场　2008—2010 年，南庄村在金港大道（原新沙锡路）西侧，利用工厂区间的公共道路（东西长 400 余米，南北长 200 余米），新设立一个小商品农贸集市。集场于每月农历初六、十六、二十六日举行。周边有固定店面房几十家，还设临时摊位 200 余个。每逢集场，附近的新桥镇、顾山镇、杨舍、乘航、泗港、塘市、栏杆桥地区的农（居）民和周边 40 多个自然村的居民都到集贸场上逛街或购买物品，进行物资交流。借助交通便利的优势，周边县、市、镇 200 余个商贩都开着、拖着各种车辆装运货物与帐篷前往设摊。各种农用物资、生活用品、衣服鞋帽、农副产品及特色饮食应有尽有。每次赶集的人流量有 1 万人次左右，商品零售额 20 余万元。

举办集场期间，村委组织人员加强服务和管理。一方面维持市场秩序，一方面收取地摊管理费。

2010 年以后，随着开放政策及经济形势的变化，各类超市遍地开花，群众购物更加方便，南庄农贸集场就不再举办。

2008—2010 年南庄农贸集场经营一览表

表 7-3-1

年份	摊位（个）	全年零售额（万元）	综合效益（万元）
2008	262	218.75	6.85
2009	279	225.10	6.78
2010	281	314.50	8.68

第四章　房东经济

90 年代中期，南庄工业区小街逐步形成和兴起，吸引许多外地人员前往工业区开店经商、办企业。工业区地理位置优越，离市区较近，交通便捷，为投资创业者提供有利条件，方便了电器、毛纺、建材、服装、汽车修理等行业的投资者租房或购房定居创业,提振了南庄村的房东经济。

第一节　公房出租

2010年,改造金港大道原村部大楼西侧1000多平方米公房,建办南庄村商务会所。是年,全境集体房东经济共收入86.5万元。2016年,全村出租集体门面房1500平方米,租金年收入26万元;出租商务楼2处2700平方米(南湖苑大酒店1000平方米,双友家具门店1700平方米),租金年收入29万元;出租公寓房36000平方米,年收入400万元;出租其他不动产等,租金年收入17.50万元。

第二节　民房出租

80年代开始,随着外来务工人员的不断增多,民房出租供不应求。务工人员陆续到南庄村9个自然村租房。2006年起,境内自然村陆续动迁安置后,外来人员纷纷租住在小区安置房的底层或套房里,租价每年每户从5000元到20000元不等。据2013年对第五至八村民小组出租户的不完全调查统计,有房屋出租的共69户,占8个村民小组总户数的39.90%,吸纳外来入住人员178人,比本地常住人口多84人。

2015年,全村村民出租房年收入2万元以上的有13户,2万元以下的有39户;1万元以上的有7户,5000元以下的有4户。是年起,出租房的租金有所提高。

据不完全统计,2016年全村有民房出租户180余户,村民房东经济年收入180万元。

第八卷　党政社团

中华人民共和国成立前夕,境内就有中共地下党进行活动,但未有中共党组织成立。

1952年8月至1953年10月,境内有1名在土地改革、农村互助合作中表现积极的村民入党。1957年境内成立高级社,1958年9月调整为塘丰三社,境内首次以塘丰三社为单位建立党支部。塘丰三社后改二工区,再以二工区为单位成立党支部。

1962年开始,南庄大队领导班子设党支部书记、副书记、大队长、副大队长、会计,条线工作设共青团书记、妇女主任、民兵营长等干部。1966年"文化大革命"初期,南庄大队党支部一度停止组织活动。1966年末,南庄大队成立革命生产领导小组,由原大队领导干部1—2人和"造反派"负责人及贫下中农代表等组成,行使大队一级的行政职能。1969年3月,南庄大队成立革命委员会,由主任、副主任、委员、贫协主任等7人组成。

1970年6月,南庄大队党支部恢复组织活动。1979年2月,撤销大队革命委员会,恢复称南庄大队,设党支部书记、副书记、大队长、副大队长、会计、共青团书记、妇女主任、民兵营长、治保主任等8—9个干部。

1983年6月,南庄大队更名为南庄村,设党支部书记、副书记、村民委员会主任、副主任、会计、妇女主任、民兵营长、治保主任。同时,建立村级经济管理组织,成立村经济合作社,设工业社长、农业副社长、副业副社长、工业会计等职。80年代末,南庄村相继成立老年协会和关心下一代工作委员会,协助村干部做好境内老年人和青少年工作。

2006年6月,南庄村党支部升格为党总支,下设党支部3个。南庄村党组织领导班子几经调整,党员队伍不断扩大,至2016年9月,全村共设党总支1个,党支部4个,党员总数96人。

为配合上级布置的各项相关工作或确保临时工作的完成,村(大队)根据不同时期的需要,先后组织建立村级社会服务机构和非常设机构,为配合完成各个时期村的中心工作作出了贡献。

第一章　中国共产党

　　1952年8月，东墙门邹宝棣参加江阴十方庵举办的干部学校（党训班）学习，8月25日，邹宝棣被批准入党，成为南庄境内解放后入党时间最早的党员。1954年2月，塘市乡第一批发展党员吸收境内王育根1人入党。是年，又有徐香林、陶三保、邹士加、蔡和生4人入党。至1955年末，境内有中共党员16人。1958年9月，境内建立党支部。1962年，南庄大队有中共党员37人。1985年南庄村有党员36人。1995年有党员34人。2006年6月，南庄村党支部升格为党总支，有党员55人。2016年，南庄村党总支下设4个党支部，共有党员96人。

第一节　党　员

　　农业合作化以后，境内加快了发展党员步伐。50年代入党的党员有16人（1人因工作需要，调离支部），他们都是中华人民共和国成立初期的积极分子，经过土地改革、镇压反革命、抗美援朝、农业合作化运动的考验。60年代，基本停止发展农村党员。70年代，入党的有4人，基本是农业战线上的积极分子和大队各条战线骨干。80年代，入党的有5人。90年代，入党的有12人，大部分是在改革开放、经济建设中涌现出来的积极分子，不少人曾是境内工农业生产中的骨干和领导力量。从80年代开始，境内党员开始有流动，不少党员随工作变动从南庄支部迁出，所以，从1962年到1995年境内的中共党员数均维持在34~37人左右。2000年以后，在外工作的老党员开始退休，其组织关系转入南庄村支部，加上支部每年要吸收新党员，所以，支部内的党员人数增长很快。到2016年，境内有党员96人，分别比1955年增加80人，比60—90年代平均数增加60人，比2005年增加30人。其中，女党员26人，占党员总数的27.1%；40岁左右的党员有38人，占党员总数的39.6%；60岁以上党员43人，占党员总数的44.8%。大专以上文化程度的党员46人，占党员总数的47.9%。96个党员中，除了本村原有党员以外，有一部分是从其他单位党组织转移过来的党员。他们中除了有从机关企事业单位中退休回村的老干部、老教师和其他工作人员以外，还有在部队经过锻炼的转业、退伍军人，或是从大专院校毕业以后回乡创业的优秀青年，他们是南庄村经济和社会事业建设中的积极分子，是党组织的骨干力量。

1952—2016 年南庄村（大队）党员结构选年一览表

表 8-1-1 单位：人

年份	党员总数	其中妇女	年龄结构			文化结构			分布情况				
			30岁以下	30-60岁	60岁以上	大专以上	高中（中专）	初中及以下	农业	工业	第三产业	村委会	其他
1952	1	—	1	—	—	—	—	1	1	—	—	—	—
1955	16	—	4	12	—	—	—	16	15	—	—	—	1
1959	32	—	11	11	10	—	—	32	28	—	—	3	1
1966	38	—	11	17	10	—	3	35	24	5	5	4	—
1976	36	1	15	21	—	—	10	26	31	—	—	5	—
1982	39	1	17	18	4	—	2	37	27	4	—	8	—
1989	37	1	19	13	5	—	5	32	23	6	—	8	—
1999	41	3	21	12	8	2	15	24	15	10	4	8	4
2001	35	3	2	6	27	7	1	27	5	8	4	8	10
2002	37	3	2	6	29	7	2	28	6	6	1	15	9
2003	39	4	2	7	30	8	2	29	7	7	1	15	9
2004	41	4	2	7	32	8	2	31	5	8	3	15	10
2005	55	4	7	13	35	9	2	44	7	20	5	15	8
2006	48	8	2	13	33	12	3	33	7	12	1	17	11
2007	51	10	1	16	34	15	3	33	7	13	1	17	13
2008	60	12	5	18	37	18	6	36	9	20	1	17	13
2009	62	13	6	18	38	20	6	36	9	20	1	18	14
2010	63	13	8	17	38	21	6	36	9	20	1	18	15
2011	72	15	6	28	38	29	7	36	9	29	1	18	15
2012	75	18	6	30	39	30	9	36	9	31	1	18	16
2013	80	20	1	39	40	34	10	36	9	32	1	20	18
2014	83	21	2	41	40	35	12	36	9	34	1	20	19
2015	87	23	3	44	40	38	12	37	9	38	1	20	19
2016	96	26	6	47	43	46	13	37	9	42	1	21	23

第二节 党的组织

境内党的组织始建于 1957 年 9 月。塘市撤区并乡后，塘市乡建立乡党委。境内塘丰三社设党支部，受塘市乡党委领导。

1958 年 9 月，塘市乡党委改为中共塘市人民公社委员会，境内建有一个党支部。1958 年 10 月，高级社进行调整，塘丰三社改二工区，并以二工区为单位建立党支部。1959 年 4 月，二工区改为二大队，境内建大队党支部。

1962 年 1 月，二大队改为南庄大队，境内党组织称南庄大队党支部。"文化大革命"初期，各级党组织一度停止活动。1968 年 7 月，塘市公社成立革命委员会。1969 年下半年，经苏州地区革命委员会批准，塘市公社成立中共塘市公社革命委员会核心领导小组。1970 年 6 月，公社恢复党委，成立中共塘市公社委员会。境内恢复党支部，称南庄大队党支部。

1983 年 1 月，南庄大队改称南庄村，南庄大队党支部改称南庄村党支部。1983 年 6 月，中共塘市人民公社委员会改为中共塘市乡委员会，南庄村设村党支部。1993 年 3 月 18 日，撤乡建镇，中共塘市乡委员会改为中共塘市镇委员会，南庄村为村党支部。

2000 年 8 月，塘市镇并入杨舍镇，南庄村党支部改为中共杨舍镇南庄村支部委员会。2006 年 6 月，南庄村党支部升格为党总支。党总支下设 3 个党支部。

2013 年 9 月，南庄村进行基层党组织换届选举。党总支下设 8 个党支部。2016 年 9 月，南庄村进行基层党组织换届选举。党总支下设 4 个党支部。

1958—2006 年南庄村（社、工区、大队）党支部成员一览表

表 8-1-2

年份	支部名称	书 记	任职时间	副书记	任职时间	支部委员	
1958.09—1958.10	塘丰三社党支部	王育根	1958.09—1958.10	—	—	—	
1958.10—1959.04	二工区党支部	王育根（第一书记）缪永连（第二书记）	1958.10—1959.04	徐刘增	1959.02—1959.04	—	
				季永林	1959.02—1959.04	—	
1959.04—1962.01	二大队党支部	王育根	1959.04—1962.01	徐刘增	1959.04—1961.12	尤利宝徐富元	邹再棣
				季永林	1959.04—1961.12		
1962.01—1982.12	南庄大队党支部	王育根	1962.01—1965.09	徐刘增	1961.12—1965.09	徐刘增徐富元	尤利宝
				季永林	1961.12—1962.03		

（续表）

年份	支部名称	书　记	任职时间	副书记	任职时间	支部委员
1962.01—1982.12	南庄大队党支部	徐刘增	1965.09—1976.10	—	1965.09—1970.01	徐叙庆　邹长法　徐法生　李栋高　陶永兴　徐锦芳　赵正高　徐福顺　缪金坤　邹秋凤（女）
				王凤傲	1970.01—1970.12	
		—	—	邹长法	1970.12—1978.11	
		徐叙庆	1978.11—1982.12	李栋高	1976.10—1982.12	
1982.12—2006.06	南庄村党支部	徐叙庆	1982.12—1987.01	李栋高	1982.12—1987.01	赵正高　缪惠祥　陶永兴　邹秋凤（女）
		—	—	朱仁金	1987.01—1987.06	缪惠祥　徐福顺　赵正高　邹秋凤（女）
		朱仁金	1987.06—1989.08	—	—	
		—	—	黄和生	1989.08—1991.10	缪惠祥　徐桂福　赵正高　徐文虎　邹秋凤（女）
		黄和生	1991.10—1994.02	李栋高	1992.03—1992.12	
		李长法	1994.02—1999.03	徐云高	1995.08—1997.04	缪金坤　赵正高　徐文虎　徐桂福　徐福兴　缪建珠（女）
				徐福兴	1997.06—2003.03	
				邹建良	1998.04—1999.03	
				王晓伟	1999.02—1999.03	
		邹建良	1999.03—2006.06	—	1999.03—2006.05	徐海栋　陶天宝　缪金坤　缪建珠（女）

注：1976 年 10 月至 1978 年 11 月，南庄大队党支部工作由副书记邹长法负责。

　　1987 年 1 月至 1987 年 6 月，南庄村党支部工作由副书记朱仁金主持。

　　1989 年 8 月至 1991 年 10 月，南庄村党支部工作由副书记黄和生负责。

2006—2016 年南庄村党总支成员一览表

表 8-1-3

任职时间	支部名称		书　记	副书记	委员
2006.06—2007.09	南庄村党总支（组织调整）		邹建良	—	徐海栋　陶天宝　缪金坤　缪建珠（女）
2007.09—2010.09		南庄村党总支	邹建良	—	徐海栋　陶天宝　缪金坤　缪建珠（女）
	支部设置	南湖苑社区支部	邹建良	—	—
		工业支部	邹建良	—	缪裕明　王　伟
		农业支部	徐海栋	—	朱仁金　徐叙庆

（续表）

任职时间	支部名称		书　记	副书记	委员
2010.09—2013.09	南庄村党总支		邹建良	—	陶天宝　李海英（女） 徐维忠　缪裕明
	支部设置	南湖苑社区支部	邹建良	—	邹科伟　赵小江
		工业支部	陶天宝	—	徐桂福　缪裕明
		农业支部	朱仁金	—	徐叙庆　缪惠祥
		申美包装支部	缪金坤	—	陶建丰　徐维忠
		利民服饰支部	缪裕明	—	缪惠兴　朱木云
		新炜铝箔支部	刘信明	—	邹国良　朱　敏（女）
		宝电电子支部	李海英（女）	—	徐国民　邹龙虎
		天时鞋帽服饰支部	缪建珠（女）	—	徐　海　王　伟
		丰泽羊毛纤维制品支部	赵镇生	—	徐福兴　王嫦芬（女）
2013.09—2016.09	南庄村党总支		徐海栋	徐　达 2015.01—2016.09	赵小江　缪裕明 戴　宇　戴凌燕（女）
	支部设置	南湖苑社区支部	徐海栋 2013.09—2015.01	—	—
			赵小江 2015.01—2016.01	—	—
		工业支部	陶天宝	—	—
		农业支部	徐维忠	—	—
		申美包装支部	缪金坤	—	—
		利民服饰支部	缪裕明	—	—
		宝电电子支部	戴　宇	—	—
		天时鞋帽服饰支部	戴凌燕（女）	—	—
		丰泽羊毛纤维制品支部	潘　霞（女）	—	—

（续表）

任职时间		支部名称	书　记	副书记	委员
2016.09—2016.12		南庄村党总支	徐海栋	徐　达	戴　宇　戴凌燕（女） 陶心怡（女）
	支部设置	南湖苑社区支部	戴　宇	—	顾彩云（女） 潘　霞（女）
		工业支部	徐福兴	—	—
		农业支部	缪金坤	—	—
		利民服饰支部	朱仁金	—	—

第三节　党务工作

一、宣传工作

1957年9月，境内成立党支部后，设立宣传委员，宣传工作一直由宣传委员具体负责。1962年至2016年，支部（总支）宣传委员负责宣传工作，宣传各个时期党的路线、方针、政策，总结先进经验，开展评比，表彰先进，创建文明单位、"文明新风户"等活动。

50年代，围绕"土地改革、抗美援朝、镇压反革命"三大革命运动，以及"统购统销""合作化""人民公社化""整风反右"等进行宣传，从农民中评选出先进生产者、劳动模范。

60年代，宣传中共中央《农村人民公社工作条例（修正草案）》，落实农村各项经济政策，大张旗鼓地开展社会主义教育、大办农业、"农业学大寨"、学习毛泽东著作和"文化大革命"等宣传教育活动。

70年代，主要宣传表彰"农业学大寨""工业学大庆""全国学人民解放军"中涌现出来的先进集体和先进个人。1978年12月中共十一届三中全会召开后，境内大力宣传改革开放政策。

80年代，主要围绕家庭联产承包责任制、扩大企业自主权、进一步完善企业内部各种承包责任制、外向型经济、横向经济联合等对干部群众进行形势和基本路线教育。

90年代起，以贯彻邓小平南方讲话精神为契机，宣传抢抓机遇，实行外向带动战略中涌现出来的新人、新事、新风尚，开展勤政廉政和党的宗旨教育，宣传密切联系群众，为民办好事、实事的优秀基层干部。学习建设有中国特色社会主义理论，宣传张家港精神，结合香港回归祖国开展爱国主义教育，开展"三讲"（讲学习、讲政治、讲正气）活动，进行"致富思源""富而思进""三个有利于"（有利于发展社会主义社会的生产力，有利于增强社会主义国家的综合国力，有利于提高人民的生活水平）教育。宣传"三个代表"（中国共产党始终代表中国先进生产力的发展要求，代表中国先进文化的前进方向，代表中国最广大人民的根本利益）重要思想,宣传创建省级卫生村,全面推进两个文明建设。

2001 年至 2016 年,围绕两个文明建设,宣传改革开放给农村带来的新变化,工农业生产出现的新成果,干部勤政廉政、艰苦奋斗的好作风,以及开展敬老爱幼、革命传统、民主法制、社会公德、职业道德、家庭美德和弘扬张家港精神的宣传,提高村民素质,净化社会风气,构建和谐社会。大力宣传科学发展观,加快城乡一体化建设。大力宣传党的十八大精神,重点宣传"四个全面"(全面建成小康社会、全面深化改革、全面依法治国、全面从严治党)的思想,把全体村民的思想意识高度统一到党的路线、方针、政策上来,齐心合力建设"强、富、美、高"新江苏建设社会主义新农村,建设自己的美好家园。

二、党员教育

1957 年,村党支部分工 1 名委员负责党员教育工作。1983 年,南庄大队党员由党支部组织定期到党校听课,接受教育。日常党员教育由宣传委员和党支部书记具体抓。1983 年,大队支部建立党员活动室,利用活动室开展党员教育。1986 年至 2001 年,村党支部党员活动室共计开展党员教育 32 场次。1987 年至 2016 年,南庄村党组织利用"三会一课"、冬训班、专家讲座、选送培训等形式,对党员进行党的路线、方针、政策和思想、道德教育。

"三会一课" 1988 年起,村党组织建立"三会一课"制度,定期召开支委会、党员大会,上好党课,及时对党员进行形势教育。之后,在每年纪念党的生日这一天上好大党课,大队党支部利用"三会一课"进行党员教育。2016 年,村党组织开展以"三会一课"为主要阵地的党员活动 8 次,全年到会党员达 500 余人次。

冬训班 1979 年后,党支部每年都要组织基层干部、党员冬训,学习中共中央文件,学理论,交流总结当年工作,明确来年目标任务,时间 3~5 天。至 2016 年,全村参加冬训的基层干部、党员共 1358 人次。

选送培训 1954 年 10 月,村选派 7 名骨干参加党训班,并第一批入党。1963—1964 年,有 4 名党员干部参加县组织的整社整风学习。1978—1980 年,有 4 名党员干部到县党校或有关参加单位培训学习。1982—1988 年,选送 3 名党员干部外出学习,其中脱产培训 1 人。1991—2013 年,到市党校、沙洲工学院、市人才中心参加培训的党员干部达 8 人次,学习内容主要有南方讲话、"三个代表"重要思想、科学发展观、经济管理、法律法规等。2014—2016 年,村党总支每年举办 1~2 次党员冬训活动,学习党章、党规和讲话等,并结合本村实际,总结经验,制定计划,布置任务,有条不紊地开展工作。

教育活动 50 年代,主要围绕合作化、人民公社化、社会主义总路线等进行教育活动;60 年代,大张旗鼓开展社会主义、大办农业、"农业学大寨"等教育活动;70 年代,开展学习毛泽东著作、"文化大革命"等教育活动;80 年代,开展学习十一届三中全会精神和党的基本路线等教育活动;90 年代,主要以学习邓小平理论,学习宣传张家港精神等为内容的教育活动；2000年以后，主要进行"三个代表"、"先进性教育"、"科学发展观"、"社会主义荣辱观"（以热爱祖国为荣，以危害祖国为耻；以服务人民为荣，以背离人民为耻；以崇尚科学为荣，以愚昧无知为耻；以辛勤劳动为荣，以好逸恶劳为耻；以团结互助为荣，以损人利己为耻；以诚实守信为荣，以见利忘义为耻；以遵纪守法为荣，以违法乱纪为耻；以艰苦奋斗为荣，以骄奢淫逸为耻）、"群众路线教育实践活动"、"三严

2005年12月21日，南庄村召开先进性教育活动动员大会

三实"（严以修身、严以用权、严以律己，谋事要实、创业要实、做人要实）、"两学一做"（学习党章党规、学习系列讲话、做合格党员）等学习教育活动。2014年后，村党总支利用远程教育示范点，请市、镇党校教授、专家到村讲课6次，参加300人次。结合村党员教育工作实际，借鉴经济学上的哑铃效应（中间小、两头大），村党总支主抓一老一少组织的教育工作，创新远教品牌，落实"三开展"。结合老年工作，开展"一老文化行"为主题的教育，主要是固定每周的二和五下午，定期定时给全村老年人播放他们爱看的锡剧、越剧等江南传统戏曲节目。结合关心下一代工作，开展"一少专题行"为主题教育，主要是做好每年寒暑假的青少年假期活动，请老党员、老干部现身教育，做到主题明、活动新、意义重，相继举办以5·12汶川地震为主题的抗震小英雄事迹报告会，以新中国成立60周年为切入点的"听爷爷奶奶讲那过去的事"活动，以上海世博会为契机的"庆世博树新风讲文明"活动。结合党员自身教育，开展"一组织菜单型"为主题的教育，根据农村党员的实际情况，每月制定播放计划，针对不同年龄、不同层次、不同领域的党员，制定不同的学习计划——有对企业党员的科技致富主题教育，有对老年党员的科学发展观主题教育，有对社区党员的"党员亮身份"主题教育。以此来确保个个党员都能受到教育，从而达到党员干部集中参学率始终保持在85％以上。村党总支通过互联网的在线教育等形式，加强对全体党员的整体素质培养。2016年南庄村党员的教育活动继续得到深化。

三、创建活动

1989年9月，村成立评创活动领导小组，加强对"文明新风"系列创建活动的领导，把社会主义精神文明建设引向深入。90年代，村党支部一把手坚持物质文明和精神文明一起抓，两手抓，两手都要硬，全村精神文明建设上了新台阶。坚持以卫生为基础、创建为载体、文化为内涵、育人为根本，做到组织、目标、责任、措施、资金"五落实"。1993年，成立以

村支部书记为组长的精神文明建设领导小组,形成一把手负总责,分管领导负主责,上下联动、部门协调、群众参与的局面。1995年以后,精神文明建设与物质文明建设一样规划,一样布置,一样检查,一样落实。年初签订的责任书,列有精神文明建设各项考核内容,有计划、有步骤开展文明新风系列评选,"新风杯"竞赛,文明小区、文明村镇、文明单位、省级卫生村和现代化建设示范村创建活动。

1996年开始,全村开展创建"党员中心户"活动。"党员中心户"按照年龄相仿、文化相近、兴趣相同、住址相邻等原则,实行分类建户、分岗定责、分层管理。设中心户长1名,每个党员中心户带动本区域10—15名党员户。党员中心户有标识、学习制度、管理手册、党报党刊等学习资料、活动记录。活动形式根据党员中心户特点灵活开展,老党员白天开展学习活动,外出经商务工的党员周末开展学习活动,农民及在职党员晚上开展学习活动,流动党员开展网上学习活动。全村共建4户"党员中心户",全体党员纳入"党员中心户"管理。2006年起,村党组织深入开展党建工作。以开展党员轮训活动的方式,加强党风廉政教育,提高党员群众的思想道德修养。以一帮一的方式,加强后备干部队伍建设,发展新党员。关心条线工作,加强对群团组织的领导,以党建促团建,支持民兵、妇女、工会等团体的组织开展各具条线特色的活动。2009年,张家港市委组织部总结推介了"党员中心户"这一好的做法,其中三组"党员中心户"户长邹建良的先进事迹受到表彰。2010年以后,南庄村、南湖苑社区的党建创新工作以"四个工作坚持"来促进"四五六服务承诺"。建立和完善"四个工作坚持"工作机制,结合杨舍镇"民生面对面"活动,村、社区建章立制,将"四个工作坚持"贯穿于整个村、社区的管理和建设:一是坚持保障和改善民生,促进社会公平正义工作;二是坚持以人为本、为民解困、为民服务的工作宗旨;三是坚持解决民生、落实民权、维护民利的工作职责;四是坚持团结、务实、清廉、有为的工作作风。全面践行"四五六服务承诺",村、社区按照"网格化管理,组团式服务"服务要求,结合实际,首先做到言行四个一样:一是受理、咨询一样热情;二是生人、熟人一样和气;三是干部、群众一样尊重;四是忙时、空闲一样耐心。整个过程均为一站式服务,让办事群众高兴而来,满意而去。接待群众五个一点:一是理由少一点;二是脾气小一点;三是行动快一点;四是效率高一点;五是做事多一点。业务受理具备六心:一是热心接待来访;二是耐心解释政策;三是真心排忧解难;四是公心处理问题;五是诚心听取反映;六是贴心疏理开导。以此来增强社区工作人员的业务能力,提升人员素质,更好更优地服务于居民。2015年,境内的党建创新项目扎实推进,主要确立《社区微信公众号——"虚拟化、拇指化、便捷化"三者合一的网上家园》和《"安全在公寓,服务在身边"——新市民温馨之家建设》两个党建项目,完成社区微信公众号创建。项目目标为:"微官网"建成"虚拟化"的一站式服务大厅,"微课"建成"拇指化"的空中大课堂,"微社区"建成"便捷化"的身边小保姆,三个"化"得到落实。通过运用新媒体,倾听居民心声,了解社情民态,融洽了党群关系。2016年,"党员中心户"等活动继续深入开展，党建工作又有进一步的创新。南庄村党总支开展"主题党日＋筑牢'红色堡垒'"活动，将活动通过"主题党日＋红色课堂""主题党日＋文体活动""主题党日＋志愿帮扶""缅怀先烈寄哀思，不忘初心砥砺行"清明主题等活动来深化内容，把全面治党要求落实到每个支部、每个党员，进一步丰富党员的组织生活，增强

2016年4月4日南庄村（南湖苑社区）开展"缅怀先烈寄哀思，不忘初心砥砺行"清明主题活动

党组织的凝聚力和向心力，更好地发挥党员的先锋模范作用。

四、纪检监察

1956年至1966年5月，村支部由1名党支部委员分管党的监察工作。10年间对犯错误的9名党员进行了审查，有7名给予纪律处分。"文化大革命"期间，党的监察工作一度中断。1979年恢复党的监察工作。

1983年，党的纪律检查工作重点放在争取党风的好转上，党内存在的不正之风主要表现为一些党员干部利用职权以权谋私，其次是赌博、嫖娼、搞迷信活动，经济领域中的不正之风有所抬头。1983年至1996年间，由党支部找谈话的党员干部有4名。1995年，村支部一名党员因赌博、嫖娼，被市纪委查处并开除党籍。2000年，党支部还专门请老干部、老党员5人为党纪党规监督小组，定期请他们提意见和建议。每年开展"面对面"活动两次。

2016年8月29日，南庄村党总支民主测评暨民主推荐会

中共十八大以后，村党总支深入学习贯彻十八大精神，把反腐倡廉作为一项长期工作来抓。村党总支每年组织1~2次"两委"班子全体成员的述职述廉及民主测评会议，上3~4次大党课。至2016年，全体村干部和党员没有出现一次违反"八项规定"的行为，没有出现一起违法乱纪的案例，没有出现一起上访或越级上访的申诉。

第二章　村民自治

第一节　村民代表大会

50年代互助合作时期,南庄村成立农民协会(简称农会),农民群众实行自治,村里有事都召开村民大会,一般每户一人参加会议,后改为所有农业生产评工记分的劳动力参加会议。1958年成立人民公社后,开始有南庄生产大队,设农业社长(后改生产大队大队长)。每年由大队长向社员报告农业生产、经济分配、水利建设、粮食征购、征兵等方面的工作,或报告有关政治活动、农村工作方针政策等内容。1968年4月至1979年2月,南庄大队称南庄大队革命委员会,设主任。期间由主任行使队长职权,向社员报告工作。1979年后恢复大队长,1983年实行乡村制,设村民委员会。1986年南庄村召开第一届村民代表大会,村民代表都有选举权和被选举权,主要任务是选举村民委员会主任、副主任及其组成人员。

按《中华人民共和国村民委员会组织法》规定,村民代表大会每三年召开一次,至2016年11月,南庄村已召开十一届村民代表大会,村委选举的规范化、民主化有了一定的提高。

每届村民代表大会上,由上届村民委员会主任代表村民委员会报告任期三年的村民工作并接受评议,以及执行上届村民会议或者村民代表会议议定的情况。然后按规定民主选举新一届村民委员会的主任、副主任及其组成人员。

2016年11月24日,境内召开第十一届村民代表大会,选举产生了新一届村民委员会的主任、副主任及其组成人员。

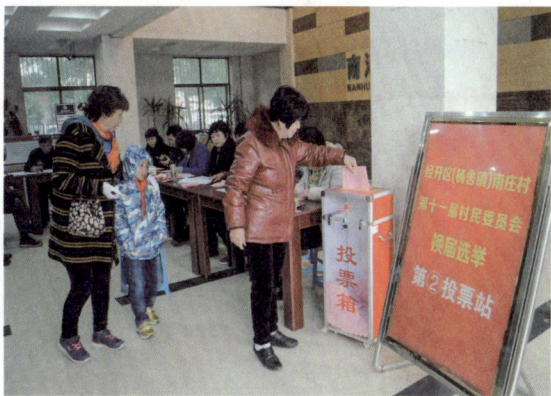

2016年11月24日,南庄村委会换届选举,村民投票

第二节　村民委员会

南庄村村民委员会,是南庄村行政区划内全体村民选举产生的群众性自治组织,村民委员会是村民自我管理、自我教育、自我服务的基层群众性自治组织,受杨舍镇(塘市镇)政府的指导。南庄村历届村民委员会由主任、副主任和委员三至七人组成,其中至少有一人

为女性。村委会成员产生的依据为《中华人民共和国村民委员会组织法》。村民委员会实行民主选举、民主决策、民主管理、民主监督。村民委员会办理本村的公共事务和公益事业，调解民事纠纷，协助维持社会治安，向地方人民政府反映村民的意见、要求和建议。自1986年开始，每三年选举一次，没有终身制，没有任何组织或者个人指定、委派或者撤换村民委员会成员。

1949—1986年南庄村历任村长（社长、工区长、大队长）一览表

表8-2-1

年份	组织名称	正职		副职	
		姓　名	任职时间	姓　名	任职时间
1949.10—1957.10	南庄村	徐寿生	1949.10—1950.08	—	—
		徐玉才	1950.08—1951.10	—	—
		蔡仁庆	1951.10—1957.10	—	—
	东墙村	邹金歧	1959.10—1957.10	—	—
1957.10—1958.10	塘丰三社	王育根	1957.10—1958.10		
1958.10—1959.04	二工区	邹再棣	1958.10—1959.04	徐富元　尤利宝	1958.02—1962.08
1959.04—1961.12	二大队	王育根	1959.04—1961.12	徐刘增　邹再棣 李富根　缪美宝	1958.12—1959.04
				邹金歧	1961.07—1964.04
1962.01—1983.01	南庄大队	徐刘增	1959.07—1965.09	—	—
		王凤傲	1965.09—1970.12	徐叙庆　徐法生 邹长法	1966.04—1971.07
1962.01—1983.01	南庄大队	王凤傲	1965.09—1970.12	邹文兴	1971.07—1976.05
				李栋高	1976.10—1977.01
		徐刘增	1970.12—1976.10	徐叙庆	1976.10—1978.11
				徐锦芳	1976.10—1979.12
		—	1976.10—1983.01	徐仁祥	1979.12—1981.01
				朱仁金	1979.12—1984.07
1983.01—1986.12	南庄村	缪惠祥	1983.01—1986.12	—	—

注：解放初暨合作社时期，设村和农民协会（即农会），负责人称村长、农会长；1958年，建人民公社，设生产大队长；1968年4月至1979年2月，为大队革命委员会，设主任；1979年2月，恢复大队长；1983年6月，实行乡、村制，村民委员会设主任。

1986—2016 年南庄村历届村民委员会组成人员一览表

表 8-2-2

届次	换届年月	主任		副主任		委员	
		姓　名	任职时间	姓　名	任职时间	姓　名	任职时间
一	1986.12	缪惠祥	1986.12—1989.12	—	—	徐祖丰　赵正高　邹秋凤　缪金坤	1986.12—1989.12
二	1989.12	缪惠祥	1989.12—1992.12	—	—	徐祖丰　赵正高　缪金坤　缪建珠(女)	1989.12—1992.12
三	1992.12	徐文虎	1992.12—1994.04	—	—	缪棣高　缪建珠(女)　赵正高　缪金坤	1992.12—1995.12
		朱仁金	1994.04—1995.08				
		徐云高	1995.08—1995.12				
四	1995.12	徐云高	1995.08—1997.04	朱仁金	1995.12—1998.11	缪棣高　缪建珠(女)　陶永兴	1995.12—1998.11
		徐福兴	1997.04—1998.11				
五	1998.11	徐福兴	1998.11—2001.12	朱仁金	1998.11—2001.12	缪棣高　缪建珠(女)　缪金坤	1998.11—2001.12
六	2001.12	徐福兴	2001.12—2004.12	朱仁金	2001.12—2004.12	缪棣高　缪建珠(女)　缪金坤	2001.12—2004.12
七	2004.12	徐海栋	2004.12—2007.10	朱仁金	2004.12—2007.12	徐维忠　缪建珠(女)　陶天宝	2004.12—2007.10
八	2007.10	徐海栋	2007.10—2010.12	朱仁金	2007.12—2010.12	徐维忠　缪建珠(女)　陶天宝	2007.10—2010.12
九	2010.12	邹建良	2010.12—2013.11	徐达	2010.12—2013.11	徐强　徐维忠　邹科伟	2010.12—2013.11
十	2013.11	徐海栋	2013.11—2016.11	徐达	2013.11—2016.11	徐建荣　戴凌燕(女)　蔡建高	2013.11—2016.11
十一	2016.11	徐达	2016.11—2016.12	—	—	戴宇　戴凌燕(女)　徐建荣　蔡建高	2016.11—2016.12

1958—2016 年南庄村(大队)历任会计一览表

表 8-2-3

年份	组织名称	主办会计		工业会计		出纳会计	
		姓　名	任职时间	姓　名	任职时间	姓　名	任职时间
1957.10—1958.10	塘丰三社	黄和生	1957.10—1958.10	—	—	—	—

（续表）

年份	组织名称	主办会计		工业会计		出纳会计	
		姓　名	任职时间	姓　名	任职时间	姓　名	任职时间
1958.10—1959.04	二工区	黄和生	1958.10—1959.04	—	—	—	—
1959.04—1961.12	二大队	黄和生	1959.04—1966.12	—	—	—	—
1962.01—1982.12	南庄大队	徐福生	1966.12—1978.09	—	—	—	—
		缪惠祥	1978.09—1983.01	徐永坤	1975.08—1985.06	陶仁刚	1975.08—1985.08
1983.01—2016.12	南庄村	邹永球	1983.01—1998.01	邹永球	1985.06—1990.07	蔡瑞庆	1985.08—2005.06
				徐永坤	1990.07—1996.12		
		王金培	1998.01—2012.06	—	—		2005.06—2013.09
		戴　宇	2012.06—2016.12	—	—	周洁（女）	2013.09—2016.12

1983—2016年南庄村历任联队会计一览表

表8-2-4

组别名称	联队会计姓名	任职时间	联队出纳会计姓名	任职时间
一至四组	缪顺兴	1983.01—1996.05	徐锦福	1983.01—1996.05
五至十一组	邹见山	1983.01—1996.05		
十二至十八组	朱福金	1983.01—1996.05		
一至十八组	徐祖丰	1996.05—2016.12	徐祖丰	1996.05—2016.12

第三节　村民委员会内设机构

村民委员会根据不同时期的工作需要建立若干个内设机构，以明确各村民委员会成员的分工和任务。

南庄村村民委员会第五届内设机构网络图

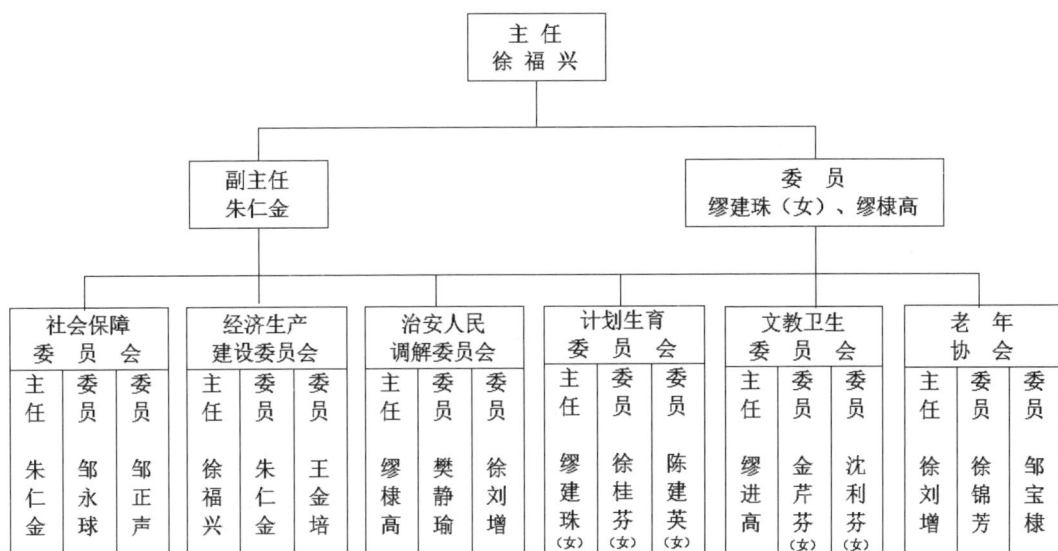

```
                        主 任
                        徐 福 兴
            ┌──────────────┴──────────────┐
         副主任                          委 员
         朱仁金                    缪建珠（女）、缪棣高
   ┌────────┬────────┬────────┬────────┬────────┐
 社会保障   经济生产   治安人民   计划生育   文教卫生   老 年
 委 员 会  建设委员会  调解委员会  委 员 会  委 员 会  协 会
```

社会保障委员会			经济生产建设委员会			治安人民调解委员会			计划生育委员会			文教卫生委员会			老年协会		
主任	委员	委员	主任	委员	委员	主任	委员	委员	主任	委员	委员	主任	委员	委员	主任	委员	委员
朱仁金	邹永球	邹正声	徐福兴	朱仁金	王金培	缪棣高	樊静瑜	徐刘增	缪建珠（女）	徐桂芬（女）	陈建英（女）	缪进高	金芹芬（女）	沈利芬（女）	徐刘增	徐锦芳	邹宝棣

南庄村村民委员会第十一届内设机构网络图

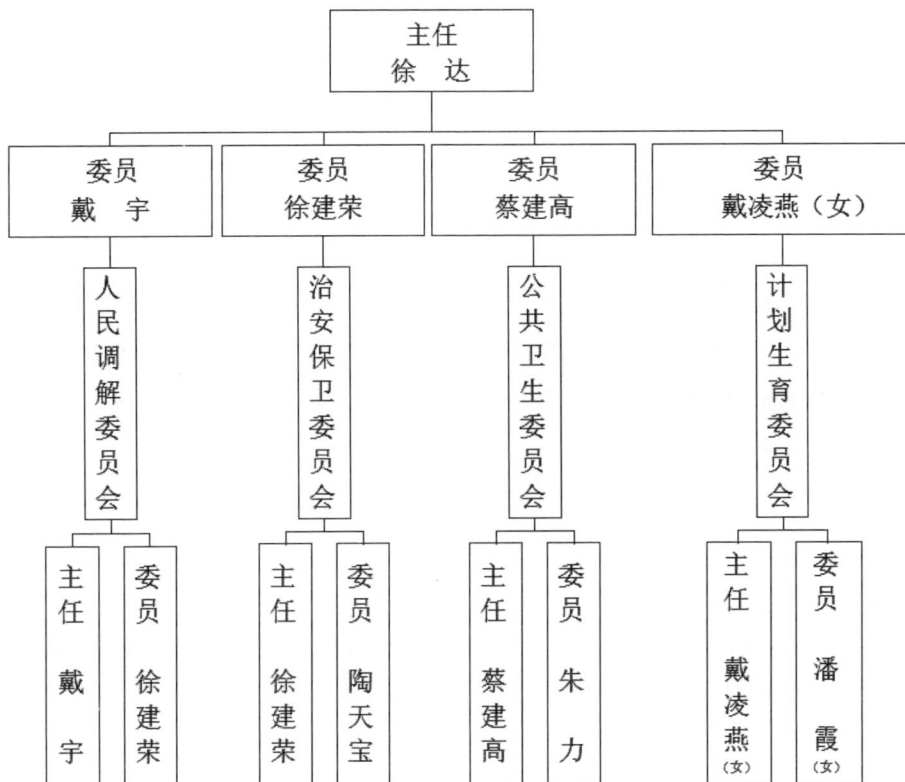

```
                        主 任
                        徐 达
        ┌────────┬────────┬────────┐
      委员       委员     委员     委员
      戴 宇     徐建荣    蔡建高   戴凌燕（女）
        │        │        │        │
     人民调解   治安保卫  公共卫生  计划生育
     委员会     委员会    委员会    委员会
```

人民调解委员会		治安保卫委员会		公共卫生委员会		计划生育委员会	
主任	委员	主任	委员	主任	委员	主任	委员
戴宇	徐建荣	徐建荣	陶天宝	蔡建高	朱力	戴凌燕（女）	潘霞（女）

第四节　村务公开和议事会机构

一、民主理财

1996年，境内成立了村务公开和民主理财小组。村务公开领导小组组长由村党总支书记兼任，民主理财小组组长由村主任兼任，各组相应配备组员3~4人。村务公开时间：1996年当年底公开一次；1997—1998两年中每半年公开一次；1999年下半年起每季度公开一次（并于季后15天内公布）。专项内容可以根据需要及群众要求随时公布。2005年1月，民主理财小组成员重新调整，直接由村里退休的老干部和村民代表组成。具体工作每季度开展一次民主理财，负责审核监督村里的财务运行，并对群众关注的热点随时公布，做好理财台账，让村级经济运行、重大事项收支及民生实事工程在村民的监督下运作。至2016年，村务公开率达100%。

1999—2016年南庄村历任村务公开、民主理财小组成员一览表

表8-2-5

村务公开领导小组			民主理财领导小组			任职时间
组　长	副组长	组　员	组　长	副组长	组　员	
邹建良	徐福兴	邹永球　朱仁金	徐福兴	徐祖丰	缪惠祥　徐叙庆	1999.05—2003.07
徐海栋	王金培	徐叙庆　戴　宇	徐海栋	徐祖丰	缪惠祥　徐叙庆	2003.07—2012.08
徐海栋	王金培	戴　宇	徐　达	徐祖丰	缪惠祥　徐叙庆　朱仁金	2012.08—2016.12

二、村务监督

2010年，南庄村村民委员会根据中组部、民政部等12个部委联合印发的《关于进一步加强村民主监督工作的意见》，建立了村务监督委员会，制约并监督村干部处置村集体财产的权力，使村民民主理财和村务公开落到了实处。南庄村村务监督委员会独立行使监督权，向村民会议和村民代表会议负责，监督村级重大事项决策程序和落实情况，并有权否决不合理开支。其主要职责是：

1. 决策决议执行情况监督。监督村"两委"贯彻执行党的路线、方针、政策以及村民会议、村民代表会议决议情况，但不得干预村级组织依法决定事项的执行。

2. 村务、党务公开监督。凡是上级规定和农民（居民）群众要求公开的村务、党务事项，村"两委"应当全面、真实、及时公开。村务监督委员会要认真审查公开内容、时间和程序，如公开情况不能满足村民要求，应督促村"两委"及时重新公布。

3. 财务管理监督。负责对村级集体财务活动进行民主监督，参与制定村级集体财务计划和各项财务管理制度，督促村级组织严格执行各项制度。

4.资产资源管理监督。督促村级组织完善集体资产、资源管理制度,建立村级集体资产、资源台账;督促村级组织在集体资产承包、租赁、出让和集体资源开发利用时引入市场竞争机制,实行公开竞价和招标投标,并参与重要经济合同的签订,确保集体资产保值增值和集体资源有效合理利用。

5.重大事项监督。对涉及农民(居民)群众切身利益的村级重大事项实行"一事一监督",重点监督村"两委"在决策前是否广泛征求广大村民的意见,是否按照"五议两公开一监督"(五议即:涉及村发展和村民切身利益的重大事项,由党员群众建议、村党总支提议、两委会议商议、党员大会审议后提交村民会议或村民代表会议讨论作出决定。两公开即:实行村级重大事务决议内容公开和实施结果公开。一监督即:村重大事项的决议和决议实施全过程自觉接受村民的监督)的程序研究决定,实施过程是否顺利、实施结果是否达到群众认可。如发现村"两委"有决策不民主、运行不规范等问题,应督促其及时纠正。

6.人事安排监督。对村级配套组织负责人、集体资产运营机构负责人以及村"两委"自聘人员的人选进行监督审查,向村"两委"提出意见或建议;对换届选举时的村"两委"成员初步人选进行监督审查,向乡镇党委提出意见或建议。

7.村干部效能作风监督。监督村"两委"及其成员的工作效能和作风建设情况,必要时提出意见、建议或批评,要求其接受质询或评议;根据多数村民和村民代表的意见,对不称职的村干部提出处理或罢免建议,提请村党组织研究,依纪依法启动处理或罢免程序。

8.其他方面职责。收集社情民意,及时向村"两委"反映村民对村务管理的意见和建议;积极支持和配合村"两委"的工作,协助做好村民的思想政治工作和信访稳定工作;认真完成由村民会议或村民代表会议授权的其他事项。

南庄村第十届(2013—2015年)村务监督委员会成员:主任赵小江,委员缪金坤、朱爱华。

南庄村第十一届(2016—2018年)村务监督委员会成员:主任陶心怡,委员缪金坤、朱爱华。

三、议事会

2016年,南庄村村民委员会根据中共中央办公厅、国务院办公厅《关于深入推进农村社区建设试点工作的指导意见》和《关于加强城乡社区协商的意见》等文件精神,建立了村民议事会,并制定建立了村民议事会制度,对议事范围、内容,会议的召集和组织,议事规则,"五议两公开一监督"民主决策等作了明确规定。村议事会是在村党总支部领导下的落实村民自治的民主协商议事机构,是村民依法自我管理、自我教育、自我服务的重要平台,是村党组织及村委会的重要参谋和有力助手。主要职能:协商、沟通和审议设计居民重大利益的事项,配合、协助村"两委"解决村民反映强烈的实际困难问题和矛盾纠纷;监督村民履行《村民自治章程》及《村民公约》,组织村民参与公益志愿互助活动;广泛听取村民意见、建议,对村民代表大会决策的事宜及村重大事务实施情况进行民主评议和监督;收集民情民意,引导村民合理表达诉求;参与对村"两委"的民主监督。

南庄村2016年村民议事会成员:主任朱仁金;成员缪建珠、缪金坤、徐建高、邹浩明、徐福兴、朱静娟。

第三章　经济组织

第一节　经济合作社

1983年5月20日,按照中央和江苏省有关经济体制改革精神,塘市人民公社改为塘市乡人民政府。是年6月,南庄大队改为南庄村,同时成立南庄村经济合作社,其职能是统筹全村经济工作的规划、发展、实施和协调。村经济合作社设工业社长、农业副社长和副业副社长各1人。1991年后,工业社长都有村党组织书记兼任。2000年后,村不再设副业副社长。2006年10月,南庄村

2016年4月8日,第三届南庄村股份合作社换届选举大会

经济合作社改组,不设工业社长,保留农业副社长职位,农业副社长受村委会领导。

1983—2016年南庄村经济合作社历任社长一览表

表8-3-1

工业社长	农业副社长	副业副社长	任职时间
徐福仁	赵正高	缪金坤	1983.06—1987.07
徐克勤	赵正高	缪金坤	1987.07—1990.06
徐克勤	赵正高	缪金坤	1990.06—1991.05
黄和生	赵正高	朱仁金	1991.05—1994.08
李长法	赵正高	朱仁金	1994.08—1999.03
邹建良	缪金坤	—	1999.03—2006.03
—	缪金坤	—	2006.03—2013.03
—	蔡建高	—	2013.03—2016.12

第二节　股份合作社

2006年3月28日,杨舍镇人民政府下发《关于同意汤联村等七个村的经济合作社改组成社区股份合作社的批复》,南庄经济合作社改组成南庄股份合作社,成为南庄村的一个经济实体,具有法人资格。2006年10月,南庄股份合作社召开第一次社员代表大会,选举产生南庄股份合作社第一届董事会、监事会成员,并召开第一次董事会、监事会会议。选举邹建良为董事会董事长,朱仁金为监事会监事长。2016年10月,南庄股份合作社召开第三次社员代表大会,实行换届选举,徐海栋当选第三届董事会董事长,徐达为第三届监事会监事长。

2006—2016年南庄村股份合作社历届董事长、监事长一览表

表8-3-2

届次	董事长姓名	监事长姓名	任职时间
一	邹建良	朱仁金	2006.10—2011.10
二	邹建良	徐祖丰	2011.10—2013.10
	徐海栋	—	2013.10—2016.10
三	徐海栋	徐　达	2016.10—

第四章　社会团体

第一节　工　会

2002年3月,南庄村建立工会联合会(下称工会)组织。境内各重点企业也先后成立企业工会,每个工会都有组织网络,有分管领导,有活动开展,有权益保护。

保护职工利益　2002—2016年,境内工会组织配合有关企业调处劳动和其他纠纷共12件,其中劳动保护纠纷7件、社会保险纠纷2件、因公致伤

2014年4月27日,南庄村、南湖苑社区参加张家港市拔河比赛

纠纷 1 件、其他纠纷 2 件。同时为外来职工解决工作和生活中的困难,每年坚持认真听取企业运作情况汇报,及时提出各种合理化建议。

开展文体活动 2002 年起,每年都组织工会会员开展节日读书、征文、演讲、歌咏、拔河、乒乓球、象棋、篮球等文体活动。2003—2016 年,共开展文体活动 15 次。

扶贫济困 2002—2016 年,境内工会组织开展扶贫济困活动,发动会员先后捐衣 218 余件,捐款 15.68 万元,其中向灾区捐衣 105 余件,捐款 10.32 万元,为境内困难职工、失学儿童、孤寡老人捐款 0.98 万元,参加志愿者活动 53 人次。

组织劳动竞赛 境内工会组织工会会员"岗位作贡献"活动,2003 年评选先进会员 8 人。2004—2016 年,共评出先进会员 98 人次。

2007—2016 年,南庄村工会组织和企业工会组织先后 5 次获得镇、市先进工会荣誉。

2002—2016 年南庄村历任工会主席一览表

表 8-4-1

姓　名	任职时间
朱仁金	2002.04—2005.07
徐海栋	2005.07—2010.09
赵小江	2010.09—2014.12
徐　达	2014.12—2016.12

第二节　共青团

1957 年 8 月,南庄村建立中国共产主义青年团(下称共青团)组织,是年有团员 13 人,以后逐年发展。至 2016 年全村建有团支部 1 个,有共青团员 83 人。共青团的活动,主要围绕党支部(总支部)的中心工作开展,发动和组织境内团员青年开展读书学习、科学研究和各项竞赛。

"文化大革命"初期,南庄村团支部活动暂停。

2015 年 4 月,南庄村团总支组织赴沙家浜开展红色主题教育活动

1971 年,召开塘市公社共青团第三届代表大会后,境内共青团恢复活动。1976 年以来,南庄村团支部每年 3 月组织开展"学雷锋见行动"专题月活动。

1986 年,南庄村团支部组织开展"五小"(小发明、小革新、小改造、小设计、小建设)、争

"三优"（优秀管理论文、优秀革新小组、优秀青年厂长或经理）和创红旗团组织等活动。

1990 年，南庄村团支部组织开展共青团先锋杯竞赛和以科技兴农为主线的"一方"（青年丰产方）、"三户"（青年多种经营专业户、青年科技农业示范户、青年种田大户）竞赛活动。1991 年，南庄村团支部组织团员青年开展"祖国在我心中，党在我心中"和"三热爱"教育活动，以及"学雷锋、树新风"活动。是年，境内发生特大水灾，全境共青团员有 80 人次参加抗灾自救。1994—1999 年，南庄村团支部组织团员青年捐衣 438 件、捐款 8300 元救济灾区。1995 年，南庄村团支部组织团员青年开展"爱我家乡、绿化祖国"活动。

2000 年以后，南庄村团支部组织团员青年连续 10 多年开展青年志愿者活动，参与结对帮困和洁美家园等公益活动的有 760 余人次。2006 年 9 月，南庄村团支部升格为团总支。

2013 年，南庄村团总支组织团员青年开展"网格乐翻天"活动。2016 年，南庄村团总支组织团员青年开展"重孝道、知感恩、传美德"活动。2004—2016 年，南庄村团组织先后 4 次获得镇、市先进团支部荣誉。

1957—2016 年南庄村（大队）历任共青团组织书记一览表

表 8-4-2

姓　名	任职时间
徐永坤	1957.07—1958.08
徐才元	1958.08—1959.06
徐永坤	1959.06—1962.06
朱永兴	1962.06—1963.04
徐仁泉	1963.04—1968.07
徐福仁	1968.07—1972.09
朱英娣（女）	1972.09—1974.11
徐建新	1974.11—1975.12
陶建平	1975.12—1978.05
邹仁祥	1978.05—1991.08
徐文虎	1991.08—1993.06
陶建达	1993.06—1996.09
陶天宝	1996.09—1998.11
李海英（女）	1998.11—2012.01
戴　宇	2012.01—2013.12

（续表）

姓　名	任职时间
顾彩云（女）	2013.12—2016.01
周　洁（女）	2016.01—2016.12

第三节　妇代会

在漫长的封建社会里，中国的千百万贫苦妇女没有政治地位和社会地位，匪夷所思的是，由于受落后的审美观影响，女性裹足盛行。女孩从4~5岁开始，就得使用非人性的手段把双脚用布缠住裹绑，阻止发育，直至成人。至清末，裹小足的摧残行为才逐渐被禁止。中华人民共和国成立前夕，境内仍有健在的小足妇女30余人，她们长期饱受着身体上和精神上的痛苦折磨。中华人民共和国成立后，广大妇女翻身做主人，政治地位、社会地位和经济地位同时得到提高，与男子一样参与社会各项活动，顶起半边天。境内广大妇女积极参加土地改革、农业合作化、人民公社化运动，开展文娱宣传活动、学文化扫盲活动，各阶段组织妇女突击队，及时完成各项任务。

1961年4月，南庄大队建立妇女代表会（下称妇代会），设大队妇女主任；生产队建立妇女小组，设妇女队长。妇代会的主要职能是组织带领妇女开展政治学习，开展"双学"（学文化、学技术）、"双比"（比贡献、比实绩）活动，树立自立、自强的新观念，抓好幼托工作，协助党组织搞好农、副、工生产和计划生育工作，处理好家庭纠纷和婚姻等问题，保护妇女、儿童的合法权益。

境内妇女干部在"文化大革命"前参加过公社两次妇女代表大会。"文化大革命"中，妇代会活动一度停止。"文化大革命"结束后，妇代会活动正常开展。

村妇代会按照职能重点开展五项工作：

组织劳动竞赛　60—70年代，南庄大队组织妇女开展"学文化、学技术"竞赛。80年代至90年代，随着乡镇企业的发展，许多妇女进工厂做工，大队妇代会组织妇女开展轻纺操作比赛，在农村则开展勤劳致富活动。2000—2016年，村妇代会和企业组织女青年开展劳动竞赛8次，参加139人次。

开展"争三好""送三暖"活动　1996年，南庄村妇代会在全村开展"争三好"（争当好媳妇、好婆婆、好妈妈）、"送三暖"（说暖心话、办暖心事、做暖心人）活动，选出好媳妇、好婆婆、好妈妈各3人。此项活动一直坚持至2016年，每年都组织评比。

保护妇女合法权益　1993—2016年，村妇代会接待并处理来访32人次，处理纠纷共38件。其中虐待老人4件，婚姻纠纷15件，弃婴2件，其他家庭事务、财产纠纷17件。在有关部门配合下,已解决和基本得到解决的 36 件,还有 2 件正在继续做工作。妇代会还配合卫生部门开展对妇女病的普查和治疗工作,落实"四期"(月经期、怀孕期、待产期、哺乳期)保护措施。

做好幼托工作　1958 年 10 月开始,公社、大队、生产队,三级都建办托儿所。1982 年全面实行家庭联产承包责任制后,大队、生产队托儿所停办,境内幼儿园、托儿所全部迁移至塘市中心幼儿园。

2003—2016 年,南庄村妇代会先后 5 次获得镇、市先进荣誉。

2016 年 9 月 22 日,南庄村召开第十一次妇代会

1952—2016 年南庄村(大队)历任妇代会主任一览表

表 8-4-3

姓　名	任职时间
孟五妹(女)	1952.01—1953.07
缪末娣(女)	1953.07—1955.08
缪梅宝(女)	1955.08—1961.09
徐凤娣(女)	1961.09—1962.12
赵荷仙(女)	1962.12—1964.12
徐桂芬(女)	1964.12—1965.07
邹秋凤(女)	1965.07—1987.09
缪建珠(女)	1987.09—2013.11
戴凌燕(女)	2013.11—2016.12

第四节　农民协会与贫下中农协会

1950 年 1 月,南庄村建立农民协会,设会长 1 人,各小组设农会组长 1 人。土改以后,农会的主要任务是组织农民开展大生产、贯彻执行党在过渡时期的总路线、征收公粮、支援抗美援朝、拥军优属、维护社会治安、处理民事纠纷等,农会在群众中享有较高的威信,土地改革运动中,曾提出"一切权力归农会"的口号。

1964 年 3 月,开展社会主义教育运动(简称社教),农会改称贫下中农协会(简称贫协)。贫协组织的职能是代表贫下中农的利益,协助并监督各级领导班子,为发展生产,提高农民的物质、文化生活当好参谋。1965年4月1日,塘市公社召开第一届贫下中农代表大会,南庄大队设贫协分会,设分会主任1人,各生产队设贫协组长1人。1969年4月2日,召开塘市公社第二届贫下中农代表大会,南庄大队设贫下中农协会分会主任1人。其中,1964年10月至1979年8月,徐宝洪任南庄村"贫协"分会主任。

1978年4月,塘市公社召开第三届贫下中农代表大会后,"贫协"逐渐停止活动。1979年以后,南庄大队"贫协"自行消失。

第五节 老年协会

1989年12月,南庄村建立村老年协会,并设有老干部活动室。村老年协会设会长和常务副会长,一般由村支部书记兼任会长,原老书记任常务副会长。首任常务副会长由原村支部书记徐刘增担任。老年协会的主要工作和职能是负责老年活动室的日常开放,并办理老年证。同时负责协助村"两委"开展有关工作,在开展重大活动时组织老年人参加,听取老年人对村"两委"工作的意见和建议。每年老年协会都有几次较大活动。村老年协会常务副会长和其他工作人员的报酬分别由村财政支付,日常办公、旅游参观、节日慰问经费也由村委会支付。2000年以来,村里结合上级有关老年协会阵地建设的要求,专设1个80平方米的老年活动室,配备活动设施,常年开放。2000—2016年,老年协会共开展重大活动18场次,参加人数近千人次。

1990—2016年,村老年协会的工作成绩显著,得到市、镇领导的高度重视和亲切关怀,市、镇先后到村、社区召开观摩会、研讨会4次,老年协会负责人多次在会上作交流发言。南庄村老年协会曾多次受到上级表彰,获得奖牌和证书。2010年和2016年获得张家港市民政局授予的"民政(老龄)工作先进集体"称号。

1989—2016年南庄村老年协会历任常务副会长一览表

表8-4-4

姓 名	任职时间
徐刘增	1989.12—2003.08
徐叙庆	2003.08—2014.12
朱仁金	2014.12—2016.12

第六节 关心下一代工作委员会

1993年6月,南庄村建立关心下一代工作委员会(简称关工委),由村支部书记兼任关工委会长,一般由村退休的老干部任常务副会长,并配备兼职干部。关工委的主要工作是

2008 年 8 月 25 日南庄村"关工委"召开中小学生
暑期活动总结表彰大会

青少年读书节(摄于 2014 年 8 月)

开展寒暑假期间的青少年活动和平时上级对青少年工作要求的宣传,关心、教育、培养青少年。1993—2016 年,关工委共开展活动 31 次。

2009 年 10 月,村关工委代表出席张家港市关心下一代工作表彰大会,并作题为《三年成效初见》的经验介绍。2010 年 1 月,南庄村南湖苑社区荣获"全省城乡社区校外教育优秀辅导站"称号,并获奖牌和奖金。

2009 年,被张家港市关工委授予"关心下一代先进集体"和"基层关工委'五有五好'先进村、社区"荣誉称号。2013 年,村关工委的《"阳光课堂"2013 年度未成年人思想道德建设创新案例》被市关工委在全市推广。2016 年,南庄村关工委被张家港市关工委评为先进单位。

1993—2016 年关心下一代工作委员会历任常务副会长一览表

表 8-4-5

姓 名	任职时间
徐刘增	1993.06—2005.10
徐海栋	2005.10—2007.05
徐叙庆	2007.05—2014.06
徐海栋	2014.06—2016.12

附:其他机构

一、社会服务组织

1986 年,南庄村召开第一届村民代表大会。是年 12 月,根据村民代表大会的决议,南庄村建立人民调解委员会,担负社会服务职能。自此,随着工作需要,境内村级社会服务机构相继建立。社会服务机构负责人一般由村(居)主任和村(居)委委员或退休老干部兼任。至 2016 年,境内的社会服务机构有 24 个。

2016 年南庄村社会服务组织一览表

表 8-4-6

机构名称	建立年月	建立时机构负责人	2016 年机构负责人
塘市镇南庄村人民调解委员会	1986.12	缪惠祥	徐建荣
塘市镇南庄村联防队	1992.03	徐文虎	朱 力
杨舍镇南庄村劳动保障服务站	2007.08	徐海栋	朱爱华(女)
杨舍镇南湖苑社区劳动保障服务站	2007.08	徐海栋	潘 霞(女)
南湖苑社区便民服务中心	2007.08	邹建良	顾彩云(女)
杨舍镇南湖苑社区计生服务站	2007.08	缪建珠(女)	戴凌燕(女)
南庄村家长学校	2008.01	徐海栋	戴凌燕(女)
南湖苑社区法制学校	2008.01	徐维忠	潘 霞(女)
杨舍镇南湖苑社区五老志愿者服务队	2008.05	缪荣法	顾彩云(女)
南湖苑社区人民调解委员会	2008.10	徐维忠	戴凌燕(女)
南湖苑社区南湖清韵健身队	2008.10	金惠良	缪建珠(女)
南庄村校外教育辅导站	2009.06	徐叙庆	朱仁金
杨舍镇南湖苑社区卫生服务站	2010.01	缪进高	朱向阳(女)
张家港市南湖苑物业服务有限公司	2010.04	徐海栋	徐维忠
南湖苑社区居家养老服务站	2010.10	徐叙庆	潘 霞(女)
职工读书站	2010.12	潘 霞(女)	戴凌燕(女)
杨舍镇南庄村民防工作室	2011.04	徐海栋	—
江苏省标准化市民学校	2012.02	徐海栋	徐海栋
南庄村道德讲堂	2012.05	顾彩云(女)	顾彩云(女)
南庄村社工服务站	2013.02	顾彩云(女)	顾彩云(女)
南湖苑社区银球俱乐部	2013.05	顾彩云(女)	戴 宇
南庄村公共法律服务站	2014.10	徐建荣	徐建荣
南庄村慈善互助站(爱心互助站)	2015.11	徐海栋	徐海栋
杨舍镇南庄村微型消防站	2016.06	徐建荣	徐建荣

二、非常设机构

1995 年起,南庄村为完成某项特定任务,经常会设立具有行政自治管理辅助职能的跨部门组织协调临时机构。机构名称通常称"领导小组"或"委员会",负责人通常由村书记或村主任兼任。任务完成后,机构自行撤销。至 2016 年,境内曾经设立非常设机构 15 个,大部分已完成任务,机构已自行撤销。

1995—2016 年南庄村非常设机构一览表

表 8-4-7

机构名称	建立年月	建立时机构负责人	机构成员		
南庄村创建"苏州市卫生村"暨健康教育领导小组	1995.05	黄和生	徐云高	缪建珠	缪棣高
南庄村开展"健康教育宣传周"领导小组	1996.08	李长法	徐福兴	缪建珠	缪进高
南庄村开展村"爱国卫生运动"领导小组	1999.02	邹建良	徐福兴　朱仁金　王金培 缪建珠　缪棣高		
南庄村创建"江苏省卫生村"领导小组	2009.01	邹建良	徐海栋　徐维忠　朱仁金 缪金坤　缪建珠		
南庄村创建"江苏省生态村"领导小组	2009.02	邹建良	徐海栋　徐维忠　陶天宝 李海英　邹科伟		
南庄村创建"农家书屋法制文化建设示范"领导小组	2010.01	邹建良	缪建珠	王金培	
南庄村创建"江苏省农村社区校外教育辅导站"领导小组	2010.01	邹建良	徐林才	徐福祥	徐叙庆
南庄村创建"2011 年度十佳和谐示范社区"领导小组	2011.01	邹建良	李海英	陶天宝	徐　达
南庄村创建"江苏省标准化居民学校"领导小组	2012.01	邹建良	赵小江	戴凌燕	潘　霞
南庄村创建"江苏省社区科普益民计划社区"领导小组	2013.04	邹建良	赵小江	戴凌燕	王金培
南庄村开展 1% 人口抽样调查领导小组	2015.09	徐海栋	徐　达	戴　宇	戴凌燕
南庄村创建"选民之家"活动领导小组	2015.09	徐海栋	徐建荣	蔡建高	戴　宇
南庄村开展"百日行动"领导小组	2015.06	徐海栋	徐建荣	蔡建高	戴凌燕
南庄村开展"股权固化"工作领导小组	2016.04	徐海栋	徐　达　戴　宇　戴凌燕 徐建荣　蔡建高		
南庄村《南庄村志》编纂委员会	2016.11	徐海栋	戴　宇　顾彩云　陶心怡 戴凌燕　徐建荣　蔡建高		

第九卷　治安·军事

　　1958 年 5 月,境内建立治保小组。1962 年 3 月,南庄大队建立治保组织。"文化大革命"期间,治保组织曾一度瘫痪。1971 年 10 月,大队治保组织恢复,工作重点是监督"四类分子"。1979 年 10 月,南庄大队成立联防队,协助做好"四防"(防火、防盗、防毒、防特务)工作。1981 年 4 月,南庄大队建立治保委员会。1986 年 12 月,南庄村成立人民调解委员会,坚持"调防结合、以防为主"方针。1994 年 3 月,成立社会治安综合治理领导小组办公室(简称综治办),加强社会治安和外来人员管理工作。2005 年 7 月,塘市派出所在南庄村指导设立警务室。同年,杨舍镇流动人口服务中心在南庄村设立服务站。2006 年下半年起,南庄村综治办、调解委员会与村联防队、驻村警务室、杨舍镇流动人口服务中心南庄服务站构成"五位一体"综治体系。

　　1958 年 3 月,境内成立民兵营。1964 年 4 月,南庄大队实行民兵工作"三落实"(组织落实、政治落实、军事落实),加强民兵整组和军事训练活动。1981 年 6 月,南庄大队把民兵制度和预备役制度结合起来,在加强民兵工作的同时,十分重视兵役工作。中华人民共和国成立初期至 2016 年,在历年国家征兵工作中,全境适龄青年积极报名参军,投身国防建设,圆满完成上级的征兵任务。

第一章　治安·调解

第一节　治安管理

一、治保委员会

　　中华人民共和国成立初期,社会治安由民兵负责,境内无治保组织。1958 年 5 月,由工区建立治保小组,设治保组长。1962 年后,南庄大队设治保主任,由团支部书记或民兵营长兼任,生产队设治保小组。1963—1966年,社会主义教育"四清"运动后,大队治保组织主要对"四类分子"进行监管,定期训话。"文化大革命"初期,由治保组织开展批判斗争,此后,治保组织一度被取消。1971年10月,大队恢复治保组织。1981年5月,大队建立治保委员会。1983年12月,村民委员会设治安保卫委员会,主任1人,委员5人。2016年,村治保工作纳入综治办。

1958—2016年南庄村历任治保委员会主任一览表

表9-1-1

治保主任姓名	任职时间
徐祥宝	1958—1968
徐福仁	1968—1976
缪金坤	1976—1982
陶永兴	1982—1987
缪棣高	1988—1990
徐文虎	1990—1993
陶建达	1993—1994
缪棣高	1994—2005
徐维忠	2005—2013
徐建荣	2013—2016

二、群众治安组织

1989—1990年,村里成立"老年义务值勤队",每个自然村配一名义务值勤人员,负责做好巡逻防范工作。

1992年3月,南庄村成立治安联防队。1996年,曾获张家港市"优秀民警"称号的塘市派出所民警陈鹏任联防队长,村委副主任为分管负责人。1996年,有联防队员16人,分三班日夜巡逻值勤、护厂、护村。1998年2月,解散联防队,辞退外地人员,仅留南庄村户籍的2名人员兼管治安联防工作。1999年3月,联防工作由村委会负责。

2016年,南庄村有5名联防队员。

三、治安防范

中华人民共和国成立初期,境内由民兵负责治安保卫工作。1951年土地改革后至"文化大革命"期间,境内对"四类分子"实行就地监督、教育和劳动改造,并把它作为治安保卫的一项重要工作。1979年2月,根据中共中央〔1979〕5号文件精神,开展对"四类分子"

的摘帽工作。经群众评审、上级批准,全大队所有"四类分子"都被摘帽,享有公民权。同时,将地主、富农全部定为社员。1980 年 12 月,摘帽工作全部完成。此后的安全防范工作纳入社会综合治理范围,由村综治办负责。2008—2011 年,境内大南庄、朱家巷先后出现盗窃、故意伤害、容留介绍卖淫等违法犯罪活动 3 起,罪犯均被判处有期徒刑。刑满释放后,南庄村、南湖苑社区及时对回归刑释人员开展社区帮教矫正工作。2016 年,全境未有犯罪判刑案例和刑释人员重新犯罪的记录。

四、暂住人口管理

暂住人口是指户籍不在南庄村境内的临时就业、务工、生活等短时间居住的人口。

80 年代前,南庄村基本没有暂住人口。80 年代中期,随着境内工业企业的日益兴旺,域外进厂务工人员迅速增多。为加强对暂住人口管理,1992 年,南庄村根据上级对暂住人员规范化管理的要求,由村联防队配备专职管理员。管理上做到对暂住人员的住所、单位、职业三明确,发放"三证"即:务工证、就业登记证、暂住证。发证率分别为 98%、95% 和100%。1994 年,对暂住人员管理全部做到身份证、暂住证、务工证三证齐全。是年,村办企业招工,上岗前一律进行培训,定期考评,核定工作报酬,然后进行工种安排。奖惩和晋级等同当地职工。1995 年,境内有暂住人员 1882 人。

1997 年,新沙锡路(金港大道)拓宽后,南庄新建工业区,先后有东方四通、东渡集团、爱康集团等企业落户境内,南庄商业街也随之建成。大量暂住务工和经商人员进入境内,其中安徽籍 1755 人、河南籍 1173 人、四川籍 449 人、江西籍 163 人、湖北籍 201 人、云南籍56 人、贵州籍 96 人、甘肃籍 50 人、湖南籍 62 人、重庆籍 94 人、陕西籍 130 人、浙江籍 125人、福建籍 91 人、山东籍 120 人、其他地方 3393 人。外来人员的总和接近本地居民的 4 倍。

2001 年,塘市派出所在村设立警务室,有民警 1 人和户管员 2~3 人,为暂住人员办理身份证明、暂住证,帮助暂住人员与私房出租户签订租房协议。针对暂住人员多而杂的情况,做到定期或不定期上门核对调查,对暂住人员、房屋出租户进行经常性的法制教育和安全教育。出租房屋的单位和个人,需到派出所申请登记,领取房屋出租许可证、准租证、出租门牌。对暂住一年以上,有固定工作,有稳定收入的家庭户(放心户),每月上门核对;对有劣迹的,深夜不归的,交往复杂且独居的,无固定职业的,经常变换住址和工作单位的重点人员每周见面一次;对三无盲流人员及时遣返。建好出租户一户一档和"三无"人员的一人一档,采集的信息全部录入微机。2004 年杨舍镇成立暂住人口管理中心,进一步加强规范对暂住人口的管理工作。

2013 年,村新建"南庄公寓",水、电、气齐全,居住条件优越,并配有门卫保安人员和保洁人员。警务室人员经常为外来人员调解纠纷,办理新市民积分登记,提供劳动就业信息,进行维权宣传教育活动。

至 2016 年底,经登记在册的暂住人员 7958 人。暂住人口的管理仍按原有管理体制执行。

五、综合治理

1992 年 2 月,南庄村成立综合治理办公室,加强队伍建设,健全综合治理责任制。1994 年 8 月,南庄村建立社会治安综合治理领导小组,并设办公室挂牌办公。按照"条块结合、以块为主"和"谁主管、谁负责"的原则,由塘市乡与南庄村签订综合治理目标责任书,由村与各企业、南庄小街门店及私房出租户签订责任书,签订率 100%。

2000 年开始,南庄村根据上级要求,将一年一签的社会治安综合治理目标责任书改为三年一签订。

2010 年 8 月,南庄村投资 5 万元,在南湖苑社区安装智能防盗报警器。2010 年,全村的综合治理管理和民主法制工作获得上级肯定,是年 10 月 29 日,苏州市民主法制社区验收工作会议在南庄村召开。2012 年下半年,南庄村联防队设专门办公室,与南庄警务室、杨舍镇流动人口服务中心(南庄服务站)合署办公,并与南庄村综治办、调解委员会构成"五位一体"综治体系,全面负责全村社会治安综合治理和民主法制建设工作。

2010 年 10 月 29 日,苏州民主法制社区验收会议在南庄村召开

第二节　户政管理

1932 年,国民政府推行保甲制。日伪时期,境内实行编保,颁发"良民证"。抗日战争胜利后,国民政府重编保甲。1948 年,江阴县塘市乡对境内村民颁发"中华民国国民身份证"。

1949 年 9 月,境内废除保甲制。1953 年,通过全国第一次人口普查,摸清境内人口户籍情况,为户籍管理提供了依据。1960 年,上级对从事非农业生产的农业户陆续发放户口簿。1962 年,全大队各村民户籍由公社民政部门负责管理。同年 10 月始,全大队建立人口出生、死亡、迁入、迁出登记制,以大队为单位建立户口册。1982 年,上级颁发新户口簿,健全户口管理制。1984 年,全境户籍管理工作由塘市派出所接管,全体村民首次启用第一代居民身份证。2005 年,国家全面启动集中换发第二代居民身份证,同时停止制发第一代居民身份证。到 2008 年底,境内全面完成第二代居民身份证的换发工作。以后由于国家对户籍制实行改革,城乡户口的界限逐渐淡化。至 2013 年,派出所对村民户口迁移手续开始简化。2016 年,全村村民的户口统改为居民户口。

第三节　民事调解

一、机构

1952 年始,境内设立调解小组,由村长负责。农业合作化期间,农业合作社设立民事调解委员会。

1958 年 9 月,塘市公社成立后,高级社成立调解小组。1959 年,调解小组与治保小组合并。1962 年 10 月起,调解与治保组织分开。1964 年,大队调解小组改为大队调解委员会,调解工作由大队党支部书记或大队长负责。"文化大革命"初期,调解组织瘫痪,民事纠纷由公社民政委员和大队、生产队结合,并依靠群众调解处理。1973 年,大队恢复调解组织。

1980 年,大队调整、健全调解组织。1985 年,调解委员会主任由村主任兼任。1987 年,村调解委员会更名为民事调解委员会,由村主任、共青团书记、治保主任和民兵营长、妇女主任及片长等组成,村主任兼调解委员会主任。1990 年下半年,南庄村成立老年协会后,曾协助调解民事纠纷 1 年左右。2003 年以后,调整、充实调解力量,民事调解委员会更名为人民调解委员会。2014 年,南庄村建立公共法律服务站,为村民提供法律咨询服务。2016 年,南庄村民事调解的体制仍保持原状。

二、调解

中华人民共和国成立前,境内民事纠纷一般由民间调解。民间或家庭纠纷一般由族长或当地有声望的人(巷撑)进行调解,或邀请亲属长辈、娘舅公亲出面说合、劝解、调停。群众中较大的纠纷,则由乡长、保长、地方贤达及当事人在茶馆公议解决。

中华人民共和国成立后,境内的民事纠纷由农会干部和村干部负责调解处理。1986 年12 月,南庄村村民委员会成立后内设一个机构——人民调解委员会,第一任调解委员会主任由村主任缪惠祥兼任。村人民调解委员会专司人民调解工作,有一套严格的调解工作守则、工作纪律和工作制度。调解在双方当事人自愿平等的基础上进行,调解有困难的,会同乡民政助理约期调解处理;如果还不能解决,则尊重当事人的诉讼权利,可到法院申诉,依法裁决。南庄村调解工作坚持"调防结合、以防为主"的方针,负责调解村民群众之间发生的有关人身、财产权益、遗产继承和日常生活中诸如婚姻、家庭赡养、房屋建造、宅基地、邻里及其他方面的矛盾纠纷。

2005—2016 年,南庄村人民调解委员会坚持宣传与引导并重,服务与管理同步,积极开展普法教育和民事调解,努力化解新形势下出现的征地补偿、动迁安置、劳动工资、环境保护、人际关系等热点问题。全境调解民事纠纷 80 起,其中征地补偿 11 起、动迁安置 3 起、劳资环保 7 起、邻里纠纷 19 起、婚姻家庭纠纷 21 起、财产分割纠纷 3 起、赡养老人纠纷 12 起、其他纠纷 4 起。其中,塘市镇和杨舍镇司法所直接调处 8 起。2012 年 5 月 12 日,境内缪某在市双盈染整厂李某承包的工地工作,不慎从梯子上摔下,右脚骨折,造成人身伤害。事故发生后,村人民调解委员会立即介入,通过多方工作,于 2014 年 1 月 27 日双方达成协议,李某分次支付缪某伤残补偿金、误工费、营养费、陪护补贴共计人民币 19.15 万元。2015 年下半年,境内南湖苑社区户主陆某在请装潢公司装修过程中,由于装潢公司操作人员操作不当,影响到其他 4 户家庭,4 户户主提出需一次性补偿 5 万元。村人民调解委员会通过对五方协商,做思想工作,最终使多方取得共识,陆某补偿影响方共 5 万元。

第二章　军　事

第一节　民　兵

一、民兵组织

中华人民共和国成立初,南庄村建立民兵分队。民兵组织具体任务是值班、防夜、维护村庄治安、定期为烈军属代耕。

1958 年 8 月,中共中央发出"全民皆兵"和大办"民兵师"的号召后,全国掀起"全民皆兵"运动。塘市公社建立民兵团,南庄大队建立民兵营,生产队建民兵连、排、班组织。民兵组织分基干民兵、普通民兵和武装民兵三种。其中基干民兵年龄要求为男性 17 至 25 周岁、女性 16 至 25 周岁,退伍军人延长到 30 周岁;普通民兵年龄要求为男性 26 周岁至 45 周岁、女性 26 周岁至 36 周岁。

1966 年"文化大革命"初期,民兵组织陷于瘫痪。1972 年,塘市公社建立武装民兵独立营。1978 年 10 月 5 日,塘市公社建立民兵团,南庄大队基干民兵属武装民兵连编制。

1981 年,调整民兵组织,把民兵制度和预备役制度结合起来,把平时民兵工作和战时民兵工作结合起来,又分为基干民兵和普通民兵两种,武装民兵撤销。塘市公社武装部设基干民兵营,南庄大队建立普通民兵营、基干民兵排。1995 年,压缩基干民兵规模,塘市镇成立民兵应急分队和专业分队。2006 年末,南庄村民兵营有基干民兵 15 人,普通民兵 41 人,参加镇应急分队 2 人。民兵中有退伍军人 11 人,参加过军事训练的 15 人,有预备役人员 11 人。2016 年,境内基干民兵 10 人(全部为应急分队人员),普通民兵 158 人。

1958—2016年南庄村(大队)历任民兵营长一览表

表9-2-1

民兵营长姓名	任职时间
徐福元	1958.02—1963.07
徐玉林	1963.07—1967.10
陶周宝	1967.10—1976.03
缪金坤	1976.03—1980.05
邹仁祥	1980.05—1986.09
缪棣高	1987.09—1992.12
徐文虎	1992.12—1994.04
陶天宝	1994.04—1999.08
徐福兴	1999.08—2002.08
陶天宝	2002.08—2016.12

二、民兵训练

50年代初,民兵训练主要利用冬季农闲时间,由乡组织村民兵分队长负责集训3~4天。1955年,《中华人民共和国兵役法》颁布后,民兵每年军事训练时间增至7~9天。1958年起,采用小型、就地、因地制宜、劳武结合的方式开展民兵训练。1962年以后,大队武装民兵每年由县人武部组织1至2次训练。训练内容由射击、投弹、单兵战术发展到刺杀、爆破、反空降和防原子弹、防化学细菌等基本知识。1964年,中央提出民兵工作"三落实",即组织落实、政治落实、军事落实。南庄大队根据"三落实"要求,广泛开展民兵整组和民兵训练活动。在民兵训练中特别强调贯彻实战要求,基干民兵积极参与多次县人武部组织的规模不等的实战化训练,使基干民兵平时成为生产骨干,战时成为拉得出、用得上、战备措施有力、组织纪律严明的一支队伍。

1973年起,民兵营(连)长和武装基干民兵排长,每年参加由县人武部组织的训练10~15天;武装民兵每年参加由公社人武部组织的训练15天左右。

1980年,突出以基干民兵为重点的军事训练。1981年,重点进行基干民兵干部组织指挥和基干民兵军事技术训练。1984年以后,每年基干民兵训练不少于26天,由市人武部统一组织,分片设点训练。1995年以后,民兵训练严格以民兵军事训练大纲为依据,以提高民兵军事训练质量为核心,坚持走基地化、规范化、科学化训练之路,着重训练民兵干部、应急分队、专业技术分队和保障人员。2016年,境内的民兵等军事训练工作仍按计划和要求及时开展。

三、比武、值勤、抢险救灾

1964 年，塘市公社人武部组织民兵在塘市中学大操场开展投掷、跑步、队列等比赛。以后，公社每年在民兵训练中，开展轻机枪射击、轻机枪精度射、轻机枪速射、单兵战术和投弹、女子特技射击比赛。1990 年以后，全村每年有 5~8 名民兵到凤凰山训练靶场训练比武。全村民兵担负着战备后勤，协助公安机关保卫生产、维护社会治安、抢险救灾等任务。1991 年初夏，塘市地区发生历史上罕见的特大洪涝灾害，境内部分村办企业、住房、农田均淹没在洪水之中，建筑砖窑厂等乡办企业的部分车间也受到洪水的严重威胁。境内全体民兵冒着倾盆大雨，不顾个人安危，抢救人民生命财产，连续奋战一周，大大降低了洪涝灾害造成的损失。2008 年 1 月 25—26 日，普降暴雪，境内有 13 家企业遭受雪灾，压垮车棚和临时厂房 23 间，部分交通路段受阻，影响企业运作及村民出行。南庄村民兵营长陶天宝组织境内全体民兵冒着严寒，连续两天利用装卸机械和组织人力突击清扫积雪，并协助村委继续做好各自然村的危房排查工作，防止次生灾害发生。2010 年 5—10 月，世界博览会在上海举行；2016 年 9 月，二十国集团领导人杭州峰会在杭州国际博览中心举行。在上述两次中国主场的重大国际活动期间，境内基干民兵积极参与公共场所社会维稳工作，治保主任朱力、委员徐军和徐志浩等根据上级一级安保要求，24 小时执勤。

第二节　兵　役

一、募兵制

明清时代至 1932 年，军队兵源由朝廷（政府）向社会招募，实行"募兵制"。1933 年，民国政府颁布征兵令。征兵令对征兵的年龄、免役、禁役、缓征等条款及服役、体检等作了明文规定。江阴县每年将征集现役名额分配到各乡，各乡又将名额分配到各保，各保按三丁抽一（兄弟 3 人抽 1 人服役）、五丁抽二（兄弟 5 人抽 2 人服役）、二丁和一丁出钱代征的方法，通过抽签决定人选，此谓"抽壮丁"。由于地方官吏为官不正，借征兵中饱私囊，有钱的可以出钱买壮丁，无钱的单丁也会被抓去充数。民国后期，由于国民党军队和地方武装兵源不足，常常下乡任意抓壮丁。孔家庵季林宝、大南庄徐福元等多次替人代征。

二、志愿兵役制

中华人民共和国成立初期，广大青年可以志愿参加人民军队。1951 年春，塘墅乡开展"抗美援朝、保家卫国"运动，进行志愿兵动员，并召开抗美援朝动员大会。1951—1953 年，境内大南庄徐才元和朱家巷季永林 2 名适龄青年参加中国人民志愿军，经训练编队后直接奔赴朝鲜战场。

季永林(摄于1953
年5月,季芳、季光提供)

志愿军战士遗物及勋章(摄于2017年10月,季芳、季光提供)

三、义务兵役制

1955年开始,国家实行义务兵役制。一般每年一次,对18周岁以上的适龄青年进行征兵。征兵期间,镇(乡、公社)成立征兵工作领导小组,以人武部为主,抽调工作人员,设立征兵办公室。村(大队)民兵干部配合征兵办公室做好境内的征兵工作。应征青年经过报名、体检、政审、定兵等步骤,按规定时间出发入伍。

1962—1964年,进行夏、冬两季征兵。1966—1967年,因开展"文化大革命"未征。1969—1976年,为春季征兵。1978年,春、冬两季征兵。其余年份为冬季征兵。1978年前,对征兵工作政审要求十分严格,重视家庭出身和社会关系。中共十一届三中全会后,对非劳动人民家庭出身和有在海外从事正当职业的直系、旁系亲属的青年,也进行选征。从2013年开始,征兵工作开始时间由冬季改为夏季。

南庄村出兵最多的年份是1970年,两批共有11个优秀青年应征入伍。其次是1972年(即1973年1月出兵),单批入伍的就达7个。

南庄村十五组是境内村民小组出兵最多的一个组,成为光荣之组。自陶勇于1959年应征入伍起,到2014年陶争先应征入伍的56年间,先后有12个优秀青年响应祖国号召,到部队服役,且均为陶姓。

从1951年到2016年的66中,境内共有2个青年参加中国人民志愿军,共有91个适龄青年参加中国人民解放军。其中在部队立功受奖47人次,提干14人,从部队转业到地方工作13人。

在征兵工作中,南庄村历史上有因身体原因从部队返乡2人,在服役期间病故1人的记录。

第十卷　社会保障

　　中华人民共和国成立前,境内农民生老病死听天由命,没有社会保障。

　　中华人民共和国成立后,各级政府开始着手抓人民群众生活保障工作。1965 年,沙洲县民政部门开始对被精减老职工开展救济。1969 年,全县农村开始建立福利型农村合作医疗制度。1986 年 10 月,张家港市开始建立企业职工养老保险制度,失业保险同时试行。至 1991 年,国有、集体企业养老保险实现全覆盖。1992 年 10 月,农村社会养老保险工作推行。1995 年,职工养老保险覆盖到全市机关和城镇企事业单位。1997 年,《张家港市城乡居民最低生活保障暂行办法》出台。1999 年 7 月,全市实现了"五保合一"(养老、医疗、失业、生育、工伤保险)的社会保障体制。2002 年 12 月,市政府出台《关于将张家港市所有企业及其职工纳入城镇社会保险管理的意见》和《张家港市农民养老保险办法》,明确从 2003 年 1 月开始,企业统一参加城镇社会保险,取消农民工与城镇职工的差别;同时将年满 18 周岁的农村纯务农人员纳入农民养老保险制度范畴。2004 年,在总结实施农民大病风险合作医疗经验的基础上,新型合作医疗制度开始实行,未参加城镇职工医疗保险的所有张家港市在籍人员及持 1 年以上暂住证并在当地从事农副业生产的非张家港市籍居民均纳为合作医疗参保对象。是年,建立老年农(居)民社会养老补贴制度,保障机制覆盖全村村民。至 2016 年末,南庄村城镇社会保险参保人数为 1097 人,参保率 54.60% ;农村社会保险参保人数为 912 人,参保率 45.40% ;全村社保覆盖率 100%。全村有新型合作医疗参保人数 1198 人,农村人口参保率 98.5%。1986—2016 年,全村累计投入救助资金 100 万元,救助 300 余人次,为贫困户帮建住房 6 间。2008—2016 年,累计有 101 户次、52 人次纳入城乡居民最低生活保障,先后发放低保补助金 57.65 万元。

第一章 社会保险

第一节 养老保险

一、城镇职工养老保险

旧时，境内无正式的工商企业。一些为私营主打工的农民，到年老体弱、丧失劳动力时，业主往往给予少量的解雇费后将其打发回家。中华人民共和国成立后，党和政府十分重视职工的养老问题，逐步颁发了相关的职工保险条例和规定。

1986年10月，张家港市企业职工离退休费用社会统筹首先在240余家全民、集体企业中进行，按照"以支定收、略有结余""全额结算、差额拨付"的原则，统筹养老保险基金。其中，全民企业缴纳比例为在职职工工资总额的19%。集体企业缴纳比例实行浮动，按全市企业离退休费用占在职职工工资总额的18%为标准上下浮动；负担比例高于18%的，收缴增加，最高增加7%；负担低于18%的，最多降至12%，费用均由集体企业缴纳。劳动合同制工人个人按工资总额的2%缴纳。1991年下半年起，将职工离退休费社会统筹改为对企业在职职工和离退休人员全面实施养老保险制度，国有、集体企业养老保险覆盖面扩大到全体企业劳动者。1992年1月起，改变养老保险完全由国家、集体包下来的做法，推行职工个人缴费制度，使用《职工养老保险手册》，实行一人一卡，基本养老保险基金由国家、集体、个人三方共同负担。是年10月，全市划归企业（指划归乡镇管理的原集体单位，其人员集体性质不变）大集体人员养老保险基金按照"以支定筹，略有结余，留有部分积累"的原则试行统筹，统筹对象每人每月单位缴纳28元、个人缴纳2元。1993年1月起，调整全民、集体、划归企业养老保险基金提取比例，按全部职工工资总额的19%缴纳基本养老保险费，其中个人缴纳2%，实行全额结算、差额缴拨的结算形式。

1995年3月，市政府颁布实施《张家港市城镇职工养老保险暂行办法》，规定城镇职工养老保险覆盖机关和城镇企事业单位，并按照社会统筹和个人账户相结合的原则，建立个人养老保险账户。养老保险缴费比例为在职职工工资总额的23%，实行由国家、单位和个人三方按不同的比例共同出资负担养老费用的政策。同时对养老保险计发办法进行改革，实行职工退休后养老待遇高低与在职期间个人缴费年限长短和缴费金额多少挂钩，改变原有制度中养老保险缴多缴少一个样的状况。

1998年7月，市政府修改城镇职工养老保险暂行办法，出台《张家港市城镇企业基本养老保险缴费比例及实施过渡方案》，企业缴费比例由工资总额的17%逐步提高到20%，职工由 6% 逐步提高到 8%，从 1999 年起实行。1999 年 3 月，《张家港市城镇企业职工养老保险办法》出台，与国家、省、苏州市企业职工养老保险制度接轨。2000 年 1 月起，张家港市企事业单位离退休人员养老金全部实现社会化发放。

2002 年 12 月，市政府出台《关于将张家港市所有企业及其职工纳入城镇社会保险管理的意见》。从 2003 年 1 月起，全市所有企业根据生产经营和人员结构状况，在 3 年过渡期内统一参加城镇社会保险，使农民工也可享受与城镇职工同等待遇。同时，将农村村级基层自治组织视作企业单位，纳入城镇社会保险范围，将村干部列为参保对象。在此基础上，统一和规范个体工商户、灵活就业人员城镇养老保险管理办法。

2003 年，南庄村享受城镇职工养老保险的对象主要是在机关、事业单位的工作人员，如乡镇机关、学校、医院和部分大集体企业的工作人员。2004 年下半年，南庄村部分人员办理了农保转城保手续，享受城镇职工养老保险。

2007 年 1 月以后，市政府先后出台了关于征地农民安置的一系列政策措施，凡符合有关条件的失地农民均可以申报城镇职工养老保险，由本人和所在乡镇分担缴足规费后，达到退休年龄后即可享受城镇居民养老保险。境内继续有一部分农民按市政府规定办理或补办城镇职工养老保险，到达法定退休年龄后享受城镇职工养老保险。2016 年，境内村（居）民参加城镇养老保险的有 1097 人。

二、农民基本养老保险

1988 年 3 月，市委、市政府批转市委农工部《关于建立农村合作退休保养制度的意见》，全市农村合作退休保养工作开始推开。

1992 年 10 月，市委、市政府成立农村社会养老保险管理委员会和农村养老保险办公室，由市民政局负责全市农村社会养老保险工作。市政府颁布《张家港市农村社会养老保险暂行办法》，农村社会养老保险工作全面启动。农村社会养老保险基金采取个人缴费为主、集体补贴为辅和国家政策扶持的办法筹集，实行社会保险与家庭养老相结合。

1994 年末，张家港市率先在全省改革社会保险管理体制，农村养老保险统一由市社会保障局管理，并从农村实际出发，以保障老年人基本生活为目的，建立能与城镇职工养老保险制度相衔接的城乡一体化的农村养老保险制度。1995 年 5 月，《张家港市农村养老保险暂行办法》颁布，规定单位根据经济承受能力和在职职工、农民的收入情况，按全市上年农村年人均收入的 2%~8% 比例选择缴纳养老保险费，个人和单位共同负担养老费用，建立个人养老保险账户（个人和集体缴费全额记入个人账户），养老金按个人养老保险账户数除以 120 计发。

2002 年 12 月，《张家港市农民养老保险办法》出台，规定从 2003 年 1 月 1 日起，全市年满 18 周岁的农村劳动力，除企事业单位务工人员和已退休人员外，参加农民养老保险，以上年农村人均收入的16％缴纳保险费,集体和个人缴纳的养老保险费按缴纳总额的90％记入个人养老保险账户,10％划入农民养老保险统筹基金。男45周岁至60周岁、女40周岁至55周岁且以种植个人承包田为主要经济来源或被列为农村最低生活保障对象的农民,养老保险费可由集体予以补助。2003年12月,《关于〈张家港市农民养老保险办法〉的补充意见》出台,规定从2004年起将18周岁以上的纯农民全部纳入农保范畴。保险费由市、镇、个人三方共同负担,对参保的纯农民实行分年龄段补助,男46周岁不满60周岁、女41周岁不满55周岁的,市、镇财政补助60％;男18周岁不满46周岁、女年18周岁不满41周岁的,个人承担缴费总额的60％,市、镇财政补助40％。对列为农村最低生活保障对象的,个人不缴费,分别由市、镇财政各负担当年应缴总额的50％。2016年,全村参加农民基本养老保险912人。

2001—2016年南庄村(大队)参加社保一览表

表10-1-1

年份	村民小组(个)	总户数(户)	总人口(人)	劳动力(个)	农保参保(人)	参保率(％)	城保参保(人)	参保率(％)
2001	17	—	1785	996	—	—	—	—
2002	17	—	1796	1023	1670	92.98	—	—
2003	17	—	1805	1011	1650	91.41	—	—
2004	17	—	1846	1033	1601	86.72	—	—
2005	17	—	1870	1031	1565	70.00	365	20.00
2006	17	—	1881	1034	1451	72.00	397	21.00
2007	17	—	1885	1055	1482	75.00	455	24.00
2008	17	536	1953	1074	1442	73.80	414	21.20
2009	17	535	1916	1053	1430	74.60	486	25.30
2010	17	535	1917	1092	1240	64.80	677	35.30
2011	17	535	2047	995	1195	58.30	852	41.60
2012	17	536	1940	1000	1087	56.00	853	43.96
2013	17	533	1830	1008	970	53.00	860	46.99
2014	17	535	1815	1050	928	51.10	887	48.87
2015	17	526	1802	1080	917	50.80	885	49.11
2016	17	526	2009	1077	912	45.30	1097	54.60

三、老年农(居)民养老补贴

2003年12月14日,市政府出台的《关于〈张家港市农村养老保险办法〉的补充意见》,

规定 2004 年 1 月起开始实施老年农（居）民社会养老补贴制度，凡 2003 年末之前，男年满 60 周岁、女年满 55 周岁的老年农（居）民每月发放 80 元的养老补贴。2004 年，全村有 187 名老年农（居）民领取补贴，占应享受人数的 91%。2016 年，全村有 252 名老年农（居）民领取社会养老补贴，覆盖面 99.2%。从 2008 年开始，南庄村每年分中秋节和春节两次对全村 60 周岁以上的老年人增加发放高龄补贴，每人 200 元~400 元不等。2016 年增加到 300 元~500 元不等。

第二节 医疗保险

一、职工医疗保险

基本医疗保险 1996 年前，全市机关、企事业单位职工生病医疗费用均由各单位报支，因单位不同而有很大差别。其中机关事业单位多采用公费医疗的形式，由单位和定点医院签订协议，职工使用记账单在医院记账，单位统一支付费用，也有采用先支付后回单位报销的形式。企业则各自制定不同的报销方式和比例。1996 年，市政府根据国务院《关于职工医疗制度改革试点意见》，参照试点城市的做法，开始探索医疗保险制度改革办法。1997 年 1 月，《张家港市职工医疗保险暂行办法》出台，初步建立由医疗保险统筹基金和个人账户相结合的统账结合的新机制。在职职工建立个人医疗账户，医疗保险费用实行由单位和社保基金管理结算中心共同管理的两级管理体制。

1999 年 4 月，市委、市政府出台《张家港市职工医疗保险暂行办法与国务院医改制度逐步接轨的意见》。2000 年 3 月，《张家港市城镇职工基本医疗保险办法（试行）》出台，明确划定医疗保险统筹基金和个人账户资金各自支付的范围，基本医疗保险基金实行全额收缴、全额支付。办法规定，参保人员符合规定的门诊医疗费用以个人账户（IC 卡）核定金额为限额，患特定病种的参保人员在使用个人账户（IC 卡）核定金额的基础上，可由统筹基金支付部分医疗费用。参保人员住院，在支付起付线后，统筹基金和参保人员实行分段按比例负担。1 万元及以下部分，在职职工自负 20%，退休人员自负 10%；1 万元至 2 万元（含 2 万元）部分，在职职工自负 16%，退休人员自负 8%；2 万元以上部分，在职职工自负 10%，退休人员自负 5%。参保人员年累计统筹基金支付额以张家港市上年城镇职工社会平均工资收入的 4 倍为封顶线，超过封顶线的医疗费用不予支付。2001 年 7 月 1 日起，单位缴费提高 1 个百分点，个人账户记入比例提高 1 个百分点，住院自付比例降低 4 个百分点，总体保障水平提高。2002 年后，全市调整医疗保险待遇及支付标准，减轻参保人员的医疗费用负担，体现医保政策向大病、重病倾斜的原则。2016 年南庄村居民参加职工基本医疗保险的有 912 人。

2005—2016 年南庄村(大队)参加医保及合作医疗一览表

表 10-1-2

年份	村民小组(个)	总户数(户)	总人口(人)	劳动力(个)	合保参保(人)	参保率(%)	医保参保(人)	参保率(%)
2005	17	—	1870	1031	1565	70.00	365	20.00
2006	17	—	1881	1034	1451	72.00	397	21.00
2007	17	—	1885	1055	1482	75.00	455	24.00
2008	17	536	1953	1074	1442	73.80	414	21.20
2009	17	535	1916	1053	1430	74.60	486	25.30
2010	17	535	1917	1092	1240	64.80	677	35.30
2011	17	535	2047	995	1195	58.30	852	41.60
2012	17	536	1940	1000	1087	56.00	853	43.96
2013	17	533	1830	1008	970	53.00	860	46.99
2014	17	535	1815	1050	928	51.10	887	48.87
2015	17	526	1802	1080	917	50.80	885	49.11
2016	17	526	2009	1077	912	45.30	1097	54.60

大病医疗互助　2000 年 9 月 13 日,张家港市社保局和总工会联合制定《张家港市城镇职工大病医疗社会互助实施办法(试行)》,在全市范围内建立大额医疗费用社会互助基金,每位参保人员按每月 3 元标准缴纳,用于参保人员住院或大病门诊发生的超过基本医疗保险累计统筹支付封顶线以上部分费用的自付,最高限额 4 万元。2001 年 7 月 1 日起,大额医疗费用互助基金封顶线调整为符合基本医疗保险报销范围的总费用 15 万元(包括基本医疗保险部分的 4 万元),报支比例由 80% 上升为 90%。至 2016 年,全村累计有 26 人次享受大病互助,村民领到互助金 97.47 万元。

二、农村合作医疗

福利型农村合作医疗　1969 年,全县开始建立福利型农村合作医疗制度。80 年代,农村合作医疗规模有所萎缩。1987 年 3 月,市政府印发《关于加强农村合作医疗和村卫生室建设的意见》,提出进一步改革完善合作医疗制度、加强村卫生室建设、稳定乡村医生队伍、巩固和促进全市基层卫生保健工作的意见。1990 年,全市开始实施"2000 年人人享有卫生保健"的战略目标,合作医疗建设开始步入改革、完善、发展、提高的新阶段。此后,陆续开展乡、村、厂联办合作医疗。但此时医药费补偿普遍还较低,不能解决少数群众因大病造成的经济困难和因病致贫的问题。2016 年,全村居民全部参加农村合作医疗。

大病风险合作医疗　1995 年,市政府印发《张家港市大病风险合作医疗制度实施意见》,统一全市大病风险基金标准为人均每年 10 元,大病患者药费起报点为 1001 元,限报点为 10000 元,最高补偿额为 5400 元。

1997 年 6 月,市委、市政府成立市大病风险合作医疗管理委员会,印发《张家港市农村大病风险合作医疗管理试行办法》,规定自 1997 年 7 月 1 日起,由市财政拨专项经费,在全市实施市、镇两级大病风险合作医疗。镇级大病风险基金在镇合作医疗总基金中按每人每年 10 元标准提取(企业为每人每年 15 元),由镇合作医疗管理所单列账目,专款专用,以镇为单位核算,全镇统筹统支,盈亏由镇自负,用于患者药品费在 2001 元至 10000 元的补偿,最高补偿限额 3400 元。市级大病风险合作医疗基金,市财政按全市农村人口每人每年不低于 1 元的标准划拨,镇按辖区总人口每人每年不低于 1 元的标准上缴市合作医疗管理委员会办公室,由市合作医疗管理委员会办公室单列账户,专款专用,以市为核算单位,全市统筹统支,盈亏市负,用于患者药品费在 10001 元至 30000 元的补偿,最高补偿额为 9850元。

1999 年,合作医疗对基金标准和收缴方式作出新规定,参加对象可选择 40 元和 120 元两种基金标准,前者最高补偿限额 10500 元,后者最高补偿限额 13825 元。同时改变基金收缴方式,农民个人承担的合作医疗基金采用上门收缴或在“两金一费”中扣缴,村集体承担的合作医疗基金由镇政府经管站负责代扣,镇上缴的市级大病风险合作医疗基金由市财政在各镇农业税、地税返还中代扣,稳定了资金来源渠道。

2000 年,对合作医疗工作基础较差的镇及村,可选择实行单纯大病风险合作医疗制度,基金标准为人均 15 元(由村集体与个人共同承担)。至 2001 年,南庄村全面恢复合作医疗制度,合作医疗覆盖率 100%。市级大病风险合作医疗基金南庄村按辖区总人口人均 1.5元上缴,市财政补助 70 万元。2002 年,单纯大病风险基金标准提高到 20 元,大病风险合作医疗补偿报销范围调整为 7001 元至 27000 元,最高补偿额提高到 1.1 万元。2000—2016年,全村居民累计有 57 人次,补偿或报销医疗费 182 万元。

新型合作医疗　2003 年下半年,市政府出台《张家港市新型合作医疗实施意见》,规定从 2004 年 1 月 1 日起,在全市实行新型合作医疗制度,实施市、镇、户三级核算。扩大参保范围,将除参加城镇职工医疗保险和市直机关、事业单位儿童统筹医疗外的所有张家港市在籍人员以及持 1 年以上暂住证并在当地从事农副业生产的非张家港市籍居民均纳为参保对象,参加者以户为单位设立个人账户。统一新型合作医疗基金标准为 110 元(个人 40 元,市、镇财政各 35 元),比 2003 年提高 42 元(市、镇两级财政分别比 2003 年增加 30 元和 24元)。医疗费用补偿限报由 3 万元提高到 5 万元,最高补偿额由 1.52 万元提高到 30150 元。同时,建立市特困人群医疗救助基金,对特困人群补偿比例在一般居民的补偿比例基础上再提高 10%,最高补偿为 3.52 万元;对符合补偿范围的 5 万元以上的医疗费用,按 50% 的比例补偿。每人每年最高救助限额为 1 万元。2016 年,全村居民参加新型合作医疗达 100%。村里补贴参保居民合作医疗费用为每人每年 160 元,共计发放补贴 14.56 万元。

三、困难人群医疗救助

2004年11月,市政府出台《张家港市特困人群医疗救助暂行管理办法》,对特困人群,先按新型合作医疗政策进行补偿,对其符合补偿的自负部分医疗费用给予70%的报销,每人每年最高救助限额2.5万元。2005年9月,市政府办公室印发《张家港市困难人群医疗救助实施细则》,进一步扩大救助范围,除"三无"人员、"五保"人员、低保人员外,将低保边缘人群纳入救助范围;对其符合补偿的自负部分医疗费用在给予80%的补偿;尿毒症病人血液透析费用按95%比例报销;恶性肿瘤、白血病病人放化疗费用按90%比例报销。困难人群医疗救助基金支付限额为每人每年3万元。2004—2016年,全村困难人群的医疗救助达100%,救助金额1000元~20000元不等。

2004—2016年南庄村困难人群医疗救助一览表

表10-1-3

年份	困难人数(人)	救助金额(元)	年份	困难人数(人)	救助金额(元)
2004	3	3000	2011	2	40000
2005	3	17000	2012	10	63500
2006	3	3000	2013	3	24000
2007	4	4000	2014	3	36846
2008	4	4000	2015	3	3000
2009	5	5000	2016	7	27962
2010	7	7000	—	—	—

第三节 职工工伤、失业和生育保险

一、职工工伤保险

1999年前,职工工伤由各单位根据《中华人民共和国劳动保险条例》和《企业职工工伤保险试行办法》进行补偿。1999年7月,市政府出台《张家港市职工工伤保险办法(试行)》。办法覆盖全市机关、企事业单位、社会团体和个体经济组织及所有劳动者。职工在发生工伤或职业病时,享受伤残抚恤金、供养直系亲属定期抚恤金、一次性工亡补助金、丧葬补助金、一次性伤残补助金、护理费、工伤医疗费等工伤保险待遇。是年,南庄村有7人次享受工伤保险补偿。2000年,全村参保人员45人,补偿6人次,支付7.1万元。2003年,全村参保78人,补偿13人次,支付2.7万元。2004年4月1日起,根据2003年4月国务院发布的《工伤保险条例》,全市执行统一的工伤保险制度。是年,南庄村参保128人,补偿

32 人次,支付 8.2 万元。2005 年,南庄村参保 350 人,参保率 97%。2006—2016 年,累计有 27 人次享受工伤保险 36 万元。

二、职工失业保险

1986 年 10 月,全市开始在企业建立失业保险制度,并按劳动合同制工人每人每月 0.75 元标准筹集失业保险基金。失业保险由市劳动部门和所属就业管理中心(劳动服务公司、社会劳动保险公司)负责管理,具体失业职工的失业救济金、医疗费、丧葬费、抚恤费、转业训练费、生产自救费等的发放,以保障失业职工的基本生活。

1992 年 12 月,市政府颁布实施《张家港市职工待业保险实施意见》,实施范围覆盖全市国营、集体企业,外商投资企业的中方职工和国家机关、事业单位、社会团体中的劳动合同制工人。单位按 1% 缴纳待业保险基金,个人不交费。对符合条件的待业职工分别发给基本救济金、基本救济金工龄补贴、待业救济金和医疗补助费。

1998 年 11 月,市政府出台《张家港市职工失业保险暂行办法》。覆盖面扩大至全市镇企业、企业化管理事业单位职工和机关、事业单位的劳动合同制工人。事业保险缴费比例为企业在职职工工资总额的 3%,其中单位缴费比例为 2%、个人为 1%,当年暂按 1% 和 0.5% 缴纳。办法还规定,从张家港市招收录用的农民合同制职工终止、解除劳动合同后返回农村的,可按失业救济金标准一次性发给生活补助费。2005 年 1 月,全市开始执行统一的失业保险制度,不论单位性质、职工性质,均享受统一的失业保险待遇。是年,全村共有 360 名职工参加职工失业保险,参保率 100%。1986—2005 年,全村累计发放失业保险金 68 万元。

2009 年,市人力资源和社会保障局印发《张家港市就业岗位补贴、社会保险补贴办法》。办法规定,经市职业培训指导中心创业培训结业的灵活就业人员,自办实体并按规定缴纳社会保险费的,可给予不超过 3 年期限的社会保险补贴。补贴标准参照当年企业参保缴费基数下限,按养老、医疗、失业、工伤和生育五项社会保险合计单位缴费比例计算。办法还规定补贴的标准每年均不同。2009 年起,村内开始对失业和灵活就业人员进行登记,是年 12 人,2010 年 21 人,2011 年 28 人,2012 年 19 人,2013 年 26 人,2014 年 32 人(其中被征地人员 2 人),2015 年 21 人(其中,上报就业培训 3 人,特困家庭劳动力 3 人)。所有失业人员经过援助后均成功就业,就业率达 100%,辖区内无零就业家庭。2016 年全村新就业人员有 31 人,2016 年 7 月起的创业补贴标准是每月 630 元。是年,村内保持无零就业家庭的记录。

三、女职工生育保险

1989 年 12 月,全市女职工生育保险制度开始实施。1990 年 9 月,市政府下发《关于印发〈苏州市女职工生育费用补偿暂行办法〉的通知》,范围覆盖全市所有企事业单位和与企业签订一年以上劳动合同的合同制职工,规定女职工每次生育补偿金为1000元,男女双方单位各承担50%。市属企业生育费补偿工作由市劳动部门负责,乡镇企业女职工生育补偿由各镇参照执行。1997年1月,市政府出台《张家港市女职工保险暂行办法》,规定女职工生育保险缴费比例为在职职工工资总额的1%。生育保险费由用人单位缴纳,职工个人不缴费。补偿标准为:顺产补6个月的上年度职工平均工资,难产补8个月的上年度职工平均工资。实施当年,为减轻单位负担,女职工的生育补偿金从养老保险基金中支出。是年有12人次享受生育补偿金3.5万元。1998年,享受数达到18人次,支付金额5.9万元。从2000年开始,缴纳比例按单位在职职工工资总额的0.8%征收,是年全村参保人数43人,有13人次享受生育补偿金5.2万元。2001年,参保人数突破50人,有21人次享受生育补偿金7.35万元。2002年,享受数15人次,支付金额5.5万元。2010年,有218个育龄妇女职工参加生育保险,参保人数占育龄妇女的92%,有21人次享受生育补偿金7.35万元。2011—2016年,全村累计出生新生儿110人,有98人次享受生育补偿金34.8万元。

第二章　优抚·救助

　　南庄村村民历来有扶贫济困、乐善好施的传统。旧时,遇有外乡人路经问路、讨水、讨饭时,村民均会热情相待,尽可能满足他人需求。随着经济实力的增强和村民日渐富裕,人们发扬优良传统,奉献爱心,济贫帮困,几乎每年发起献爱心送温暖的募捐活动。

第一节　优抚·安置

一、拥军优属

　　50年代,每逢年节,村干部都要到军属家中集体拜年,送祝福春联,贴"光荣之家"横幅,丰年还要送去鱼肉等慰问品。农忙季节,大队领导根据不同情况,委派专人帮助缺少劳动力的军属干些重体力活。60年代,南庄大队慰问军属时一般送一张毛主席像和一副歌颂党、歌颂社会主义的对联,给予政治上的关怀。80年代,慰问时送鱼肉、水果等,农忙季节村里还给予一定的补贴。90年代,将给军属的慰问品改为现金,优待金100%足额发放。2010年后,每人每年50元。1993—2016年,村里直接用现金补助,总共发放补助金2.89万元。

1990—2016 年南庄村现役军人优抚金发放选年一览表

表 10-2-1　　　　　　　　　　　　　　　　　　　　　　　　　　　　　　　单位：元

年份	金额	年份	金额	年份	金额
1990	2800	1999	25200	2008	8800
1991	2800	2000	25300	2009	8800
1992	3000	2001	23300	2010	5000
1993	3000	2002	16500	2011	7000
1994	3200	2003	4500	2012	8380
1995	15150	2004	5500	2013	25000
1996	15150	2005	5500	2014	25888
1997	15150	2006	5600	2015	37879
1998	25200	2007	5600	2016	31118

二、复员、退伍军人安置

抗美援朝期间,境内有 2 名青年报名参加志愿军,他们分别是南庄三组的徐才元和十八组的季永林。徐才元复员后,被乡政府安排到交管站轮船运输队当"船老大"二副,直至轮船运输队解散。季永林复员后,经组织考察培养入党,不久先后担任二工区、二大队、南庄大队党支部委员、副书记等职,直至 1962 年 3 月不再担任大队干部。1955 年,志愿兵制改为义务兵制,境内有 3 人服义务兵役,退伍后都回家乡务农。1965 年开始,退伍军人由大队安排工作。70—80 年代,服役军人退伍后一般都被安排在社办厂工作。凡是社办厂招工,优先录用复员、退伍军人。1985 年,为适应农村经济体制改革的新情况,实行"征兵、优抚、安置"三位一体的优抚安置方针,在发入伍通知书时,把优抚和工作安排一起落实,服役期满回乡后,再征询本人意见,根据接收单位的要求和本人专业特长进行安置。2001 年开始,将"先安置后入伍"的办法改为发给入伍新兵安置证,士兵退伍后由市、镇人民政府安置。2004 年开始,退伍士兵按照"以货币为主,就业为辅,强化配套服务,取消城乡差别,实行一体化安置"的办法安置。2004 年至 2016 年,全村共有 67 人次得到相关安置。其中,有 6 人被本村安置,进入村委工作。

1956—2016 年南庄村(大队)复员、退伍军人安置一览表

表 10-2-2

年份	安置人数(人)	安置方法	安置去向
1956—1957	4	乡政府统一安排工作	轮队、邮电、机灌、棉织厂等
1958—1965	10	自主择业为主,有文化的优先安排社办企业工作	邮电、药店、商业、社办企业等
1966—1970	5	大队安排工作	部分进入大队工作

（续表）

年份	安置人数(人)	安置方法	安置去向
1971—1984	19	公社安排社办企业工作	社、队办企业等
1985—2000	12	根据个人专业特长和志愿，公社进行安置，也可以自主择业	社、队办企业等
2001—2003	4	先安置后入伍，发给"入伍新兵安置证"	自主择业
2004—2016	13	实行一体化安置，给予适当经济补偿（货币安置）	自主择业

三、残疾人员安置

1985 年前，南庄村残疾人员一般都由家庭抚养，生活困难的，由政府和集体给予照顾补助。1985 年 6 月，经上级有关部门批准，境内建办申美包装厂（福利企业），全厂有职工 68 人，其中招收 45 名社会上的"四残"（盲、聋、哑及肢体残疾）人员。职工月基本工资 35 元，工龄工资每年 2 元，岗位工资与工种工资视具体情况而定。全年全厂职工人均收入为 1440 元，最高为 1900 元，最低为 1300 元。职工福利按不同的工种发放不同的劳保用品，按月发放。患病职工在村医务室治疗，药费由厂全部报销。随着全社会生活水平的提高，职工工资水平也逐年增长。1997 年，全村有劳动能力的残疾人员就业安置率 95%。1999 年，上级政府对生活困难的残疾人员实施最低生活保障，每人每月发放生活费 180 元。2002 年，上级民政部门为境内 1 名残疾人员发放了轮椅车。2003 年起，村里开始帮助残疾人员向市民政部门申请重残（特殊残疾人）定期补助，适当提高他们的生活水平。2016 年，村里为病残人员送去慰问品及慰问金，为 14 名残疾人员办理了生活补助手续。

2008 年 10 月起，市民政局每年公布南庄村享受重残（特殊残疾人）生活救助的人员名单。根据政策规定，名单必须在村（居）务公示栏中长期公示，村委根据要求在办公大楼南侧公示栏中给予张贴公示。2008—2016 年，南庄村享受重残（特殊残疾人）生活补助的有 100 人次，其中一户多残的有 2 户。

第二节　社会救助

一、五保户保养

解放后，境内无劳动能力、不能维持生活、无赡养对象的孤寡老人，由生产队保养（保吃、保穿、保住、保医、保葬），称"五保户"，其柴草、口粮等在生产队年终分配时提取公益金支出解决。老人去世后，留下的财产归集体所有。1963—1970 年，境内有"五保户"5 户。其口粮、柴草全年由所在生产队供给，生产队还每月支付现金 5 元。如果平时碰到实际困难，再支付现金 10 元左右，实际支付金额从生产队年终提留的公益金中支出。80 年代开始,塘市公社建办敬老院,村内"五保户"被送到公社敬老院托管,大队负责支付全部托管费用。

二、临时救助

70 年代,塘市公社规定三类人员为救济对象:一是遭遇不测或遭天灾人祸的社员;二是 1957 年前参加工作,1961—1962 年下放的国有企事业单位老职工;三是由于患病,达不到当地生活水平的农户。这三类人员经县民政局批准,按月发给原工资的 40%;临时发生困难的社员,给予一次性临时救助。70 年代末,南庄大队对老、弱、病、残且无子女户进行年终救济,送衣、送粮。并对 9 户困难户给予临时补助照顾。

80 年代末,南庄村对贫困户实施危房改造,帮 3 户村民建平房 9 间。

90 年代以后,南庄村每年对临时发生经济困难的人员进行照顾,特别是对患有重病、大病,家庭经济确实困难的人员给予 1000~10000 元金额的照顾,以解决他们的困难。2010—2016 年,村对境内因病造成经济困难的 27 户农户进行困难照顾补助,并先后救助因患大病、重病,突然死亡造成严重困难的农户 13 户,共拨付资金 3.78 万元。

三、募捐

1990 年,塘市乡人民政府发起"献爱心"活动。南庄村从 1990 年开始,每两年举行一次面向贫困地区的献爱心捐衣捐款活动。

2008 年 5 月 5 日,杨舍镇开展"爱满港城"慈善一日募捐活动,南庄村共捐款 13.57 万元。其中,13 家私营企业捐款 10.85 万元。2008 年 5 月 12 日四川汶川发生大地震后,村委于 5 月 17 日至 19 日组织抗震救灾献爱心捐款活动,3 天共捐资金 26.66 万元。其中,15 家私营企业捐款 20.7 万元,村民捐款 1.36 万元,全村党员交纳抗震救灾特殊党费 4.6 万元。2010 年 10 月,李家巷第五村民组小青年李强被确诊为病毒性心肌炎,使家庭陷入极度痛苦之中。南庄村委组织一场"爱,不缺席"的慈善募捐活动,现场募捐善款总额达 5.63 万元。2016 年底,南湖苑社区 26 幢 303 室新市民张瑞诊断为"骨髓增生异常综合症",社区发出《爱,让希望传递——为患病儿张瑞捐款倡议书》,立刻得到居民响应,10 天内募集善款 1.12 万元。

四、困难补助

50—70 年代,乡(公社)民政部门对不能维持生活的困难户(即农村家庭不能达到当地群众基本生活最低保障线)均给予一定的照顾与救济。除平时对困难户发放救济费以外,还在青黄不接和寒冬腊月的时候对困难户及时发放补助款和寒衣、被褥等生活用品。境内先后有 47 户困难户得到补助。80 年代开始,南庄村对困难户在年终时直接用现金补助。

至 2004 年,先后有 117 户困难户得到补助。2005 年起,村内困难群体可根据家庭收入情况直接申请张家港市城乡居民最低生活保障(即低保户),或可申请低保边缘户。2006—2016年,南庄村向市民政局申请,为 57 户办理低保户,为 56 户办理低保边缘户。2016 年,南庄村扩面慰问重大疾病患者、困难户等弱势群体,用村有资金给 137 户困难群众补助现金4.92 万元。

2000—2016 年南庄村社会扶贫帮困一览表

表 10-2-3

年份	扶贫帮困(元)	低保户家庭收入均低于(元/月)	低保户(户)	低边户(户)	重残补贴(户)
2000	23000	—	—	—	—
2001	25000	—	—	—	—
2002	30000	—	—	—	—
2003	30000	—	—	—	—
2004	35000	—	—	—	—
2005	39000	230	4	—	—
2006	42000	240	4	—	—
2007	45000	250	5	—	—
2008	50000	260	12	3	—
2009	50000	310	9	3	—
2010	50000	370	6	6	14
2011	50000	500	7	7	16
2012	60000	600	4	7	18
2013	80000	670	4	6	14
2014	85000	700	4	8	13
2015	90000	750	1	8	11
2016	100000	810	1	8	11

2008 年 10 月起,市民政局每年公布南庄村享受最低生活保障对象名单。根据政策规定,名单必须在村(居)务等公示栏中长期公示,村委会根据要求每年在办公大楼南侧公示栏中给予公示。2016 年,南庄村低保户 1 户,低保边缘户 8 户。

五、老年人福利

2000 年,南庄村为全村 60 周岁以上 236 名务农人员发放老年生活补助费,每人每年

100 元。2001 年 9 月,为全村 60 周岁以上的老年人发放中秋礼品,并发放老年生活补助费,每人每月 70 元,全年 840 元。2002 年 3 月,为全村 60 周岁以上老年人发放老年生活补助费 250 元,以后每年发放。2012 年起,村里给 60 岁以上的老人每逢端午、中秋、重阳、春节等节日发放慰问品或慰问金,70 岁以上老人年终加发 200 元慰问金。2013 年起,村里每年组织 70 年以上老人参加健康体检。2015 年起,凡境内村民病故,村里都派代表参加葬礼,向已故者家属表示慰问并折白份 1000 元,是年支付 2.3 万元。2016 年,全村老年生活补助费调整为每季度 310 元,年终发慰问金 200 元,全年 1440 元。是年发放老年人各项节日福利共计 14.8 万元,生活补助 22.78 万元,90 岁老年人尊老金 0.7 万元。

第十一卷 教育·文化·体育·卫生

第一章 教 育

民国前,南庄村境内就有教小孩识文断字的人,被尊称"先生"。

民国时期,境内先后开办大南庄、东墙门、小窑泾3所私塾。中华人民共和国成立后,境内教育事业步入正轨。境内有南庄、东墙2所小学。50年代起,境内先后开办民校、夜校,积极开展扫盲工作;开办家长学校,注重成人教育,拓宽教育阵地。1980年,境内2所初小合并为南庄小学,校址易地至村中心的夏家弄,成为拥有6个班级、8名教师的完全小学。1996年9月1日,南庄小学并入塘市中心小学。

第一节 旧 学

清代农村设私塾,一二十名学生学习《百家姓》《大学》《中庸》《论语》《孟子》等。清末至民国,境内较大自然村设私塾,共3所。到私塾学习的大多是富裕人家子弟,贫寒人家子弟有时也可免费入学(决定权在私塾教师)。

民国期间,境内3所私塾的教学内容采用国民教育小学课本,但私塾教师不教数学、历史、地理、体育、美术,所设课程由塾师自定。1937年,由于日军入侵,乡间小学都遭到破坏,被迫关停。以后,一些地方老知识分子又在境内办起了2所私塾。

大南庄私塾 始办于1938年3月,借用徐品成家的一间碾房为教室,教师是大南庄本村的徐福全。以后许三元、钟菊秋等老师在徐士芳家的下场屋、徐汉英家的圆堂屋里办过学,教学生30—40人。教育经费由农民集资,教师工资采取以生养师办法解决。书本大多是手抄的《百家姓》《三字经》《日用杂字》。教师除教学生识字外,还教学生打算盘、写毛笔字。学生来自大南庄、李家巷、田二房、马家湾、缪家巷等周边的几个村庄。解放初,学校迁至大南庄庙里,姚惠芳在该私塾教过书。

东墙门私塾 始办于 1941 年 9 月,借用邹宝棣家的一间民房。第一任教师是庞育山,以后有教师 2 人、学生 60 多人。教材是《三字经》《百家姓》,后来给高年级学生教《大学》《中庸》《论语》《孟子》等。学生来自东墙门、夏家弄、小窑泾、朱家巷、孔家庵等自然村。后来学校迁至邹家祠堂。

小窑泾私塾 始办于 1947 年 6 月,当年借用王维保房屋 2 间作教室,次年后又分别借用陶祖云、王宝珍的房屋作教室,1951 年搬进王家祠堂。教师是新桥三家村的陶正祥,有学生 20 多人,来自小窑泾、大窑泾、朱家巷。教师教学生识字、写毛笔字、打算盘。先生的薪金由学生家长负担。后因生源不足而停办,学生转入东墙门私塾就读。

第二节 幼儿教育

1958 年起,境内农村幼儿教育得到发展,年龄小的入托儿所,年龄大的入幼儿园,聘请有一定文化的女青年当幼儿老师,教唱歌、舞蹈和识字。公社妇联经常组织幼儿教师交流经验、参加会演、到外地参观。1961 年境内有农忙托儿所、幼儿园 5 所,入托幼儿达 200 余人,入园幼儿达 60 余人。境内的幼儿教育始于 70 年代,一般在初级小学内附设幼儿班,秋季招生,学制一年,一年后升入一年级。1970 年 2 月,南庄小学和东墙小学开设幼儿班,幼儿班有专用教材。1975 年,南庄大队开办幼儿园 1 所,配备专职幼师,设置幼儿课程,规定学完汉语拼音字母和学会 10 以内的加减法。幼儿教师的工作内容委托附近小学教师进行。1976 年,境内幼儿的入园率为 36.8%,1977 年为 58.4%,1978 年为 65.8%,1985 年起年年为 100%。

1988 年,境内幼儿园设大班、中班、小班,入园幼儿 112 人,有幼师 4 人,陶仁英、徐凤莲等担任幼儿教师,另有保育员 2 人。随着乡、村经济的发展,至 1992 年,办园条件逐步改善,有新的园舍和活动场所,有幼儿 83 人,配备幼师 2 人、保育员 1 人。2001 年,南庄幼儿园并入镇中心幼儿园,境内 9 个自然村的学龄前儿童全部到塘市幼儿园接受教育。

第三节 小学教育

解放初,境内有小学 2 所,分别是南庄初级小学、东墙初级小学。

南庄初级小学 前身是大南庄私塾,始办于 1938 年。中华人民共和国成立后,大南庄私塾改为大南庄初级小学,成为一所开设 1~4 年级的单班复式初级小学,学校移至大南庄庙里。有教师 1 人、学生 50 多人。1952 年 2 月,大南庄初级小学由江阴县文教局批准为公立学校,改称大南庄初级小学。期间,常廷秀、徐茂歧、叶毅中、张如全、徐祖祺等先后在南庄小学教过书。其中,常廷秀老师在南庄村村民心中留下深刻印象。常廷秀毕业于上海国

1954 年大南庄小学通讯卡(摄于 2016 年 8 月,徐生才提供)

1953 年大南庄小学成绩报告单(内页,摄于 2016 年 8 月,徐生才提供)

1960 年南庄小学学生成绩单(摄于 2016 年 8 月,徐聚才提供)

立专科学校。他学问较深,知识面广,授课生动形象,学生容易接受。他的学生中当教师、做会计的在大南庄就有 10 余人。他多才多艺,业余曾为村民写过状子,给村民说大书,从年初三至正月半,每晚在教室里说《岳传》《水浒传》《西游记》。

东墙初级小学　前身是东墙门私塾,始办于 1941 年,1952 年由东墙门迁移到邹家祠堂里。同时,陶正祥负责的小窑泾私塾也并入东墙小学,并由江阴县文教局批准为公立学校。东墙小学是一所开设 1~4 年级的初级小学,有教室 2 个、教师 2 人、学生 80 余人。解放初期,庞育山、岳传生、陶永明先后当过学校负责人。1966 年,邹家祠堂拆除,改建成对开两排的学校,每排 5 间平房,开设有 1~4 年级 4 个班级。1967 年 7 月,扩展到 6 个班级,成为完全小学,有教师 7 人,学生 190 余人。1980 年塘市公社将南庄小学与东墙小学合并,易地新建在夏家弄西,校名为南庄小学,开设 6 个班级,有教师 8 人、学生 230 余人。先后由陈进章、邹惠英、徐卫海、居秀琴任校长。

中华人民共和国成立后,南庄村的村民学历以高小毕业为主。按照"教育必须面向工农"的方针,境内学校大量招收贫下中农子弟入学。1957 年,境内在校小学生 200 余人,是 1949 年的 2 倍。整个学校工作以苏联凯洛夫教育理论为指导,提倡德、智、体全面发展,教学质量提高较快。1958年,在"大跃进"影响下,兴起办学热潮,年末在校学生310人、教职工8人。学龄儿童全部入学,在校超龄儿童41人。

国民经济三年困难时期,超龄儿童全部退学,学龄儿童辍学也较多。1963年,在校学生减少到205人。同时,师生参加劳动和社会活动较多。

1964年,贯彻公办和民办两种教育制度并存,境内办耕读小学1所,有学生30多人。公社设辅导员负责辅导。

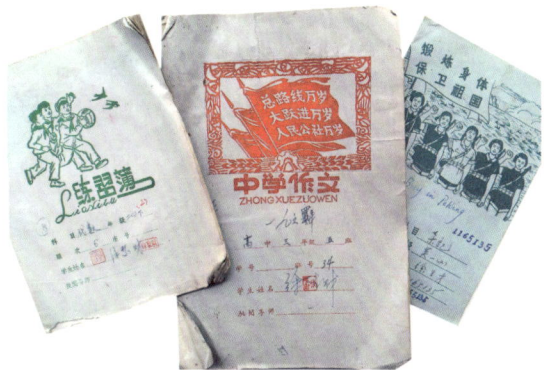

1964年学生作业本(摄于2016年8月,徐生才提供)

"文化大革命"时期,学校处于无人管理状态,学校财物损失惨重。1969年,贫下中农管理学校,实行大队办学。这期间,实行了一系列"教育革命"措施:一是精简课程。小学改设政治、语文、算术、常识4门课程。二是更换教材。1968年后由苏州地区编印教材。70年代初,由省、地区统一编选教材,按照"突出政治""删繁就简"的原则,摒弃传统的文化课知识体系,语文以毛主席语录、诗词、著作为主,其次是歌颂工农兵的短文及诗歌。政治按照各个时期的中心工作,教师教什么,学生就学什么,各年级的内容基本统一。算术与生产劳动相结合,进行肥堆、肥仓体积和土方测量实用计算。1973年下半年起,逐步推行南丰公社"三算结合"(口算、笔算、珠算)的教学方法,1977年以后,逐步废止。三是缩短学制。1969年起,实行九年一贯制,小学5年,初中、高中各2年。1971年,试行春季招生(指小学一年级新生),试行一个学期后改为秋季招生。四是体制下放。1969年起,全公社的小学全部下放给大队,由大队党支部领导。五是改革课堂教学形式。强调以"社会为课堂",走出去,请进来,请工人、贫下中农、学生代表一起商讨,然后写教案。上课时请工人、贫下中农到教室听课,并在课后提出批评意见。成绩考核一度实行开卷考试。小学升初中由大队党支部推荐。

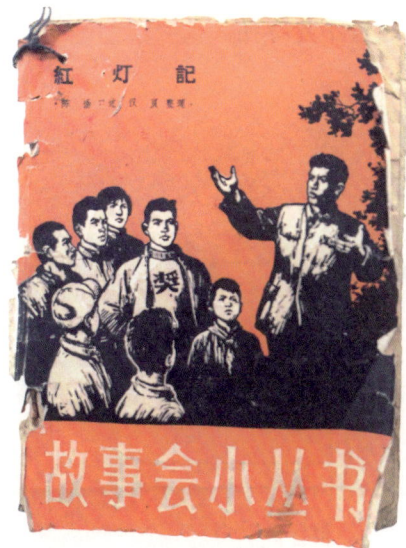

70年代故事书(摄于2016年8月,徐聚才提供)

1972年下半年起,学校教育秩序一度好转。1973年,以"黄帅来信"和河南"马振扶事件"为题,狠批教育战线的"复辟回潮",狠批"师道尊严",学校教学工作再度陷入混乱。

1976年10月,粉碎"江青反革命集团"后,学校工作开始逐渐恢复正常。1979年开始,小学贯彻实施《全日制小学暂行工作条例(试行草案)》和新颁《小学生守则》,建立与健全各项规章制度。1981年,试行教育部颁发的《全日制五年制小学教学计划修订草案》,恢复地理课、历史课,开设劳动课,改政治课为思想品德课;试行教育部颁布的《全日制十年制学校小学语文教学大纲(试行草案)》《全日制十年制学校小学数学教学大纲(试行草案)》,使用教育部编写的教材。1983年,小学恢复六年制,使用省编教材。1985—1988年,从低年级起逐步过渡使用教育部编写的教材。1987年,执行国家教委颁布的全日制小学各科教学大纲。

1980年起,塘市公社对小学布局进行逐步调整,将南庄境内的南庄、东墙两所初小合并为南庄小学,校址易地重建于村中心的夏家弄,成为一所拥有班级6个、教师8人的完全小学,在校学生230余人。1996年秋季,南庄小学并入塘市中心小学,家远的小学生由学校的学生专用车接送上、下学。

第四节 初中教育

1968年3月,为贯彻上级关于"学校办到农民家门口"的精神,由塘市公社财政拨款在大南庄新宅基租用150平方米民房为教室,于同年8月在原有南庄小学的基础上,附设一个初中班,命名为南庄附设初中班。初中班学制为2年,招收初一学生38人,配有教师3人(语文、数学、外语各1人)。1968年9月开学。1970年2月,南庄附设初中班停办,原有学生全部转学到塘市中学初中部学习。以后,境内的初中教育不复存在。

第五节 社会教育

扫盲教育 解放初期,境内派员和塘市乡冬学骨干一起参加江阴县举办的冬学教师培训班。1950年1月,以境内的大南庄小学和东墙小学为基地,掀起冬学高潮。学习的内容主要为时事、政策及文字。这种冬学带有季节性,春耕生产开始就暂停学习。1951年冬,再次掀起冬学热潮。1952年春,冬学转变为民众夜校(民校),开始向常年化发展,提出"农闲多学,

50年代夜校教材(摄于 2016年10月,徐聚才提供)

60年代民校读本(摄于2016年10月,徐聚才提供)

农忙少学"的口号。1952年冬,境内设专职民校辅导员1人。1953年春,一批农村干部和有一定文化基础的群众摘除了文盲帽子。境内的民校既是学习文化的场所,又是娱乐的场所,还是开会讨论工作的场所,受到群众广泛欢迎。1956年3月,江阴县决定开展突击扫盲运动,境内采用"集体辅导、个别包教"方法,每位高小学生都有包教任务,识字内容为"元、角、分、丈、尺、寸"等常用字。4月份,举行全县大会考,凡识字达1500字,即发结业证书,境内一大批学员获得结业证书。1956年底,县委要求实现"一年扫盲、半年扫尾"的目标。根据县委的指示精神,境内大力开展扫盲运动。1958年5月,经过全面考试检查,宣布境内已基本扫除青壮年文盲。以后,业余扫盲学习基本停止。

　　1964年,在人口普查中发现,文盲、半文盲在总人口的比例仍然较高,于是境内设立民校,配备专职业余教育辅导员,继续开展扫盲运动。"文化大革命"中,业余教育名存实亡。1981年开始,扫盲教育改为工农教育,境内有2个班。1983年春,对境内12—40岁的农村人口进行文化普查,结果表明青壮年农民文化水平已有显著提高,达初中文化程度有90人,占总人数4.74%,小学毕业的有140人,占总人数7.37%。1990年,全部扫除青壮年文盲。

　　市民学校　随着小城镇建设步伐的推进,农村人口进入社区,2008年1月,南庄村、南湖苑社区成立市民学校,同时成立社区法制学校,配备兼职教师10人。南庄村市民学校有健全的教学管理制度,健全的组织机构,健全的会议制度、教学制度、学员考勤制度、教师授课制度、信息报送和宣传制度、档案管理制度。根据全村和社区的资源优势和特点以及

2012年11月8日,南庄村创江苏省标准化市民学校验收会现场

不同年龄阶段孩子家长的需求,因地制宜采用报告、讲座、参观、经验交流、体验互动等灵活多样的形式,创造性地开展各类教学活动,实行分层指导。

　　村、社区利用市民学校向广大市民家长宣传党和国家的方针、政策和法规;帮助和引导市民树立正确的家庭教育理念,掌握家庭教育的科学知识和方法;向市民普及未成年人生理、心理知识和营养保健常识,为全体市民提供便捷有效的家庭教育指导。2008—2016年,市民学校组织村(居)民开展网上教育和课堂教育22次,受教育家长700余人次。村、社区市民学校联合所在学校、幼儿园等教育单位和机构,组织村、社区内热心市民教育的专家、教师、志愿者为市民提供切实有效的服务。2010—2016年,开展上门为智障和其他疾患儿童家庭提供心理咨询、健康指导等服务20余次。这些活动帮助市民加强自身修养,提高未

成年人综合素质,营造和谐的家庭氛围,促进社区精神文明建设。

社区市民学校是指导和服务社区家庭教育的主阵地,成为宣传家庭教育理念和家庭教育知识的主场所。2012 年 11 月 9 日,南庄村、社区创建江苏省标准化居民学校,并通过省级验收。

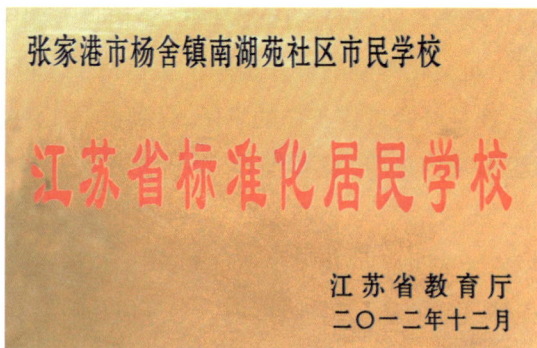

居民学校牌匾(摄于 2012 年 12 月,顾彩云提供)

第六节　教　师

南庄村的文化底蕴较深,教学资源丰富,教师队伍不断扩大,教学业绩突出。中华人民共和国刚成立,境内就有徐茂歧、蔡瑞庆等人从事小学教育。60 年代,境内邹伟英、徐福祥、徐林才等中师、师专毕业后从教,成为中华人民共和国成立后国家培养的第一代人民教师。60 年代末,境内有徐生才、王燕春等本科师范院校毕业生走上教育工作岗位。80 年代,又有王金良、王英锋、戴琴芬等一批高校毕业生选择教师职业。至 2016 年,全村有中小学教师 28 人,其中大学副教授 1 人、中学高级教师 7 人。教学科目涵盖数学、物理、化学、语文、英语、政治、历史、地理、体育等课程。

南庄籍教师教学业绩颇丰。徐生才,在江苏省金湖县中学任高三年级班主任并执教英语课程期间,总结研究教学方法,强化班级管理,科学扎实授课,取得较好成果。1984 年全国高考中,他所带班级共 55 人,36 人考上本科,其中 27 人考上全国重点大学,3 人同时被清华大学录取。是年,清华大学在江苏招生 80 人,淮阴市一举创造了"1 班 3 清华"的历史奇迹。王燕春,在任江苏省淮阴中学英语高级教师期间,提高学生听、说、读、写、译的综合能力,所教班级学生的英语成绩历年均列淮安市前茅。1996 年 9 月获得全国中小学外语教师园丁奖。

徐浩明从 1998 年起,先后任张家港市第三中学、张家港市第二中学、暨阳湖实验学校和张家港市第一中学的主要领导人。在近 20 年的任职期间,严抓教师队伍建设,协调各方资源,制定目标,盯牢结果,过程让老师和学生共同完成。2002 年起,曾被苏州市人民政府授予"苏州市教育先进工作者""苏州市名校长""苏州市化学学科带头人"等称号。2012 年,被评为全国基础教育管理杰出人物。

全国中小学外语教师园丁奖(摄于 1996 年 9 月,王燕春提供)

附：南庄村（居）民接受高中（中专）高等学历教育简介

1955 年 8 月，东墙门邹伟英考入江苏省太仓师范学校，成为境内首名中师生。1959 年 8 月，小窑泾陶勇（又名陶金满）考入中国人民解放军张家口外国语文学院，成为境内首个大学生。

60 年代，"文化大革命"前，境内先后有大南庄徐生才，东墙门邹长兴，小窑泾朱秉忠、朱长庭、王进法等考入大学。1969 年 2 月，塘市中学增设高中班。小南庄李长法，大南庄徐聚才、徐玉芳，小窑泾王春富成为塘市中学首届高中生。

1974 年 11 月，大南庄徐云飞被无锡无线电学校录取，蔡淑珍被无锡财经学校录取，两人成为境内首批贫下中农推荐的中专生。70 年代末，恢复高校招生考试制度。大南庄徐浩明、李家巷金国民、小窑泾王金良等被大学录取，成为恢复高考后境内的首批大学生。

80 年代，考入大学的人数有所增加，大南庄徐平、徐江、徐文彪、邹文彪、徐国新、徐建刚，东墙门邹建忠，小窑泾王英峰、陶建国等相继考入大学。

从 90 年代开始，境内考入大学的人数逐年增多。李家巷的金国民为境内首个硕士研究生。

2016 年末，全村共有中专生 63 人，大学生 248 人（其中专科生 131 人、本科生 117 人），研究生 10 人。

2016 年起，南庄村设立录取本科大学生奖励金，视录取大学等级定奖励金，额度为 1000—2000 元 / 人。是年，全村录取本科生 8 人，共拨付奖励金 12000 元。

1965—2016 年南庄村（大队）部分居民学历一览表

表 11-1-1

就读时间	姓　名	性别	院校名称	工作单位	自然村（小组）
1965.09—1969.07	徐生才	男	南京师范学院	江苏省淮阴市教研室	大南庄（二组）
1979.09—1983.07	金国民	男	南开大学	美国加州大学	李家巷（六组）
1981.09—1985.07	邹建忠	男	南京化工大学	张家港市环保局	东墙门（十一组）
1984.09—1988.07	徐国新	男	西安交通大学	江苏国泰集团	大南庄（三组）
1985.09—1989.07	徐建刚	男	南京林业大学	江苏沙钢集团有限公司	大南庄（四组）
1990.09—1994.07	徐一新	男	南京中医大学	张家港市第一人民医院	大南庄（三组）
1997.09—2011.07	徐国春	男	西安交通大学	江苏国泰集团	大南庄（四组）
2007.09—2011.07	徐思逸	女	南京审计学院	苏州相城区农业银行	大南庄（二组）
2007.09—2011.07	陶丹斌	男	南京理工大学	上海远景能源有限公司	小窑泾（十五组）
2010.09—2014.07	徐怡婷	女	清华大学	美国旧金山国际评级机构穆迪公司	大南庄（四组）

（续表）

就读时间	姓　名	性别	院校名称	工作单位	自然村（小组）
2012.09—2016.07	徐子怡	女	中国美术学院	在校生（留学美国）	大南庄（二组）
2012.09—2016.07	徐梦婷	女	南京审计大学	江苏国泰集团	大南庄（四组）
2013.09—	陶晨鑫	男	西安交通大学	在校生	小窑泾（十五组）
2015.09—	徐宇辉	男	南京审计大学	在校生	大南庄（三组）
2016.09—	陶琼艳	女	复旦大学	在校生	小窑泾（十五组）

注：表中所列，仅限资料提供者。

1984—2016 年南庄村（大队）部分研究生一览表

表 11-1-2

就读时间	姓　名	性别	学校名称	专业	工作单位	自然村（小组）
1984.08—1986.07	金国民	男	上海交通大学	计算机	美国北加州大学	李家巷（六组）
1985.08—1987.07	邹建忠	男	南京化工大学	防腐	张家港市环保局	东墙门（十一组）
2007.09—2011.09	徐　锋	男	上海复旦大学	软件工程	沙钢集团	大南庄（二组）
2007.09—2011.08	邹　凌	男	东南大学	材料工程	美国霍尼尔特种材料和艺术有限公司	东墙门（十组）
2011.09—2013.09	陶丹斌	男	美国纽约州立大学	自动化	上海远景能源公司	小窑泾（十五组）
2011.08—2014.07	邹英姿	女	安庆大学	法学系	—	东墙门（十组）
2014.08—2016.07	徐怡婷	女	美国哥伦比亚大学	金融系	旧金山国际评级机构穆迪公司	大南庄（四组）
2014.08—2015.08	徐　越	女	英国利兹大学	商贸系	海通证券公司	大南庄（四组）
2016.08—2016.12	徐　婷	女	美国西雅图大学	金融系	在校生	大南庄（三组）
2016.08—2016.12	徐子怡	女	美国艺术中心设计院	艺术设计	在校生	大南庄（二组）

注：表中所列，仅限资料提供者。

第二章　文　化

中华人民共和国成立前，境内的群众文化生活单调。中华人民共和国成立后，文化事业开始起步。60年代初期，境内成立文艺宣传队，电影、广播进村入户。80年代始，境内有知识分子在各自所从事的工作领域总结经验，撰写论文和文学作品。90年代，南庄村建有老年活动室。2000年后，南庄村建有文体综合活动室，每年举办节日文化活动。2007年以后，社区文化事业发展迅速。境内室外建有长久戏台、宣传橱窗、宣传栏、文化墙、宣传标语牌、公益广告幅，室内建有文化走廊、道德讲堂、农家书屋、电子阅览室、文化资源播放厅等。社区成立文化网格，设立微信公众号。全村注重历史文化遗产的传承光大，续修家谱，弘扬族训、家规、家风。

第一节　文化设施

解放初期，境内缺乏文化设施，仅将两所小学的教室作为活动场所，每逢春节或农闲期间，群众聚在一起听老师和有文化的人讲故事、说大书，天南海北地侃《山海经》、八怪趣闻和家长里短。60年代初，邀请文艺团队到村演出，均由村里组织人员临时搭台应付。"文化大革命"时期，境内较大的自然村用砖头砌个土墩，算作文艺活动演出舞台。

南湖苑社区建立以后，逐步建立和完善一批新的公共文化场所和活动设施。大楼东侧专门新建固定戏台，专供文艺演出和大型晚会使用。还设有室内的小型文化活动场所，主要场所有农家书屋、公共电子阅览室、家长学校、棋牌室、排练室、健身室、多功能活动室等，主要设施有书柜、架、桌、椅、电脑、多功能机电一体化智能影视电子设备等。

南庄村、社区在综合服务大楼的二楼，设有文化走廊，张贴《弟子规》等道德规训模板图，宣传"忠孝礼仁信义智廉"的传统文化，弘扬传统美德。并建有文体活动室数间，包括图书室、电子阅览室、乒乓球活动室、远程教育终端接收站、文化资源播放室、棋牌室等，总面积1000余平方米。棋牌活动室全年全天候开放，配有专人管理，免费提供开水。

农家书屋　南湖苑社区农家书屋的前身为始建于2005年的南庄村农家书屋，于2007年初对外开放。书屋建筑面积180平方米，是办公大楼群众活动的场所之一，室内供阅览座位30个。书屋藏书6500余册，每月有500册书籍于全市流动周转，除现场阅读外，书籍可通过全市一卡通联网，可通借通还。书屋订阅报刊55份，涵盖政治、经济、科技、工农业、医疗保健和教育文化等多个领域。2007年7月，农家书屋增设公共电子阅览室，配有电脑10台，与党员远程教育相结合，建设文化共享基层服务点，成为"四位一体"综合信息服务站。2010—2016年，村民及学生到农家书屋现场阅读1326人次，周转借阅图书2158人次，通过公共电子阅览平台阅读人数超过1800人次。

南庄村、南湖苑社区围绕"全民阅读，让张家港更文明"为主题，积极培育、发展阅读推广人、民间阅读组织，引导村（居）民积极参加阅读活动。2013年，开展的"你阅，我悦"社区全民阅读活动获得中国图书馆协会举办的"社区乡镇阅读推广活动优秀案例推广奖"。

2014年起,每年举办阅读活动60余次,读者2000余人次。社区农家书屋获"江苏省百佳农家书屋""江苏省农家书屋法制文化建设示范点""2010—2011年度江苏省五星级示范农家书屋""江苏省党员干部现代远程教育示范站点""苏州市职工读书站""张家港市五星级农家书屋"等荣誉称号。

南庄村举行写春联、送春联活动(摄于2013年2月2日,顾彩云提供)

每年春节,书屋都要进行写春联送春联活动,祝愿千家万户过上吉祥幸福的生活。

文化资源播放厅 南湖苑社区文化资源播放厅建于2006年,位于办公大楼二楼,建筑面积150平方米。厅内设有播放设备1套、观众座席60个,是社区主要教育培训基地。南庄村利用周日、节假日开展社区教育活动,每年按计划开办家长学校,利用暑期进行青少年素质教育,平时定期或不定期开展消防安全知识、健康医疗保健知识的讲座。利用全国文化信息资源共享的优势,每逢周二、周五,转播一些老年人喜闻乐见的地方戏剧目,如锡剧、越剧、黄梅戏等,使居民不出社区就能看到自己爱看的一些影片。同时还转播一些科教文化片,帮助居民群众学习科技知识,改变陈规陋习,转变思想观念,提高整体素质。2007—2016年,文化资源播放室先后组织播放近1000余场,观众达1万余人次。

棋牌活动室 南湖苑社区棋牌活动室建于2007年,位于社区办公楼二楼。室内建筑面积200平方米,拥有棋牌桌12张,设专人管理,供水供电供空调,全天候无假日对外开放。室内空气清新、环境幽雅,深受社区老年人喜爱,下棋、打牌、喝茶、聊天,成为相互沟通、增进了解的一个文化娱乐场所。

文化网格 社区根据居民不同的文化需求,成立文化网格,分别为"读书小组网格""文化共享网格""南湖清韵网格""南湖云舞网格"。每个网格都设网格长,收集网格内居民的文化需求,向居民传递文化信息、资讯,引导居民参加各类文化活动,满足不同层次居民的文化需求。

文化墙 2007年,张家港经济技术开发区专门在南湖苑社区45幢东面乒乓球场南侧建有一垛文化墙,上刻南宋将领、词人辛弃疾的著名词《西江月·夜行黄沙道中》的名句。小区内群众驻足观赏,陶冶情操。

宣传阵地 南庄村、社区拥有宣传橱窗6处共120平方米,设立小区区间不锈钢公益广告宣传栏60个共100平方米、路灯杆竖幅宣传标语牌80个、电子显示屏2个6平方米。

2015 年，投入使用"张家港南湖苑"微信公众号 1 个。社区宣传阵地充分宣传党的路线、方针、政策，社会主义核心价值观，一直遵循和贯穿"人文新乡邻、书香南湖苑"的总基调，树立南庄村、南湖苑社区的品牌特色。通过传播科学知识，推广实用技术，宣传道德模范先进事迹，满足群众的精神文化需求。村、社区利用楼道、走廊作为宣传阵地，张贴一些名言古训，突出中国传统道德文化的内涵教育。

2009 年 2 月 20 日，苏州市文化建设"五件实事"考核组领导到南庄村（南湖苑）考察

　　2008 年 8 月 26 日，江苏省文化厅厅长章剑华在张家港市委宣传部部长梁一波等领导陪同下到南庄村（南湖苑社区）指导工作。是年 11 月 2 日，文化部文图司副司长李宏一行在张家港市文广局副局长支坤兴陪同下到南庄村（南湖苑社区）参观考察。是年 11 月 17 日，文化部文化共享工程督导组到南庄村（南湖苑社区）现场观摩。2009 年 2 月 20 日，苏州市文化建设"五件实事"考察组到南庄村（南湖苑社区）考察。

第二节　群众文化

　　解放前，境内农民每逢婚丧之事就请从事道教音乐的班子吹拉弹唱，其余文化活动集中在春节及农历正月半。大年初一后，调狮子、打莲湘、唱春、说好话、贴财神等接踵而至。年初五以后，舞龙灯、猴子耍把戏、"小热昏"、"卖拳头"等开始热闹起来。农历六月十九，塘墅镇上的东、西城隍庙庙会有灯会、走高跷、荡划船、摘肉香、卖梨膏糖等，热闹非凡。每当农业丰收之年，秋熟之后，由地方延请戏班在城隍庙演出，四乡观众云集市上，长达半年之久。平时常聘请评书、弹词艺人登台表演，有时也请滩簧、锡剧等小型剧社演出。

　　解放后，境内的群众文化不断发展。60 年代以后，农村中带有封建迷信和腐朽没落色彩的文化逐渐消失，代之以进步、文明、健康的新文化，遍及乡村。"文化大革命"期间，群众文化发展曲折，后经拨乱反正，迅速得到恢复。改革开放以后，南庄村文化事业蓬勃发展，群众文化生活丰富多彩，时代气息浓郁，农村群众文化进入了一个新的发展时期。2010—2016 年，群众文化融入南湖苑社区举行的活动之中，寓教于乐。

　　民间歌舞、民间歌谣、民间娱乐、民间故事等民间文化在南庄地区有着深厚的群众基础，曾牢牢扎根于邻里坊间、田间地头，百听不厌，为人们所口口相传。

一、民间歌舞

歌咏 清末,农民爱好唱山歌,主要有糯稻山歌、耘稻山歌、挑担号子等,其内容大多是古代故事、男女爱情。有些人能自编自唱,南庄的徐德卿、徐玉才便是其中之代表。妇女喜爱江南小调,如《杨柳青》《无锡景》《十二月花名》《孟姜女过关》等等。每当夏季乘凉,男女围坐一起摇着蒲扇,你一曲,我一曲,尽情欢唱。30年代,流行电影插曲,其中《渔光曲》《马路天使》《何日君再来》《红娘》等,青年男女都喜爱唱。1931年"九一八"事件以后,抗日歌曲在农村流行起来,有《松花江上》《义勇军进行曲》《黄河颂》《毕业歌》等。歌曲逐步从纯娱乐性发展到具有教育性。1949年解放以后,《解放区的天》《妇女解放歌》《团结就是力量》《咱们工人有力量》等歌曲人人会唱,而且逢会必唱。以后歌曲内容随着各项政治运动而变化,土改时大唱《谁养活谁》。国民经济三年困难时期,《人民日报》发表了《歌唱祖国》等歌曲,人们争相传唱。1966年"文化大革命"开始,歌曲的内容集中在歌颂领袖,其中"语录歌"和《大海航行靠舵手》《北京有个金太阳》等歌曲妇孺都会唱。"文化大革命"中,文艺都是纯政治性的。广播喇叭里从早到晚插播样板戏歌曲,如《白毛女》《智取威虎山》《红色娘子军》等戏剧伴唱歌曲,村里的青壮年个个都会吟唱几首。80—90年代,歌曲的变化很大,流行歌曲风靡一时,青年男女到处传唱。1990—2016年,境内举行节日文艺联欢会15次、节日大合唱比赛4次、歌咏比赛6次,累计有500余人次参加,观众达到2万余人次。1997年,在塘市镇上举行庆祝香港回归的万人游园活动的演唱会上,观众达1.2万人,境内专门组织合唱表演队参加镇上比赛。1999年,开始流行音乐茶室,境内工业区商业街上曾有2家酒店设有卡拉OK歌厅,2016年停办。

南庄村扇子舞展示(摄于2015年5月,顾彩云提供)

舞蹈 清代,农村舞蹈主要是龙灯舞、狮子舞、高跷、茶担等等,每遇传统节日或庙会进行表演。民国年间,"西洋"舞传入中国,城市中可以看到这种舞蹈,农村只在学生中教,且遭到地方人士反对。解放后,秧歌舞蹈风靡一时,"打莲湘"、打腰鼓、扭秧歌是宣传队伍中不可缺少的项目,不少青年能自编自演。幼儿舞蹈更是逗人喜欢。1966年"文化大革命"开始,舞蹈内容强调政治性、严肃性,其中最流行的是跳"忠字舞",对于娱乐性较强的舞蹈都斥之谓"封资修"(封建主义、资本主义、修正主义)。80年代,农村出现了交谊舞。以后迪斯科、霹雳舞等相继出现,有的青年爱之入迷。90年代后,随着群众文化事业的发展,舞蹈日趋商业化,塘市镇上先后办起了"梦苑""梦娅""金辉""天使"等歌舞厅,不少企业也办了简易舞厅,跳舞成了人们最青睐的业余娱乐活动。1999年,境内不少企业和单位每逢节日和有关庆典活动,都爱在歌舞厅举行舞会,既陶冶情操,又活跃气氛。进入新世纪以后,广场舞成了很多中老年健身爱好。只要是晴天的晚上,打开音乐,广场上的人少则数十,多则上百,尽情地歌舞,热闹非凡。

2007年,南湖苑社区成立以后,舞蹈以广场舞为主。每日晚饭后,社区广场聚集众多广场舞爱好者,分成两队,一队在社区综合服务大楼的南广场,以跳广场舞、健身操为主,舞曲轻松欢快。另一队在社区综合服务大楼北广场,以跳双人交谊舞为主,交谊舞韵律节奏强、舞姿优美。两支队伍均有团队负责人。前期(2007年前),社区广场设施不够完善,居民就在香蜜湖畔跳舞,居民随到随学,随意性、娱乐性较强。2007年,社区成立后,广场舞的队伍就转移到社区中心广场。社区还专门成立两支舞蹈团队,即2007年成立的"南湖清韵"健身队、2012年成立的"云舞"舞蹈队。两支队伍中年龄最小30岁,最大58岁,共计50余人。她们都是社区的文艺骨干和文体爱好者。这两支队伍平时自学自编一些舞蹈曲目,经常代表南湖苑社区参加上级部门开展的各项文体活动。2014年,舞蹈《春暖花开》《今夜舞起来》《咏春》等曲目多次参加区镇组织的优秀文体节目展示、才艺PK赛、文化志愿基层行等活动。2015年,"南湖清韵"健身队排练的舞蹈《中国美》代表社区参加由市委宣传部等单位联合举办的"幸福港城,美丽绽放"广场舞PK赛,《第四套健身秧歌》在张家港市第二、第三届全民健身大展示——"健身秧歌比赛"中获优秀组织奖。2016年,社区舞蹈队参加市、镇组织的文艺演出活动2次,村里组织开展舞蹈比赛1次。

地方戏剧 清代,农村戏剧主要是昆剧、锡剧,一般在祭祖、斋神、祝寿、结婚、出丧等场合演出。20年代,农村出现"滩簧"(常锡文戏、锡剧),最初系坐唱,四五个人扮几个角色,只唱不表演。以后登台表演,受到群众欢迎。然而,滩簧往往带有很多低级庸俗的东西。1939年后,为宣传抗日救国,境内塘市中学的学生自编自导演出以抗日为内容的歌剧。1949年解放以后,群众文艺活动有了飞速发展,原来看戏的人开始登台表演。塘墅有文工

70年代样板戏剧本(摄于2016年7月,徐聚才提供)

南庄村举办"凝聚发展力量,增辉幸福南庄"迎国庆大型戏剧晚会(摄于2015年9月29日,陶心怡提供)

团,演出锡剧、话剧、歌剧等,主要配合政治运动,不少剧目自编自演,境内青年也有参加。70年代,群众文艺轰轰烈烈,境内人人学唱样板戏,编演锡剧,当时称"锡夹京"。大队的文艺宣传队排练了《奇袭白虎团》《沙家浜》《红灯记》等戏剧,春节期间到各个片巡回演出,深受群众欢迎。每年春节期间,搭露天舞台演出,每场观众达数百人。80年代以后,电视机逐渐普及,戏剧演出日趋减少。2012年秋天,在广场上举行"魅力新南庄"迎中秋、庆国庆文艺晚会,并请张家港市锡剧团演出了丰富多彩的曲艺节目,观众达上千人。2013—2016年,张家港市锡剧团送戏下乡,在南湖苑广场演出4次。

庙会　中华人民共和国成立前,每年农历七月十六是南庄庙会。除祭祀外,组织者总要搭台请戏班子唱戏,开展庙会文娱活动,境内男女老少每逢庙会必到,在庙场上轧闹猛。除了南庄本地人外,还有周边10多里的农民群众前往赶庙会,趁机与亲戚会会面,聊聊天,交流交流各家情况。有些村民随身捎点农副产品到庙会上出售,变点现钱花。50年代后,南庄庙会停止活动,但南庄庙场仍是大南庄村民每晚必聚的主要活动场所,也是小孩合众尽情玩耍的乐园。1980年以后,庙场不复存在。

二、民间歌谣

点点罗罗

点点罗罗,虫虫做窝。

猫猫吃饭,老虫(鼠)唱歌。

蓬蓬飞呀!嗬!

十二月花名

正月梅花带雪开,二月杏花光灿烂。

三月桃花红似火,四月蔷薇连攀藤。

五月石榴满树红,六月荷花水中生。

七月凤仙鬓边插,八月木樨香喷喷。

九月菊花朵朵开,十月芙蓉格外鲜。

十一月水仙白如银,十二月腊梅迎春来。

千朵桃花一树开

千朵桃花一树开,姐妹兄弟同娘胎。

蔑黄板板做竹篮,心心相印好招财。

三、民间娱乐

抢三十　这是一种口头的智力游戏,始于60年代,南庄玩抢三十游戏的以儿童居多。活动一般是规定从一开始,每次最多加二,谁先抢到三十这个数,就算胜利。至90年代,玩这种游戏已不多见,进入21世纪,基本消失。

金木水火土　南庄地区始于50年代,这是一种在"碗格子"上数五步吃子的走法,往往随便找张纸画一下,或在地上一画,放上四颗子,就可以"交战"了。70—80年代,境内农村社员利用地头劳动休息时间喜欢做金木水火土游戏活动。甲乙双方各用四子(小石丸子),开始没法吃子,但走开以后,当一方数"金木水火土"刚好五步,碰到对方的子,就可以吃掉。当把对方的子吃光或拦死不能走动,就算胜利。1982年分田到户后,社员各忙各的活,闲空聚在一起的时间越来越少,金木水火土游戏也就渐渐不见乃至完全消失。

调龙灯　南庄地区始于30—40年代。龙灯用竹篾扎骨架,分成龙头、龙身、龙尾三个部分。龙身共有10多节,呈圆柱状,用麻绳相互连接,外套用棉布缝成的龙衣,敷以重彩,勾勒出鳞片,栩栩如生。每节龙身下面安装一根竹竿,内燃活动蜡烛,龙头和龙尾各节均有1人执掌,另有1人高擎"夜明珠"作为前导,上下左右舞动。在锣鼓伴奏下,整条龙灯整齐地、有节奏地舞动起来,或窜、或翻、或滚,威武雄壮、气吞山河。旧时,大南庄庙会(每年农历七月十六)组织这种活动,村里徐金传等人是舞龙灯的积极参与者。中华人民共和国成立后,这种活动在境内逐渐消失。

放风筝　南庄人放风筝的历史久远,境内百姓称"放鹞子"。早在20年代就有人自己用竹篾浆糊制作鹞子。每年春节后到清明,男女老少争相竞放。鹞子形态各异,有龙、凤、鹰、燕、鸽、蜂、龟,还有蜈蚣、蜻蜓、月亮、板门、蝴蝶等。风筝多以竹篾为骨,也有用木片为骨架的,扎成各种形状,表面糊上面筋纸或其他有韧性的薄纸,大型鹞子用白细布。较大的风筝有用藤篾制作的鹞琴,经风吹动,鹞琴发出悠扬悦耳之声。有的在夜间于风筝上挂一二十盏"鹞灯",高悬夜空,十分壮观。80年代后,自制的不再多见,一般都从市场上购得。但随着新农村建设步伐的加快,空旷场里越来越小,且放鹞子存有不少隐患,因而境内放鹞子的人越来越少,直至2000年以后,不再在境内看到有人放鹞子。

斗蟋蟀　蟋蟀,亦称蛐蛐,南庄人俗称"财积"。雄财积善鸣、好斗,斗财积历来有之,其具体起始年代已无法追溯。相传,早在晋唐时期,皇宫内就有养财积、斗财积的嗜好。斗财积是南庄地区解放前常见的民间娱乐活动。

旧时,从白露到霜降期间,境内民间盛行斗财积,喜欢这种游戏的历来不在少数。斗财积也叫"斗花",是一种赌博形式。"花"是金钱的代名词,即一枝"花"相当于一钱银子或大米二斗,以"花"的枝数多少来表示斗财积输赢的大小。据说最早以馒头作为赌资,给赢者几个馒头,后来发展到金钱的输赢交易,每枝"花"的价钱不断提高。据传,小南庄出身富豪家庭的徐石麟童年时代养尊处优，天资聪颖，嗜好“斗花”。一次，他瞒着家里人提了财积罐子只身乘轮船前往无锡赶场子，几个回合下来，他将随身所带钱财输了个精光，回家后没少受到父母的责备和训斥。其后他接受父母的教育，改正错误，专心致志奋发读书，并学得一手好字，书琴棋画样样出众。1902 年，他 17 岁那年，以优异成绩考取上海法政学校，成为清末太学生。徐石麟斗财积赌博输钱，然后能改邪归正之举，成为南庄老百姓代代相传的佳话。直到解放后，前辈们还用这则经典励志故事教育自己的下一代。

唱滩簧 旧时，南庄地区有个习俗，春秋两季都要祭社，以祈求风调雨顺、五谷丰登。届时，为酬神祀福而邀请戏班子前来演出京、昆、沪、锡、越剧等系种，称“社戏”，南庄人叫唱滩簧。在南庄的唱滩簧活动中，最受人欢迎的是常锡文戏。在无数次的潜移默化中，境内有记性、接受能力强的村民学到了不少“滩簧”的唱腔和台词，在境内进行表演。小南庄阿留、小狗父子，大南庄小根根、福元、大宝、加法、留成“滑头”，李家巷李洪才、金福全、金阿炳，夏家弄阿全、黄和生，东墙门邹长才、邹文兴，小窑泾陶明华、陶周宝、王春良、陶清宝等等，既是滩簧唱腔的崇拜者，又是南庄地区看滩簧、学滩簧、唱滩簧的积极分子。

滩簧剧目的折子戏有“战秦琼”“沙滩救主”“寒江关”“追韩信”“辕门斩女”“枪挑小梁王”“风波亭”“昭君和番”“貂蝉拜月”“跳粉墙”“战马超”“醉打蒋门神”“西门庆”“林冲雪夜上梁山”“和居正”等三百余个。境内有一批文娱活跃分子在农闲季节，喜欢在人多的地方来个即兴发挥，声情并茂地唱几出“滩簧”小调，自娱自乐，往往逗得在场人群捧腹大笑。90 年代后，随着一个个民国时期出生的老人分别谢世，能唱“滩簧”、演上一段正宗“滩簧”的人越来越少。2016 年，已很少有人再来上一段京、昆、沪剧，会唱一二段锡剧“滩簧”的也超不过 10 人。

唱春 唱春之说由来已久。在南庄民间，关于唱春的起源，有这样一种传说，是大南庄土秀才徐玉才于 67 岁那年（1967）叙述的口耳相传的故事。据传，明正德年间，武宗皇帝带领几名亲信乔装打扮，外出暗察民情，至一山区不幸遇上盗贼，银钱被劫，失去盘缠，回不了京城。这时，随行大臣中有一位冯阁老，自告奋勇，手提小锣，沿途卖唱，以解决皇上一行人的生活经费。这便是民间传下来冯阁老卖唱故事的由来。江南地方民间歌谣也有冯阁老纳贴送官春，江南唱到紫禁城，一直唱到“五朝门”的说法。唱春，顾名思义，即在贺新春时进行的演唱。旧时，一般在春节或者农闲时，唱春老人为了索取赏钱，便挨家挨户去唱。解放前后，境内西片也有 10 多个中老年人在春节期间，外出唱春赚点赏钱贴补家用。60 年代以后，唱春活动在境内渐渐消失。

中华人民共和国成立前，境内东墙门、小窑泾不乏唱春者，他们常常活跃在北漍、顾山、新桥、斜桥、栏杆桥等小镇，以避熟人撞见。中华人民共和国成立后，这部分人大都不再重操旧业。70 年代后，境内的原有唱春者均因年事已高、行走不便而停业。此后，境内唱春者不复存在。

元宵锣鼓　旧时南庄地区在闹元宵活动中,除了调龙灯、舞狮子、元宵灯会活动外,还有敲锣鼓助兴庆贺的习俗,人们称其为元宵锣鼓。元宵锣鼓也是民间的一项曲艺项目,属于打击类音乐。元宵锣鼓与民间的风俗活动和喜庆活动密切相关,它普遍应用于春节、元宵节及庙会活动中。

1949 年解放后,人们欢庆翻身解放,元宵锣鼓敲得更热闹了。土改时,农村中流传着这样一段顺口溜:"东墙红旗飘,南庄锣鼓敲。敲锣打鼓为什么?只因农民翻了身。"以后,每当村里有青年结婚、老人祝寿、慰问军烈属、欢送新兵入伍、欢迎老兵退伍返乡、欢送职工光荣退休等,敲打元宵锣鼓是一项不可或缺的仪式。60—70 年代,境内各单位、生产队几乎都置办元宵锣鼓,每当毛主席发表最新指示,城乡锣鼓喧天,人们奔走相告。

元宵锣鼓的乐器有大铜锣(简称大锣)、小铜锣(又叫小锣)、钹(又叫闹钹)、皮鼓(简称鼓)四样,只要四个人配合默契,元宵锣鼓热烈欢快、铿锵有力、节奏感强,声音不绝于耳。可以在迎送队伍中边走边敲打;在大型的庆典活动中,在广场上由多支锣鼓队同时敲打,再配以招展的红旗、轰鸣的鞭炮,有力烘托了庆典活动的宏大气势。

百十年来,经民间艺人的加工、挖掘、整理而流传至今的主要曲目有"花七句""扑浪头""双龙会""双刀枪""鲤鱼跳龙门""七五三一""金橄榄""银橄榄"等三十余种。90年后,境内已不再见到元宵锣鼓活动。

小热昏　境内以小窑泾小热昏艺人陶青宝(外号"脱壳青青")的说唱最出名,他以滑稽、夸张为特色,采用"新闻调""叫货调""三跷赋""小锣鼓""杨柳青"等各种曲调以及各地方言,伴之以小锣、莲花板等击拍。街头巷尾、五花八门的新鲜故事和自编自演的各种笑话,从他口中吐出来,声情并茂,总能逗人发笑、令人捧腹。等到观众情绪高涨时,他便转变话题,甩卖梨膏糖。一茬完了,然后再唱再卖,反复多次,因此有"三分卖糖、七分靠唱"之说。作为民间艺人,陶青宝颇具表演才能,口齿伶俐,说唱俱佳,表情丰富,口若连珠。他在推销梨膏糖时,有这样一段幽默发噱的顺口溜:"梨膏糖,甜堂堂,除病强身连成双。小孩吃了我的梨膏糖,夜里勿做出尿郎;老人吃了我的梨膏糖,走路勿撑拐拉棒;姑娘吃了我的梨膏糖,个个找到如意郎;木匠吃了我的梨膏糖,斧头勿砍脚板上;泥水匠吃了我的梨膏糖,墙头笔直勿塌方;瞎子吃了我的梨膏糖,眼睛马上会发光;聋碰吃了我的梨膏糖,悄悄话也能听清爽……"经他这么一宣传,场上气氛立马活跃起来,观众们纷纷掏钱买糖。"文化大革命"开始后,境内的小热昏绝迹。

黄狼偷鸡　这是由两到三人玩的游戏,始于 50 年代,是南庄地区儿童最喜欢玩的简单游戏。孩子们每人手里有 7 张写有"黄狼""鸡""蜂""猎""枪""虎""人"的牌九或板纸,游戏规则是"黄狼偷鸡—鸡啄河蜂—河蜂叮猎—猎人掮枪—枪打老虎—老虎吃人—人捉黄狼",如此循环。玩的时候,各人出一张,字样相克者被人吃掉,就把手里那样送给别人。直到 7 张纸全部归到一个人手里,这个人就赢一局。80 年代后,境内不再流行"黄狼偷鸡"的活动。

斗鸡　斗鸡,始于 50 年代,也是儿童最爱玩的一种锻炼娱乐活动,南庄小孩常常在家前屋后展开。它是一种以脚角力型游戏,玩法也很简单,两人分别以左、右手抱住一条小腿,提起至另一条腿的大腿膝盖部,膝盖朝前呈"金鸡独立"姿势。游戏时,一方膝盖向对方膝盖冲击,也可用膝盖挤压对方的膝盖,如对方不能保持平衡,双手松开所抱小腿,双脚着地即为输。此游戏以男童为主要玩家,60—70 年代盛行,80 年代后不再看到斗鸡活动。

挑花线　挑花线是南庄女孩子们最喜欢的游戏之一。60—70 年代,女孩子们除了读书、回家摇黄纱以外,空闲时间就是踢毽子和挑花线。只要一根二三米长的细线即可。玩时两人一组,先由一人把线连结绕在双手手掌上,挑起各种花样图案的线圈。然后你挑我挑,分别变化成"桃花窗""直轮框""牛眼镜""进栏圈""乱柴巢"等花样格式,直到线圈乱掉无法挑动为止。谁挑的花样多、时间长,谁就胜利。小南庄的焦泽珠、焦散珠姐妹俩是挑花线之王,一般女孩子和她俩挑,几乎没有一次是能够获胜的。80 年代以后,挑花线娱乐活动不复存在。

车铁环　60—70 年代,南庄盛行车铁环活动。特别是寒、暑假期间,境内的中、小学生几乎人手一副铁环,"叮铃铃、叮铃铃"的声响在家前屋后的空隙地方此起彼伏。首先找一根长 1.5 米、粗 6 毫米的铁丝和一根长 0.6 米、粗 4 毫米铁丝。然后把 1.5 米长的铁丝弯成圆形,接头处焊牢。也有的图方便省事,干脆把家里的破粪桶或破担桶砸坏,取其铁箍作铁环。接着将 0.6 米左右长的铁丝一头弯成 40 厘米左右做捏手,另一头弯成一个 U 形,然后再把 U 圈垂直于手柄并弯成一个约 90 度的折角。把 U 钳入大圈,右手握着手柄,用左手把大圈往地上一放,右手随着大圈着地向前推出去,如果动作协调,一边跑一边推着手柄,铁环随着推力不断向前滚动起来。如果动作得当,铁环始终不会倒下,但用力稍有不当,铁环就会倒下。论技巧要数大南庄的沈德俊(寄住姑母家)最得法,他不但能连续车半小时,而且能在墙壁的隔弄中、狭窄的木桥上、厚实的草地里车铁环,全村的小孩都甘拜下风。80 年代后,境内的车铁环活动已经鲜见。

四、民间故事

50—60 年代,大南庄徐氏第 19 世老长辈徐林福喜欢在夏夜和邻居聚在一起纳凉的时候,讲述一些与南庄有关的民间历史典故,村里的男女老少也都喜欢听他讲故事。

金鸡墩　位于白子港南约 150 米,距大南庄西 1000 米。相传明朝初年,徐汉英之子徐庆入赘大石桥顾家不久,当地顾姓赠送给他一块土地(即后来的金鸡墩)。明朝军师刘伯温与徐汉英颇有交情,明朝定都南京后,刘伯温特意从南京赶来探望徐汉英。期间,刘伯温专门察看了徐汉英获赠的土地后指出该处做坟地最佳,并问徐汉英:"你要官还是要子孙满堂?如果你死后朝北葬,则徐家可出大官;如果你死后朝南葬,就会子孙满堂。"当时徐汉英立马回答："要子孙。"徐汉英死后，后人在该地挖墓安葬，惊奇地发现墓穴深处有动物在晃动，定睛一看，竟是两只依偎在一起的金鸡，一雌一雄。当棺材落葬时，雄金鸡突然飞出，不知去向，雌金鸡则被棺材压在下面。后来，人们将该坟地取名金鸡墩。清乾隆年间（1736—1795），徐汉英的后代为守护金鸡墩，在坟地旁建草房三间，派人日夜守护，故又称"三观堂"。1937 年，又将此草房改建为三间瓦房，解放初期被拆除。

金鸡墩谱图

石柱坟谱图

《圆塘徐氏宗谱》记载：金鸡墩又名许严墩，其墓坐落于马嘶十四保罪字 3156 号，丈田 10 亩 9 分 5 厘 4 毫 7 丝 5 忽。

石柱坟 位于白子港南约 200 米，距大南庄约 800 米，占地 2.4 万平方米。明嘉靖末年，徐汉英之子徐庆安葬于此。坟地旁建有三座石碑楼，故称石柱坟。坟地四周开挖了护坟沟并栽有很多松树，后人也称"大松坟"。据传，徐庆的外甥姓钱，在朝廷任御史之职，由他出资建造了这座坟墓，当时颇为壮观。"大跃进"时期被毁。

《圆塘徐氏宗谱》记载：石柱坟又名大石坟，其坟坐落于马嘶十四保罪字 2784 号，丈田 20 亩 3 分 7 毫 2 丝 9 忽。

第三节　广播·影视

广播 1965 年春，南庄大队开始有广播，安装田头高音喇叭 12 只，50% 的农户安装舌璜喇叭。到 70 年代初，基本普及。塘市公社设有线广播站，利用毛竹竿绑铁丝连到南庄大队的田头和各家各户。1978 年后，广播盒子式喇叭普及全大队。广播喇叭主要播送内容有县广播站节目，江苏人民广播电视台农村广播节目，中央人民广播电台早晨的"新闻和报纸摘要"、晚间的"各地人民广播电台联播"节目。除此之外，还插播公社党委通知和召开广播会，报道本公社新闻、好人好事，有时也穿插播送样板戏曲节目。"文化大革命"前，有线广播每天清晨第一次播音的序曲为《社会主义好》，《我们走在大路上》是当时播放频率最高的歌曲之一。"文化大革命"期间，《东方红》为每天清晨播音前的序曲，《国际歌》是每天播音结束时的尾曲,《大海航行靠舵手》《国际歌》和毛主席语录歌是每天必播的革命歌曲。80年代,塘市公社广播站主要有播音员缪美珍、线路维修员许金福等,南庄大队专门设线路维修员1人。随着农村翻建新房户逐年增加、广播设施拆旧不添新和收音机的普及,80年代末,境内的有线广播逐步被淘汰,直至2006年完全消失。

电影 南庄地区的电影播放始于50—60年代。江阴县和沙洲县组织农村放映队进村庄放电影,一般每年放1~2次,也有生产队去邀请后增加放映次数。放映费用:大队组织放的,由大队负担;生产队放的,由生产队支付。1976年,杨舍片的电影放映队和塘市公社成立的电影放映队一起,每月到大队放映1~2次,放映场地轮流更换,经费由大队承担。每次电影放映前,社员们早早吃过晚饭,就带着凳子前往放映地点露天观看,电影场上常常是人山人海。每次放电影前,放映员均要播放一些关于当前中心工作和当地好人好事的幻灯片。50年代,放映影片主要有《白毛女》《一江春水向东流》《家·春·秋》《天仙配》《追鱼》等影片。60年代,放映的战争影片有《南征北战》《古刹钟声》《上甘岭》,舞台艺术片有《梁山伯与祝英台》《红楼梦》《天仙配》等。70年代,放映《红灯记》《沙家浜》《智取威虎山》《红色娘子军》等8部样板戏和《地雷战》《地道战》《铁道游击队》等战争影片。80年代以后,由六小龄童饰演孙悟空的《西游记》搬上银幕,成为青少年百看不厌的佳片。社区成立后,利用多功能室和文化资源信息共享工程平台,每周二、周五定时为社区居民放映一部戏剧或电影,将已被人遗忘的影片重现生机。同时制作了一些宣传教育短片,有社区开展的丰富多彩的活动剪辑,有社区特色家庭、好人好事片段宣传,以及不文明现象、环境整治中出现的死角等曝光。在放映前后插播,让社区居民了解社区近况。该活动自开展以后一直延续至现在,从未间断。

2000年以来,张家港市文广新局与巨星影演文化有限公司联合开展了"千场电影进社区"(送戏下乡)活动,一个村(社区)一年12部(每季度播放3天共3部)。2006年前,大多安排在大南庄和小窑泾宅基放映。随着南庄村的不断动迁,多数村民被安置到了南湖苑社区,放映地址也由原来的各自然村转移到社区广场。社区通过短信、微信公众号等平台发布播映通知,由专人负责对接工作。播放的电影以爱国主义教育题材、时下流行的热门电影为主。白天,室内播放戏剧、电影;夜晚,室外放映露天电影,让居民不出社区就能享受到文化大餐,丰富社区居民的文化娱乐生活。80年代后,电视机进入村民家庭,居民观看露天电影的兴趣渐渐淡化,如今露天电影观众以暂住人员居多。2006年以后,"千场电影进社区"活动仍然坚持开展。2016年,境内放映露天电影8场次。

电视 70年代末,南庄可以收看无线电视。当时仅有黑白电视机,只能收看北京电视台等一、二套节目。1978年以后,农户的电视机拥有量开始逐年增加,能够收看到的电视台和电视节目也逐年增多。80年代末,境内部分村民拥有彩色电视。1994年2月,市有线电视台成立。1996年,全村60%以上的农户开通了有线电视。2006年,境内有线电视的普及率达 98％。2008 年，境内开通数字电视。随着地方电视台兴起，收看的电视频道迅速增加。2010 年后，电视节目传播载体不断升级，有线电视、数字电视、互联网电视、手机电视等普及到大众生活。2016 年，境内居民拥有电视机 799 台，平均每个家庭 1.4 台。

第四节 新闻报道

70 年代初，南庄大队建立通讯报道组，并配备业余通讯员潘新玉等 2 人，俗称土记者，主要任务是专门为大队收集、总结材料，写成稿件向上级新闻单位发稿。发稿对象主要是塘市公社广播（转播）站、沙洲县广播站和《沙洲科普》报等。稿件质量较高的、事例比较典型或突出的，向较高级别新闻单位发稿。《放心会计徐福生》的长篇报道 1971 年 4 月 16 日被《苏州报》在头版发表，这篇报道曾经获得沙洲县委宣传部的好新闻奖项。80 年代，境内作者除了撰写新闻报道以外，还写调查报告、新闻观察和时事评论等层次较高的文章，向新闻媒体和专业杂志社投稿。2006 年以后，南庄村、南湖苑社区更加注重通讯报道工作，提高对境内精神文明建设的宣传力度。至 2016 年，境内业余报道员向张家港人民广播电台、张家港电视台、《张家港日报》、《苏州日报》、苏州电视台等新闻传播媒体投稿 121 次，被采用 67 篇。各级记者到境内现场采访 63 次，采访稿件被发表 48 篇，其中 9 篇为图片新闻。《张家港日报》刊发有关南庄境内新闻报道有 40 余篇，张家港电视台播放有关境内新闻或专题节目总时长有 30 余分钟。

1971—2016 年南庄村（南湖苑社区）新闻报道标题一览表

表 11-2-1

报道时间	新闻标题	报道媒体	作 者
1971.01.17	南庄大队冬季积肥忙	沙洲县人民广播站	徐聚才
1971.04.16	放心会计徐福生	苏州报	潘新玉
1972.05.19	南庄大队"四夏"工作抓得早、抓的实	沙洲县人民广播站	潘新玉
1973.02.01	南庄大队早计划、早安排，一着不让抓春耕	沙洲县人民广播站	徐聚才
1974.07.12	南庄大队抓住有利时机，及时防治水稻病虫害	沙洲县人民广播站	潘新玉
1979.12.09	南庄大队河蚌育珠喜获丰收，集体产珠突破 200 公斤	沙洲县人民广播站	徐聚才
1987.03.10	南庄建筑队被评为"重合同守信用"单位	张家港科普报	徐聚才
2003.11.19	南庄村又启动一工业小区	张家港日报	章 文 新 泥 丽 华
2004.04.13	杨舍镇南庄村让群众安心过年	张家港日报	陈进章 季立红
2005.10.14	善谋发展南庄人	张家港日报	钱志阳
2005.11.28	"走遍村庄"大型新闻行动落幕	张家港日报	陆 维

（续表）

报道时间	新闻标题	报道媒体	作 者
2006.10.10	图片新闻：南湖苑小区	张家港日报	袁维民
2006.12.05	庄户人的新家园	张家港日报	陆 维
2007.02.03	苏州市委组织部来我市考察新农村建设	张家港日报	张 赟
2007.04.17	农村社区，幸福家园	张家港日报	陈 昕
2008.06.05	清泉甘醇润心田	张家港日报	曹益珠　陈进章
2008.09.18	我市基层文化特色示范村（社区）已达 57 家	张家港日报	张丽娟
2008.10.17	许满根：雕刻快乐时光	张家港日报	朱海燕
2008.12.05	健身夫妻档，带出一片"南湖清韵"	张家港日报	朱海燕
2008.12.19	至真亲情超越血缘	张家港日报	朱海燕
2009.05.27	好一个温馨家园	张家港日报	曹益珠　王 辉
2009.06.23	杨舍镇：和谐春风满城乡	张家港日报	陈进章　吴香芸
2009.10.09	农家书屋树全国标杆	苏州日报	王乐飞
2009.10.13	我市农家书屋实现全覆盖	张家港日报	张丽娟　沈小恒
2009.10.17	农家书屋书香飘姑苏	姑苏晚报	李 婷
2009 年第一期	新闻点评：浅议新时期如何做好"农家书屋"的读者服务工作	苏园通讯	赵小江
2010.02.09	图片新闻：新年送健康	张家港日报	严子洋　徐溪春
2010.05.11	我市成立首家村级二次覆盖工会	张家港日报	王会信
2010.06.04	翰墨丹青香飘港城——"2010 张家港市书画文化下基层公益巡展"活动侧记	张家港日报	徐琳瑶
2011.01.25	看农村社区如何以"文"化人	张家港日报	徐卫峰
2011.02.22	通讯："我想活下去！"	张家港日报	钱志阳
2011.03.14	图片新闻：爱心义卖	张家港日报	肖 湘
2011.03.30	杨舍镇南庄村工会：情系困难家庭	张家港日报	陈 诞
2011.04.13	图片新闻：文化下基层	张家港日报	严子洋
2012.04.05	保意员工勇救落水孩童	张家港日报	褚新意
2012.09.01	图片新闻：倡导健康	张家港日报	肖 湘
2012.09.04	市疾控中心——走进社区"播"健康	张家港日报	孙 宁
2012 年第六期	忙人"赵乐呵"：把文化"种"入百姓心坎	半月谈	刘巍巍
2013.01.17	年末家政服务业供不应求　三倍工资难挡"回家诱惑"	张家港日报	张 纯
2013.01.31	图片新闻：喜迎新春	张家港日报	严子洋

（续表）

报道时间	新闻标题	报道媒体	作　者
2013.04.11	南湖苑社区开展献爱心活动，各界好心人捐款2万多	张家港日报	张　纯
2013.06.03	图片新闻：魅力经开区，幸福在杨舍	张家港日报	严子洋
2013.06.22	新闻点评：文化"软环境"提升社区"硬实力"	张家港日报	徐卫峰
2013.07.10	南湖苑社区举行青少年暑期活动班开班典礼	张家港日报	区镇文明办
2013.07.15	图片新闻：快乐假期	张家港日报	严子洋
2013.07.23	南湖苑社区青少年专题道德讲堂开讲	张家港日报	区镇文明办
2013.07.23	南湖苑社区立足"三个新"做好暑期未成年人教育工作	张家港日报	区镇文明办
2013.07.30	打造五色假期教育，承载校外教育特色	张家港日报	区镇文明办
2013.11.01	杨舍镇劳动保障所把就业援助送到家门口	张家港日报	黄　喆
2013年增刊	新闻评论：浅议本土历史文化在社区建设中的作用	暨阳论丛	赵小江
2014.01.26	图片新闻："老奶奶，祝您健康长寿"	张家港日报	严子洋
2014.01.26	"我为书香社区建设加把力，五星农家书屋更翰墨飘香"	张家港文明网	赵小江
2014.01.28	南湖苑社区开展小图书管理员志愿服务	张家港日报	区镇文明办
2014.02.01	烹制三道文化大餐，丰富假期居民生活，积载人文家园底蕴	张家港文明网	赵小江
2014.02.18	短评：莫让"无良大V"的歪理邪说成为"扫黄"的阻碍	张家港文明网 江苏文明网	赵小江
2014.02.27	搭建三张网，服务全天候	张家港文明网 张家港廉政网	赵小江
2014.02.28	短评：和谐社会需要岗位奉献	江苏文明网	赵小江
2014.03.05	四措并举服务新市民	张家港文明网	赵小江
2014.05.06	让留守儿童健康快乐成长	张家港文明网	陈　超
2014.05.15	图片新闻：书香进企业	张家港日报	严子洋
2014.05.28	做实志愿服务项目，擦亮文明创建品牌	张家港文明网	赵小江
2014.06.02	传承好家风，搭建金乡邻	张家港文明网	赵小江
2014.09.28	南湖苑社区：唱好重阳"三重音"	张家港市文明网	赵小江
2014.11.12	短评：捍卫食品安全底线，打造健康放心餐饮	张家港文明网	陈　超
2014.12.17	图片新闻：收集民情民意，反映群众心声	张家港日报	王会信
2015.02.04	和谐春节，你我共同营造	张家港文明网	江　枫
2015.02.25	新变化开启了新年新气象	张家港文明网	赵小江

（续表）

报道时间	新闻标题	报道媒体	作者
2015.04.13	"三立足"营造书香社区	张家港文明网	赵小江
2015.05.06	小"微"之处见真情	张家港文明网	赵小江
2015.06.04	短评：提升公共道德意识，做守法爱国市民	张家港文明网	江枫
2015.07.15	南湖苑社区暑期活动凸显"三个新"	社区教育简报	赵小江
2015.09.01	"方言读报"闻知天下	张家港日报	张纯
2015.09.02	图片新闻：倡导健康生活	张家港日报	肖湘 黄峰
2016.05.27	"义诊"情暖，过渡房老人	张家港日报	徐婷 戴凌燕
2016.08.27	青少年共度"七彩假日"	张家港日报	张纯

第五节　刊载文章目录

80年代开始，南庄村籍的专家和学者开展对所从事工作领域的理论探讨，撰写了一批论文并陆续在省级以上有关媒体发表。一批文学爱好者擅长写作散文、记叙文等类型的怀旧作品，在各类平面媒体发表。

1981—2016年南庄籍作者发表文章部分目录一览表

表 11-2-2

作者	性别	工作单位	作品题目	发表时间	发表媒体
王燕春	女	江苏省淮阴中学	《标准化考试方法的不足及整体教学的改进和完善》	1993.02	《江苏教育》杂志
朱秉忠	男	河南永城县农技推广站	《黄淮海小麦高产稳产试验》	1981.05	《河南农业》杂志
			《盐碱地配方施肥研究》	1983.08	《河南农业》杂志
朱佩英	女	河南永城县农机研究所	《LSB-435深松耕耙犁研究》	1980.08	《河南农机》杂志
			《东-40宽幅播种机研究》	1981.05	《河南农机》杂志
			《L-130深铧犁研究》	1981.12	《河南农机》杂志
		河南省商丘地区外贸委	《商丘地区出口商品基地建设之研究》	1988.12	《河南经贸》杂志
李娜	女	塘市幼儿园	《幼儿的游戏言语和假想的游戏伙伴》	2002.09	《幼儿教育》杂志
			《让孩子真诚地说"对不起"》	2012.06	《江苏教育》杂志
徐江	男	张家港市农委	《小麦粒重对产量的影响分析》	1997.04	《江苏农业科学》杂志
			《小麦粉粒灌浆影响因素分析》	1999.03	《江苏农业科学》杂志
			《发挥区域优势、发展马铃薯生产》	2000.05	《江苏农业科学》杂志

（续表）

作　者	性别	工作单位	作品题目	发表时间	发表媒体
徐一新	男	张家港市第一人民医院	《温针灸结合水针治疗膝关节慢性滑膜炎 68 例疗效观察》	1998.09	《针灸临床》杂志
			《针灸结合药物穴位敷贴治疗小儿遗尿72 例》	2004.06	《中医外治》杂志
			《吴旭针灸治疗顽固性面瘫的临床经验浅谈》	2004.07	《针灸临床》杂志
			《围刺拔毒法治疗带状疱疹 43 例》	2009.03	《世界中医药》杂志
			《电针结合 TDP 治疗周围性面瘫疗效观察》	2009.10	《实用中医药》杂志
			《针刺弹拨法治疗梨状肌综合征疗效观察》	2011.07	《上海针灸》杂志
徐文虎	男	张家港市纪委	《张家港：引入文化元素营造学廉氛围》	2010.06	《新华日报》
			《优化软环境，提升执行力——张家港市"绩效比评年"活动全面开展》	2011.03	《江苏法制报》
			《张家港：夯实"勤廉基石"工程》	2011.04	《中国纪检监察报》
			《张家港纪检监察志》	2013.03	《方志出版社》
			《红盾小小说·微剧本作品选》	2014.01	团中央出版社
			《张家港率先基本实现现代化过程中的廉洁政治建设研究》	2014.11	《共产党员网先锋论坛》
徐生才	男	金湖县中学	《论新形势下如何做好班主任工作》	1984.10	《江苏教育》杂志
			《培养兴趣，缩小分化，提高教学质量的分析与研究》	1987.12	《江苏教育》杂志
徐立峰	男	塘市社区	《办公室主任必须处理好八个关系》	2007.10	《办公室业务》杂志
徐正道	男	张家港市第一人民医院	《MRS 鉴别外周带前列腺炎与前列腺癌的初步研究》	2013.03	《临床放射学杂志》
			《单方向背景抑制 MR 扩散加权成像与三维短时反转恢复快速自旋回波成像增强扫描显示臂丛神经的对比研究》	2014.05	《中华放射学杂志》
徐林才	男	塘市中学	《由吴东风引起的思索》	1989.05	《辅导员》杂志
			《大南庄三奇》	2012.04	《圆塘徐氏宗谱》
徐聚才	男	塘市镇政府	《"中心"：封闭格局的一种突破——对乡镇企业完善档案服务网络的探讨》	1989.07	《档案与建设》杂志
			《集约行业优势，建立高素质工厂科协群体》	1997.10	《中国科协论坛》杂志
			《大力推进技术创新，加快发展私营经济》	2000.03	《当代中国改革者》丛书
			《农家小灶》	2007.12	《山西文学》

注：上表按姓氏笔画排列。

附录：

农家小灶

过去的南庄，每到饭点，屋里的主妇们围着灶头忙忙碌碌，但见家家户户炊烟袅袅，随风飘拂，恰如一幅婉约、恬静、祥和的水乡美景图。现在，随着时代的发展，多数家庭以液化气灶、电子灶具替代了繁琐的土灶台，先行先试者业已开通了天然气灶，完全享受着现代文明的生活。那嘎嘣香脆的柴火锅巴仅存记忆，偶尔在大饭店、农家乐端上一盘，往往价格不菲，且少了以前生铁锅锅巴的纯正滋味。

早年农村做饭，家家户户都是土灶台。一般是两眼灶，大户人家置三口锅。锅与锅的中间部位，嵌一两个小汤罐，利用尾火和热风传导热水，用现代语境来说，也算是高效利用了能源。锅与锅之间平行的外周，靠身贴4至5块方砖，作为灶台，可以临时放置碗盆瓢勺或凉置馄饨、团子。每口锅的下方都有一个灶膛，中间砌实一个滤灰的小铁栅，其下是灰坑，靠身侧上方是烟囱出风口。为避免烟尘污染锅台，往往中间有一面空心墙隔断，其中部靠近灶台，留一小孔，装块玻璃，便于观察。灶台一侧的墙面留有置物的空间，用于摆放供奉灶神的香炉或供品。其他空白的墙面画上锦鲤、螃蟹、莲藕等图案，象征年年有余、福在眼前。灶上方挂一面芦席，以挡经年累月掉下的积尘。看一户人家日子过得好不好？一看灶台前后便能找到答案：隔断墙面图案精美、灶台干干净净、灶后柴禾堆得整整齐齐、坐凳放得平平稳稳的，自然是殷实人家；隔断墙面图案粗糙或没有图案，灶台邋里邋遢，灶后肮脏不堪的人家，日子好不到哪去。

生火的好材料有稻柴、麦柴、干树枝、干苋稞或者芝麻梗、芦穄秆。春天，江南雨水多，特别在春夏之交的梅雨季节，还潮的麦柴、稻柴很难用火柴点着，点着了火也不旺，容易熄灭。火不旺的时候，要对着余火或火星吹气，充足的氧气会让火慢慢地旺起来，一瞬间火星裹着浓烟，火苗哄的一声窜出灶门，扑向上方，烟气多的时候呛得人咳嗽、流泪，甚至被窜出的火苗烧焦头发。好不容易点着了火，总是小心翼翼地把柴屑送进火膛，再慢慢添加柴火，直至烧旺。因此，在这个季节最好从柴垛上随取随用，或者把拔出来的柴整捆放在太阳底下回晒一下。

煮饭前，先把水米比例配好，一般是用铜勺测量水位，以铜勺入锅靠米向上勺里不进水为宜。水放多了会烧成烂饭，少了会烧成生饭或隔生

农家小灶（摄于1988年3月，徐聚才提供）

饭。如需炖菜、炖汤，只需在锅里放上竹制的炖菜架，即可放上 1~4 个碗盆，然后盖上锅盖。这时，灶台下火膛里开始点火，直至把饭煮熟。饭有没有熟，听声音便知道，等到凝结在锅盖上的水滴落到饭里，听到像下小雨般的水滴声时，饭就快好了。等闻到微微的饭香时，就该把火膛里的明火熄灭，留下红红的余火即可。一般待 10 分钟后，要再烧一把饭火，这样煮出的米饭更香又软，且有薄薄的一层锅巴。

一灶上，一灶下，这是南庄农家主妇们炒菜时的行动轨迹。灶上的事主要是配菜、搭料、倒油、淘洗、汰炒；灶下的事主要是做草把，往灶膛里添加柴火，掌控火候。稻柴、芝麻梗是文火，火力置中；麦柴、油菜秆是急火，叫过膛火，一烧就灭，余火短暂；树枝树杈、毛豆梗是硬火，火力旺且持久。所以，煮饭炒菜也讲究因时制宜、因事施策、量体裁衣、物尽其用的原则。煮饭、煲汤用中火燃料，炒菜、熬油先用急火后加文火燃料，而闷鸡、煮肉、煲笋干之类耗费时间较长，则宜先用硬火煮熟，然后用文火让其焐烂。不然锅上忙炒菜、锅下急添火，会弄得手忙脚乱，无所适从。

添柴火，土话叫"烧火"，辅助工具有火叉、火钳、灰扒、灰簸箕和风箱。火叉、火钳用于送添燃料挑拨柴火，灰扒、簸箕用于出、倒灰渣，风箱用于吹旺火势。"烧火"这活，季节不同，感受大不一样。春天灶膛下，不冷不热，冬去春来，心旷神怡，此时烧火倒也清闲；夏天灶膛下，又热又脏，蹲一歇闷一歇，人见人怕，特别是一扒拉柴火，还弄得一身的灰头垢脸，自然不爽；秋天在灶膛下添柴火，可以顺带烤一些山芋、芋头，倒也快活；冬天火烤得人暖洋洋的，谁都愿意呆在灶膛边，蹲一歇好一歇。

灶台维系着生命。在挣工分的年代，粮食短缺，多数人家在农闲或者青黄不接时，吃一些稀饭、番瓜粥、麦粞饭、黄萝卜饭或者其他杂粮饭。即便如此，穷苦人家仍有揭不开锅的时候。村里有户人家，生了三个儿子，个个都是"饭榔头"，一到开饭，一哄而上，抢个精光，常常弄得父母饥肠辘辘，情急之下，终有一天，其母亲一屁股坐到了锅盖上，被传为笑话。如今，生活条件好了，食物丰富，油水足，饭吃得少，甚至把不吃饭作为时尚，自然再没有这种事情发生了。

现在做饭，总感觉饭菜没以前香，也没了那干脆喷香的锅巴。过去的一些时光常常浮现眼前，和其他的日子一样，都随着时间的闪挪稍纵即逝，但农家小灶的身影时时浮现在眼前，欲丢不能。

作者：徐聚才　原载 2007 年 12 月《山西文学》

第六节　书画·摄影

南庄村民间不乏有书法和绘画爱好者。1924 年和 1936 年分别由唐棣荣和陶祖善撰写的《圆塘徐氏宗谱》序文，一直得到后人的推崇，村民们常把这些书法当作标准字帖临摹。

大南庄 30 年代出生的蔡瑞庆、徐顺良、徐家俊,小窑泾陶如仁等擅长毛笔字,功底好,毛笔书法比较出众。中华人民共和国成立后,境内学写毛笔字的人数有所减少,但仍有青少年学生坚持学习练习书法。钢笔书法较好的有邹长兴、朱秉忠、徐生才、金国民、徐文虎等人。2000 年以后,境内青少年学生中陆续出现了一批绘画业余爱好者,其中有 2010 年毕业于扬州大学的徐越、2015 年毕业于中国美术学院的徐子怡、2016 年就读于梁丰初级中学的徐孝洁和 2016 年就读于市第二中学的缪佳钰。

2008 年以后,境内有摄影爱好者在社区内选取多个角度拍摄风景画,也有社区居民利用外出旅游等机会,摄取外地风景照,给人以美好的回忆。

一、书法

徐氏宗谱第五次续修序节选　作者:陶祖善

作者：邹昀航

作者：徐浩明

二、绘画

奶奶悠思 作者：徐子怡

高山仰止 作者：缪佳钰

坐看云展云舒　作者：徐孝洁

荷塘春色　作者：徐孝洁

金鸡鸣盛世　作者：徐越

三、摄影

南湖苑一隅(摄于 2008 年 4 月)作者：赵小江

南湖苑一隅(摄于 2008 年 5 月)作者：蔡建高

南湖苑一隅(摄于 2010 年 5 月)作者：朱爱华

南湖苑一隅(摄于 2008 年 9 月)作者：潘霞

南湖苑一隅(摄于 2016 年 3 月)作者：朱晓华

美国夏威夷风景(摄于 2013 年 2 月)作者：徐建峰

第七节 档 案

一、村级档案

中华人民共和国建立初期,村部没有单独档案室,村级档案资料交由乡政府档案室收藏保管。1957年以后,文字资料和财务账册开始有人管理收集,并有专橱保管。1978年以后,大队设立档案室,存放一些账册文字资料,并有专人负责。1985年,村部专门设立综合档案室,存放档案资料和案卷,档案管理开始走上正轨。2000年,南庄村建立全宗档案,设有财务档案、文书档案、照片档案、设备档案、荣誉实物档案等五大类,大部

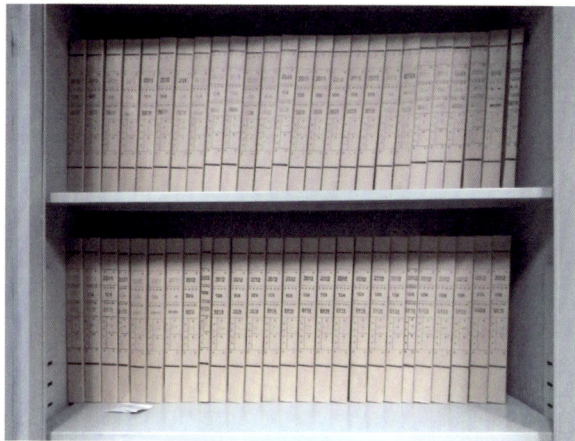

南庄村文书档案(摄于2016年8月,周洁提供)

分为纸质载体,少量为胶质载体。至2015年,村档案室保存的档案共有38卷563件,其中文书案卷263件。按期限分类的有永久期案卷7件、30年以上保管期案卷9件、10年保管期案卷123件。按内容分类的有低保案卷124件、荣誉案卷28件、设备案卷9卷、照片档案30张。

南庄村档案现代化管理始于2006年6月,运用邵林文书档案一体化信息管理系统软件,将文书档案、设备档案、照片档案等建立文件级目录数据库;将会计档案、实物档案建立案卷级目录数据库。到2016年6月,共输入文件级目录3055条、案卷级目录1353条,档案室的档案信息基本实现数字化。

二、企业档案

70年代,南庄大队企业寥寥无几,且多为粗放型、劳动密集型企业,档案工作排不上议程。

80年代中期,随着社队办企业的迅速崛起,特别是"七基"管理(企业的标准化、定额、计量、财务、信息、职工教育和规章制度等七项基础管理)的全面推行,企业管理者提高了档案意识,开始着手建立企业档案,多数企业的档案员由财务会计兼任。

90年代开始,境内多数企业专门设立档案室,建立了一套收集、整理、归档、上架、保管、利用和借阅制度。企业档案的门类开始增多,不但有财务档案,并且有文书档案、科技档案、照片档案等等。

1995年以后，随着企业转制，由集体企业转为私营企业，境内中小型企业的档案管理没有跟上，加上部分业主事务多，精力有限，企业档案运作少规范，且不愿意花钱用在档案的人力、物资上，档案管理成为企业管理的一块短板。

2000年以后，杨舍镇加大招商引资力度，不少大型的上市企业、高新技术企业、中外合资企业落户境内。这些企业的档案管理起点高，运作规范，管理模式与国际接轨，档案室、档案种类、档案载

南庄村企业财务档案（摄于2016年8月，周洁提供）

体和利用手段都达到现代化水平，如江苏爱康实业集团有限公司、杰佳针织服装有限公司、伊萨设备与机械制造有限公司、江苏绿岩生态技术有限公司等。2010年以后，村级企业的企业档案管理逐步走上正轨化、标准化。2016年，境内企业建档率达90%，有8家企业达到苏州市或省级档案管理标准要求，成为档案管理先进企业。

三、家庭档案

中华人民共和国成立初期，南庄就有部分教师、知识分子收集解放前存留下来的个人活动资料、凭证、票据、账册、照片、图表、来往书信、家谱以及当时政府和社会组织印发的宣传材料、课本、书籍、作品等，作为家庭档案保存下来。1966年"文化大革命"开始，这些家庭材料大多遭受破坏或被烧毁。

1978年以后，人们逐渐加强了对个人和家庭资料的收集保管意识，境内有教师、干部、企业主、科技工作者等开始着手建立家庭档案，门类由单一的照片和收、支（经济）档案扩大到学习、教育、健康、成长、理财、影像、荣誉、著作、置业、家谱等家庭档案，门类涉及个人和家庭生活的方方面面。

至2016年，建立家庭档案的建档户，主要分布在大南庄、孔家庵、东墙门、小窑泾等自然村。档案建档存量较多、历史较长的有徐聚才、徐林才、徐福祥、徐文虎、徐瑞龙、徐永坤、缪进高、王凤傲、王祖高、朱仁金、邹伟英、缪惠珍、朱秉忠、王中华等家庭。

南庄村家庭档案（摄于2016年8月，徐聚才提供）

第三章　体　育

中华人民共和国成立前,境内就有举石担、甩石锁、练拳等群众性传统体育活动。中华人民共和国成立后,群众体育活动蓬勃开展,以打篮球为主的比赛活动时有举行。50—70年代,南庄篮球队曾获佳绩。2000年以后,境内完善体育设施,开展各项具有特色的体育健身活动,尤以乒乓球联谊赛为主。南湖苑社区成立之后,经常召开文体骨干座谈会,讨论工作计划和项目的具体安排,居民群众的体育活动更加丰富多彩。

"南庄杯"乒乓球联谊赛运动员合影(摄于2014年8月,潘霞提供)

第一节　体育设施

中华人民共和国成立前,境内基本没有体育设施。

中华人民共和国成立后至80年代初期,境内各自然村一般以打谷场为活动场地,备有自制的木篮球架和石锁、石担等活动设施。1986年后,境内几家村办企业均购置乒乓球桌,较大企业设有企业操场和室内活动室。2008年,全境有综合活动场地2处,约760平方米,乒乓球室7个。

社区成立以后,十分重视体育设施建设,投资建了社区健身路径、健身步道、晨晚练点等运动设施,完成了苏州市10分钟体育健身圈站点建设。2016年,社区拥有健身路径放置点3处500平方米,每处各设有秋千、太空漫步器、双杠、滑梯、双格肋木架以及太极推手器等健身器材;室外乒乓球场地2处350平方米,室内乒乓球场地180平方米,共有乒乓球桌5张;晨晚

南庄村健身设施(摄于2012年3月,潘霞提供)

练点 3 处(社区服务大楼南广场、北广场以及 45 幢东侧)1500 平方米以及分布在小区楼宇间的健身步道共计长 2000 余米,基本满足群众活动健身需求。

南庄村、南湖苑社区健身设施一览表

表 11-3-1

名　称	坐落位置	建成、更新时间	器材件数(件)	设施面积(平方米)
健身路径	16 幢前	2007 年建,2016 年 11 月年更新塑胶 240 平方米	10	240
	47 幢西	2011 年建	9	120
	57 幢西	2013 年建	10	120
乒乓球场	45 幢东	2007 年建,2016 年 9 月更新器材	2	110
	13 幢南	2007 年建,2016 年 9 月更新器材	1	110

第二节　体育组织

解放初,境内基本没有体育组织。50—70 年代,境内有两支篮球队。2007 年,南湖苑社区成立后,建立体育组织,加强体育队伍建设。2007 年成立"南湖清韵"健身队,2012 年成立"云舞"舞蹈队,2013 年成立"银球俱乐部"。同时,社区还拥有拔河、篮球、乒乓球、羽毛球、亲子运动等多支运动队。2016 年,社区拥有二级社会体育指导员 13 人,三级社会体育指导员 9 人。社区体育组织积极发挥职能作用,广泛开展各类比赛、培训、知识讲座等活动。

第三节　体育活动

抢"花乱(音)子"　旧时,农闲季节,吃完夜饭,境内没事干的青壮年就会聚集在大南庄庙场上玩抢"花乱(音)子"游戏。

抢"花乱(音)子"活动通常有 10 余人参加(3—5 人也可以,但是赢的可能性很小),1 人护子(子是用小柴把或小砖块)。一般是 3 粒子,把子放在护子者前约 1 米左右,护子者手脚都要着地(趴式)不能离地,如离地属输。抢子者从四面八方蜂拥而上,哄抢子,若被护子者用脚踢到属输。四面八方的人把 3 粒子全部抢光,护者属输。2016 年,抢"花乱(音)子"活动已绝迹。

武术　20 年代前后,境内乡间农民业余习武,有甩石锁、举石担、打沙袋及练拳、练梅花对、舞六合刀等。大南庄、东墙门习武者曾与社会上的恶棍进行对抗,使恶棍不敢进村欺压百姓。解放后,境内仍有部分年长者偶尔练拳习武,随着老人们一个个谢世,后人大多对此

不感兴趣,这些民间武术渐渐在境内消失。

篮球 50年代起,南庄、东墙门和小窑泾都有业余篮球队。南庄村农民自发组织一支"农星球队"。每到春、秋季节,"农星球队"八九个球员就受邀到杨舍、华士、长泾、顾山、塘桥、鹿苑等地参加球赛,每次都取得较好成绩。"农星球队"在塘市地区的历次球赛中,总能获得前三名。"农星球队"从此在方圆几十里地享有盛名,对于其中徐仁生、徐刘增、徐瑞庆、蔡汉清、徐正环、徐永清、徐加法、徐瑞芳等球员,塘市观众都叫得出他们的名字。东墙村农民也组织一支"绿星球队",球场设在小窑泾王家祠堂门前的场地上。在初级社时期,傍晚前后,球员们都聚集到球场上打篮球,往往由于球员不够,只能打三对三半场。60年代后,南庄村篮球队实行新老交替,队名改称"南红球队"。"绿星球队"并入"南红球队",球队增补的年轻球员陶永兴、陶仁刚、徐天宝、徐永全等颇有名气。

70年代开始,"南红球队"得到南庄大队部的重视,活动经费由集体支出,赛事接踵而至。至90年代,赛事减少,但每逢节日仍有参加邀请赛。2000年以后,"南红球队"的队员大多年事已高,力不从心,逐渐退出球队。2010年起,境内篮球爱好者又开始活跃在球场,经常应邀外出参加比赛,取得优异成绩。2011年,南庄村在李巷村"金帆杯"篮球邀请赛中获得第二名。2013年6月2日,塘市办事处第三届篮球赛暨全民运动会开幕式在南庄村举行。2016年6月,南庄村在全市第十一届篮球比赛中,获得第四名。2016年10月,南庄村在塘市首届社区篮球友谊赛中,获得第一名。

2011年金帆杯篮球赛第二名奖杯
(摄于2011年12月,潘霞提供)

塘市办事处第三届篮球赛暨全民运动会开幕式在南庄村举行(摄于2013年6月2日,潘霞提供)

50 年代南庄农星篮球队主力队员番号一览表

表 11-3-2

编号	球员姓名	编号	球员姓名
3	徐仁生	7	徐加法
4	徐瑞庆	8	徐瑞芳
5	徐刘增	9	徐正环
6	徐永清	10	蔡汉清

50 年代东墙绿星篮球队主力队员番号一览表

表 11-3-3

编号	球员姓名	编号	球员姓名
3	陶阿毛	6	陶仁刚
4	陶永高	7	陶仁才
5	陶永兴	—	—

60-70 年代南庄南红篮球队主力队员番号一览表

表 11-3-4

编号	球员姓名	编号	球员姓名
3	陶永兴	7	徐仁祥
4	陶仁刚	8	邹仁高
5	徐天宝	9	徐祖元
6	徐永全	—	—

2016 年南庄村篮球队主力队员番号一览表

表 11-3-5

编号	球员姓名	编号	球员姓名
1	王凯	6	陈伟
2	金武	7	李强
3	徐科	8	赵志龙
4	李刚	9	吕晓杰
5	张国锋	—	—

跳绳 跳绳是境内一种娱乐兼健身,儿童、成年人皆宜的健身活动,古代称之为"跳百索",在中国已有悠久的历史。50年代开始,境内出现跳绳热潮,且在校儿童参与最多。

跳绳的常见方法有两种:一种是跳绳者自己摇绳自己跳,也可加进一人,两人一起跳;另一种由两人分隔一段距离,相对而立,双方各执一头专门摇绳,另一人或多人参跳。前一种可以一个人随时随地单独玩,后一种为集体活动,至少3人,场地也需大一些。进入新世纪后,随着体育活动种类的翻新和丰富,境内已不多见成年人跳绳,仍以小孩跳绳居多,他们都是从学校回家后为放松一下自备绳子跳上一会儿。直至2016年,此项活动仍继续开展。

踢毽子 50年代开始,境内就有踢毽子活动。踢毽子是境内儿童中最为流行的一种传统游戏。这种游戏既娱乐,又能健身,自古至今,为儿童们所喜爱。一些成年人也以踢毽子锻炼身体,其中不乏踢毽高手。

踢毽子在中国古代就很盛行,据宋代周密在《武林旧事》中记载,当时临安(今杭州)还专门有出售毽子的人,可见南宋玩这种游戏的人已十分普遍。

踢毽子可以开展比赛,比赛方法大致有这样三种:一种是比单位时间内踢毽次数的多少,也可以比连续踢毽次数的多少,直到毽子落地为止;另一种即两人对踢或多人依次共踢一毽,未能接踢而使毽子落地者即为失败;还有一种是比踢毽子花样的多少。

60年代,境内踢毽子十分流行。70年代起,踢毽子的活动渐渐淡出人们的视野。至2016年,为人罕见。

象棋 60年代只有少数人下棋,80年代以后常作为节日中的一项活动内容。2000—2016年,南庄村先后组织12次象棋比赛,每次比赛设第一、二、三名,分别给予奖励,境内在历次比赛中,出现不少后起之秀,其中不乏在校学生。

田径 70年代开始,境内开展田径比赛,主要有跳高、跳远、赛跑等。1992年,境内参赛代表队在张家港市举行的全市第一届农民运动会上夺得第四名。至2016年,南庄村每次都派员参加市、镇田径活动,但未有获奖。

拔河 80年代开始,境内由村妇代会组织男子、女子拔河队,两次在塘市乡(镇)春节或国庆拔河比赛中获胜,得到第三名和第五名。90年代,每年到冬天,境内较大的村办企业在元旦春节期间都要举行职工拔河比赛,鄰选优胜选手参加村、镇举行的大型比赛,直至2016年。

乒乓球 80年代开始。南庄村每年春节都要举行规模不等的乒乓球比赛。境内拥有一批乒乓球爱好者,大南庄徐云飞、东墙门邹浩明等都具有30年以上的乒乓球活动爱好史,参加过不少乒乓球比赛并获奖。他们不仅个人喜爱打球,还鼓励和带动身边人和青少年学生参与打球。南湖苑社区成立后,增添了多处乒乓球设施,参加打球的人越来越多。2010年南庄村举办"南庄杯迎七一乒乓友谊赛",2011年举办"塘市办事处南庄杯乒乓球联谊

南庄村开展中小学生室内乒乓球比赛(摄于 2014 年 7 月 21 日,潘霞提供)

位于社区 45 幢东侧的室外乒乓球设施(摄于 2011 年 3 月,潘霞提供)

赛",2013 年至 2015 年期间连续三年举办"南庄杯"青少年乒乓球比赛。2016 年,南庄村、南湖苑社区举办青少年乒乓球培训班,是年还承办"夕阳红"退休教师乒乓球赛。

羽毛球 80 年代开始,境内出现羽毛球活动,大部分以学生打球为主。80—90 年代,境内有不少村办企业添置羽毛球拍,供住宿职工业余打球。2010 年以后,打羽毛球的人渐渐增多,大多在自家门口练球。2014 年,境内举办"杨舍镇南庄村、南湖苑羽毛球选拔赛"。2015 年至 2016 年,境内分别举办两届"南庄杯"羽毛球大赛,社区 20 多个羽毛球活动爱好者的积极参与。

广场舞 2006 年起,境内南湖苑社区综合服务大楼南广场(800 平方米)、北广场(500 平方米) 等地为社区晨、晚练点。村、社区配备 2 名社会体育指导员,负责指导晨、晚练健身事务,每天早晚参加活动的有 40 多人,最多时达 100 多人。2 个站点都有各自特色的活动项目,主要以广场舞、交谊舞、健身操为主。每年,社区居民通过塘市老年大学南湖苑分校举办的广场舞培训班学习广场舞,培训的课程主要以"国标广场

南庄村广场舞比赛(摄于 2014 年 7 月 8 日,顾彩云提供)

舞 12 套""全国健身秧歌规定套路"以及社会上流行的广场舞曲目为主。《春暖花开》《今夜舞起来》《咏春》《中国美》《第四套健身秧歌》等曲目多次参加区镇的文体活动展演、广场舞比赛等,均获得了优异成绩。2016 年,境内广场舞越跳越好。

拳功操、功夫扇 2008 年 10 月,南庄村、社区境内"南湖清韵"健身队成立,由体育指

导员金惠良编排"夕阳美"太极功夫扇、拳操、舞剑等适合中老年人锻炼的团操。"南湖清韵"健身队编排的 73 式太极扇、42 式太极剑、集体 24 式太极拳等多次参加市、镇比赛和展演。2015 年,"南湖清韵"健身队队员有 50 多人。是年,健身队参加张家港市举办的"万人拳功操""太极拳"比赛,分别获得了团体第一名和第二名。同时为引领更多的社区居民加入到太极拳队伍中来,提高科学

南庄村太极功夫拳展示活动(摄于 2014 年 7 月 10 日,顾彩云提供)

健身的本领,还多次举办了太极拳培训、展演活动以及太极拳知识讲座等。2016 年,"南湖清韵"健身队活动照常开展。

亲子运动会 2013 年,境内举办"和谐南湖苑、邻里一家亲"亲子运动会。2015 年,举办"七彩童年,快乐有约"迎元旦亲子趣味运动会。2016 年,举办"我运动,我快乐"亲子韵律操培训等活动。亲子运动会的旨在让每一对参加活动的学员都学到一种全新的体育锻炼方式,并且通过亲子运动使家庭成员养成积极参加体育锻炼的习惯,从而达到强身健体的目的。

会所活动 2016 年,南庄村境内居民均安置在社区集中居住,传统的体育运动不再流行,外出散步、跳广场舞成为时尚。众多居民喜爱会所体育锻炼和健身活动,部分家庭经济条件许可、品位较高的居民就近前往中联铂悦、新珑湾和湖滨国际等健身会所,办理会员卡,定期或不定期参加跑步、游泳、打球、练功、瑜伽等健身活动。

第四章　卫　生

中华人民共和国成立前,南庄村境内缺医少药,群众健康得不到保障,农民治病主要靠中医中药和民间秘方。乡间的土郎中也只能靠平时积累的经验和祖传秘方帮助农民治疗一些疔疮、经络不通、伤湿劳损等农村常见病、多发病。一旦患有内科疾病、心血管病或其他突发疾病,就毫无办法,只能听天由命。境内居民生病就到塘市东街私人诊所叶志南、缪正新等处就诊,或者到马家巷请顾望祥、顾富根、马福庆等民间医生看病,通过把脉诊断病情,配合中草药治疗。

中华人民共和国成立后,党和人民政府切实关心人民健康,境内医疗卫生事业不断发

展。1951年开始筹建集体性质的联合诊所,4月15日,成立塘墅乡联合诊所。1958年,农村人民公社建立集体性质的塘市公社医院。1969年,南庄大队建立合作医疗卫生室。2010年1月,建立南湖苑社区卫生服务站。南庄村白喉病已连续38年、脊髓灰质炎已连续36年无病例发生,各种急性传染病得到有效控制。妇幼保健工作有保障,产妇死亡率为零,婴儿出生安全率为100%。2016年,全村已建村(居)民健康档案的有2938人,慢性病、特殊病监控实行全覆盖。

第一节　医　疗

一、村(大队)卫生室

1969年3月,南庄大队建立合作医疗卫生室,配备医务人员2人。因这些医务人员未进正规专业学校学习,在农村土生土长,当时称之为"赤脚医生",其中有1名女"赤脚医生"兼任计划生育和接生等妇幼工作。每年,县卫生局、公社卫生院对"赤脚医生"进行分期分批培训,每期培训3—6个月。1978年,大队卫生室有"赤脚医生"3人,其中女医生2人,都持有乡村保健医生执业资格证书。1983年初,公社、大队改为乡、村建制,大队卫生室更名为村卫生室,"赤脚医生"改称乡村保健医生。2008年10月,南庄村卫生室被评为张家港市甲级卫生室。2009年9月,南庄村卫生室迁址并更名。

二、社区卫生服务站

南湖苑社区卫生服务站前身为南庄村卫生室。2009年9月30日,搬迁至南湖苑社区。2010年1月,由主管部门批准建立南湖苑社区卫生服务站。卫生服务站位于社区综合服务大楼底楼东侧,建筑面积280平方米,服务居民5000余人。卫生服务站有社区医生3名,其中临床执业助理医师1名、乡镇执业助理医师1名、卫技人员1名。

社区卫生服务站设有接诊大厅、诊疗室、药房、观察室、中医理疗室、治疗室、换药室、消毒室、处置室、妇幼保健室、康复室、资料室等,配备多功能诊疗仪、尿液分析仪、血糖仪等先进诊疗设备,可给病人输液,有病床11张,以及配有电视机、DVD、电脑、空调、冰箱等设施。2009年,社区卫生服务站贯彻以人为本服务理念,为残疾人员配备康复器材,提供康复技术咨询。卫生服务站建立和完善居民电子健康档案、精神病疾病患者健康管理、结核病健康管理、中医药健康管理、传染病和突发公共卫生事件等报告和处理制度。2013年12月,服务站创建中医示范单位。2014年起,开展老年人中医体质评估。2015年,建立村(居)民"三病"(高血压病、糖尿病、冠心病等常见慢性病)监测随访制度,提供老年人免费体检服务。至2016年,村卫生服务站为全村、社区村(居)民建立个人健康档案2938份,建档率100%。

社区卫生服务站建成后得到上级部门及相关领导的高度重视和关心。2010年4月,张家港市政协委员一行调研社区卫生服务站。同年9月,苏州市深化医药卫生体制改革工作督查组到社区卫生服务站考察指导。2011年9月,苏州市政协领导一行由张家港市委副书记、杨舍镇党委书记梁一波陪同参观社区卫生服务站。同年10月,张家港市委副书记、市长姚林荣到南湖苑社区卫生室进行调研。2016年,社区卫生服务站先后获得"苏州市示范卫生服务站"和"社区卫生工作先进集体"等荣誉。

2006—2016年南庄村卫生室(服务站)医疗一览表

表11-4-1

年份	医生(人)	房屋(㎡)	床位(张)	主要医疗设备(件)	已建健康档案(人)	妇女病普查(人)	年报销售总额(元)
2006	4	180	7	7	1684	551	72948.82
2007	4	180	7	7	1795	486	66835.54
2008	2	200	11	9	1962	566	73082.33
2009	4	200	11	9	2004	452	97722.82
2010	4	200	11	9	—2017	618	133150.50
2011	2	200	11	10	2068	522	143719.76
2012	3	200	11	10	2651	646	203763.80
2013	3	200	11	10	2959	442	338016.50
2014	3	200	11	10	2983	635	438936.58
2015	3	200	11	10	2986	485	430142.88
2016	3	200	11	10	2983	411	443852.82

第二节 妇幼保健

新法接生 解放前,妇女分娩由接产婆接生,由于卫生条件差,产妇死亡率较高。解放后,经过妇幼保健知识的宣传教育、新法接生员的培训,科学接生的比例逐年增加。同时,将过去传统的家庭分娩逐步改变为住院分娩。公社卫生院设有妇产科,能针对难产开展手术。2013—2016年,境内产妇全部住院分娩。

妇女劳动保护 境内妇女劳动保护始于50年代。农业合作化后,对参加农业生产劳动的妇女实行"三调三不调",即:经期调干(活)不调湿(活),孕期调轻(活)不调重(活),哺乳期调近(活)不调远(活),由生产队统一安排,深受妇女欢迎。70年代后期起,越来越多的妇女进入社队办企业工作,各个企业视工种不同,分别制定妇女劳动保护措施,妇女健康得到了保障。90 年代以后,国家制定了更加严格的妇女劳动保护的法律法规。至 2016 年,境内始终严格遵照执行。

妇女病普查　1962 年,对境内 486 名妇女进行普查,建立登记册,并对 112 名子宫下垂患者进行手术治疗和综合治疗。此后以预防宫颈癌为主,每年进行普查,一年查三分之一,三年查完一轮,以此循环。1977—1979 年,对全境 38 名子宫下垂病人进行重点检查。1980—1983 年,进行宫颈刮片防癌检查。根据普查,境内各种妇女病的发病率逐步下降。1984 年,妇女病的发病率下降为 1.7%。1985—2016 年,妇女病普查每年进行一次,普查率 100%。

儿童保健　1975 年开始,每年"六一"节前政府医疗机构对全大队儿童进行健康检查。1978 年起,7 岁以下儿童实行计划免疫。1979 年 11 月,境内 12 岁以下儿童全面口服驱虫净化剂进行驱蛔,服药率达 100%。1981 年 6 月开始,规定新生婴儿出生 42 天后即列入儿童保健范围,建立卡片,进行系统管理。1 岁以内 3 个月检查 1 次,1~3 岁半年检查 1 次,3~7 岁每年检查 1 次。1981 年,全年检查 2116 人次。1984 年,实行计划免疫,即对儿童免费接种"四苗"(卡介苗、百白破疫苗、脊髓灰质疫苗、麻疹疫苗)和预防与治疗"六病"(结核病、百日咳、白喉、破伤风、麻疹、脊髓灰质炎——小儿麻痹症)。1990 年以后,卫生室开展儿童保健门诊,境内每年儿童保健门诊 150 余人次。2000—2016 年,南庄卫生服务站接受儿童保健门诊近 2000 人次。

围产期保健　1980 年开始,南庄大队开展围产期保健工作。妇女怀孕 3 个月内,建卡作早孕登记;怀孕 5 个月后,每月检查 1 次;怀孕 8 个月,每半月检查一次;怀孕 9 至 10 个月,每周检查 1 次;产后进行访视。农村由乡村女医生负责,市镇由卫生院妇产科负责。产后 43 天转入妇保门诊。在围产期检查中,发现高危孕妇即进行高危监护。1980 年开始,产妇死亡率为零,符合全国控制指标。1981—2016 年,境内无一产妇死亡病例。

1981、2016 年南庄村(大队)儿童体检(选年)一览表

表 11-4-2　　　　　　　　　　　　　　　　　　　　　　　　　　　　　　　　　　　单位:人

村(大队)	1981 年			2016 年		
	7 岁以下儿童	体检人数	患病人数	7 岁以下儿童	体检人数	患病人数
南庄	219	214	14	191	183	24

1981—2016 年南庄村(大队)1 周岁儿童"四苗"覆盖一览表

表 11-4-3

年份	一周岁儿童数（人）	合格接种人数（人）	接种率（%）	年份	一周岁儿童数（人）	合格接种人数（人）	接种率（%）
1981	25	25	100	1999	12	12	100
1982	31	31	100	2000	15	15	100
1983	31	31	100	2001	23	23	100
1984	21	21	100	2002	19	19	100
1985	14	14	100	2003	11	11	100
1986	26	26	100	2004	24	24	100
1987	22	22	100	2005	11	11	100
1988	21	21	100	2006	22	22	100
1989	27	27	100	2007	16	16	100
1990	22	22	100	2008	27	27	100
1991	26	26	100	2009	20	20	100
1992	18	18	100	2010	21	21	100
1993	25	25	100	2011	18	18	100
1994	26	26	100	2012	12	12	100
1995	29	29	100	2013	20	20	100
1996	21	21	100	2014	21	21	100
1997	18	18	100	2015	17	17	100
1998	27	27	100	2016	22	22	100

第三节　疾病防治

解放以后，人民政府重视疾病的防治，广泛开展预防接种工作。1950—1961 年，境内普遍接种或重点接种了牛痘、鼠疫、霍乱、白喉、百日咳、伤寒等疫苗，天花等随之绝迹。1962—1965 年，连续四年进行全民性的霍乱菌苗注射，每年注射人数占境内总人口的 75%~88%。1967—1969 年，预防接种工作停止。1970 年恢复。1973 年，境内普遍接种牛痘疫苗。1977 年，首次接种卡介苗。1978 年开始，对 2~8 个月的婴儿实行计划免疫，接种卡介苗、百白破疫苗(百日咳、白喉、破伤风三联苗)、麻疹疫苗和脊髓灰质炎疫苗等；对 1~7 岁的儿童，增加接种流行性脑膜炎、乙型脑炎疫苗，有效地预防了各种传染病的发生和流行。1980 年，境内再次普遍注射霍乱菌苗，全境注射人数达 100 余人次。1981—2016 年，境内传染病预防接种率均达 100%。

疟疾病　疟疾为境内夏秋季节多发性传染病。解放前流行极广，解放后，进行预防和药物治疗,初步得到控制。1962 年,全境服药人数达 700 人次。以后又进行休止期根治,疟疾发病率明显下降。1975 年,发病率为 23.93%,1979 年为 0.24%,1990—2016 年基本绝迹。

白喉病　解放前,境内时有白喉病流行,患者主要是 10 岁以下的儿童。解放后,经预防接种白喉类霉素,有效控制了发病率。1965 年秋,白喉病又暴发流行,两个月中发病 26 例,死亡 1 例。经采取中、西药积极治疗,并发动群众大搞环境卫生,疫情得到控制。1975—2016 年,全境无白喉病例发生。

麻疹病　常发生在每年的冬春季节,患者一般是儿童。70 年代初,开始为儿童注射麻疹疫苗。1978 年起,又纳入计划免疫范围,发病率直线下降。90 年代以后绝迹。

病毒性肝炎　境内流行的有甲、乙两种,以甲型为多见。70 年代前发病率较低,70 年代期间逐年上升。1979 年、1980 年达到高峰。1979 年,发病人数 44 人。1980 年,发病人数 38 人。1990—2016 年,境内肝炎发病很少出现。

流行性脑脊髓膜炎　流行性脑脊髓膜炎,简称脑膜炎,主要在春季流行。解放前死亡率很高;解放后,1959 年发病较多,全境发病 8 人,但未造成流行。1965 年,境内流行,发病人数 12 人。公社卫生院及县卫生防疫部门组成防疫组,分赴各大队,发动群众开展以"四基本"(开窗通风、勤晒衣服、勤洒扫、隔离病人)为主要内容的卫生工作,并对病人及时治疗,不久即控制疫情。以后每年仅有少量发生,1994 年开始极为少见,2016 年已绝迹。

浮肿病　1959—1961 年,全国遭遇严重自然灾害,农村粮食歉收,经济收入减少,人民群众普遍缺乏营养,加上劳动过度,塘市公社有 37 人患有不同程度的浮肿病。为此,公社一方面为全社浮肿病人设立临时康复机构,如在塘市小学和河南翁家村等设立"疗养院";一方面拨给病人米皮糠、食糖、食油、蜜枣、肉类等营养品,给予休息,辅以治病。境内有 9 例病人前往临时机构疗养,到 1962 年夏,患者全部治愈。1963—2016 年,境内没有一例浮肿病发生。

慢性病(富贵病)　80 年代以前,境内很少有高血压、高血糖、高血脂、脂肪肝、肥胖症等病发生。90 年代后,随着人们生活水平的提高,一些"富贵病"开始滋生,"三高"(高血压、高血糖、高血脂)人群呈上升趋势,且越来越趋向年轻化。为此,南庄村(南湖苑社区)卫生室(服务站)从 2000 年开始对"三高"病情采取干预措施,结合全市大平台综合信息,专门建立境内"三高"病人的健康台账,便于定期随访;针对干预病人的病情发

慢性病干预宣传图(摄于 2015 年 12 月,顾彩云提供)

展情况,提出控制病情或及时就医的建议。2016 年境内的"三高"人群已逾 500 例,占总人口的四分之一。

南庄村(南湖苑社区)开展禁烟活动,2015 年起,村主要领导带头戒烟,村公共场所基本成为无烟区。

1962—2016 年南庄村(大队)村民慢性病(选年)一览表

表 11-4-4   单位:人

年份	人口总数	患高血压人数	患糖尿病人数	患脑卒中人数	患肿瘤人数
1962	1417	12	6	2	5
1980	1910	16	8	4	9
1999	1885	118	74	10	21
2008	1996	125	86	20	25
2010	1918	134	108	22	40
2016	2009	374	112	40	44

第四节　爱国卫生运动

一、除害灭病

1952 年 4 月,全境开展以除"四害"(老鼠、蚊子、苍蝇、麻雀)为主要内容的群众性爱国卫生运动,以后每年夏秋季节广泛开展。1958 年"大跃进"期间,群众运动搞捉雀、捕鼠、挖蛹、灭蚊。1962 年以后,发动城乡居民开展以除害灭病为中心,开展以城镇"三管"(管水、管粪、管饮食)、"二灭"(灭蚊、灭蝇)和农村"两管"(管水、管粪)、"五改"(改厕所、改畜圈、改水、改灶、改环境卫生)为主要内容的爱国卫生运动。1976 年开始,除害灭病工作进一步加强。1980 年以后,把爱国卫生列入文明村(单位)建设的重要内容。1994 年开始,村委分工 1 名副村长专门管卫生工作,爱国卫生列入双文明建设考核内容。2016 年,仍按原制度执行。

二、环境卫生

解放以后,配合除害防病,发动群众搞好环境卫生。境内清除垃圾,疏通阴沟,填平洼地,消除积水,铲除杂草,消灭和控制蚊蝇孳生地,达到室内室外环境整洁的要求。

1958 年,南庄大队有 1 名干部抓卫生工作。全境实行公共地方露天粪坑加盖,设置公共厕所 2 座。1962 年,境内的卫生工作得到加强。农村以季节性的环境卫生、消灭蝇蛆为重点,经常进行检查评比。1976 年开始,全境各个生产队建蓄粪池,对粪便进行无害化处理。1978 年以后,环境卫生工作纳入文明村镇建设内容。全境建公厕 5 座,公共场所设立垃圾箱 112 只,建立垃圾收集箱 20 只。2000 年以后,境内不再有露天粪坑,公厕实行专人管理。

三、饮水卫生

1968 年以前,境内群众大多饮河水,少量饮井水。1968 年开始,一些生产队开始挖公井,饮井水。1978 年起,各小队发动群众、集体资助和组织专业队伍打水井,解决村民饮水卫生问题。社办电气传动装备厂自建日供水量 0.5 吨的小型自来水塔,附近农户及部分企事业单位开始饮用自来水。1985 年,境内共有水井 286 口,有 70% 左右的人饮用井水。1999 年,境内村办企业先后自建小型自来水塔 2 座,年抽用地下水达 31.5 吨。至年末,全境 96% 的农户饮用自来水,其余的人饮用井水。2000 年以后,境内村民 100% 饮用以长江水为源的自来水。

四、食品卫生

1960 年,贯彻食品卫生"五四制"(即实行"四不":腐败变质食品原料和成品不采购、不验收、不加工、不销售;"四隔离":生熟食品隔离,成品与半成品隔离,食品与杂物、药物隔离,食品与天然水隔离;把牢"四道关":食具一洗、二刷、三冲、四消毒;"四定":环境卫生定人、定物、定时间、定质量,划片包干,分工负责;"五勤":饮食人员勤洗手、勤剪指甲、勤洗澡、勤理发、勤洗衣服),加强了饮食卫生的管理工作。1976 年开始,卫生部门每年对南庄村饮食服务人员进行一次健康检查。1979 年,境内宣传贯彻国务院颁发的《中华人民共和国食品卫生管理条例》,对食品卫生进行监督检查和对业务人员进行培训,参加培训人员共 18 人。1980 年开始,由县防疫站对饮食卫生合格的单位发给卫生合格证,境内有 5 家单位取得卫生合格证。1990 年以后,对饮食业人员每年都要进行体格检查,全境的食品卫生工作逐步走上正轨。2013 年,全境有 6 家饮食部门、32 家企业食堂取得卫生许可证,领证率达 100%。境内有民间厨师 3 人,每年参加从业卫生体检,合格率达 100%,全部持证上岗。2013—2016 年,境内未出现 1 起食品卫生事故。

第五节　创建省级卫生村

1995 年 5 月,南庄村提出创建卫生村,具体奋斗目标为"二年创张家港市级、三年创苏州市级、四年创江苏省级"。村组建创建卫生村工作领导小组,开展全民健康教育和大环境整治。同时多方筹资,抓硬件建设,落实长效管理措施。至 1999 年末,全村累计投入 200 多万元,改变了原来脏、乱、差的状况,使创建工作呈阶梯式前进。经过 3 年多努力,至 1999

年,南庄村荣获"省级卫生村"称号。2016年,仍保持省级卫生村荣誉。

一、组织管理

南庄村由村党支部书记负总责,村民委员会主任具体抓创建工作。1994—1999年,村"两委"每年召开爱国卫生工作会议4次,各个责任部门职责分明。从1995年成立创建卫生村领导小组后,领导小组现场办公18次,认真解决创建中存在的重大问题和疑难问题67个,保证了创建工作的顺利开展。

二、健康教育

1995年,南庄村成立健康教育领导小组,由5人组成,负责制订实施健康教育计划。

南庄村健康教育领导小组在有关职能部门配合下开展"爱卫月""科普宣传周""世界环境日""世界无烟日""计划免疫日""爱牙日"等专题宣传活动,还组织小学师生、卫生室医护人员开展村头宣传和市民卫生知识应知应会咨询服务。村健康教育入户率95%,应知应会及格率93%以上,村办企业、学校等单位健康教育普及率92%,健康行为形成率90%以上,学校开课率94%。1995年、1996年、1999年,村组织应知应会测试,平均成绩分别为95分、96.5分、97.5分。2000—2016年,全村组织各种形式的健康教育23次。

三、环境卫生

按照既坚持高标准、高起点,又讲究实效的指导思想,南庄村村容改造和环境卫生工作的重点放在填平补缺、改造配套、整治建设、美化完善功能和严格规范管理等五个方面。

队伍建设 1995年,卫生保洁及专职管理人员有3人,1996年增加到5人,工资报酬及福利列入村财政预算。村里与各企业签订门前"五包"委托管理书,签约率达100%,至2016年未变。

基础设施建设 1995年,清除露天粪缸,新建、改建公厕,增设环卫设施。至1999年底,全境有公共厕所5座,单位厕所100%有自流式冲洗设施,公共场所设立垃圾箱112只,设立公用果壳箱3只、垃圾堆放处理场2处。1996年起,先后投入250万元扩建混凝土路面3.8万平方米,埋设路面下水道3500米。村道路硬化率达100%,下水道管道体系通畅。多渠道筹集改水改厕资金50万元,采取打井建塔、联网供水、延伸管道方法,使辖区农村自来水普及率达到省级卫生村的要求。1996年,全境农户的卫生户厕普及率为30.24%。1995—1999年,南庄村对境内道路实施硬化。全村1条主干道5400平方米,4条次干道2400平方米分别浇筑或铺设为柏油路面和沙石路面。全境道路硬化率达98%。在此基础上,南庄村先后投资71万元进行绿化美化,村级道路两旁栽上雪松、月季、黄杨等;与新沙锡路相交处设景点,栽上各色花卉。1999年,全境绿化面积3.18万平方米,绿化覆盖率

26.2%,人均公共绿地 8.9 平方米,达到了春有花、夏有荫、秋有果、冬有绿的要求。门店、单位都安装了霓虹灯、彩灯,至 2016 年未变。

常规管理 对卫生管理区域分段划片,定人定岗,定时保洁,定期消杀,垃圾清运率 100%;垃圾集散地无污水溢流,无蝇蛆;公厕统一编号,责任管理制度上墙,并设有监督电话,接受群众监督。并采取综合治理和专项突击检查相结合,管理监督人员提供全天候服务,至 2016 年未变。

对辖区建设工地,严格施工占用公地审批制度,要求围栏作业,禁止乱倒生活及建筑垃圾。按照规范化内容实施管理:一是宣传教育,以画廊、黑板报、图片展览等形式认真宣传《中华人民共和国食品卫生法》,强化凭证合法经营的法制观念;二是业务培训,1995—2016 年,每年专门召开食品行业卫生管理会议,举办分行业相关知识培训班,组织书面考试,达到食品卫生行业的证照齐全要求,使饮食卫生持之以恒;三是狠抓检查管理,1995—2016 年,每月进行行业卫生检查,对不符合卫生要求的单位进行相应处罚,并限期整改,对个别整改不力的进行教育。配齐防蝇设备、餐具清洗消毒设备、油气灶、餐具电子消毒柜等,各饮食部门都安装了风幕机,采用热能消毒,设公用餐具。

四、公共场所卫生

1996 年,辖区有公共服务经营个体户 8 户,从业人员 21 人,其中有理发业、文化娱乐业、门店商贸业人员。公共场所卫生许可证发证率达 100%,从业人员健康体检率和卫生知识培训率达 100%。

理发业统一配备理发工具及紫外线消毒箱、头癣患者专用理发工具箱、毛发收集桶及毛巾消毒用具,使用一次性胡刷和刮胡刀。卫生室严格执行无菌操作制度,做到一人一针一筒。

1995—2016 年,每年举办一次行业卫生知识培训,发放培训资料 150 份。健全落实各项卫生管理制度。每个公共场所都有固定的卫生宣传阵地。

五、除四害

组织 1995 年境内成立除"四害"(老鼠、蟑螂、苍蝇、蚊子)领导小组,制订工作计划,明确标准任务。各企业和部门明确 1 名分管领导抓除害工作。全境共配备兼职除四害员 5 人。

经费 企业、商店等由其单位各自负担,村民灭鼠用药,由村负担。

措施 (1)宣传。1995—2016 年,召开大会 16 次,板报画廊专题宣传 60 期,分发宣传资料 1.2 万份。(2)密度监测。对老鼠每月监测 1 次,对蟑螂每年 3—11 月每月监测 1 次,对蝇和蚊密度 3—11 月每月监测 2 次,及时掌握四害密度消杀动态,有效控制消杀四害。

（3）掌握科学方法。冬春两季灭老鼠统一行动，全面投药。1995—2016年，各单位每年在夏秋用灭鼠"天塌"40只、灭鼠鼠夹50只，在冬春用鼠药"大隆"、灭鼠丹4千克。鼠情监测迹法一直控制在达标范围以内。每年6月，发动群众开展灭蟑螂活动，对灭蚊、灭蝇每年用"敌敌畏"10千克、除虫菊"奋斗钠"8千克、捕蝇笼1000个。注意标本兼治，消灭各种卫生死角。1995年，填平村区污水河道2条，重点整治河道2条。（4）居民实行垃圾袋装化，对厕所、垃圾中转站、垃圾填埋场等根据季节消杀特点，定人、定时用药。

六、传染病防治

《中华人民共和国传染病防治法》颁布实施以来，境内甲乙类传染病总发病率逐年下降，从1989年的395.18人/10万人下降到1996年的240.74人/10万人，连续10多年无脊髓灰质炎病例，无肠道传染病例。计划免疫工作规范化、制度化，冷链设施配套，接种完全，"四苗"接种率连续多年达98.5%以上。1997—2016年，境内未有传染病病例发生。

七、居民家庭卫生

1995年初，塘市镇党委、镇政府在影剧院召开争创卫生镇千人誓师大会后，境内村干部兼任各路段路长，做到宣传教育、硬件建设、卫生规范管理一把抓。对学校、工厂、商店各公共场所、居民家庭卫生每月一查一评，评比分出榜公布，并张贴"整洁卫生""尚卫生""不卫生"三种不同的标志。对不卫生的摘掉"文明新风户"牌子，取消个人参加文明职工评比资格，从而有效提高了居民家庭的总体卫生水平。2016年，南庄村、南湖苑社区继续加强居民家庭卫生的宣传教育工作，整体卫生水平保持高标准。

八、大环境整治

南庄村自1995年提出创建省级卫生村的口号以后，根据创建要求，农村大环境整治工作始终被列入村"两委"领导的重要议事日程。1995—1997年，境内取缔露天粪坑804个，迁移坟墓568个，拆除乱搭乱建的违章小屋、草棚等200余间，清除村卫生死角55处，填埋臭水小河8条，铺设混凝土、沥青的巷道25.5千米，植树、栽花3万余株，创建文明小区3个。

1996—1999年，进一步加大环境整治力度，提出了以洁美村庄为重点，建设现代化新农村的号召，区域内道路硬化率100%、道路两旁绿化率100%，垃圾入桶、入箱、日清。境内共建有10余人的保洁队伍2支，实行全天候保洁制度。与此同时，农户普遍建造无害化卫生户厕，1996年，卫生户厕普及率30.74%。各个村民小组都设有1名保洁员，配有3~4只垃圾箱。每年春、秋都各进行1次全民环境整治活动，农户家家实行门前"三包"（包无乱堆乱放，包场地卫生，包消灭蚊子、苍蝇孳生死角），做到室内卫生达标，以此纳入"文明新风户"评比条件。

1999 年后,南庄村继续向更高目标看齐,开始开展争创全国卫生村活动。

九、环境保护

60 年代前,境内的空气质量一直属优。1963 年,境内第一至四队联办小窑生产青砖、瓦片开始,境内空气质量开始变差。70 年代开始,随着村、队工业的兴起,境内先后新建大队办小窑、轮窑共 5 座,空气污染源逐渐增多,但危害还不是太大。1979 年,大队建办失蜡铸件厂后,一度时期曾严重污染周边空气。进入 80 年代起,南庄村境外的东南方华纺化纤厂,东北方沙建水泥厂,西南方杨舍三、四大队砖瓦厂相继建成投产,大气遭受严重污染,不管春、夏、秋、冬四季,不管东、南、西、北风,境内大部分自然村被污染空气包围,PM 2.5 浓度超标数倍。天气刮东南风,境内受黑色煤灰侵扰;刮东北风,境内受白色粉尘污染。遇上气压低、风力小的天气,污染特别严重,村民连衣服、被子都不敢往户外晾晒。一度时期,沙州建筑水泥厂的灰白色粉尘曾经致使境内部分田块的庄稼蒙上一层"面纱"。21 世纪以后,各级政府把环保工作提上议事日程,加大了对环境整治的力度,境内先后拔掉 20 米以上烟囱 5 根,周边水泥厂、化纤厂先后停止生产。2010 年后,境内不再出现烟灰、粉尘污染,大气质量明显提高。

1979 年,县建立环境保护机构,塘市公社随即设立环保办公室,有 1 名环保助理专职抓,具体负责环境监理及环保执法。1989 年开始,乡环保办会同南庄村、各村办企业签订环境保护目标责任制的协议,并把这一责任制列入村、企业争创双文明单位考核评比内容,实行"一票否决制"。境内由工业社长具体负责辖区的环保工作。1993 年起,境内全部实行新建项目的"三同时"(主体工程与环境保护设施同时设计、同时施工、同时投产)规定,执行率达 100%。

严把新办企业审批关,坚持防止和杜绝新污染源,每年进行 5 次执行检查。80 年代至90 年代末,对境内小化工等小污染企业实行保证金制度,发现问题,限期整改,如违反环保

2010 年 11 月 25 日,"省级绿色社区验收考核组"在南庄村、南湖苑社区召开绿色社区创建工作验收会议

绿色社区牌匾(摄于 2014 年 1 月,陶心怡提供)

法和有关条例规定的,坚决予以处罚。2000 年以后,境内企业全部实现了"三废"零排放。

2001 年,杨舍镇提出"还我青山绿水,净化生活环境,切实抓好整治,推进两个文明建设"的目标,采取积极措施,坚持依法治理,实行综合整治。2008 年,南庄村提出争创"省级绿色社区"的目标,通过 2 年多努力,于 2010 年 11 月 25 日,在江苏省绿色社区验收考核组到南庄村(南湖苑社区)召开的绿色社区创建工作验收会议上,获得了顺利通过。2010—2013 年,南庄村(南湖苑社区)被江苏省环境保护委员会办公室授予"绿色社区"荣誉。2016 年,境内大气总悬浮微粒日平均值 0.17 毫克 / 标准立方米,二氧化硫每日平均值 0.016 毫克 / 标准立方米,集中居住区固定噪声源达标率 90 % 以上,饮用水源水质达标大于 95 %。

2000—2016 年南庄村卫生环境改造一览表

表 11-4-5

年份	清洁河塘水 (立方米)	卫生公厕 (座)	垃圾收集房 (间)	果壳箱 (只)	垃圾桶 (只)
2000	1.5 万方	2	—	—	12
2001	1.2 万方	3	—	—	12
2002	1.5 万方	4	—	—	15
2003	1.8 万方	4	—	—	15
2004	1.1 万方	4	—	—	20
2005	2 万方	4	—	—	20
2006	1.1 万方	4	8	4	20
2007	1.2 万方	4	10	4	20
2008	0.8 万方	4	10	4	20
2009	0.7 万方	4	12	4	23
2010	1.0 万方	4	14	4	23
2011	0.8 万方	4	14	4	23
2012	0.8 万方	4	14	4	23
2013	1.5 万方	4	14	4	23
2014	1.3 万方	3	8	6	120
2015	1.2 万方	2	—	6	130
2016	1.6 万方	2	8	8	130

第十二卷 精神文明建设

中华人民共和国成立初期，境内利用夜校、民校等阵地，广泛持久地开展各类宣传教育活动，以《中华人民共和国婚姻法》颁布实施为契机，破除旧思想、旧观念，传播新思想、新观念，树立新风尚，奠定了精神文明建设的基础。1963年以后，境内先后掀起学雷锋、学习解放军的高潮，精神文明建设得到升华。

1981年起，南庄村全面开展精神文明创建活动，主要活动有"五讲四美三热爱"（讲文明、讲礼貌、讲卫生、讲秩序、讲道德；心灵美、语言美、行为美、环境美；热爱祖国、热爱社会主义、热爱中国共产党）活动，创建文明村活动，创建文明工厂、文明学校、文明商店（摊位）、文明车间活动，创建五好文明家庭、评选"新风户"活动，参加全乡"新风杯"夺杯竞赛活动等，在全境掀起创建文明活动的热潮。2000年开始，境内居民踊跃参与家谱的修纂工作，在追踪延续祖宗血脉的同时，秉承祖宗的精神财富，大力弘扬祖先传承下来的优良品质，加强族训、家风、家规教育，培养良好的民间风气。2004年至2016年，全村分别开展"文明新风户""五星文明家庭"创建，公民道德、社会公德、思想品德和争做文明市民教育活动，全村出现了一批文明新风典型。1996年，南庄村获"张家港市双文明单位"称号。2003年起，连续多年被评为张家港市文明村（社区）。

1999—2016年间，南庄村（社区）分别获得江苏省卫生村、江苏省民主法治示范社区、苏州市绿色社区、苏州市规范化人民调解委员会、苏州市建设社会主义新农村示范村等荣誉。

第一章　宣传教育

第一节　宣传活动

一、学习雷锋宣传活动

1963年2月，毛泽东同志亲笔题词"向雷锋同志学习"，通过广播、报纸广泛宣传，在全国掀起了学雷锋高潮。南庄村群众广泛开展学雷锋活动，大力宣传践行雷锋精神（雷锋同志全心全意为人民服务，把有限的生命投入到无限的为人民服务中去的精神；雷锋同志干一行爱一行，立足岗位艰苦奋斗的敬业精神；雷锋同志对同志、对人民像春天般的温暖，舍己为人、助人为乐的精神）。

2010年以后，全村共有登记注册志愿者118人，以"学雷锋志愿者行动"等形式，组织广大党员、干部、青少年开展学雷锋活动，形成积极向上、助人为乐、扶贫济困等良好社会氛围。2015年起，通过社区微信公众号"张家港南湖苑"、电子显示屏、道旗、楼道、橱窗等宣传阵地做好社会主义核心价值观基本内容的宣传普及。将村规民约、家训家规以及"讲文明树新风"公益宣传进行整合，编成专题资料在微信上推送，倡导微公益，传播微文明。

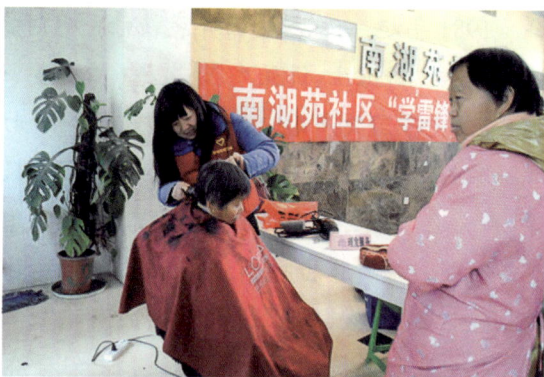

南湖苑社区开展"学雷锋"广场志愿者理发活动（摄于2015年3月4日，顾彩云提供）

二、"五讲四美三热爱"宣传活动

1981年2月至9月，南庄村在全境范围内全面开展以讲文明、讲礼貌、讲卫生、讲秩序、讲道德和心灵美、语言美、行为美、环境美为主要内容的"五讲四美"文明礼貌宣传活动。并把这一活动与社会治安综合治理、为民办好事、学雷锋树新风结合起来，推进文明村的创建。1982年3月，全境组织开展了第一个"全民文明礼貌月"活动。1983年1月，南庄村将"三热爱"列入"五讲四美"活动。全村"五讲四美三热爱"活动主要在"一个突出""四个面向"上下功夫，即突出社会主义精神文明建设这根主线，面向基层，以治脏为突破口，重点解决脏乱差，全面创建文明新村；面向群众，全面开展为民办好事活动；面向服务行业，解决服务工作中的"冷、硬、顶"现象,开展"窗口"单位创"三优"竞赛活动;面向社会,做好政治思想工作,实行社会治安综合治理。1983 年 3 月至 1984 年 3 月,全村连续 2 年组织开展"全民文明礼貌月"活动,推进"五抓五治五变"(即抓思想道德建设,治旧变新;抓文化科学建设,治愚变智;抓环境卫生建设,治脏变净;抓社会秩序建设,治乱变安;抓生产发展,治穷变富),村民受教育面达到 95% 以上。

三、学英雄、学先进宣传活动

80 年代初,南庄村在学生、青年中开展学英雄树新风宣传活动。每年 3 月 5 日的学雷锋日,举行志愿服务活动,开展义务修理,义务理发,科普及法律咨询,便民义诊,无偿献血,义务植树,打扫街道,清理垃圾,黑板报联展和为敬老院孤寡老人、残疾人员及军烈属"送温暖、献爱心",为贫困人员捐款捐物等活动。1986 年后,开展"四有"(有理想、有道德、有文化、有纪律)教育,组织听取"两山"(老山、谅山)英雄事迹报告。1996 年,组织党员、干部开展向孔繁森、曹克明学习的活动。1999 年,组织开展了"学沙钢、学梁丰、学习沈文荣"的活动,以先进典型的高尚精神和感人事迹感召全村人民积极投身两个文明建设。

第二节 教育活动

一、"三爱"(爱祖国、爱集体、爱社会主义)教育活动

1983 年开始,境内 2 所小学每周一举行升国旗仪式,接受爱国主义教育。每年"九一八"国耻日,开展各类歌咏、演讲比赛,教育青年"勿忘国耻、爱我中华"。1995 年,全村深入开展"爱祖国、爱集体、爱社会主义"教育活动。在深入开展"三爱"教育活动中,还组织村干部和中小学生参观沙洲中路步行街、张杨公路、保税区、沙钢集团等标志性工程及重大建设项目。通过现场参观和展开讨论,使广大干部群众、中小学生增强了对改革开放成果的感性认识和热爱家乡、建设家乡的自豪感与责任感。1997 年 7 月 1 日,中国政府恢复对香港行使主权。南庄村以此为契机,紧密围绕"颂祖国、庆回归、迎七一"这一主题,开展庆祝香港回归系列活动。1998 年,为纪念中共十一届三中全会召开二十周年,全村广泛开展了"二十年改革、二十年巨变"主题教育,组织开展了文艺晚会、演讲比赛、专题党课、图片展览、黑板报汇展等活动。

二、文明市民教育活动

1992 年,南庄村开设一所市民学校,组织市民学习《张家港市文明市民读本》,举行知识竞赛、演讲比赛。

1993 年,全村开展学习《张家港市文明市民守则》和《张家港市民行为规范》。其中

《张家港市文明市民守则》的内容为"六要"(要热爱祖国,建设港城,同心奋斗,勇于争先;要团结友爱,助人为乐,言行文明,自尊自重;要家庭和睦,邻里相亲,计划生育,拥军优属;要尊师重教,敬老爱幼,相信科学,移风易俗;要讲究卫生,美化环境,义务植树,爱护花木;要遵纪守法,维护公德,诚实守信,优质服务)、"十不准"(不准粗言秽语,相骂吵架;不准随地吐痰,乱扔果壳、烟蒂、纸屑;不准闯红灯,妨碍交通;不准乱停车辆,挤占道路;不准乱设摊点,无证经营;不准乱搭乱建,影响村容;不准乱倒垃圾,乱堆杂物;不准乱涂乱贴,私设广告、标语;不准损坏绿化,侵占绿地;不准擅自挖掘,破坏设施)。《张家港市民行为规范》的内容为"五讲十不"(讲文明、讲礼貌、讲卫生、讲道德、讲秩序;不随地吐痰、不乱丢杂物、不损坏绿化、不损坏公物、不乱贴乱画、不吸游烟、不骑车带人、不乱停车辆、不燃放烟花爆竹、不说粗话脏话)。

1999年后,南庄村以"争做文明人,共建文明城"为主题,全村开展《张家港市文明市民守则》《张家港市民行为规范》以及"三德(社会公德、职业道德、家庭美德)、三礼(礼貌、礼仪、礼节)"教育活动。

三、社会主义核心价值观教育活动

2012年11月,中共十八大报告提出"倡导富强、民主、文明、和谐,倡导自由、平等、公正、法治,倡导爱国、敬业、诚信、友善,积极培育和践行社会主义核心价值观"以后,南庄村根据市、镇要求,在全村(社区)内大力倡导、宣传社会主义核心价值观,利用橱窗、电子显示屏、"张家港南湖苑"微信公众号等平台宣传社会主义核心价值观的基本内容和实质精神,先后多次开展形式新颖、喜闻乐见、针对性强的教育实践活动。

四、家风教育活动

2014年3月,中央电视台、光明日报等媒体以家风为主题的系列报道和评论文章引发社会广泛关注,各地在总结传统家风教育经验的同时,也积极思考如何将时代精神融入家风教育,以便更好地契合社会发展。南庄村、社区在市、镇统一部署下,结合全面贯彻关乎国家发展、社会进步、个人成长等方方面面的社会主义核心价值观,吸纳萃取中国传统文化精华,把家风教育的丰厚现实资源融入教育实践。大力倡导个人层面的"爱国、敬业、诚信、友善"等基本内容,涵盖社会主义公民道德行为各个层面,贯穿社会公德、职业道德、家庭美德、个人品德各个方面。村部、社区通过各种讲座、培训和画廊、微信公众号、宣传栏进行广泛宣传教育,并树典型。2016年6月,村内家风教育的先进典型事迹在《张家港日报》作了报道。

五、"张家港精神"教育活动

"团结拼搏、负重奋进、自加压力、敢于争先"的张家港精神,具有强大的凝聚力,南庄村在各种教育活动中,十分重视张家港精神教育。1996年起,境内制作广告牌和悬挂标语宣传张家港精神,营造学习氛围,组织全村党员、团员、干部群众学习长篇报告文学《张家港人》《伟大理论的成功实践——张家港》《张家港之路》,收看中央电视台拍摄的电视剧和专题片《世纪风流》《狂飙》《张家港三问》,认真开展"全国学习张家港,我们怎么办"的大讨论,使张家港精神进村入户、深入人心,成为全村干部群众建设现代化新农村的精神力量。2001—2016年,境内持续以张家港精神凝聚人心,推动三个文明建设。

六、成年人思想道德教育活动

2000年以后,南庄村、社区在不断加强公民思想道德教育的过程中,同时加强了公民的道德建设,把道德建设融入无声的行动之中。

2001年9月,中共中央印发《公民道德建设实施纲要》(以下简称《纲要》)后,根据杨舍镇党委要求,南庄村、社区召开学习、贯彻《纲要》动员会议,举办公民道德建设启动仪式,要求村民小组和单位按照"重在建设,以人为本"的

"明礼·诚信·24孝伴我行"道德讲堂(摄于2015年7月15日,顾彩云提供)

方针,认真抓好《纲要》精神的贯彻,并在全村精心策划和组织开展了公民道德建设的"六个一"系列活动。

传唱一首歌　编创《道德规范之歌》,并制作成音带进行全民传唱,使"爱国守法、明礼诚信、团结友善、勤俭自强、敬业奉献"20字公民道德基本规范真正为村民牢记。

读好一本书　将《文明新风三字歌》顺口溜作为《公民道德建设实施纲要》的乡土教材,并广泛发放。

展出一套漫画　用电脑制作形象、生动的漫画集,用于宣传橱窗展览。

建好一批公民道德文化墙　在交通要道能见度好的建筑墙和围墙上,用漫画形式展示公民道德规范内容。

上好一堂课　结合课堂教育,全村在小学生中开展学习《中华人民共和国国旗法》、文明礼仪、道德风尚、法律法规等的教育;利用市民学校,在村民中开展道德规范教育;对党员、干部进行党的宗旨和公民道德教育。

推出一批文明典型　通过"文明使者"评选活动和组织宣讲巡回演讲的方式,使文明道德发扬光大。

在全村上下举行公民道德规范知识竞赛,并将公民道德规范内容贯穿于"春之歌、夏之吟、秋之舞、冬之书"等群众文化系列活动和文化广场活动之中,着力营造公民道德建设氛围。

2004年,南庄村启动以诚信社会、诚信企业和诚信市民为主要层面的创建活动,营造"诚信为本、操守为重"的社会风尚,塑造"诚实、守信、文明"南庄人新形象。全村以市民学校为阵地,分层面、针对性地组织市民学习《公民道德家庭读本》,把诚信教育融入"五星文明家庭"和"五星文明职工"的评选活动中。

2012年8月13日,全国妇联老龄工作协调办、全国老龄办、全国心系系列活动组委会共同发布新版"24孝"行动标准后,南庄村、社区根据市、镇的统一布置,积极行动,大力宣传。在多个宣传橱窗反复张贴新"24孝"漫画和图片,并对居民身边好人先进典型事迹进行广泛宣传。

七、未成年人思想道德教育活动

1995年9月,张家港市首次青少年教育工作会议召开后,要求各镇、村建立学校、社会、家庭"三位一体"的教育网络。2008年1月,南庄村建立了家长学校。2009年5月,南庄村建立校外教育辅导站,2012年,南庄村开设道德讲堂等教育场所。每年寒暑假期之前,村关工委、村妇代会、村团总支对辖区内青少年寒暑假期活动早作打算、早作安排。在寒暑假期内组织青少年学生广泛开展"五色教育",即回顾历史畅谈未来的红色教育;传承经典、品味阅读的金色教育;发现文明、守护家园的绿色教育;健康向上、强身健体的蓝色教育;文明和谐、关爱社会的橙色教育。"五色教育"着力培养青少年良好的道德品质,取得积极的效果。

历年来,南庄村、社区还通过宣传画廊、板报、政务平台广泛开展未成年人"八礼四仪"教育活动,将其作为未成年人思想道德教育的一个重要内容。利用寒暑假组织青少年学习并开展交流,宣讲心得体会。

第三节　结对帮扶活动

南庄村高度关注全村老弱病残的生活疾苦,想方设法为他们排忧解难,村领导及党员干部与他们常年结对帮扶,定期上门走访,送去党和集体的温暖。2002年,村里结对帮扶困难户4户,发放困难补助金2万元;对新增2户特困户实行帮扶,帮助他们得到最低生活保障;对4名贫困党员进行了帮扶、资助。2008年,村里结对帮扶3户贫困户,帮助他们解决生活与就业问题。2011年,村里支付扶贫帮困慰问金9万元,并与3名中小学生结对挂钩。2013年,村结对帮扶9人,为他们献爱心,使他们的生活有了一定保障。2016年,村党总支、村民委员会党员干部分别与12户低保户、特困户结对帮扶,其中村党总支书记徐海栋结对帮扶2户,其余10位党员干部每人结对帮扶1户。

南庄工业区建成后,境内企业不断开展结对帮扶活动。张家港市弘叶毛制品有限公司负责人叶茂成与妻子俩人一边创事业,一边献爱心,省吃俭用,资助一些有困难的学生。从2005年开始,叶茂成夫妇一直资助困难学生的生活与学习。第一个是生活在德积镇的学生。这个学生从小就没有妈妈,由70多岁的爷爷和奶奶照顾,家庭条件极为困难,但学生的学习成绩一直比较好。上初中时,他因家庭条件困难等原因想放弃学习,帮助家里减轻负担。叶茂成夫妇知道后主动找上门,亲眼看到孩子家境清贫,说服孩子的爷爷、奶奶,把孩子带到自己家里吃住两年,供他上学一直到大学毕业。2016年,这个学生已是外资企业的部门主管。第二个是生活在东湖苑的学生。孩子在上大学时不幸得了骨癌,看病需要巨资,叶茂成夫妇结对资助。第三个是生活在南湖苑的学生。孩子从小没有妈妈,缺少母爱,爷爷、奶奶已年逾古稀,无收入来源,孩子的学习成了问题。叶茂成夫妇知道后迅速请人联系,主动承担培养孩子的责任,从他上初中一年级开始,经济上给予资助,生活上给予关心,学习上给予引导。2016年,这个同学已在梁丰高三读书。第四个是生活在塘市镇上的女学生,在沙洲中学读书。她的妈妈一个人带两个孩子,上有老,下有小,全家靠妈妈微薄的工资度日,生活比较困难。叶茂成夫妇扶助孩子学习,准备资助她上完大学。

第二章　文明创建

第一节　文明新风户、文明家庭评选

一、文明新风户评选

1989年4月22日至5月24日,张家港市委在杨舍镇前溪巷村等单位开展"评选文明新风户"的试点工作,并将这一活动与评选文明职工、文明学生、文明个体工商户等结合起来。是年下半年开始,根据塘市镇的要求,南庄村认真组织开展文明新风户评选活动。

南庄村规定新风户评选标准为"十要十没有":要爱国家、爱集体,自觉执行粮油种植计划,没有欠交税款、规费和拖延合同定购任务的行为;要遵纪守法,没有赌博、传看淫秽物和小偷小摸行为;要自觉遵守《文明市民守则》,没有不文明、不道德行为;要自觉搞好家庭内外环境卫生,积极消灭"四害",没有乱倒垃圾、乱堆杂物、乱拉电线和无证养犬等行为;

要移风易俗,没有参与"关亡"(请"巫婆"讲述亡者在阴间的情况)、扎库(用纸和竹篾或芦苇秆糊制并烧给亡者的房屋、电器、床柜等)、算命、做道场、非法建庙等封建迷信活动;要邻里相亲、团结互助,没有打架、相骂等邻里纠纷和搬弄是非、侵害他人权益的行为;要家庭和睦、夫妻恩爱,没有虐待老人、夫妻吵架等行为;要自觉遵守婚姻法和计划生育规定,没有无计划生育、大月份引产和早恋早婚、未婚同居、非法同居、未婚先孕、轻率离婚等现象;要执行土地管理法,没有违法占地、违章搭建、取土毁田、乱建坟墓等行为;要自觉履行《中华人民共和国义务教育法》《中华人民共和国兵役法》,没有逃学流生和逃避服兵役等行为。

自1990年起,对南庄村"文明新风户"、文明职工、文明个体工商户,每季度评选一次。评选工作要经过家庭(个人)自评、群众互评、评议小组初评、村"两委"审定、出榜公布、挂牌或摘牌等程序。评选活动与福利待遇和奖金挂钩。对被评上新风户的家庭,除给予精神鼓励外,均给予一定的物质奖励。对未评上新风户的家庭,则采取不得享受或减少享受年终福利待遇的处理方法。村队办企业对被评上文明职工的,均给予上浮10%至30%不等的年终奖金。1990年起,南庄村每两年开展文明新风户评比活动,评上文明新风户的占全村总户数的95%。

二、五星文明家庭评选

2004年12月,杨舍镇开始启动"五星文明家庭"的评选活动,并与评选"五星文明职工"结合起来。南庄村积极响应,在全面做好宣传发动工作的基础上,于2005年4月,"五星文明家庭"评选活动在全村展开。村党支部专门成立了由一把手负总责的"五星文明家庭"评选领导小组。"五星文明家庭"的评选方法和程序与"文明新风户"的评选程序基本一致。"五星"包括遵纪守法星、勤劳致富(义务奉献)星、文明卫生星、友善和睦星、诚实守信星。2005年末,全村共评选出"五星文明家庭"208户,其中五星文明家庭标兵户10户,"五星孝星"家庭8户。对评为五星文明标兵的家庭和"五星孝星"的家庭,进行表彰和奖励,并由村委组织人员将"五星文明家庭"的牌子挨家挨户送上门。

2015年1月12日,中共张家港经济开发区工作委员会和张家港经济技术开发区管理委员会印发《关于开展"文明家庭""文明标兵家庭"和"党员文明示范家庭"创评活动的实施意见》。是年开始,南庄村根据实施意见的要求,在境内广泛开展了文明家庭、文明标兵家庭和党员文明示范家庭的创建评选活动,取得良好的效果。2016年,全村继续深入开展"三创建"活动,年终评出"文明家庭"565户。其中,有20户被评为"文明标兵家庭",

2005年杨舍镇五星级文明家庭牌匾(摄于2005年12月,徐建峰提供)

有10户被评为"党员文明示范家庭"，有3户被评为"身边最美家庭"。

附录：

　　南庄二组村民徐立峰家庭家风淳朴。其曾祖父一生清贫、勤俭持家、朴实无华，在民国时期，用终生积蓄买地建房创业；其祖父知书达理、尊师重教、教子有方，在60年代，培养出大南庄第一个大学生；其父亲勤奋好学、严以律己、爱岗敬业，在职期间，两次获得江苏省先进个人的荣誉。三代前辈将"俭朴、重知、自律"的淳朴家风熏陶着家庭中的每一个成员，口口相传，一脉相承，成为村民学习的榜样。2016年6月21日，《张家港日报》在"最美家风故事"栏目以《徐立峰：俭朴、重知、自律》为题，报道了徐立峰家庭淳朴家风的事迹。

2016年南庄村"文明标兵家庭户"一览表

表12-2-1

序号	户主姓名	组别	序号	户主姓名	组别
1	徐国明	一组	11	李士林	五组
2	徐玉祥	一组	12	李德洪	五组
3	徐达	二组	13	金龙保	六组
4	徐建峰	二组	14	徐仁才	九组
5	徐国峰	二组	15	邹浩明	十一组
6	徐正元	二组	16	缪裕明	十二组
7	徐云达	二组	17	缪棣高	十二组
8	徐海栋	三组	18	缪进高	十二组
9	徐海	四组	19	朱文刚	十四组
10	徐正良	四组	20	朱锦德	十八组

2016年南庄村"党员文明示范家庭户"一览表

表12-2-2

序号	户主姓名	组别	序号	户主姓名	组别
1	徐国明	一组	6	徐福祥	四组
2	徐达	二组	7	徐正良	四组
3	徐聚才	二组	8	李士林	五组
4	徐叙庆	二组	9	金龙保	六组
5	徐海栋	三组	10	缪裕明	十二组

2016 年南庄村"身边最美家庭户"一览表

表 12-2-3

序号	户主姓名	组别
1	徐云达	二组
2	缪裕明	十二组
3	缪进高	十二组

第二节　文明村创建

1995 年,张家港市将文明村创建工作纳入双文明单位的创建活动之中,南庄村积极组织并开展文明村的创建活动。

1996 年,塘市镇以提高农民素质奔小康和建设社会主义新农村为目标,按照"经济国际化、农村城市化、城市现代化、社会文明化、城乡一体化"的发展思路,认真开展了创建文明村镇活动。创建文明村镇活动的工作重点是对村(居)民进行思想道德和法制观念教育,以提高村(居)民素质。是年,南庄全境在组织开展"三五"普法教育初期,连续 2 次召开动员大会,举办各类培训班 2 期,发放法制教育宣传材料 1100 份、法律书籍 500 多册、法制宣传图片 100 多张,进行法制板报联展 2 次、法律咨询 20 多次,受教育群众 1500 多人次。通过全年的扎实工作,1996 年度,南庄村首次被评为张家港市双文明单位。1997 年,创建工作的着力点放在解决农村环境卫生存在的薄弱环节上。1998 年,通过省级卫生村考核验收。

1998 年末,塘市镇党委根据市文明委决定,将创建文明村镇与创建村级文明单位、镇级"新风杯"竞赛活动并轨,南庄村积极组织实施。

2003 年,全村广泛开展以"清洁家园、清洁村庄、清洁河道"为主题的大环境整治,并列入为民办实事工程。2008 年,南庄村成为苏州市加强农村基层组织建设、加快农村现代化建设示范村。是年,杨舍镇党委、镇政府按照"工业向园区集中、农民向城镇集中,居住向社区集中"的发展思路,全面开展镇村布局规划和农村居民住宅区布点工作。根据规划,在 2010 年至 2015 年内,通过行政村推动和政策鼓励,全镇 502 个自然宅基归并成 82 个农民集中居住点。南庄村根据这一要求,把文明村创建作为常态化管理的重点工作之一,建立卫生保洁队、绿化管护队、治安联防队三支队伍,实行专人专管,文明村(社区)创建活动取得了多项荣誉。2003—2016 年,南庄村(社区)连续 14 年被张家港市委、市政府授予张家港市文明村、文明社区标兵。2003、2004、2006、2011、2014 年,南庄村获"张家港市文明村"荣誉称号。2009 年,南庄村获"十佳文明村"荣誉称号。2007 年至 2016 年,南湖苑社区连年获"张家港市文明社区"称号,其中 2008、2009、2010、2011 年获"张家港市文明社区标兵"称号。

第三节　南庄村文明公约

爱祖国	爱南庄	立公约	共执行
守法纪	倡诚信	知荣辱	力践行
讲文明	崇新风	讲卫生	爱环境
积善德	怀爱心	常感恩	乐助人
爱同事	携手行	睦乡邻	心贴心
图自强	立自信	勤创业	家业兴
夫妻和	合家亲	尊父母	尽孝心
和生财	合生金	和合圆	更文明

第四节　文明典型

南庄村(社区)通过深入持久的精神文明宣传教育,树立和传播社会正气,践行精神文明建设,取得明显的成效,出现了一批文明新风典型。这些典型通过社区宣传栏的广泛宣传,为社会提供了正能量。

2010年以后,南庄村、社区居民先进典型人物的名字陆续出现在《张家港日报》、张家港电视台等多家媒体平台上,大力宣传褒扬了村、社区内平民百姓及工作生活在此的新市民的新风事迹。

一、见义勇为

2013年9月20日清晨,身患精神疾病的某妇女向新丰河中走去。家住南湖苑社区1幢503的安徽籍新市民刘帅帅看到后立即拨打110报警电话,第一时间冲下五楼来到现场,二话没说跳入水中救人,并极力安慰妇女,平稳她的情绪,制止了事态的进一步发展,最后与公安人员一起将妇女救上岸。2013年9月25日,《张家港日报》在"民生热线"栏目以《我没有理由不去救她》为题,报道了刘帅帅的事迹。

二、助人为乐

南庄六组退休干部金惠良和老伴陆婉珍于2000年退休,尽管已年近古稀,但他们热情不减,自掏腰包购买音响设备,无偿指导村民学习太极拳、太极剑、扇子舞。2007年2月,他们在村里组建了健身队,将队伍带得有声有色。在他们的影响下,村民参与健身的热情越来越高,村里的健身氛围也越来越浓。2012年10月19日,《张家港日报》在"民生社会"

栏目以《南庄村有对健身"领头雁"》为题，报道了金惠良、陆婉珍夫妻的事迹。

南庄十一组村民邹文华 2006 年被录用为南湖苑社区保安，虽然保安在群众眼中是一个再普通不过的工作，但在社区居民的心目中他却是个"无所不能"的保安。他技能出众，小家电、小水电维修样样精通，他常常为居民免费维修家电，助人为乐。除了维修家电，谁家只要有困难，他随叫随到，想尽办法帮助居民

金惠良表演"扇子舞"（摄于 2008 年 4 月，缪建珠提供）

解决困难。他是小区居民公认的"保护神"。2013 年 1 月 25 日，《张家港日报》在"民生热线"栏目以《社区里的"多管队长"》为题，报道了邹文华的事迹。

南湖苑社区居民陈仁英 2002 年曾患重病，但她积极乐观、乐于助人。多年来，她能下厨、喜助人，凭着一双巧手和一颗爱心，不厌其烦地指导主妇们学习烹饪技术；热情帮助左邻右舍解决生活上的困难，消除邻里间的隔阂；做"红娘"，乐此不疲地为大龄青年搭"鹊桥"。她以善良的心灵和高尚的人格深深感动着周边的居民群众，成为全社区尽人皆知、无人不晓的"仁英大姐"。2014 年 6 月 13 日，《张家港日报》在"民生社会"栏目以《南湖苑"红人"陈仁英》为题，报道了陈仁英的事迹。

身怀一技之长的四川小伙杨九叁 2016 年初找到南湖苑社区主任，主动要求为社区老年居民提供免费理发服务。是年他 24 岁，从老家只身来到张家港，成为张家港新市民中的一员。他凭着一手娴熟的理发技艺一边打工，一边提供志愿服务。经过初次实施后，杨九叁的免费为 70 岁以上老年人理发服务成了社区每月月底的固定"节目"，风雨无阻。除此之外，他还给行动不便的残疾老人提供上门服务，不计报酬。一年多时间里，他共计服务 400 余人次。2017 年 3 月 24 日，张家港电视台《张家港新闻》节目对杨九叁助人为乐的事迹进行了篇长 2 分钟的报道。

出生小窑泾的王元芬 2001 年与丈夫回到娘家南庄村创办企业。经过多年艰苦打拼，产品的市场占有率和知名度迅速提升，企业蒸蒸日上。创业成功之余，王元芬将更多的精力用于资助他人，至 2016 年，她无私奉献、默默献爱心已十二载，资助多个因贫即将辍学的学生完成学业，熟识她的人都说："她是个名副其实的好人。"2017 年 8 月 11 日，张家港电视台《张家港新闻》节目对王元芬的事迹进行了篇长 3 分钟的报道，她也被评为"第四届张家港市道德模范"。不久，《张家港日报》又在"身边好人张闻明"栏目以《王元芬：对待自己做减法，给予他人做加法》为题，报道了王元芬的事迹。

三、敬业奉献

南庄村警务站协管员吴敏,除了做好日常的流动人口信息采集、居住证办理以及普法、调解、安全宣传等工作外,他还热衷为辖区企业和务工人员牵线搭桥,解决企业"用工荒"、外来务工人员"找工难"问题,是新市民心中的"老娘舅"。2012 年 2 月 29 日,《张家港日报》在"综合新闻"栏目以《他是新市民的"老娘舅"》为题,报道了吴敏的事迹。

作为市首批网格文化员之一,南湖苑社区主任赵小江,2011 年起,在日常工作之余,不厌其烦地走访和摸底调查了解居民的文化需求,积极组织开展各类文化活动,丰富社区居民的文化生活。把文化的种子"播"入百姓心坎,把社区文化活动搞得有声有色。2013 年 2 月 28 日,《张家港日报》在"社区新闻"栏目以《"文化园丁"赵小江》为题,报道了赵小江的事迹。

南庄十二组村民缪进高是南湖苑社区卫生服务站的一名社区医生。2009 年,已达退休年龄,但作为塘市地区最后一名"赤脚医生",他仍坚守在工作岗位上,几十年如一日。他医术精湛,把群众的病疾记心中,敬业奉献,把医疗卫生事业后继有人的培养责任扛在肩。2010 年,为了村民的健康,年过六旬的他退休不退岗,依然活跃在他最心爱的医疗工作岗位上,他的敬业精神深深感动了身边的村民。2014 年 5 月 14 日,《张家港日报》在"民生社会"栏目以《缪进高:守护村民健康四十载》为题,报道了缪进高的事迹。

南湖苑社区居民缪荣法 2006 年 70 岁,他积极参与《东兴缪氏宗谱》第 11 次续修。此谱由他任主编,历时三年,纂修共增 8 卷。首卷包括《致东兴缪氏家族宗亲书》《兰陵缪氏东兴支系宗谱继续简说》《关于缪姓》等文章,共约 2 万余字,几乎都由缪荣法手写完成。续修期间,缪荣法全程参与采访编纂,通过无数次的文献求证、外调求证、乡间求证,得以完成任务。2015 年 4 月 3 日,《张家港日报》在"寻根"栏目以《这段血缘我来记录》为题,报道了缪荣法的事迹。

2016 年 4 月 23 日是"世界读书日",当天上午,南湖苑社区干部、张家港市阅读推广人顾彩云,在社区图书室为孩子们讲故事。几年来,南湖苑社区按照市"书香城市"指标体系要求,打响"一社一品阅读"品牌,注重阵地建设,营造浓厚的阅读氛围,多方位开展全民阅读活动。2016 年 4 月 27 日,《张家港日报》在"魅力经开区,幸福在杨舍(图片新闻)"栏目以《书香氤氲润心扉》为题,报道了顾彩云的事迹。

南湖苑社区物管队长贾兆根,

顾彩云(中)讲故事(摄于 2016 年 4 月,陶心怡提供)

2013 年入职以来,敬业爱岗、服务热情。在社区,谁家水电、管道、小家电遇到检修问题,第一个想到的准是他。作为一名物业工作人员,他潜心钻研看家本领,水电修理、小家电修理、园林绿化维护技术样样精通,两年间为居民义务维修家电 300 余台,深受社区居民的喜欢!2016 年 10 月 12 日《张家港日报》在"成风化人"栏目以《贾兆根:两年义务维修电器 300台》为题,报道了贾兆根的事迹。

居住在杨舍市区的戴凌燕 2007 年应聘到南湖苑社区工作,她风里来,雨里去,一干就是 10 个年头。自她从事工作以来,全心全意地为社区的计生工作付出辛劳,工作始终充满热情。她时刻惦记着居民的需求,将为民、利民、便民服务作为自己的工作目标,为育龄妇女提供贴心的服务。她是育龄妇女的知心人,也是社区教育"微课堂"上的好老师。2016年 11 月 9 日,《张家港日报》在"民生社会"栏目以《做居民贴心的"娘家人"》为题,报道了戴凌燕的事迹。

四、诚实守信

2014 年 2 月 26 日上午,南庄三组村民 77 岁的社区保洁员杨芳妹在自己的包干区工作,当她打扫到小区 59 幢附近时,拾到一只黄色的钱包,内有现金、身份证以及银行卡等证件。杨芳妹冒雨半个多小时在原地等待失主,无果后把钱包交到社区,经过多方努力,最终找到失主童某并归还。2014 年 2 月 28 日,《张家港日报》在"民生社会"栏目以《7 旬阿婆拾获钱包,雨中苦等归还失主》为题,报道了杨芳妹的事迹。

2014 年 11 月 11 日清晨,南庄八组村民李新琴在香蜜湖公馆门前拾到一个钱包,内有现金、身份证、银行卡等证件以及苹果手机一部。李新琴想方设法找失主无果后寻求社区帮助,最终在工作人员的帮助下找到失主曹某并将钱包归还。2014 年 11 月 25 日,《张家港日报》在"民生社会"栏目以《醉酒市民遗失钱包,热心阿姨捡到归还》为题,报道了李新琴的事迹。

2015 年 2 月 9 日中午,南庄三组村民南庄公寓保洁员陈裕芬在工作期间拾到钱包一个,内有现金 2850 元、身份证、银行卡、加油卡等财物。她想方设法找失主,最终在南庄公寓工作人员的帮助下,找到失主巴某并将钱包归还。2015 年 2 月 11 日,《张家港日报》在"热线独家报道"栏目以《捡到钱包不动心》为题,报道了陈裕芬的事迹。

2016 年 12 月 17 日上午,南庄四组村民、家住社区的环卫工人徐顺高在汤联路清扫路面时拾到一个钱包,内有 500 余元现金,身份证、银行卡等证件。徐顺高千方百计找到失主,最终归还失主袁某。2016 年 12 月 30 日,《张家港日报》在"城事"栏目以《我要表扬好人徐顺高》为题,报道了徐顺高的事迹。

五、孝老爱亲

南庄十六组村民阿婆刘梅娣,2012 年已过 80 高龄,她的儿子朱国新是养子。虽是养子,几十年来,朱国新却把刘老太太当成自己的亲生母亲,一家人都把老人当宝贝一样悉心照顾着,从不让刘老太"插手"家务,老太太的晚年生活就是养生、休闲,尽情地安享晚年。朱国新的孝老爱亲故事在社区广泛流传,成为大家争相学习的榜样。2012 年 7 月 9 日,《张家港日报》在"民生社会"栏目以《刘梅娣:我的儿子打着灯笼都难找》为题,报道了朱国新的事迹。

30 多年前,南庄二组村民徐云达作为上门女婿来到徐燕家。他关心长辈,把近 90 岁高龄的岳母吴凤英、岳父徐家俊照顾得无微不至。他把"孝敬老人、善待老人、关爱老人"言传身教,儿子儿媳也参与到孝敬长辈的行列中来。2013 年 7 月 11 日,《张家港日报》在"社区新闻"栏目以《女婿就是我亲儿子》为题,报道了徐云达的事迹。

2014 年 8 月 21 日,南庄十一组村民徐凤琴的丈夫邹正荣突发脑溢血,致使其瘫痪在床,无法行走,医生判定将会成为植物人。一年后,徐凤琴用无微不至的爱来照顾、唤醒丈夫,使其树立起生活的信心,并能起床搀扶行走。徐凤琴用瘦弱的肩膀为整个家庭撑起一片天空。2015 年 7 月 22 日,《张家港日报》在"民生社会"栏目以《徐凤琴:为丈夫顶起一片天》为题,报道了徐凤琴的事迹。

第十三卷　人物·荣誉

南庄村人才辈出。早在清朝前期，境内就有乐善好施、济贫抚困者。民国时期，有视百姓为己出的仁人善士。还有土郎中、兽医和手艺人等活跃在乡间，为百姓服务，广受人们尊敬和欢迎。中华人民共和国成立以后，各条战线的优秀分子恪尽职守，为人民建功立业作贡献，他们中有干部、教师、医师、会计师及工程技术人员。为反映时代特征、彰显南庄村发展历程、展示社会精英，凡在镇（乡、公社）及以上担任副科级以上职务的干部和获得过张家港市（沙洲县）级以上荣誉的先进个人，均被收录入志，以激励后人。

至 2016 年，南庄村（南湖苑社区）共获得张家港市级先进称号 44 次、省条线荣誉 16 次。

第一章　人　物

第一节　传　记

徐廷栋（ 1711.04—1782.03 ）　字彩章，号南村，原大南庄人。清代太学生，圆塘徐氏始祖徐汉英的第十四世孙。他祖上曾四代单传，传世至徐廷栋，人丁兴旺。他教子有方，次子徐汾曾敕封修职郎，署浙江按察使司，经历温州府瑞安县县丞，署泰顺县知县。他的长女、次女分别嫁予浙江钱塘县和四川中江县知县的儿子。他奉公守法，在农村专心致志打理事业，办企业、设商铺、置田地，积累了大量资产，青年时代就成为东乡的著名富豪。徐廷栋热心公益，清乾隆三年（1738），杨舍、马嘶、顾山、华墅、周庄、章卿 6 乡镇分段大修杨舍城堡，他自告奋勇，一去就是 3 个月。徐廷栋抚贫济困，每逢天灾人祸，他总是首先想到百姓的疾苦，从自己家里拨出专款，将自家粮库开仓赈济受灾农户，不图回报。清乾隆年间（1736—1795），江阴一带有过三次水患，又因谷渎港塘墅段年久失修，造成淤塞，影响当地百姓的生产生活,人民怨声载道。为此,他多次与远在他乡为官的儿子、女婿沟通,说服常州府发文到江阴县衙(时江阴县属常州府管辖),把兴修水利列入议事日程,后将谷渎港修浚一新。有一年夏天,瘟疫在地方上流行肆虐,为防止病者在家中二次感染亲人,他专门请人搭起帐篷,请来最好的医生,抓来最好的药饵,在野外设立临时救助点,将病人集中起来,分别对症施药,进行救治。他经常冒着病疫感染的风险,亲自到救治点看望和抚慰病人,大部分病员经过治疗活了下来。徐廷栋秉性耿直,常为百姓执义代言,使地方恶势力在南庄一带销声匿迹,保护了一方百姓的太平。他一生克勤克俭,事业如日中天时期,置业无数。于清乾隆年间在大南庄北墙门兴建厅宅(老厅)一处,授予长子徐润,又扶助已在浙江为官的次子徐汾在老厅附近北侧50米处,再次兴建厅宅(新厅)一处。直到暮年,他仍不遗余力地倾其一生的积蓄,为其三子徐沅、四子徐澂打造新宅,历时5年得以竣工。接着于乾隆三十九年(1774),继续耗时2年开挖护宅河,把新宅包围起来,整宅出入仅靠一条南北通道。徐廷栋把其营造的新宅取名小南庄,他成为小南庄的奠基人。

徐石麟(1885.05—1943.01)　字宝摩,又名石林,原小南庄人。太学生,法政毕业。清末曾任都察院都事加二级诰封朝议大夫,民国时期任江阴县县议员。《圆塘徐氏宗谱》记载,其祖父徐时飏、父亲徐继勉均为清代太学生。祖父曾授承德郎候选布政使司理,封赠朝议大夫。"幼读书,通晓大义。挑灯展卷,书声与纺机声相恒。"出身于书香门第的徐石麟,自幼受家风熏陶,勤奋好学,洁身上进,青年时期即跻身于社会名流,成为一方贤达。民国初年,刚达而立之年的徐石麟已是江阴东乡知名乡绅之一。家境殷实,拥有田产千余亩、街面商铺数十间、打油作坊2处。他开明仁义,扶贫济困,惠及虞西、澄东周边诸多佃农百姓。1917年,塘市地区出现特大蝗灾,广大农田颗粒无收。徐石麟慷慨解囊,全力赈灾。家境特困的佃农不但免缴租粮,还可以从他家领得粮食以解燃眉之急。1919年,徐石麟当选江阴县议员后,亲民惠民,不负众望。他经常走访乡里,实地考察,为减轻百姓负担,稳定地方治安,敢于秉实直谏,深令同事钦佩。他清正廉洁,秉公处事。他主持管理圆塘徐氏祠堂公田30余载,经手钱款无数,但账目笔笔清楚,分毫不差,族人及当地百姓无不交口称赞。徐石麟谨记祖训,积德行善,步入中年时收养了年仅9岁的乞丐赵晋荣,视同己出,悉心抚养,并为他娶亲成家,安稳度日。其抚孤义举影响故里,从善民风世代相传。1937年,日军全面侵华前夕,徐石麟被迫携妻带子举家迁徙常熟、上海等地,乡间资产托人管理,不究收益多寡,只求有利百姓。

蔡景初(1899.08—1971.09)　原大南庄人。蔡景初身材魁梧,出道较早,为人热情温和,当过厨师,南庄人都尊称他景初师。景初师除帮人办酒宴之外,另有一技之长,他能专看牛病,经验丰富,是方圆数十里出了名的"牛郎中"。牛是农家宝,耕地少不了。四五十年代,耕牛遍地是,光大南庄一个自然村就有28条耕牛。牛也会生病的,牛生了病,人们只相信大南庄景初师。顾山南漕庄李长生家的牛两天不吃草料,请景初师为他家的牛看病。景初师一摸牛的脖子,摸到一块硬硬的东西哽在牛的食管中,于是吩咐李长生将脚轴盖拿来,将牛牵进牛棚,用两根水车桁把牛固定在牛棚里,将牛缰绳揪起,双手将牛嘴掰开,然后用脚轴盖塞进牛嘴里,再用粗藤条在牛的食管里上下抽动,好不容易才将一块坚硬的东西(估计是一块棉饼)顺好了送进牛的胃里,然后,从牛嘴里取出脚轴盖。第二天,那条牛基本恢复健康,开始能吃草料了。华士陶中房陶三宝家的牛不吃不喝,不拉屎,不撒尿,垂头丧气三天了,景初师一看,立即吩咐主人将牛牵进牛棚,用车桁将牛固定住,然后取来一段破脚践裹住牛的腹部上下左右反复按摩,再将银针扎进相关穴位。经过几番周折后,牛慢慢地有点精神了,第二天大小便放得出,草料吃得进,很快恢复正常。塘桥周巷周宝良家的母牛要产小牛,但遇到了难产,一天下来小牛仍未产下,周宝良急得无计可施,迅速赶往大南庄请景初师。景初师一到现场,立即脱下上衣,用右手伸进牛的子宫内,左右上下翻动,娴熟地帮助矫正胎位,不到一个时辰,一头小公牛嗷嗷坠地。蔡景初1971年病逝。

徐品高(1900.05—1946.04)　又名徐永成,原大南庄人,是一名拥有祖传秘方、专看疗疮的土郎中。他平时很少出诊,忙于种地、养猪,但名声在外,周边塘桥、长泾、华士、后塍等地生疗疮的患者,三天两头有人前往大南庄请徐品高看疗。徐品高看疗有个自定的规矩:本村人,分文不收;外乡人,只收少量成本费。他一生行医三十余载,治愈病人不计其数。看好疗的家人,为了表示谢意,有的送大雄鸡,有的送咸鸭蛋,还有的过年过节常邀请他登门做客。1932年夏,有个家住塘桥的小年轻,"人中"上生了疗疮,塘桥镇上的一名老中医看了小年轻生疗疮的部位,立马婉言回绝。眼看求医无望,生命垂危,便慕名到大南庄请徐品高看病。徐品高给病者动了刀,挤清了脓血,消了炎,敷上了自己配制的中药(此药是用麝香、尿淋、冰片等十多味中药配制而成)。没几天,小青年的疗疮痊愈了。后来,小青年结婚办喜事,家人特地请了两名轿夫,将徐品高抬到塘桥吃喜酒,以表谢意。徐品高晚年体弱多病,1935年秋,偏远村庄一个足疗患者病得不轻,整天痛得嗷嗷直叫。经家属邀请,徐品高带病徒步出诊,不慎摔倒在路旁,良久方起。旁人劝其休息,他说:"无妨,病者在痛苦,不可使其久等。"其忘我精神,实足以范后学。经他之手,不出三天,那位四处求助无果、痛不欲生的病者出现转机,不久痊愈。徐品高还是大南庄的"巷撑"。由于徐品高平时乐善好施,一身正气,常为百姓办实事,是大南庄村民心目中的"主心骨"。村上谁家分家分田,邻居间有啥纷争,只要请徐品高到场,处理起事情来就容易得多了。徐品高1946年4月病逝。

王育根(1920.04—1990.08)　原夏家弄人。贫农出身,因家境苦寒无缘上学,以租种他人田地为生。解放后,积极参加土地改革等运动。1951年,任村农会主任。1954年,加入中国共产党,任初级社主任。1956年,任高级社主任。1958年9月至翌年4月,任塘市公社二工区党支部书记、工区主任。是年,他响应党和政府的号召,组织社员兴修水利。经过一个冬春的艰苦奋战,将境内数条内河与朱家浜、谷渎港疏通,破解了境内1000余亩农田的灌溉排涝难题。王育根对文盲之弊感受深切,为提高自身素养和工作效率,他自觉参加夜校扫盲班学习，并主动向小学教师学识字、打算盘。苦学一年，便能阅读比较浅显的文件、资料，掌握了珠算的加、减、乘、除法，为当地干部群众克服困难学文化树立了榜样。1960 年，王育根任塘市公社二大队党支部书记。60 年代初，正值国民经济暂时困难时期，社员口粮紧缺，难以温饱。当时他是大队的党支部书记，有大米分配的权力，但其家人跟其他社员一样，靠红花、野菜充饥度日。1965 年，王育根调入塘市信用社任主任，期间，不管是大队集体需要贷款，还是社员个人需要贷款，只要不违背原则，他总是设法给予解决。王育根 1981 年退休，1990 年 8 月病逝。

邹宝棣（1925.05—2000.03） 原东墙门人。出身于贫苦农民家庭，从小智勇双全，胆识过人。解放后，积极参加土地改革、镇压反革命等运动。1952 年 8 月入党。1952 年 9 月至 1955 年 10 月，任塘市乡民兵中队长，主要负责地方治安。他积极配合党和政府的中心工作，严厉打击恶势力破坏活动。1956 年 12 月，任塘市乡乡长。1959 年至 1970 年，历任塘市人民公社副社长、社长。1959 年 11 月，邹宝棣组织公社干群挖通全长 13 千米的华塘河（华士—塘市），建造吴巷机管站，解决了东起阿奶桥、西至马嘶桥、南起白塘桥、北至苏市桥方圆 10 余平方千米农田的灌溉排涝问题。"文化大革命"初期，塘市公社的红卫兵的许多行动侵犯了部分群众的利益。1967 年 8 月，邹宝棣按上级指示，带领部分公社干部挨家挨户向群众赔礼道歉，彰显了知错就改的高风亮节。1971 年 8 月，邹宝棣调任乘航公社副社长。期间，他曾赴东海舰队购买退役军舰上的大型发电机，解决了全公社社队企业因快速发展而带来的用电困难问题。1985 年 8 月，邹宝棣退休后，为老家乡亲出谋策划，在东墙门建办了一座小轮窑，解决了周边群众建房用砖困难问题。同村孤儿邹建东欲建三间楼房，但力不从心。邹宝棣闻讯后，为其无偿提供时值 0.9 万元的砖瓦，并动员乡亲们有钱出钱，有力出力，圆了邹建东的楼房梦。邹宝根 1985 年退休，2003 年 3 月病逝。

陶勇（1940.02—2013.08） 原名陶金满，原小窑泾人。中共党员，大学文化，高级经济师。1956 年 9 月，考入江苏省南菁高级中学，就读期间，在江苏省中学生田径运动会上，荣获 1000 米第一名。1959 年 8 月，就读于中国人民解放军张家口外国语文学院（英语专业）。1961 年 6 月，加入中国共产党。1962 年 7 月，大学毕业后赴西藏工作。是年，参加中印边境自卫反击战。1970 年至 1985 年，历任西藏军区三处参谋、成都军区三局拉萨支队亚东二队队长、拉萨支队支队长（正团职）。期间，1970 年 3 月出席成都军区先进集体及先进个人代表大会。1982 年 9 月，出席成都军区第三届党代会。1983 年 11 月，出席西藏自治区第三届党代会。1986 年初，转业至纺织部外事局。至 2001 年，历任纺织部外事局办公室主任、纺织部对外经济贸易公司办公室主任、纺织部机械技术进出口总公司总经理。期间，曾至中央党校、对外经济贸易大学进修，获评高级经济师。期间，塘市欧洲精纺城竣工，受家乡干群所托，陶勇通过联系德国毛纺集团董事长老克劳斯，将万吨毛条、扬子纺纱两个大项目引入塘市，并落地生根，为家乡的乡镇企业发展作出了贡献。陶勇 2001 年退休，2013

年 8 月病逝。

第二节　简　介

朱佩英　女,1946 年 9 月生,小窑泾人(婚后随夫籍)。河南省商丘市外经委原副主任(正处级)。1968 年,镇江农机学院农机专业毕业。1969 年,毕业分配到江苏丰县农机一厂任技术员。1973 年 5 月,调至河南省永城县农机研究所任技术员、工程师。1981 年,兼任永城县政协常委。1984 年 5 月起,调任县农机局副局长,是年 8 月,调任县科学技术委员会主任。1987 年 10 月,调至商丘地区外经委工作,历任科长、副主任、调研员。自 1979 年起,3 次被评为县、地区的三八红旗手、优秀党员。1988 年起,2 次被评为河南省外贸系统先进工作者。1979—1988 年,发表《LSB-435 深松耕耙犁研究》《东-40 宽幅播种机研究》《L-130 深铧犁研究》和《商丘地区出口商品基地建设的研究》等论文。2002 年按正处级退休。

徐一新　1969 年 3 月生,大南庄人。1994 年 7 月,南京中医学院毕业。1994 年 8 月起,在张家港市第一人民医院工作至今。工作期间与有关中医专家一起对所涉及领域的学术问题进行广泛研究,取得丰富的临床经验。特别是对温针灸结合水针治疗膝关节慢性滑膜炎治疗、针灸结合药物穴位敷贴治疗小儿遗尿、顽固性面瘫的临床针灸治疗、带状疱疹的围刺拔毒治疗、周围性面瘫电针结合 TDP 治疗、针刺弹拨法观察治疗梨状肌综合症等进行病例的跟踪研究,都取得独到的学术成果。1998 年起,其本人或与人合作在《针灸临床》《中医外治》《世界中医药》《实用中医药》《上海针灸》等专业期刊发表学术论文 12 篇。2013 年,被评为主任中医师。曾 3 次获得张家港市卫生系统先进工作者荣誉。

第三节　名　录

一、先进人物

下表收录 1978—2016 年间南庄村获得张家港市级以上先进人物 8 人。其中,获得省级及以上条线先进 6 人次,苏州市级及条线先进 8 人次,张家港市级先进 2 人次。

1978—2016 年南庄籍获张家港市级以上先进人物一览表

表 13-1-1

姓　名	性别	出生年月	获得荣誉时间	荣誉称号	授予单位	获得荣誉时工作单位及职务
徐林才	男	1941.07	1978.04	苏州市教育战线先进工作者	苏州市教育局	张家港市塘市中学教导处主任
			1989.09	苏州市教育战线先进工作者	苏州市教育局	

（续表）

姓　名	性别	出生年月	获得荣誉时间	荣誉称号	授予单位	获得荣誉时工作单位及职务
徐福祥	男	1941.11	1994.04	江苏省教育厅两基教育先进个人	江苏省教育厅	塘市镇人民政府文教助理
徐聚才	男	1950.08	1988.10	苏州市科协先进工作者	苏州市科学技术协会、市人事局	塘市镇人民政府科技助理
			1994.12	苏州市农村科普先进工作者	苏州市科学技术协会、市人事局	
			1996.06	江苏省农村科普先进工作者	江苏省科学技术协会	
			1996.11	江苏省先进科技工作者	江苏省科学技术委员会	
徐柏青	男	1956.07	1989.09	苏州市教育战线先进工作者	苏州市教育局	张家港市塘市中心小学校长
			1992.02	苏州市教育战线先进工作者	苏州市教育局	
徐浩明	男	1964.05	2001.08	苏州市名校长（中学）	苏州市人民政府	张家港市第二中学校长
			2005.09	苏州市教育先进工作者	苏州市教育局	
徐　江	男	1967.12	2009.12	江苏省高效农业规模化先进个人	江苏省农业厅	张家港市农委主任
徐文虎	男	1968.01	2006.05	江苏省纪检监察信息工作先进工作者	江苏省纪委、监察厅	张家港市纪委常委
			2015.05	中国纪检监察报社优秀通讯员	中国纪检监察报社	
徐立峰	男	1976.08	1999.12	张家港市先进工作者	张家港市委、市政府	塘市镇李巷村委会主任助理
			2016.12	张家港市优秀公务员	张家港市人力资源和社会保障局	杨舍镇塘市社区书记、主任

二、知识分子

　　下表收录至2016年末南庄村中级及以上职称知识分子64人。其中，教育界24人，医卫界8人，科技及管理界32人。

南庄村获中级以上专业技术职称的知识分子一览表

表13-1-2

姓　名	性别	籍贯	出生年月	专业技术职称	获评职称时工作单位
邹伟英	男	张家港市	1938.03	小学高级教师	塘市小学
徐林才	男	张家港市	1941.07	中学高级教师	塘市中学
徐德祥	男	张家港市	1941.09	主治医师	塘市医院

（续表）

姓　名	性别	籍贯	出生年月	专业技术职称	获评职称时工作单位
潘生娣	女	张家港市	1941.10	小学高级教师	塘市小学
王凤傲	男	张家港市	1942.01	政工师	塘市医院
邹顺高	男	张家港市	1942.08	小学高级教师	塘市小学
邹长兴	男	张家港市	1943.08	麻醉师	苏州市第二人民医院
徐宝娣	女	张家港市	1944.09	小学高级教师	塘市小学
朱秉忠	男	张家港市	1944.10	高级农艺师	河南省永城县农业局
凌惠英	女	张家港市	1945.02	小学高级教师	塘市小学
王进法	男	张家港市	1945.08	高级工程师	张家港电厂
徐瑞龙	男	张家港市	1946.03	会计师	张家港市轻纺机械厂
王燕春	女	苏州市	1946.05	中学高级教师	江苏省淮阴中学
徐生才	男	张家港市	1946.08	中学高级教师	江苏省淮安市教育局
缪惠珍	女	张家港市	1947.02	小学高级教师	塘市小学
邹永福	男	张家港市	1948.12	经济师	张家港市毛纺织厂
徐聚才	男	张家港市	1950.08	档案馆员	塘市镇人民政府
徐桂青	男	张家港市	1953.08	建筑工程师	张家港市建筑公司
陶建江	男	张家港市	1955.08	工程师	南京铁路局车辆厂
叶　玮	女	张家港市	1956.02	小学高级教师	塘市小学
徐柏青	男	张家港市	1956.07	小学高级教师	塘市小学
王忠华	男	张家港市	1956.08	中学一级教师	塘市小学
徐建忠	男	张家港市	1956.08	主治医师	澳洋医院杨舍分院
陈秀芳	女	江阴市	1957.08	会计师	张家港市建设银行杨舍分行
陶建平	男	张家港市	1958.11	高级工程师	常州科信交通科技有限公司
徐云高	男	张家港市	1961.01	农艺师	塘市街道办
金国民	男	张家港市	1961.08	计算机软件高级工程师	美国洛杉矶达拉斯
徐祖德	男	张家港市	1962.04	建造师	塘市建筑工程公司
王金良	男	张家港市	1962.05	中学高级教师	镇江市第一职业高级中学
王英锋	男	张家港市	1962.08	中学高级教师	张家港市暨阳高级中学
戴琴芬	女	江阴市	1963.03	中学高级教师	江苏省南菁高级中学
王建国	男	张家港市	1963.06	药剂师	张家港市第五人民医院
徐　平	男	张家港市	1964.05	高级工程师	华东电力设计院
徐浩明	男	张家港市	1964.05	中学高级教师	张家港市第一中学
朱建新	男	张家港市	1965.10	副主任医师	张家港市中医院

（续表）

姓　名	性别	籍贯	出生年月	专业技术职称	获评职称时工作单位
徐国新	男	张家港市	1966.04	经济师	国泰外贸公司
王　平	男	张家港市	1966.11	高级工程师	南京绿地集团
姚琴芬	女	张家港市	1967.11	高级会计师	张家港市地税稽查局
徐建刚	男	张家港市	1968.01	高级工程师	沙钢集团
姜　芳	女	张家港市	1968.05	会计师	绿岩科技有限公司
郭文采	女	张家港市	1969.09	会计师	杨舍镇财政所
颜晓青	女	上海市	1969.09	副教授	沙洲职业工学院
徐义红	男	张家港市	1969.09	高级工程师	杨舍房建房产公司
吴文炯	女	南京市	1970.01	小学高级教师	南京玄武湖小学
徐　海	男	张家港市	1971.11	会计师	国泰华荣化工有限公司
潘秋平	女	张家港市	1972.07	高级会计师	无锡市电机厂
周惠红	女	张家港市	1972.08	高级会计师	张家港市国泰集团
王　燕	女	张家港市	1974.07	中学一级教师	张家港市第二中学
徐建新	男	张家港市	1975.03	高级工程师	张家港市锅炉厂
徐立峰	男	张家港市	1976.08	经济师	塘市社区
徐正道	男	张家港市	1977.10	主治医师	张家港市第一人民医院
李　焱	女	河南新乡	1977.11	中学一级教师	张家港市职业中学
钱莉芬	女	张家港市	1978.05	小学高级教师	乘航小学
李　娜	女	张家港市	1978.12	小学高级教师	塘市幼儿园
缪　丹	女	张家港市	1979.08	护师	张家港市中医院
赵富民	男	张家港市	1979.10	高级工程师	苏州工业园区
王　伟	男	张家港市	1980.12	审计师	常州装潢设计公司
邹星海	男	张家港市	1980.09	工程师	格锐环境工程有限公司
唐丽娟	女	四川广安	1981.12	工程师	江苏名信有限公司
陈少华	女	张家港市	1982.07	中学一级教师	塘桥高级中学
邹春雷	男	张家港市	1983.12	工程师	张家港市建设局监察科
徐　佟	男	张家港市	1984.12	工程师	张家港市建设局
邹　丹	女	张家港市	1985.05	中学一级教师	塘市高级中学
徐春明	男	张家港市	1987.01	主治医师	张家港市澳洋医院

三、党政干部

下表收录南庄籍担任副科（镇、乡）级以上干部13人。

南庄籍担任副科(镇、乡)级以上干部一览表

表13-1-3

姓　名	性别	出生地	出生年月	工作单位	职　务
王文虎	男	田二房	1938.12	张家港市机关党委	书记
徐瑞芳	男	大南庄	1938.12	张家港市建委	科长
徐顺福	男	大南庄	1939.03	上海市普陀区检察院	检察官
朱长庭	男	小窑泾	1941.02	上海市杨浦区法院	审判长
朱秉忠	男	小窑泾	1944.10	河南省永城县农业局	副局长
徐生才	男	大南庄	1946.08	淮阴市教育局	中教科科长、教研室主任
邹云高	男	小窑泾	1948.08	张家港市住房和城乡建设局纪委	副书记
徐建新	男	大南庄	1958.06	张家港市杨舍镇	镇长
陶建国	男	小窑泾	1963.09	江阴市委统战部	副部长
邹建忠	男	东墙门	1965.07	张家港市环保局	副局长
徐　江	男	大南庄	1967.12	张家港市农委	主任
徐文虎	男	大南庄	1968.01	张家港市纪委、市委巡察办公室	常委、主任
邹文彪	男	大南庄	1968.12	张家港保税区企业服务管理局	副局长

第二章　集体荣誉

第一节　江苏省级荣誉

1999—2016年南庄村(南湖苑社区)获江苏省条线荣誉一览表

表13-2-1

荣誉称号	授予单位	授予时间
江苏省卫生村	江苏省爱国卫生运动委员会	1999
2008—2009年度百佳农家书屋	江苏省新闻出版局	2009
全省城乡社区校外教育优秀辅导站	江苏省精神文明建设指导委员会办公室、江苏省关心下一代工作委员会	2010
江苏省农家书屋法制文化建设示范点	江苏省新闻出版局、江苏省司法厅、江苏省人民政府法制办公室	2010
2010—2011年度五星级示范农家书屋	江苏省新闻出版局	2011
一星级档案(南湖苑社区)	江苏省档案局	2011

（续表）

荣誉称号	授予单位	授予时间
江苏省人口和计划生育基层群众自治示范村	江苏省人口和计划生育委员会	2012
江苏省民主法治示范社区	江苏省依法治省领导小组	2012
江苏省标准化居民学校	江苏省教育厅	2012
2010—2013年度江苏省绿色社区	江苏省环境保护委员会办公室	2013
江苏省科普示范社区	江苏省科学技术协会	2013
江苏省党员干部现代化远程教育示范点	中共江苏省委组织部	2013
一星级档案（南庄村）	江苏省档案局	2013
江苏省社区科普益民计划社区	江苏省科学技术协会、江苏省财政厅	2013
江苏省五星级示范农家书屋	江苏省新闻出版局	2013
二星级档案（南湖苑社区）	江苏省档案局	2016

第二节　苏州市级荣誉

1999—2016年南庄村(南湖苑社区)获苏州市级或苏州市条线荣誉一览表

表13-2-2

荣誉称号	授予单位	授予时间
加强农村基层组织建设,加快农村现代化建设示范村	中共苏州市委员会、苏州市人民政府	1999
"亿万农民健康促进行动"苏州市先进村	苏州市"行动"领导小组	2004
苏州市建设社会主义新农村示范村	中共苏州市委员会、苏州市人民政府	2006
苏州市绿色社区	苏州市人民政府	2009
苏州市民主法治村	苏州市依法治市领导小组办公室、苏州市司法局、苏州市民政局	2009
苏州市民主法治社区	苏州市依法治市领导小组办公室、苏州市司法局、苏州市民政局	2010
2011—2012年度苏州市科普示范社区	苏州市科学技术协会	2012
苏州市规范化村(社区)人民调解委员会	苏州市司法局	2012
苏州市充分就业社区	苏州市人力资源和社会保障局	2013
苏州市规范化村(社区)人民调解委员会	苏州市司法局	2013
苏州市无邪教示范区合格社区	苏州市司法局	2014

第三节　张家港市级荣誉

1996—2016 年南庄村(南湖苑社区)获张家港市级或市条线荣誉一览表

表 13-2-3

荣誉称号	授予单位	授予时间
双文明单位	中共张家港市委员会、张家港市人民政府	1996
加强农村基层组织建设,加快农村现代化建设示范村	中共张家港市委员会、张家港市人民政府	1998
文明村	中共张家港市委员会、张家港市人民政府	2003
先进团组织	共青团张家港市委员会	2003
文明村	中共张家港市委员会、张家港市人民政府	2004
计划生育工作先进集体	中共张家港市委员会、张家港市人民政府	2004
文明村	中共张家港市委员会、张家港市人民政府	2006
人民调解先进集体	中共张家港市委员会、张家港市人民政府	2006
文明社区	中共张家港市委员会、张家港市人民政府	2007
五星级和谐社区	中共张家港市委员会、张家港市人民政府	2008
绿色社区	张家港市环保局	2008
文明社区标兵	中共张家港市委员会、张家港市人民政府	2008
党员服务中心(远程教育)示范点	中共张家港市委员会	2008
文明社区标兵	中共张家港市委员会、张家港市人民政府	2009
民主法治社区	张家港市依法治市领导小组办公室、张家港市司法局、张家港市民政局	2009
关心下一代工作先进集体	张家港市关心下一代工作委员会、张家港市精神文明建设委员会办公室	2009
十佳文明村	中共江苏省张家港经济技术开发区工作委员会、张家港经济技术开发区管理委员会	2009
基层关工委"五有五好"先进村(社区)	张家港市关心下一代工作委员会	2009
计划生育工作先进集体	张家港市人口和计划生育委员会	2009
文明社区标兵	中共张家港市委员会、张家港市人民政府	2010
民政(老龄)工作先进集体	中共张家港市委员会、张家港市人民政府	2010
绿色行动先进集体	张家港市妇女联合会、张家港市园林绿化管理局	2010
法治张家港建设先进集体	张家港市依法治市领导小组	2010
双十佳卫生村	张家港市爱国卫生运动委员会	2010
人口和计划生育工作先进集体	张家港市人口和计划生育委员会	2010

（续表）

荣誉称号	授予单位	授予时间
十佳和谐示范社区	中共张家港经济技术开发区工作委员会、张家港经济技术开发区管理委员会	2011
文明村	中共张家港市委员会、张家港市人民政府	2011
文明社区标兵	中共张家港市委员会、张家港市人民政府	2011
张家港市第三批示范文化网格	中共张家港市委宣传部、张家港市文广新局	2012
文明社区	中共张家港市委员会、张家港市人民政府	2012
巾帼文明岗	张家港市"巾帼建功"活动领导小组、张家港市妇女联合会	2012
全民阅读优秀书香社区	中共张家港市委宣传部、市精神文明建设委员会办公室、市哲学社会科学界联合会、市全民阅读活动推进委员会办公室	2012
创建人口协调发展先进村	张家港市人口和计划生育委员会	2012
文明社区	中共张家港市委员会、张家港市人民政府	2013
环境卫生长效管理示范小区	张家港市爱国卫生运动委员会、张家港市建设健康城市领导小组	2014
文明村	中共张家港市委员会、张家港市人民政府	2014
文明社区	中共张家港市委员会、张家港市人民政府	2014
文明社区	中共张家港市委员会、张家港市人民政府	2015
文明社区	中共张家港市委员会、张家港市人民政府	2016
五星级社区阅读活动站	中共张家港市委宣传部、市精神文明建设委员会、市文广新局、市全民阅读活动推进委员会办公室	2016

志　余

一、文件辑录

关于工区干部任免的通知书

各工区：

根据目前形势需要，加强党的领导，进一步搞好各项工作，有利于人民公社的巩固和提高，确保一九五九年各项生产更大跃进，经公社党委会议研究决定，将原一工区划分为（略），并任免下列同志职务：

（略）

王育根同志任二工区第一书记；

缪永连同志任二工区第二书记；

褚灵柱同志任大队长；

徐刘增同志任二工区副书记，免去二工区三连指导员职务；

邹再棣同志提任二工区主任，免去二工区副主任职务。

中共江阴县塘市公社委员会

一九五九年二月十八日

中共沙洲县委组织部（批复）

总号：组干字 049 号

主送：中共塘市公社委员会

抄送：存档

中共塘市公社委员会：

关于报批徐刘增等同志职务的报告，经研究同意下列同志的职务：

徐刘增　任南庄大队党支部书记,免去大队长职务;

王育根　免去南庄大队党支部书记职务(信用社主任职务请向人事局办一报批手续);

王凤傲　任南庄大队大队长。

中共沙洲县委员会组织部

一九六五年九月二十日

关于成立中共杨舍镇旺西等村党总支部委员会及顾建平等同志任职的通知

杨委组〔2006〕16 号

各基层党组织:

根据市委组织部《关于同意建立"中国共产党张家港市杨舍镇旺西村等 25 个村总支部委员会和前溪社区等 9 个社区总支部委员会"的批复》(杨委组〔2006〕16 号)文件精神,建立:

(略)

中共杨舍镇南庄村总支部委员会,下辖工业党支部、农业党支部;

任命:

(略)

邹建良同志为中共杨舍镇南庄村总支部委员会书记,兼工业党支部书记;

徐海栋同志为中共杨舍镇南庄村总支部委员会委员,兼农业党支部书记;

陶天宝、缪金坤、缪建珠同志为中共杨舍镇南庄村总支部委员会委员;

缪裕明、王伟同志为中共杨舍镇南庄村总支部委员会工业党支部委员;

朱仁金、徐叙庆同志为中共杨舍镇南庄村总支部委员会农业党支部委员;

中共杨舍镇委员会

二〇〇六年元月二十五日

张家港市人民政府(批复)

张政发〔2007〕66 号

关于同意张家港经济开发区增设南湖苑社区居民委员会的批复

张家港经济开发区管委会:

你单位《关于成立南湖苑社区居民委员会的报告》悉。经研究,同意增设"南湖苑社区居民委员会"。具体事项由你单位负责实施,并按《居民委员会组织法》建好社区居民委员会。

此复。

张家港市人民政府

二〇〇七年五月三十日

中共张家港市杨舍镇委员会文件

杨委组〔2009〕11 号

各基层党组织：

为进一步加强对动迁社（小）区党员的教育管理，经研究决定，成立：

杨舍镇南湖苑社区党支部，隶属于杨舍镇南庄村党总支；

（略）

任命：

徐海栋同志为杨舍镇南湖苑社区党支部书记（兼）；

（略）

中共杨舍镇委员会

二○○九年七月二十日

张家港市经济技术开发区工作委员会

张经工组〔2015〕2 号

关于陈云等 18 位同志职务任免的通知

区镇机关各党组织，各办事处（街道）党工委，各村（社区）党组织、企事业单位：

经 2014 年 12 月 26 日经开区党工委、杨舍镇党委会议研究决定：

（略）

赵小江同志兼任南湖苑社区党支部书记；

徐达同志任南庄村党总支副书记；

（略）

中共张家港经济技术开发区工作委员会

二○一五年一月十二日

二、村规民约

第 1 条　为进一步加强和保障村民自治，由南庄村民依法办理自己的事情，发展农村基层民主，维护村民合法权益，促进社会主义新农村建设，根据《中华人民共和国村民委员会组织法》，结合南庄村实际，制定南庄村村规民约（以下简称村规民约）。

第 2 条　南庄村村民自治在南庄村党总支领导和支持下，由村民委员会依法有序组织实施。坚持法治、德治与自治相结合，倡导爱国、敬业、诚信、友善的社会主义核心价值观，传承优良传统,树立良好村风民风。

第3条 村规民约是全体村民的行为规范,全体村民要自觉遵守,党员村民要充分发挥先锋模范作用,带头遵守。驻村村民组织、企业及居住在本村的新市民,参照遵守。

第4条 遵守社会公德,处事待人诚信友善,移风易俗,提倡节俭,人人争做守公德、讲文明的好村民。

第5条 积极支持、参与村各种公益项目建设;积极参加扶弱济困等公益活动。

第6条 爱护公共设施,不破坏公共绿化,不损坏电线电缆,不占用公共场地;村内停车要保证其他车辆过往畅通,行车交会时礼让对方先行。

第7条 倡导立家规、传家训、树家风,大力开展"文明家庭""文明标兵家庭""党员文明示范家庭"创评活动。积极发展文化体育事业,加强文体活动室、广场、农家书屋、健身点的建设管理,扶持文化体育团队发展壮大,组织开展形式多样、丰富多彩、寓教于乐的群众性文化体育活动,丰富村民文化生活。

第8条 参军光荣,适龄青年应当积极报名参军。

第9条 尊老敬老,对60周岁以上的村民每年发放一次性老年慰问金。

第10条 尊老爱幼,百善孝为先,子女要赡养好老人;养不教,父之过,父母对儿女,要尽爱、尽教。

第11条 夫妻双方在家庭中的地位平等,互尊互爱,双方共同承担家庭事务和管理家庭财产的责任。

第12条 育龄夫妇自觉遵守生育规定,接受计划生育技术服务指导。

第13条 关心教育未成年人,为适龄青少年提供良好的学习环境。

第14条 做好家里未成年人管理,防止因用火、用电、玩水不慎等引发事故。

第15条 邻里见面主动问声好,大事小事互帮互助,矛盾纠纷互谅互让,创建邻里和睦大家庭。

第16条 关心好重残或双残困难家庭;关心好孤老、五保户家庭;关心好病退伤残退伍军人家庭,做好军烈属优抚工作。

第17条 自觉遵守已入住拆迁安置小区的管理,自觉遵守住宅小区物业管理规定,履行相关义务。

第18条 积极参与"美丽乡村"建设,不在河道、池塘、水沟、桥头、道路及两侧、健身场地、村庄绿化带等公共场所乱倒生活垃圾、建筑垃圾;不在村内围墙上乱涂乱画和制造"牛皮癣";不在道路、公共场地乱堆放;不在公共绿化带开垦、种植蔬菜和堆放私有物品,自觉接受无偿清理处置。保持村容村貌美化、绿化、净化,建设环境优美整洁的新农村。

第19条 自觉美化庭院,履行"门前三包",做好家前屋后环境卫生整治工作,无乱出租、乱设摊、乱摆占、乱停放、乱堆物、乱拉扯、乱张贴等行为,不向河道内倾倒垃圾杂物。

第20条 夏收时节不烧秸秆,不乱堆晒。取缔网簖等捕捞作业及河道违章、填堵事件。村民及种植户要主动配合做好农药检测、动物防疫、规范养殖工作。

第21条 积极学法、知法、守法,不断增强法律意识,自觉做到依法办事,照章办事。

第22条 村民之间要互谅互让,和睦相处。不诽谤他人,不侵占他人财产。发生纠纷时应协商解决;协商不成的,可由村调解委员会依法调解或者提交村民议事会调解;调解不成的,通过法律途径解决。对不听劝阻、制造纠纷的当事人,情节轻微的予以批评教育,造成人身或财产损害的,依法承担法律责任并赔偿经济损失。

第23条 村民有意见或建议可以到村民议事会、村委会或镇相关部门反映,涉及镇政府及相关部门的事项,可直接或由村民委员会及时与镇政府及相关部门协调解决。不得无理闹访,或越级上访,或以堵路、放火、自残、自杀等极端方式扰乱秩序或胁迫工作人员。

第24条 积极参与社会治安"群防群治",参加治安义务巡逻活动,自觉抵制黄、赌、毒,反对邪教,增强防范意识,提高自防能力,加强个人和家庭财物保管,发现有身份不明和形迹可疑人员应当及时报告,勇于同违法犯罪行为作斗争,共同维护村内和谐安宁。

第25条 饲养管理动物须做好卫生防疫,进行圈养,外出遛狗要牵牢,粪便清理要及时。

第26条 新市民要接受本村属地管理,配合本村开展治安、计生、安全等各项工作,自觉做好卫生保洁,缴纳环境保洁费;自觉履行房屋租赁合同约定,不得利用承租房屋进行"无证办学""无证行医""无证食品加工""无证废品收购"等非法经营行为。

第27条 村民出租房屋应遵守"谁出租、谁管理"的原则,不得向未成年人和无身份证明的人出租房屋;需和承租人员签订《房屋租赁合同》及《房屋租赁治安安全责任书》,督促承租人带好身份证等有效证件到村警务室办理居住证。村民应加强对承租人履行合同情况的检查,并教育承租人遵纪守法,遵守村规民约。承租人发生违法违规事项的,出租人依法承担相应责任。

第28条 积极参与村级民主管理,珍惜自身民主权利,坚持从本村公益事业发展和全体村民共同利益出发,认真提建议、作决策、选干部。

第29条 严格遵守村级组织换届选举纪律,不以个人关系亲疏远近、感情好恶、利益轻重为标准进行推荐和选举。

第30条 推选奉公守法、品行良好、公道正派、廉洁自律、热心公益,有一定文化水平和工作能力的人担任村干部、村民议事会成员、村务监督委员会成员。

第31条 积极行使村民权利,参与村民民主协商议事,参加村民会议,对村务重大事项提建议、审提议、表决议;认真履行村民义务,配合村两委、村民议事会、村务监督委员会开展工作,推进村民自治工作开展。

第32条 实行以奖代补的考核制度,根据年度工作情况,对在村民自治各项工作中履职尽责、表现突出、成效明显、群众认可的党员代表、村民代表进行表彰与奖励。

第33条 每年对文明家庭创建工作进行总结，并对在文明家庭创建活动中表现突出的家庭进行表彰。

第34条 凡违反南庄村规民约的，除触犯法律由相关机关追究法律责任外，应根据实际情况承担下列责任：

（1）批评教育；

（2）赔礼道歉；

（3）书面检讨；

（4）恢复原状或赔偿损失；

（5）以户为单位，凡有家庭成员违反本村规民约的，经村民小组上报、村民议事会商议、村民代表会议决定，该家庭不得参加本年度市、区、镇、村级各类先进评比，不得享受当年本村各项奖励；造成严重后果的，暂扣或取消法定权益外村给予的有关福利待遇。

第35条 南庄村规民约与国家法律、法规、政策相抵触的，按照国家法律、法规、政策执行，与区镇有关意见、政策不一致的，按区镇意见、政策执行。

第36条 南庄村规民约未尽事宜由村民代表会议、村委会制定具体工作制度或实施办法，作为南庄村自治制度的组成部分。

第37条 南庄村规民约由村民会议通过后施行。

第38条 南庄村规民约由村民会议授权村民委员会解释。

三、村民自治章程

第1条 为进一步加强和保障村民自治，由村民依法办理自己的事情，发展农村基层民主，维护村民合法利益，促进社会主义新农村建设，根据《中华人民共和国村民委员会组织法》，结合本村实际，制定本村村民自治章程（以下简称章程）。

第2条 本村村民自治在南庄村党总支领导和支持下，由村民委员会依法有序组织实施。

第3条 本章程在广泛征求本村村民意见的基础上由村民会议表决通过，既是村民委员会事务管理工作规程，也是全体村民的行为规范，适用于本村所有村民、村民组织、个体、企业、居住在本村的新市民及其他人员。

村民是指具有本村常住户籍的集体经济组织成员。

第4条 为保障村民依法行使当家作主的民主权利，本村建立村民会议和村民代表会议制度。

第 5 条　村民会议为本村最高权力机构,由本村年满十八周岁以上的村民或者户代表组成。村民会议讨论决定以下重大事项:

(1)选举、罢免村民委员会成员;

(2)制定村民自治章程;

(3)撤销或者变更村民委员会、村民代表会议不适当的决定;

(4)讨论决定涉及全体村民切身利益的其他重大事项和村民会议认为应当由其讨论决定的重大事项。

第 6 条　村民会议由村民委员会召集,由本村十八周岁以上的村民过半数或三分之二以上的户代表参加方可召开,经上述到会人员的过半数通过决定有效,法律另有规定的,从其规定。

有十分之一以上的村民或三分之一以上的村民代表提议,应当召集村民会议。召集村民会议,应当提前十天通知村民。

第 7 条　村民代表会议按村民会议授权讨论决定下列事项:

(1)听取并审议村民委员会工作报告,村财务预决算报告;

(2)讨论决议本村经济和社会发展规划、年度工作计划;

(3)推选村民议事会成员;

(4)推选村务监督机构成员;

(5)听取并审议村民委员会、村民议事会的年度工作报告,评议其成员工作;

(6)撤销或变更村民议事会、村民委员会不适当的决定;

(7)修改本村村民自治章程及其他村民自治制度;

(8)村民会议认为应当由其讨论决定的涉及村民利益的其他事项。

第 8 条　村民代表会议由村委会召集,每季度召开一次。有五分之一以上的村民代表提议,应当召集村民代表会议。村民代表会议有三分之二以上的组成人员参加方可召开,所作决定应当经到会人员的过半数同意。法律另有规定的,依照其规定。

第 9 条　村民代表由村民按每 5 户至 15 户推选一人,或者由各村民小组推选若干人。村民代表的任期与村民委员会的任期相同。村民代表可以连选连任。村民代表应当向其推选户或者村民小组负责,接受村民监督。

村民代表的主要职责是:

(1)参加村民代表会议,讨论决定村民会议授权的事项;

(2)联系、服务推选户,反映他们的意见和建议;

(3)向村民传达村民代表会议作出的有关决议、决定,动员组织村民认真遵守和执行;

(4)组织、带领推选户自觉遵守村民自治章程及实施细则,积极参加"文明家庭"创建活动,自觉整改违反法律法规和村民自治章程的事项。

第 10 条 村民委员会是村民自我管理、自我教育、自我服务的基层群众性组织,是村民实行自治的执行机构和工作机构,是村民会议、村民代表会议的日常工作机构,对村民会议、村民代表会议负责并报告工作。

第 11 条 本村村委会设委员 5 名,其中主任 1 名。村委会根据需要设立人民调解、治安保卫、公共卫生与计划生育等委员会,并明确工作职责和工作制度。

第 12 条 村民委员会履行以下职责:

(1) 根据发展需要,提出本村经济和社会发展规划以及年度工作计划意见;鼓励和支持村民运用多种形式发展经济,坚持合法经营,勤劳致富。

(2) 依法管理本村属于农民集体所有的土地资源和其他资产,引导村民合理利用自然资源,保护和改善生态环境;

(3) 完善集体经济组织的发展与管理机制;

(4) 宣传宪法、法律、法规和国家政策,教育、引导村民自觉遵守村民自治章程和实施细则,实行自我管理、自我教育、自我服务;

(5) 规范私房出租,做好新市民管理;调处矛盾纠纷,加强社会治安综合治理;做好计划生育、环境卫生、消防安全、社区建设等社会管理工作,并建立长效管理机制、加强考核监督;

(6) 组织开展社会公益事业和各类文化体育活动,推进地区精神文明建设;

(7) 法律、法规规定应当由村民委员会履行的其他职责。

第 13 条 村民委员会实行集体领导下的分工负责制。主任对村民委员会的工作全面负责,所有成员应当明确各自的岗位职责,对村委会负责。

村民委员会实行少数服从多数的民主决策机制和公开透明的工作原则,建立健全各项工作制度。

第 14 条 村民委员会及其成员应当遵纪守法,带头执行村民自治章程及实施细则等各项制度,执行村民会议、村民代表会议的决定、决议,照章办事,廉洁奉公,热心为村民服务,自觉接受村民监督。

第 15 条 本村建立岗位目标责任制和述职述廉民主评议制度,村民委员会及其成员、条线干部每年向村民代表会议述职并接受评议薪酬与评议结果挂钩。

第 16 条 村民小组是在村民委员会的领导下组织本组村民开展自治活动的基层组织,是村民委员会联系村民的桥梁和纽带。

第 17 条 本村下设 17 个村民小组,每个村民小组设组长 1 名。由本小组村民直接选举或推选产生,任期与村民委员会任期相同,可以连选连任。

村民小组长的主要职责:

（1）协助村民委员会做好本村民小组的公共卫生管理、市容环境整治、安全稳定、私房出租、新市民管理及其他公共事务和公益事业；

（2）组织协调本村民小组的村民代表开展联系、服务村民的各类活动；

（3）收集并向村民委员会、村民议事会反映本组村民的意见、建议，向本组村民传达有关决定。

第18条 召开村民小组会议讨论决定本村民小组有关事项，应当有本组村民小组十八周岁以上的村民三分之二以上，或者本村民小组三分之二以上的户代表参加，所作决定应当经到会人员的过半数同意，所作决定及实施情况应当向本村民小组的村民公布。

第19条 为加强本村集体资产管理，发展壮大村集体经济，使村集体经济组织成员共享发展成果，建立村集体经济组织成员代表大会。村集体经济组织成员是指：在本社中享有权益并承担义务的人员。

第20条 集体经济组织成员代表会议行使以下职权：

（1）听取、评议村集体经济运行、收支情况，年度盈利情况，集体资产的保值增值情况；

（2）听取、评议村民委员会年度收支预决算情况；

（3）讨论、决定村委会关于集体经济组织成员年度收益分配的建议方案；

（4）讨论、决定村集体重大投资和集体资产的处置及以借贷、租赁或者其他方式处分村集体财产。

第21条 集体经济组织成员代表会议由集体经济组织成员代表组成，每年至少召开一次，由村民委员会召集。

第22条 集体经济组织成员代表的产生方式为：社员代表由村党总支、村委会提名，公开征求意见后产生。任期与村民委员会任期相同，可以连选连任。

第23条 南庄村经济合作社董事会是集体经济组织代表会议的日常工作机构。

第24条 董事会由5人组成，任期与村委相同，可以连选连任。董事长由董事会推选。董事长为本社的法定代表人。

第25条 董事会主要行使以下职权：

（1）执行社员代表大会决议；

（2）聘任、解聘本社所属本部门的负责人；

（3）负责召开社员代表大会，并报告工作；

（4）决定发展计划、经营方针和投资方案，制定年度财务预算和决算；

（5）决定本社内部机构设置；

（6）制定本社的管理制度。

第26条 为拓宽村民议事协商渠道，更好落实村民参与村务管理，本村设立村民议事会。村民议事会是落实村民自治的民主协商议事机构。

第 27 条　村民议事会行使以下职权：

(1) 参与村务管理，宣传政策法规，解决村民反映强烈的实际困难和矛盾纠纷；

(2) 民主议事协商，参与审议涉及村民切身利益的公共事务、公共事业；

(3) 制定完善议事会章程，完善议事会运作机制建设；

(4) 收集民情民意，向村党总支、村委会提出意见和建议，并完成村党总支、村委会交办的其他事项。

第 28 条　村民议事会成员由村民代表会议在村民中推选 7 人组成，设理事长 1 人。任期与村委会相同，可连选连任。理事长对村民议事会工作全面负责，所有成员应该明确各自的岗位职责。村民议事会实行少数服从多数的民主决策机制和公开透明的工作原则，建立健全各项工作制度。村民委员会成员不得兼任村民议事会成员。

第 29 条　为切实加强村级民主监督，本村特建立村务监督委员会，行使以下职权：听取和处理群众意见，负责监督村民委员会、村民议事会对村民自治章程和实施细则的执行情况；对民主理财、村务公开等情况进行监督；对村民委员会、村民议事会的履职情况，对村民委员会、村民议事会所做各项民主决策落实情况进行民主监督。

村务监督委员会对村民会议和村民代表会议负责，定期报告工作情况，可列席村民委员会会议。

第 30 条　村务监督委员会一般由 3 人组成，由村民代表会议在村民中推选产生，任期与村委会相同，村民委员会成员及其近亲属不得担任村务监督机构成员。

第 31 条　村民具有以下权利：

(1) 对本村重大事项，通过村民会议或村民代表会议进行讨论并表决的权益；

(2) 对村级事务的监督权及对村民委员会和村干部工作提出批评和建议的权利；

(3) 参加各种文化体育活动、慈善公益活动及"文明家庭"创建、文明创建等创评活动的权利；

(4) 享受本村规定的各项福利待遇的权利；

(5) 国家法律法规和政策赋予的其他权利。

第 32 条　村民履行以下义务：

(1) 自觉遵守村民自治章程和实施细则，自觉执行村党总支、村民会议和村民代表会议、村民委员会的有关决定、决议和规定；

(2) 自觉遵守已入住拆迁安置小区的管理，自觉遵守住宅小区物业管理规定，履行相关义务；

(3) 自觉维护本村荣誉，支持村民委员会开展各项工作，配合村民小组长及村民代表的各项工作；

(4) 合理表达诉求，对村委、村干部或其他村民有意见或矛盾纠纷，应当通过与村民议

事会、村委会、村党组织沟通、协商,理智处理,珍惜并保持本村民风淳朴、和谐安定的局面;

(5) 宪法和法律规定公民应该履行的其他义务。

第33条 本村集体所有土地,包括集体用地和村民的承包地、自留地、宅基地等。用地单位和村民只有使用权,没有所有权,不得侵占、买卖或者以其他形式非法转让土地,不得随意改变土地性质及用途,不违法用地,不违法搭建,不擅自在农用地、村庄空闲地或拆迁储备用地上植树、挖塘及建设任何建筑物。本村集体所有土地,由村民委员会在上级有关部门指导下依法统一进行管理。

第34条 保护耕地,各项建设用地必须符合土地利用总体规划,如涉及占用农用地的需办理农用地转用手续后方可申请办理建设用地手续。

第35条 国家和集体因发展与建设的需要征用土地,村民应当依法服从,并依法获得补偿。

第36条 村集体资产包括:依法属于村集体经济所有的土地、林木、荒地、水面、建筑物(厂房、仓库等)、道路、场地、沟渠排灌、桥洞涵洞、管线等设施资产;集体全资、控股或投资的企业及其他资产;镇村庄改造等投资建设委托村管理的资产;货币及其他资产等。

第37条 村集体资产由村经济合作社统一经营管理。村经济合作社与承租方签订租赁合同时租赁价格原则上不得低于同期区镇指导价,并确定相应增长机制。确需低于指导价的,必须事先经村民代表会议决议通过。

第38条 村集体资产的出售、收购、对外投资等处置方案须经村两委班子讨论,村民代表会议通过,并履行相关报批手续后实施。

第39条 村集体资产发现有不良债权和不实债务的,须经村两委班子讨论、村民主理财小组通过,依据审计部门的审计意见调整账户,并报镇农经科备案。

第40条 本村社区活动中心及其他公共会所由村委会管理,全体村民可使用,使用时要爱护公共财物,损坏财物照价赔偿。村民借用集体场所时需支付使用费(含水电费等)。

第41条 本村集体经济组织实施村(组)财务镇级代理,在上级业务部门指导下开展财务工作。村民委员会和财务人员必须认真执行《杨舍镇集体经济组织财务制度》,严格遵守各项财经纪律。村财务收支情况由村民主理财小组审核后方可入账,并按季度向村民公开。本村集体资产、资金、财务收支情况作为村务公开重要内容,定期向村民公开,接受村民监督。

第42条 村集体资金、资产和资源属本村集体经济组织成员所有,其权益受法律保护,任何单位和个人不得以平调、挪用、拆借或任何方式侵占。

第43条 本村建立财务预决算制度,村委会年度收支预算必须经过村民代表会议通过,年内收支发生重大变化的,必须调整预算,并经村民代表会议通过。预算执行情况年终向村民公开。

第 44 条 本村各项开支应履行审批手续,按《杨舍镇集体经济组织财务制度》执行。村(社)集体资金不得直接拆借(或委托银行放贷)给民营企业或个人,特殊情况需履行相关报批手续,并报镇农经科备案。融资行为必须符合国家有关金融政策。为保障资金安全,本村不在除国有控股银行之外的任何金融机构开设账户,禁止公款私存、出租和出借银行账户,禁止为任何单位或个人提供经济担保。

第 45 条 本村各类集体经济合同授权村经济合作社签订。合同签署前应了解对方资信状况,并遵守相关程序,确保集体经济组织及成员利益不受损害。签订时应遵守镇相关指导意见并应及时报镇农经科备案。

第 46 条 合同签订后,村经济合作社应督促对方当事人按约定履行合同条款,维护集体利益。土地、房屋等集体资产租赁合同未经出租方同意并履行相关手续,承包户或承租人不得转租,或改变土地用途,或随意新建、翻建房屋或其他构筑物,否则出租方有权解除合同,收回土地或房屋,并责令恢复原状;承租人不能在规定期限内交回土地、房屋等并恢复原状的,由出租方自行处置,给出租方造成经济损失的依法索赔。

第 47 条 积极搞好村域环境卫生,建立长效管理制度,明确责任,落实人员。引导村民努力做好各项环境卫生整治工作,巩固改水改厕成果,落实病媒生物防治措施、制止乱出租、乱设摊、乱摆占、乱停放、乱堆物、乱拉扯、乱张贴等行为,不向河道内倾倒垃圾杂物,保持村容村貌美化、绿化、净化,建设环境优美整洁的新农村。

第 48 条 加强食品安全教育和管理,积极开展健康村建设、红十字救护培训、初保、合作医疗等工作,做好食品安全及卫生工作,保障村民的身体健康和生命安全。

第 49 条 积极取缔"无证行医""无证食品加工""无证办学点""无证废品收购站"等非法经营行为,不破坏河道,不污染环境,自觉维护健康良好的生活、生产、生态环境。

第 50 条 本村落户企业应增强安全生产意识,自觉遵守消防及安全生产法律法规,建立安全生产责任制度,消除安全隐患,确保安全生产。

第 51 条 取缔网簖等捕捞作业及河道违章、填堵事件。村民及种植户主动配合做好农药检测、动物预防、规范养殖工作。不私拉电线,确保安全作业。

第 52 条 利用各种有效方式进行普法宣传,教育村民学法、知法、守法,不断增强法律意识,自觉做到依法办事,照章办事。

第 53 条 村民之间要互谅互让,和睦相处。不诽谤他人,不侵占他人财产。发生纠纷时应协商解决,协商不成的,可由村调解委员会依法调解或者提交村民议事会调解;调解不成的,通过法律途径解决。对不听劝阻、制造纠纷的当事人,情节轻微的予以批评教育,造成人身或财产损害的,依法承担法律责任并赔偿经济损失。

第 54 条 村民有意见或建议可以到村民议事会、村委会或区镇相关部门反映,涉及镇政府及相关部门的事项,可直接或由村民委员会及时与镇政府及相关部门协商解决。不得无理闹访,或越级上访,或以堵路、放火、自残、自杀等极端方式扰乱秩序或胁迫工作人员。

第 55 条　组织开展"群防群治"活动。加强白天和夜间的治安巡查防范工作。村民应当增强防范意识,提高自防能力,加强个人和家庭财物保管,发现有身份不明和形迹可疑人员应当及时报告,勇于同违法犯罪行为作斗争。对见义勇为人员,除上级政府部门予以表彰外,村委会给予奖励。

第 56 条　新市民是指不具有本市常住户口通过租赁房屋而居住在本村的人员。新市民必须遵守本章程有关规定。

第 57 条　(承租户的义务)居住在本村的新市民必须遵守以下规定:

(1)与出租人签订房屋租赁协议,并到本村警务室备案;

(2)到达本村 7 日内,持本人居民身份证或者其他有效证件到本村警务室进行登记,并办理居住证;

(3)接受本村属地管理,配合本村开展治安、计生、安全等各项工作,自觉做好卫生保洁工作,缴纳环境保洁费;

(4)自觉履行房屋租赁合同约定,不得利用承租房屋进行"无证办学""无证行医""无证食品加工""无证废品收购"等非法经营行为。

第 58 条　(出租户的义务)村民用于出租的房屋应符合出租条件,确保安全、卫生,有序管理,否则发生事故责任自负。

村民出租房屋应遵守"谁出租,谁管理"的原则,不得向未成年人和无身份证明的人出租房屋,需和承租人员签订《房屋租赁合同》及《房屋租赁治安安全责任书》,督促承租人带好身份证等有效证件到村警务室办理居住证。村民应加强对承租人履行合同情况的检查,并教育承租人遵纪守法,遵守村民自治章程。承租人发生违法违规事项的,出租人依法承担相应责任。

第 59 条　村民建房必须符合城乡规划。符合建房条件的村民申请建房应向村委提出书面申请,经镇人民政府批准、相关部门实地放线后方可开工。

第 60 条　村民维修房屋、修建围墙、驳岸、化粪池等,须向村委申请,村委按相关规定审批。住宅小区内,任何单位和个人不得擅自抬高屋面建阁楼和开挖建筑层地面;不得擅自改变经规划审批确定的房屋实用功能、层数和面积;不得擅自破坏绿化建设任何建筑物和构筑物。

第 61 条　不得违反规划规定建住宅或车库等辅助用房。未经批准,任何单位和个人不得擅自在村镇的街道、广场、市场和车站等公共场所修建临时建筑物、构筑物和其他设施。

第 62 条　重视村民思想道德建设,充分利用市民学校、宣传栏等阵地,积极开展各类文化教育活动,崇尚健康生活方式,坚决抵制黄赌毒等现象,反对各类邪教和封建迷信等活动,不断提升村民综合素质和地区文明程度。

第63条 大力开展"文明家庭""文明标兵家庭""党员文明示范家庭"创评活动,鼓励村民自觉遵守章程和实施细则,积极参与文明创建等各类活动,为建设幸福和谐乡村而努力。

第64条 积极发展文化体育事业,不断加强文体活动室、广场、农家书屋、健身点的建设管理,关心扶持文化体育团队发展壮大,组织开展形式多样、丰富多彩,寓教于乐的群众性文化体育活动,丰富村民文化生活。

第65条 村民要适应新型劳动用工制度,提倡自主择业,求职者可到各级就业管理机构或村委劳动保障专管员处进行登记,接受各级就业服务部门或村委会劳动保障专管员推荐应聘。

第66条 安置征地劳动力的条件和对象,按《张家港市征地安置办法》和《张家港市征地安置补充办法》确定,征地工名额及安置对象向村民公开,征地工保障待遇按有关规定落实。

第67条 组织村民参加居民基本医疗保险。本村农户籍的村民,应按规定标准交费,村委会视情况给予相应补助。

第68条 城镇养老保险人员、城乡居民基本养老保险人员、被征地农民按有关政策执行。退休养老金按市人社局政策规定发放。

第69条 本村对男60周岁、女60周岁以上的村民每年中秋、春节前发放一次性老年慰问金。

第70条 对经济收入水平低于苏州市最低生活保障的困难家庭,村民议事会可提交村委会讨论,经协商后确定名单。村委会要指导村民做好低保申请和材料送审。

第71条 关心好重残或双残困难家庭,关心好孤老、五保户家庭,关心好病退伤残退伍军人家庭,做好军烈属优抚工作。

第72条 维护群众的合法利益,对因天灾人祸造成家庭成员重度伤残、死亡或财产损失的,视损失轻重进行上门安抚慰问,对非法经营及违法建筑等造成家庭财产损失的不予支持。

第73条 实行以奖代补的考核制度,根据年度工作情况,对在村民自治各项工作中履职尽责、表现突出、成效明显、群众认可的村民议事会成员、优秀村民小组长、村民代表进行表彰与奖励。

第74条 每年对"文明家庭""文明标兵家庭""党员文明示范家庭"创建工作进行总结,并对在创建活动中表现突出的家庭进行表彰和奖励。

第75条 凡违反本章程的村民,除触犯法律由相关机关追究法律责任外,应根据实际情况承担下列责任:

（1）批评教育；

（2）赔礼道歉；

（3）书面检讨；

（4）恢复原状或赔偿损失；

（5）以户为单位，凡有家庭成员违反本章程的，经村民小组上报，村民议事会商议，村民代表会议决定，该家庭不得参加本年度市、区、镇、村级各类先进评比，不得享受当年本村各项奖励；造成严重后果的，暂扣或取消法定权益外村给予的有关福利待遇。

第 76 条 本章程由村民委员会执行。村委会应根据客观事实，按照章程有关规定酌情对违反本章程的行为人作出相应处理。处理时必须调查核实，经村委会（或村民议事会）集体讨论、村民代表会议决定。处理应公平公正、合乎情理。处理决定以书面形式作出并通知村民，处理决定、依据等有关资料存档。

第 77 条 本章程授权村务监督委员会对执行情况进行监督。村民认为村委会处理有关事项违反本章程规定的，可向村务监督委员会反映，由村务监督委员会调查核实，并公布结果。

第 78 条 本章程与国家法律、法规、政策相抵触的，按照国家法律、法规、政策执行，与区镇有关意见、政策不一致的，按区镇意见、政策执行。

第 79 条 本章程未尽事宜由村民代表会议、村委会制定具体工作制度或实施办法，作为本村自治制度的组成部分。

第 80 条 本章程由村民会议通过后实行。

第 81 条 本章程由村民会议授权村民委员会负责解释。

四、文章选录

大南庄三奇

徐林才

从张家港市区往南行 2 千米许，有个自然村，名叫大南庄。大南庄有三奇，印在人们记忆的深处。

一奇——银杏树。祖辈老人传说，大南庄有棵明末清初传下来的银杏树，坐落在旧时南庄庙宇的围墙内。民国时期，这棵树已是盘根错节，枝繁叶茂，挺拔苍劲。树高约三十米，树围四米许。据老人说，此树历经数百年，从未见它结过一颗白眼果，可见它是棵雄性树，但它却是大南庄的地标。周边方圆十里地的陌生人要到大南庄宅基，路上无需问讯，只要朝着这棵参天大树走,定能准确无误地找到大南庄。可惜上世纪五十年代末,由于"大跃进"需要,被砍掉了。

二奇——南庄站。距大南庄宅基约五百米处有条不足一百米长的崎岖坡道,上下两头有歇脚的地方,是老百姓挑担或推车稍息积力之处,名曰"南庄站"。旧时,它是杨舍通往塘市的必经之路。南庄站底部是杨宕泾,河宽水深。南庄站的上下坡陡,落差约五米,坡道的斜势宛如三角形的一条斜边。从前村民和商贾做交易,如卖粮、卖猪、卖柴等,大多采用木制独轮车作为运输工具。车夫推着独轮车走,在平地上可以省不少力,可是经过南庄站,就需当回事,个个如临大敌,一点儿马虎不得。上坡时,车夫屏住气,使足劲,条条青筋从腿肚子上绽出,颗颗汗珠从额上往下淌;下坡时双手用力拖住车把,使出浑身解数,一步一步,提心吊胆地往下挪动,丝毫松懈不得,倘若车技稍逊,或是稍不留神,定会连车带人一股脑儿甩进杨宕泾里。莫怪老话说得好:"要吃车子饭,车过南庄站。"足见车过南庄站的险峻和艰辛,但这恰恰是车夫出道学车技的绝佳练习去处。南庄站也在上世纪七十年代因平整土地而消失。

三奇——映山河。大南庄东南方约两百米处有条内河名叫东头河。河身长约五百米,水宽约三十米,河水清澈,河底水草繁茂、群鱼游弋,水面与两岸茅禾相得益彰。风和日丽的天气,尤其是夏天的傍晚,当太阳下山之前,人们站在河东岸边就能看到远离大南庄西北五千米左右的华士乌龟山,完完整整、清清楚楚地倒映在东头河明镜般的水中。此时准能看见一只偌大的、活灵活现的乌龟徜徉在河水中,在青山绿水、满天彩霞的映衬下,煞是好看。此时此景,行人莫不驻足观赏,流连忘返。东头河能映出乌龟山,所以亦称为映山河。上世纪八十年代,乡镇企业崛起,映山河因砖瓦厂挖泥用地而消失。

如今,大南庄的"三奇"只留在老人们美好的记忆之中。

（选自《圆塘徐氏宗谱》）

童年的鞋

徐聚才

我的童年是在50—60年代度过的,那个年代,农村落后,商品经济不发达,农民的衣食住行、吃喝拉撒基本全靠自供自给、自娱自乐。别的不说,就说人们日常生活中须臾不能离的鞋吧。记得我童年时代的鞋,最常见常穿的有布鞋、草鞋、木屐,偶尔也见穿钉鞋。

我们南庄村子大,做鞋的人多,不乏有做鞋的高手。每到做鞋高峰季节,墙门里常常是东家大伯、大娘,西家叔叔、婶婶,大伙子、小伙子、大姑娘、小姑娘扎堆凑在一起,男子做草鞋,女子做布鞋,相互学习切磋技艺,场面蔚为壮观。

布鞋分单鞋和棉鞋,它的原料均为布。单鞋一年四季可穿,棉鞋只是冬天才穿。每到春天或初冬,我母亲的针线活就开始忙碌起来。占用时间最多的要算是做鞋,每年她都要做上几双鞋，大的小的，男式的女式的。除了家里人人有份以外，还要给我年迈的外婆捎上几双尖头小脚鞋。做布鞋的工艺复杂，流水线很长。大致的准备工作有7项：一是大、中、小钢针若干支；二是鞋面布（含夹里）；三是鞋底布；四是鞋样；五是鞋底线（含缝边细线）；六是浆糊；七是鞋栓头。准备工作就绪后，耗工最多的是轧鞋底。那个时候布料紧张，哪怕手幅儿大的布角都要珍藏起来，平时不管用，做鞋底时就大派用场了。我母亲先把各种各样的布儿一层一层叠铺起来，至少在15层以上，然后把它放平在重物之下压平，经1—2天压实后取出打样，把鞋样贴在上面去边剪出鞋底毛坯，周边网上细线，就成了鞋底的雏形。然后开始扎鞋底，着手的第一针起针十分关键，起始针扎不到位，会直接影响到整只鞋底布针的质量和美观度。我母亲扎鞋底的第一针总是吃得很透，切中要位。然后下针就井井有条，沿着第二、第三针的走向，一针上，一针下，鞋底线来回飞舞，发出"哗、哗、哗"的穿线声，一直扎下去，越扎越多，直至完工。一般40码尺寸的鞋底，要用掉8根左右的鞋底线，扎1300余针，

布鞋、鞋底（摄于2015年12月，徐云娣提供）

若不挪身子、不打差，最快耗时也得两三个半天。但事实上，一气呵成是不现实的。因为扎底时需用右手大拇指压实针眼，用力时间长了，大拇指会红肿痛得吃不消，甚至充血发黑。所以，一般得花上一个礼拜才能扎完。扎好的鞋底，乍一看像件工艺品，硬绑结实，密密麻麻的线眼斜平侧直，均匀分布在全鞋底。鞋底做好后，接下来的活就是做鞋面（鞋帮）了，取出准备好的面料，有粗布的，有直贡呢布的，也有帆布、灯芯绒（一般用于棉鞋）的，款式有方口、尖口、圆口和鸡扇儿口各异。在面料反面涂上浆糊，贴上一层白色的单布做隔里，晾干放床铺底下压平，取出纸样裁剪成A字形的鞋面圈，然后用粗线与鞋底缝合链接起来，俗称"上鞋子"。上鞋子也是一项技术活，不得法或少得法的妇女常常会闹出笑话来，弄出个不合龙门，前头不搭后尾。鞋面圈上到最后，要么不够了几针，鞋面圈大、鞋子底小，鞋面圈多出一截；要么多出了几针，鞋面圈小、鞋底子大，鞋底子多出一截。后果是铅砣不配秤，因此，拆了缝、缝了拆，是常有的事。我母亲做鞋从来不会碰到这种事情。所以，左邻右舍的大娘、婶娘还有姑娘们有时干脆把做成的半成品鞋一股脑儿地拿过来请我母亲为她们"敲边"完成作业。上鞋工序完成以后，还有一道整理工序必须完成。这道工序就是成鞋上栓头。把做好的鞋子洒上一点水，然后在鞋肚里塞进木制的鞋栓（有大中小不同尺寸的，一般

有五、六套），脚尖处塞头栓，脚跟处塞尾栓，中间用较厚的添栓敲进去，挤紧头尾两处的鞋栓，若一只添栓不够，再加一个薄栓，直到挤得整只鞋子显得饱满无皱纹为止。几天以后，母亲用鞋拔取出鞋栓，一双靓丽鲜艳合脚的鞋子大功告成。棉鞋的制作方法，与单鞋大同小异，先扎好鞋底，然后制作鞋面。在制作鞋面时，往布料夹里中间均匀铺上一层棉絮，包裹在鞋帮中，用细线定住鞋帮面子，再在鞋底上面也铺上一层棉，用交底布盖住，然后鞋帮与鞋底连接缝合。棉鞋穿起来比单鞋要暖和得多。不管单鞋、棉鞋，新鞋一般不随便穿，总要留着放到大年夜拿出来放在床沿下，等一觉醒来年初一的早晨，下床才穿上它尽情地玩耍，欢天喜地过新年，走亲戚。

草鞋分地里干农活穿的单草鞋和在家用的蒲鞋和芦花鞋（又称芦花靴）。它们的原料大部分为稻草（俗称稻柴），少许为布条。每到春天和秋后，农闲季节，大人们忙碌着一根柴的活计。所谓一根柴，就是专注于与柴搭架的春耕农活准备工作，如搓绳、打扇、辫索、做草鞋等，还有水车扇、牛脚践、牛蒲鞋，自我童年懂事起已不多见。据大人讲，也是当时的主要柴活之一。做草鞋，是我父亲最拿手的农活之一。每年秋收时，他总要小心翼翼挑选最好的糯稻稻草晒干另放一处留着。一开春，他就把稻草取出，选出一捆，晒干甩尽杂叶，用绳子分三段捆紧，放置在石条上面，父亲坐在板凳上用大木榔柱着力反复"卜、卜、卜"地跌（敲），我坐在一侧的短凳上抱住稻草的一头不停地盘（翻转），直至稻草跌得柔软茎韧，富有牢度为止。每捆稻草一般是先跌200柱后解开绳索翻个身，洒点水，掉个头来再跌，循环4—5次就足以让稻草"皮开肉绽"了。准备好了原材料，就着手做草鞋。父亲事先搓好几段细布绳，然后取来工具，一根小木棍、一只鞋耙头，接着把鞋耙头往长凳前方一钩，用细绳套在鞋耙头的桩上，一头牵着耙头，一头拴住腰身，通过腰力拉住布绳。左手捺住桩头挽结，右手熟练地添加稻草，一缠一绕，一搓一捻，草绳在木桩上穿梭似的快速打结编织，左右二十来个回合，一只草鞋的雏形就出来了，要大要小，收放自如。若用于地里干农活的平底草鞋，就只需头、跟两处生上几根布绳系上带子就可以穿着使用了。若要做家用的蒲鞋，就要先做好草鞋底，在鞋底的四周生上布绳，然后添加稻草翻边向上编织，编出造型，然后收编扎口就行。做蒲鞋比做单草鞋的工艺要复杂得多。只有坚持不懈地练，反复地摸索，不断总结经验，款式造型才能取得满意的效果。芦花鞋，只要会做蒲鞋的人，一般都会做，它的工艺就是在编织过程中适当添加芦花，即把芦花与稻草捻和，编织在鞋面上，要求是紧而不乱、柔而不掉。芦花添加的量要看鞋面的部位而定，不能千篇一律。做蒲鞋和芦花鞋都是一项手艺活，学会容易做精难。手法子好的人，大多一次成型，无需返工，且造型大方得体，鞋头鞋跟搭配适中，整体看上去无懈可击，美轮美奂。手艺稍逊的人做的蒲鞋、芦花鞋，不是塌口，就是帮高，容易挫伤脚背和踝子骨。这种鞋，质量不高，穿在脚上，往往一冬未尽，不见芦花只见草。我父亲做的芦花鞋，常常能穿上两个冬天，芦花泛黄而不掉花。

木屐，也称屐拉，没有后帮，制作简单，是我童年时代农村里人们在夏天穿着较为普遍的纳凉鞋子,大人小孩都要穿。它的做工比较单一,只要取来木板或竹简拼料修平,按合身鞋样在底料上画个印子,然后用锯子锯去边料,余下比左右足底稍大木块或竹简料,在其脚趾部分左右钻孔钉上牛皮条或带子,即可穿着。穿木屐的好处是透气、凉爽,一般在夏天晚上洗澡后穿着。它的坏处是脚底沾水后容易打滑摔跤,不宜远行。

　　至于钉鞋,我只见家里做过一次。我孩提那个年代,没有胶鞋,雨天出门只能穿钉鞋。我父亲请母亲做了两双双层面布高帮直贡呢布的布鞋,一大一小。他专程去塘市买了 62 只鞋钉(大鞋 34 只,小鞋 28 只),鞋钉可防滑。请街上的鞋匠把鞋钉钉在两双鞋的鞋底下面,取回来后母亲再在鞋肚里缝上两层厚实的交底布。鞋子做好后,父亲从街上专门买来 2 斤桐

钉鞋(摄于 2015 年 12 月,徐聚才提供)

油,桐油可防水、挡水。然后一遍又一遍地给钉鞋上油,油完了放在太阳下晒,晒干了再油,循环往复地油了五、六遍,每隔一段时间,拿出来放在太阳下裸晒,从春天晒到冬天,才算告成。反复用桐油油鞋,是使其布料糊眼油滑,使泥土不易粘住鞋身,保暖防水。遗憾的是,那双小钉鞋,我总共穿着不会超过 10 次,到后来,我见到它就害怕。因为那个年代,下了场雨,除了家里可以自由行走外,出门便是泥泞路,而且钉鞋踏在泥路上,鞋底特别会粘土,迈出一步,地皮上就是一个窟窿,几步一走,脚底下贴了个大泥饼,上路行走先要带上树杈或筷子,走几步弯腰拽一下,而且脚重身轻,弄不好就是摔一跤。最头疼的是,钉鞋的鞋口硬,一段路走下来,双脚的踝子骨被打得皮开肉绽,鲜血直流。一次出门回家,钉鞋挫出的血迹渗干后成了一个硬血盖,袜子和皮肤黏在一起,脱袜时血盖头连袜带皮撕破开来,疼得我揪心裂肺哇哇直叫,后来又生冻疮,害苦了我一个冬天。以后,我就再也不敢穿钉鞋上学。我父辈他们出门虽然常穿钉鞋,但天寒地冻,只好将就一下,趁晨间路面冰冻之时穿上早里赶市,不待路面解冻速速赶回。一晃 30 多年过去了,我还一直珍藏着那两双钉鞋,作为一段历史的见证。

原载 1988 年 7 月《兰州晚报》

后 记

2016 年 11 月 8 日,经过精心准备和反复酝酿,南庄村党总支、村民委员会召开《南庄村志》启动会,自此,拉开了村志编纂工作的帷幕。

根据南庄村的统一部署,村志编纂组进行了具体分工。徐福祥负责第一卷至第四卷;徐瑞龙、邹永球负责第五卷至第七卷;徐林才负责第八卷至第十三卷;徐聚才负责制定大纲,征集卷首图、随文图,撰写序、凡例、概述、大事记、志余、后记和总纂全志;朱晓华负责电子编务。

第一稿撰写初期,我们借阅研究了《李巷村志》电子版,请其主编陈进章到南庄村进行辅导。村志编纂组根据南庄村的村情和史实,按照大纲属性分门别类制成表格,通过印发《告村民书》《征询函》《资料信息征集单》等书面形式广泛发动。村党总支组织召开村干部、党员代表、村民小组长会议,发掘南庄村的历史资料、民间珍藏的重要历史文物,并从村档案室的案卷索引中搜索大量数据信息、文件材料,查阅市志、镇志、年鉴等大型文献,借阅报刊、杂志、家谱等。与此同时,编纂组排查重要资料信息源,派出资料员深入到有关单位、有关家庭采访,请有关人员讲述历史资料。不能现场采访的,利用电话、QQ、微信等通讯手段,与有关当事人沟通,索要和求证史料,编纂组一一记录在案。通过近 6 个月的广采博引,把来之不易的海量资料加以逐一整理归类,融入各个卷、章、节,形成单独的初稿,然后修改,各卷进行互阅互改,先后循环多次,不断调整和充实资料。2017 年 4 月第一稿基本形成,大约 24 万字。随后编纂组全员外出找资料,主要跑市档案馆、市图书馆等单位,能摘录的摘录,不能摘录的就用手机把原始资料摄录下来,到办公室从电脑里调阅。通过几路人马多个回合外出登门采访,取得了大量资料,然后撰写第二稿。这次撰稿,实质性内容增加了许多,大都是尘封了几十年的历史档案,翔实可靠,有深意,可信度高,写进村志有史料价值。6 月底形成的第二稿大约 29.5 万字,随即打印。通过编纂组讨论,经村领导同意,决定把第二稿先送至市委党史地方志办公室过目,恳求指导,以免少走弯路,遂于 7 月 31 日,村书记、村主任率编纂组主编一行专程把纸质稿及电子版稿送至市委党史办。经修改后,形成了第三稿。至11月底,村志第四稿完成,形成初审稿,大约32.1万字。2018年1月10日,村志完成第五稿,第五稿约39.9万字。第五稿形成后,再次组织工作人员进行文字核审,核审完毕后把原先征集到的照片、图片全部融入到卷首和卷内随文之中,然后形成第六稿,即复审稿。复审稿共40.5万字,图片286幅,其中卷首图110幅、随文图176幅。于2018年2月初,编纂组把复审稿交至市党史办和镇史志办请求复审。3月初,编纂组全员应约前往市党史办和镇志办分别参加了两场村志复审会议。2018年4月底,村志编纂组在汇总复审出的问题和广泛征求意见的基础上,再次对志稿进行较大幅度地删繁就简、拾遗补缺,加以修改完善形成终审稿(第七稿)。志首为卷首图片、凡例、概述、大事记,主体专志14卷、46章、152节,志尾为志余、编后记,约38.1万字。2018年4月,顺利通过终审。终审结束后,编者和出版社又经过多次复审、校稿,根据志书编纂要求加以完善和规范。

《南庄村志》的主要特色,归纳起来有"三多一足"。三多:一是表格多,全志共设计表格127份,它以直观和数字化的表达方式,分类列出各项名单或统计数据,与叙述文字有机配合,形成互补,相得益彰,提高了志书的实用性和可读性。二是图片多,全志辑入卷首图片和随文图片共252幅,它以生动形象的视觉感知随文选入了"人""物""景""事"四方面的图片,把南庄村在经济社会发展中的大事、要事、特事,党和国家重大方针政策在南庄村贯彻执行过程中的史实片段用画面予以保存下来,增加真实性、可读性。三是名字多,全志涉及的人名、地名、田名、动植物名众多,还原真实的人名、地名和田名,通过罗列田间、场头和家中随手可得、随处可见的劳动工具,盘点农民春夏秋冬一年四季的传统农活,让集体劳动的火热场景再现眼前,能够使前辈不忘过去的峥嵘岁月,激发晚辈的乡愁地情,从书中寻找归属,可以汇聚人们对那个村庄、那片绿水、那块田地的情感寄托,从而享受农耕文化的精神熏陶,让后人记住这些名字,把他们与前辈的奋斗历程融合起来,激发自己不忘初心,牢记使命,踏着前人的足迹砥砺前行。志书记录业已消失或难得一见的动植物名称和实物图,能够让后人更多了解我们居住的这块土地,曾经是生物多样、鸟语花香、人与自然和谐共存的美好家园,让后人更自觉地保护自然资源和美丽环境。一足是地气足,就是志书的骨骼扎根社会,血液源自民间,深得地气。在南庄村历史上发生的大事、特色家庭的亮点、典型人物的事迹,志中多有记载。全村每个农户的原有住房所在地都能在志中按图索骥找到,动迁村、居民被安置集中居住的所在社区列表记述。所有涉居的村名、组名、姓名、社区名以及年份等均反映得清清楚楚。

《南庄村志》的编纂是一项浩大的文化工程。几度寒暑,弹指一挥间,编纂组工作人员个个充满工作热情。为了把《南庄村志》编成一部精品良志,全体编纂人员一丝不苟地履行职责。白天不够,晚间接凑,挑灯夜战,甚至睡觉时,发现灵感一来,立马从被窝里出来披衣上阵,记录遗缺,不放过每个细节。撰写人员一心扑在工作上,把余热全部奉献在撰写、编辑村志的文化事业上,坚持完成村党总支、村委会交给的光荣任务,直至村志落地生根。

《南庄村志》凝聚了全体编纂人员的智慧和心血。至 2019 年 5 月,村志编纂工作降下帷幕,圆满收官。

《南庄村志》编纂过程中,得到中共张家港市委党史地方志办公室的精心指导;得到张家港市档案馆、杨舍镇党委办、杨舍镇政府办、杨舍镇精神文明办、杨舍镇统计办、塘市办事处等单位的大力支持;得到张家港市柯尚文化艺术传播工作室、塘市新世纪文印社、塘市星星照相馆等的热情帮助;并得到张家港市科华齿轮有限公司等众多企业,以及在张家港市纪委、张家港市农委、张家港市一中、张家港市第一人民医院等工作过的南庄籍人士的密切配合,为我们提供了大量珍贵资料。值此《南庄村志》出版之际,谨向为编纂《南庄村志》给予指导、关心、支持和帮助的各有关单位和部门、社会各界人士表示衷心的感谢!

2019 年 1 月 10 日,根据张政复〔2019〕3 号,撤销南庄村的建制,设立南庄社区,扩大了辖区面积和辖区内人口数量,南庄行政村成为历史,更加凸显了修村史、编纂《南庄村志》的重要性和深远意义,全体编纂人员的责任感和使命感再次油然而生。

《南庄村志》的内容甚多,涉及面广量大。由于资料有限,有些史实很难考证,再加上编者的文化功底和学识水平有限,志书内容难免存在疏漏或表述不到位,或存谬误之处,敬请读者批评指正!

编 者

2019 年 5 月 28 日